欧亚备要

主办：中国社会科学院历史研究所内陆欧亚学研究中心

主编：余太山　李锦绣

元代吐蕃地方行政体制研究

张云　著

商務印書館
创于1897 The Commercial Press
2017年 · 北京

图书在版编目（CIP）数据

元代吐蕃地方行政体制研究 / 张云著. — 北京：商务印书馆，2017
（欧亚备要）
ISBN 978-7-100-12805-6

Ⅰ. ①元… Ⅱ. ①张… Ⅲ. ①吐蕃－地方政府－政治制度－研究－中国－元代 Ⅳ. ①D691.2

中国版本图书馆CIP数据核字（2016）第291921号

元代吐蕃地方行政体制研究
张云 著

商 务 印 书 馆 出 版
（北京王府井大街36号 邮政编码 100710）
商 务 印 书 馆 发 行
三河市尚艺印装有限公司印刷
ISBN 978－7－100－12805－6

2017年11月第1版　　开本 710×1000 1/16
2017年11月第1次印刷　　印张 24 1/2

定价：90.00元

编者的话

《欧亚备要》丛书所谓“欧亚”指内陆欧亚（Central Eurasia）。这是一个地理范畴，大致包括东北亚、北亚、中亚和东中欧。这一广袤地区的中央是一片大草原。在古代，由于游牧部族的活动，内陆欧亚各部（包括其周边）无论在政治、经济还是文化上都有了密切的联系。因此，内陆欧亚常常被研究者视作一个整体。

尽管司马迁的《史记》已有关于内陆欧亚的丰富记载，但我国对内陆欧亚历史文化的研究在很多方面长期落后于国际学界。我们认识到这一点并开始急起直追，严格说来是在20世纪70年代末。当时筚路蓝缕的情景，不少人记忆犹新。

由于内陆欧亚研究难度大，早期的研究者要克服的障碍往往多于其他学科。这也体现在成果的发表方面：即使付梓，印数既少，错讹又多，再版希望渺茫，不少论著终于绝版。

有鉴于此，商务印书馆发大愿心，选择若干较优秀、尤急需者，请作者修订重印。不言而喻，这些原来分属各传统领域的著作（专著、资料、译作等）在“欧亚”的名义下汇聚在一起，有利于读者和研究者视野的开拓，其意义显然超越了单纯的再版。

应该指出的是，由于出版时期、出版单位不同，尤其是研究对象的不同，导致诸书体例上的差异，这次重新出版仅就若干大的方面做了调整，其余保持原状，无意划一，借此或可略窥本学科之发展轨迹也。

愿本丛书日积月累，为推动内陆欧亚历史文化的研究起一点作用。

余太山

序　一

张云同志的这部书稿，1993 年夏，当他在南京大学攻读博士学位时，曾寄给我一份打印本，那时披读一过，就认为这是部近年少见的体大思精之作。转瞬四年的时光逝去，张云同志取得博士学位，来北京中国藏学研究中心，与我成了同事。朝夕晤面替代了以往的书信往返，从工作到生活他不时地给我帮助，而且在一起时说古道今、论文谈艺，使我枯寂的独学生涯顿增了许多趣味，他的勤奋好学、孜孜不倦的作风更让我了解到这样一部优秀的学术著作之所以完成自有其优越的条件。现在张云同志复将旧稿修订，准备出版，命我写序。关于这个在元史和藏族史上的重要题目，我多年前曾试写过概论式的文章，感到深入研究有许多困难，所以浅尝辄止，在旧业荒疏、脑力日弱的今天，重读这部书稿，很难就其中章节细细评说，只能在赞赏之余，稍写几句。

这部书在时下青年学者的著作中是学术性相当强的一部。说它“体大”，是因为这个无论在学术上或现实政治意义上都非常重要的题目所囊括的方面颇广，要集合许多个案的研究成果才能够恢复历史的全盘面目，由于我们于今所能见到的史料仍然不足，一深入研究蒙古和元朝的治理藏族地区的政策、方针、组织、治所、官员、行政措施，等等，就会有荆棘塞途之感，而作者却具大气魄，不畏艰阻，将这个大题目解析为六章十八节，论述得面面俱到，结合为一个有体系性的著作。说它“思精”，是因为围绕这个题目，达斯（S.Ch.Das）早在 20 世纪初即利用藏文史书研究过，到 40 年代末，图齐（G.Tucci）在名著《西藏画卷》（*The Tibetan Painted Scrolls*）中也予以综述，50 年代以来，国内有韩儒林、王森，国外有毕达克（L.Petech）诸家都做了精湛的论述。近 20 年来，国内学术界藏文史料的重刊、汉译以及有关论著的刊布，极尽一时之盛，欧美日学者的有关论文也纷纷发表，在这样的形势下，进入 90 年代，选写这个题目，不能不汲取诸家的精华，从旁人已达到的高度上再攀登新的峰巅。这非用心细密、照顾周到者很难做得出色。

然而张云同志写这部书不仅做了一次结账式的整理，而且能开拓进取。他总是一方面紧密地掌握原始资料，另一方面不懈地注意检核前人和同时代学者的成果，既虚己而博求，又循故而造新。采铜于山，不仅用以辨别通货成色的精窳，还能自铸良币供应于世。书中有不少独到的、精当的见解，举其要者：如说元代治藏方针在立朝前后数次演变；世祖、成宗二朝与西北藩王战争中西藏在地缘政治上的重要地位；元世祖与八思巴结成“檀越受施”关系之说之不可尽信；执掌吐蕃的权力全归在总制院即宣政院，而宣政院对其下属吐蕃三路的管理方式又各有特点；乌思藏“万户”名称早见于 13 世纪 40 年代；“十三万户”（Khri skor bcu gsum）既非一朝建成，而亘元一代更是消长无常；吐蕃等处宣慰使司与脱思麻宣慰使司应指一事，此一宣慰使司与陕西等处行中书省之间有错综复杂的关系；考订宣政院历任长官姓氏，吐蕃等处宣慰使司和吐蕃等路宣慰使司的辖区、治所，等等，凡此种种都是取用汉藏双方史料，对比分析，更基于官制学、历史地理学、元史学的素养而引出的结论。

从全书看来，“成如容易却艰辛”，在搜集史料上作者下了披沙拣金的功夫，在比勘汉藏双方记载上也竭尽能事。汉文史书虽然不乏阙误矛盾，然比较藏文记载之习惯以宗教语言隐喻世俗史实，从系统性和真实性上说，确实高出一筹，至今还是唯一用来重构并解释历史的材料。于此，作者通读《元史》并博览元人文集，对有元一代史实制度了然于胸，再利用其他方面的史料，结合内证及互证两种方法，寻出问题，予以解答。如作者依据元明两代印章、圣旨、法旨、封诰研究元代中央直接治理脱思麻、朵甘思二区，得出坚实的结论，这些第一手材料，固然非常珍贵，然而没有对《元史》、《明史》精读深思的基础也很难把这现存的文物利用得当。我一向认为：治我国少数民族史应该有一个断代史的知识作为基础，才便于总揽全局，看出“一体多元”中的问题，这也是南京大学韩儒林先生所倡导的学风，张云同志恪守并发扬这一传统是值得赞许的。

张云同志是陕西周至人，周至是明末清初大学者李颙的故乡，李颙坚持民族气节，力倡“酌古准今，明体适用”的实学，至今周至民间仍盛称“二曲先生”，风俗淳厚，是故张云同志有关中人的朴实性格，自幼好学，先在兰州、西安得学士、硕士学位，致力于西北史地研究，复至南京专攻元史，于今又转入藏族史一途。专心治学，耐得寂寞，以在学问上有所创获为乐。在今日有些人误解市场经济的真意，竞尚虚荣，不择手段地以学术弋钩一己之名利，甚至置文德于不顾，流风煽诱，举世浮靡之际，能够如此淡泊自励，确是难能可贵的，这也是此书深获我心的另一个缘故。

此书不足之处是征引史料过于繁复，行文纠绕冗碎，有些论辩还不甚透彻，有的见解似说得过于拘执。因它是集合若干篇考据文字而成，专家们读来颇能受益，对于一般读者，似可先读结语，知道全书要旨，然后依所需择读有关章节为宜。

邓锐龄

1997年12月1日

序　二

张云博士的新著《元代吐蕃地方行政体制研究》即将刊行，来信嘱我作序，这使我感到既高兴，又惭愧。高兴的是，他多年囊萤映雪，付出了艰辛劳动的研究终于开花结果，我国民族史著作之林又长出一株茁壮的新树。惭愧的是，我于藏族史所知甚浅，在他攻读博士学位的三年中，忝为导师却未能给他多少帮助。他凭自己原有的根柢和异常的勤奋完成了学位论文，得到同行专家和答辩委员的一致赞许。随后他到中国藏学研究中心工作，又得到邓锐龄教授、陈庆英教授等专家指导，利用那里优越的研究条件，对论文进行修订、补充，形成现在这部佳作。我称之为“新著”，意在表明他能取得这项成绩，主要是藏学中心所赐。

元朝是我国多民族统一国家历史发展中的重要阶段，其主要标志之一就是整个吐蕃地区归入了中央政府的直接管辖之下，成为一个省级地方行政区。元朝统治者根据吐蕃民俗“惟事佛为谨，且依其教”的特点，以掌管佛教事务的中央机构宣政院兼治吐蕃地区，“其军旅、选格、刑赏、金谷之司悉隶宣政院属”（朱德润《存复斋集》卷4《行宣政院副使送行诗序》）。在吐蕃各地先后设立地方官府，按统一的行政建制，置三宣慰司都元帅府分统之。宣慰司在元世祖初年本是直隶于中书省的地方最高行政机构，随着行省制度确立，成为行省下面分统远距省治诸路府的中间机构（或可称为行省的常设派出机构），其所辖政区称“道”。元代吐蕃三道（藏文作：Bod-Kyi Chol-Kha gsum）统隶于宣政院，合为一个大行政区，宣政院统辖吐蕃三道的职能就相当于行省。可见《汉藏史集》说吐蕃三道“算作一个行省”，是完全符合实际情况的。

近几十年国内外学者藏族史研究成绩很大，使我们对元朝统治吐蕃地区的制度有了更多了解，但由于汉藏文史料各有缺陷，学者们见仁见智，许多问题仍聚讼不已，若干方面还处在若明若暗状态，都有待做进一步的深入探讨。元朝有关吐蕃地区的文卷多存在宣政院文档内，元人修《经世大典》时，应均编入《官制》门而不存在《各行省》门（据《经世大典叙录》可知）。明初纂修《元史》者“多草泽腐儒，不谙掌故”，假以时日促迫，草草交差，故于《百官志》“宣政院”条下仅摘录出所属各地职官名称员数，建置沿革一律不载，而《地理志》则只在陕西行省之末略记河州等数地（大抵为曾隶陕西或两属者），并谓“其余如朵甘思、乌思藏、积石州之类尚多，载籍疏略，莫能详录也”。竟不知从宣政院文档内寻找更详细的资料。《元史》编者的疏漏和草率从事，使得保存下来的有关吐蕃的汉文史料极其残缺不全。藏文史籍在记载当地史事、人物及某些特殊制度等方面多可补汉文史料之缺，但藏族史家往往从宗教角度着眼，加之对朝廷制度不甚了解，难免产生差异。例如关于帝师在吐蕃的地位，在汉文史料，说元世祖“思有以因其俗而柔其人，乃郡县土番之地，设官分职，而领之于帝师”。在藏文史料，则说世祖先以乌思藏十三万户、后又以吐蕃三道作为接受灌顶的供养奉献给八思巴。这种说法从制度上应如何理解？帝师对吐蕃地区的权力与西平王的封镇、宣政院的辖治又是什么关系？又如，乌思藏宣慰司（dbus gtsang son wi si）或是掌管该地区军民诸务的最高官府，但藏文史料对其执行职务的情况几无记载，所记的都是乌思藏本钦（dbus gtsang gi dpon chen，又称萨斯迦本钦 sa-skya’s dpon-chen）掌理军政事务的活动，俨然就是该地区最高长官。那么，此职与宣慰司长官即宣慰使是什么关系呢？“本钦”（大官）是个普通名词，何以成了专指官称？究竟是什么官职（所有本钦都是皇帝敕授的，总不能没有正式官名而只称“大官”吧）？如果说它是萨斯迦地方政权首脑，与宣慰使分属不同系统，那么宣慰使又是掌管什么事务呢？是否在乌思藏既置宣慰司，又有一个萨斯迦地方政权与之并立（而且其长官同出帝师荐举、皇帝任命）？以往学者对这些问题都有过研究，但很难说已得到圆满的解决。

元代吐蕃三地区中，以往学者多偏重乌思藏地区的研究，对脱思麻、朵甘思两个地区则较少注意。元朝在这两个地区先后设置了许多万户府、元帅府、安抚司、招讨司等地方官府，并于其上置吐蕃等处宣慰司和吐蕃等路宣慰司分道以统之。这些官府的建置沿革、统属关系、辖境范围，以及当地的民族成分、部落组织、宗教派系等问题，都非常复杂。有关这两个地区的汉文史料虽略多，但十分零散，藏文史料则除与高僧大德的宗教活动有关者外，记载甚少。以往的论著多数是概略叙述，史料的搜集、考订和专题的深入研究都非常不足，留下来许多疑难点、模糊点和空白点。

总之，元代吐蕃地区史中尚未解决的问题不少，把任何一个方面研究清楚都得下很大工夫。张云博士选择了难度相当大的行政制度进行全面的研究，是很有胆识的。这个课题的重要性自不待言，我想特别指出的是，他竟有勇气把制约或管领吐蕃地区军、政、教的各方势力和机构，吐蕃三道宣慰司及其下属各地地方官府的建置沿革和辖境、治所等问题，以及吐蕃和邻境各行省的复杂关系等方方面面，都纳入其研究范围。据我所知，前人还没有做过这样全方位的研究，主要因为难，须知其中不少项目在基本史料中或仅有寥寥数语，或歧误百出，岂易说得清！而要做到全面，就无法回避每一个难点，必须花很多精力去啃这些硬骨头，去涉足未开垦的荒域。但科学研究的意义就在于攻克难关，在于有新的开辟，哪怕只攻下一角，开辟一小片也是可贵的进展。张云博士在这方面走出了一大步，虽然很难做到把每个问题都研究透彻，但至少可以说，这部著作条理清晰地勾勒出了元代吐蕃三道行政制度和历史地理的全景，不少以往模糊不清的地方进一步明朗化了。

从本书中可以看出，作者充分吸收了中外学者的研究成果，因而能站在前人建造的台阶上向更高处攀登。汉、藏文史料的挖掘是相当广泛深入的，例如在汉文史料方面，从《元史》纪传和元代的政书、文集、笔记及部分明代文献中钩稽出许多散见资料，大可补官志、地志之缺。研究元代吐蕃地区政治制度，不仅要求能充分利用汉、藏文史料，还必须从朝廷制度和吐蕃地区实际两个角度，对两种史料进行相互的比较分析。同一种制度，由于记载者的角度（观念、习俗、语言等）差异，往往用了不同的说法，这就需要加以勘同。张云博士在藏族史和元史两方面都有很好的基础，善于运用比较分析的方法来辨异勘同，对前人聚讼不已的问题做出了更有说服力的解释。本书涉及面很广，其中许多章节都是相当深入的专题研究，包含有丰富的考证成绩，足见作者用力甚勤，治学态度严谨，故能多有创见。

元代吐蕃地区史研究还有不少薄弱环节，例如社会结构与阶级关系、下层地方组织、吐蕃与内地及其他地区的经济文化交流等。有关元代的藏文资料十分丰富，据藏学专家介绍，仅萨斯迦寺所藏元代文档就是一大宝库，目前的整理和利用仍很不足。藏族史研究方兴未艾，相信作者会在本书的基础上继续深入探索，勇闯新领域，取得新成就。

陈得芝

1997 年 7 月 26 日

目 录

导 言

元代是藏族历史发展上的一个重要阶段，西藏地方结束了四百余年的混战与分裂，正式纳入中央王朝的直接行政管辖之下，成为元代中国行政版图不可分割的一部分。元朝中央政府在吐蕃地方括户、置驿、征兵、征税、驻军并建立起一整套完备的行政体制与制度，以实施统治，这一点已为国内外学术界所公认。尽管还有一些论者出于某种政治目的，宣扬西藏地方在元朝时期的独立性，但是没有一个人能举出一件确凿的事实来说明当时的西藏地方不在元朝中央政府的统辖之下，或自成体系。因此，此类主张，除了其政治煽动性之外，并没有任何事实依据，从而也没有任何学术价值，本书不予辩驳。

元代藏族史，尤其是有关元朝中央管理吐蕃地方行政体制的研究，时间并不太长。若从20世纪初印度学者达斯（S.Ch.Das）利用藏文史书《汉藏史集》等探讨元代在吐蕃地方括户、置驿的论著算起①，至今还不到一百年，然而，所取得的成就已颇为可观。国外以意大利藏学家图齐（G.Tucci）的集大成著作《西藏画卷》②和毕达克（L.Petech）的《中藏与蒙古》③为代表。前者利用藏、汉文献对元代在西藏地方的置驿、设立十三万户、确立帝师统领等，进行了全面探讨，并对十三万户的内部组织体制进行了较深入的研究，是当时元代西藏地方史研究的一部划时代的学术专著，颇受学术界推重。后者则是作者毕达克多年研究元代藏族史的成果结集，对于元朝在乌思藏地方设立行政机构，以及帝师、本钦的地位，括户，置驿，划分十三万户诸措施均予论列，十分引人注目。尽管此二部著作均有一定的缺陷与不足，但其在元代西藏史研究中的地

---

① S.Ch.Das, Tibet under the Tater Emperors of China, in *JASB*, Extra Number（1905）, pp.94-102.

② G.Tucci, *Tibetan Painted Scrolls*, Rome, 1949.

③ L.Petech, Central Tibet and the Mongols, *The Yuan Saskya Period of Tibetan History*, Roma, 1990.

位，是不容忽视的，前者尤甚。野上俊静对《元史·释老传的研究》，取得了最引人注目的成果[①]，其中关于功德使司、宣政院等机构，桑哥、杨琏真加等人物，以及释道之争等事件的探讨，多超出前人。相关的重要成果，还有伯希和（P.Pelliot）关于蒙古语Colgel即汉文的“路”[②]的研究，罗列赫（Roerich）关于13—14世纪蒙古与西藏关系的研究[③]，魏里（T.V.Wylie）对蒙古初次入藏的研究[④]，冈田英弘对早期蒙藏关系的研究[⑤]，费拉丽（A.Ferrari）对《卫藏圣迹志》的笺注与研究[⑥]，麦克唐纳夫人对《汉藏史集》（rgya bod yig tsang）的研究[⑦]，陆宽田（L.Kwanten）对元代蒙藏关系的研究[⑧]，弗兰克（H.Franke）对胆巴的研究[⑨]，魏里对白兰王恰那朵儿只的研究[⑩]，史伯岭（E.Sperling）对必里公官巴（sgom pa）及吐蕃与宋蒙关系，以及旭烈兀（hu la hu 或 hu la ）与吐蕃封地关系的研究[⑪]，毕达克（L.Petech）对吐蕃与宋蒙关系，以及元代藏族宰相桑哥的研究[⑫]，佐藤长对元末明初西藏地方形势的研究[⑬]，福田洋一、石滨裕美子对西藏佛教宗义的研究[⑭]，石泰安（R.A.Stein）对西藏文化的研究[⑮]，均

---

① 野上俊静：《元史释老传研究》，京都 1978 年版。

② P.Pelliot, Notes sur le Turkestan de M.W.Barthold, in *T'oung Pao*, 27（1930）, pp.12-56.

③ G.N.Roerich, Mongol-Tibetan Relation in the 13th and 14th Centuries, in *The Tibet Society Journal*, 6（1973）, pp.40-55.

④ T.V.Wylie, The First Mongol Conquest of Tibet Reinterpreted, in *HJAS*, 37（1977）, pp.103-133.

⑤ 冈田英弘：《蒙古史料中的早期蒙藏关系》，《东方学》23，1962 年，第 95—108 页。

⑥ A.Ferrari, *mk'yen-brtse's Guide to the Holy Places of Central Tibet*, Roma, 1958.

⑦ A.Macdonald, Pŕeambule à la lecture d'un rgya Bod Yig caṅ, in *J. As*, 1963, pp.53-159.

⑧ L.Kwanten, *Tibetan Mongol Relation During the Yuan Dynasty*, University of South Carolina, pp.1207-1368, 转见魏里文注引。

⑨ H.Franke, Tan Pa, A Tibetan Lama at the Court of the Great Khan, in *Orientalia Venetiana*, 1（1984）, pp.157-180.

⑩ T.V.Wylie, Khubilai Khagan's Viceroy of Tibet, in L.Ligeti（ed.）, *Tibetan and Buddhist Studies Commern Orating the 200th Anniversary of the Birth of Alexander Csoma de Koros*, Budapest 1984, Ⅱ, pp.191-404.

⑪ E.Sperling, Some notes on the early'Bri gung pa sGom pa, in C.I.Beekwith（ed.）, Silver on Lapis, *Tibetan Literary culture and history*, Bloomington, 1987, pp.33-53.

⑫ L.Petech, Tibetan Relations with Sung China and with the Mongols, In Morris Rossabi（ed.）, *China among equals*, University of California Press, 1983, pp.173-203; Sȧn Ko, A Tibetan Statesman in Yuan-China, in *AOHung*, 34（1980）, pp.193-208.

⑬ 佐藤长：《元末明初西藏的形势》，《明代满蒙史研究》，京都大学文学部 1963 年版。

⑭ 福田洋一、石滨裕美子:《西藏佛教宗义研究》第四卷，Studia Tibetica No.11，东洋文库 1986 年版。

⑮ R.A.Stein, *La Civilisation Tibetaine*, Paris, 1962；石泰安：《西藏的文明》，耿昇译，西藏社会科学院西藏学汉文文献编辑室编印 1985 年版。

令人注目。国内对元代西藏地方制度史的研究起步稍晚，韩儒林关于元代对西藏地方实施管理的论文，是第一篇有影响的专论。[①]嗣后，王忠撰文全面探讨了中央王朝管理西藏地方制度的发展过程。[②]1965年，王森《关于西藏佛教史的十篇资料》油印面世[③]，这是一部学术水平很高的专著，从而把有关元代西藏地方行政制度史的研究向前推进了一步。可惜"文化大革命"期间这一工作被中断。"文化大革命"后，元代西藏地方行政制度史的研究开始进入新的发展阶段，东嘎·洛桑赤列（dung dkar blo bzang vphrin las）《论西藏政教合一制度》[④]，是一部颇具特色的专著；黄颢译《新红史》[⑤]，旁征博引，间以辨析，时有新意，这些都为元代西藏制度史研究的发展，给予推动之力。陈得芝《元代乌思藏宣慰司的设置年代》[⑥]，提出并论证了萨斯迦本钦即乌思藏宣慰司为首宣慰使，还对吐蕃三路宣慰司的设置时间加以论断，把这一问题的研究引向纵深。同一作者还撰有关于元代入内地藏僧事迹的论文[⑦]，创获良多。王辅仁、陈庆英的《蒙藏民族关系史略》[⑧]，内有专章探讨两族关系，颇为可观。此后相关的重要论文有：陈庆英关于元代在西藏所封的白兰王的论述[⑨]，陈庆英、史为民关于蒙哥汗时期的蒙藏关系的探讨[⑩]，洛桑群觉、陈庆英、祝启源等关于元代在吐蕃置驿的考释与论述[⑪]，苏晋仁关于藏汉佛经总目对勘的研究[⑫]，黄颢关于元代在西藏括户的论述[⑬]，陈高华关于杨琏真加与杨暗普父子族属事迹的论述[⑭]，沈卫荣关于元代十三万户的系列研究，以及元代

① 韩儒林：《元朝中央政府是怎样管理西藏地方的》，《历史研究》1959年第7期。

② 王忠：《中央政府管理西藏地方的制度的发展》，《历史研究》1959年第5期。

③ 王森：《关于西藏佛教史的十篇资料》，中国社会科学院民族研究所油印本1965年版，1987年由中国社会科学出版社出版，为《西藏佛教发展史略》。

④ 东嘎·洛桑赤列：《论西藏政教合一制度》，陈庆英译，民族出版社1985年版。·

⑤ 班钦·索南查巴（pan chen bsod nams grags pa）：《新红史》（deb ther dmar po gsar ma），黄颢译，西藏人民出版社1984年版。

⑥ 陈得芝：《元代乌思藏宣慰司的设置年代》，《元史及北方民族史研究集刊》1984年第8期。

⑦ 陈得芝：《元代入内地藏僧事辑》，《中华国学》创刊号，香港。

⑧ 王辅仁、陈庆英：《蒙藏民族关系史略》，中国社会科学出版社1985年版。

⑨ 陈庆英：《元朝在西藏所封的白兰王》，《西藏研究》1983年第4期。

⑩ 陈庆英、史为民：《蒙哥汗时期的蒙藏关系》，《蒙古史研究》第1辑，内蒙古人民出版社1985年版。

⑪ 洛桑群觉、陈庆英：《元代在藏族地区设置的驿站》，见中央民族学院藏族研究所编：《藏族研究文集》第2集，1984年版；祝启源、陈庆英：《元代西藏地方驿站考释》，《西藏民族学院学报》1985年第3期。

⑫ 苏晋仁：《藏汉佛教学者团结合作的盛举——纪念佛经对勘七百周年》，《西藏研究》1985年第4期。

⑬ 黄颢：《元初对西藏人口等的普查及其经济意义》，《中国民族史研究》，中国社会科学出版社1987年版。

⑭ 陈高华：《略论杨琏真加和杨暗普父子》，《元史研究论稿》，中华书局1991年版。

在西藏实施统治的探讨[①]，陈庆英关于帝师、宣政院、本钦和吐蕃三区（chol kha gsum）行政建置的论述[②]，任乃强、泽旺夺吉关于元代朵甘思行政机构的论述[③]，仁庆扎西关于西平王府今地等的论述[④]，都有一定的价值。邓锐龄的《元明两代中央与西藏地方的关系》[⑤]，是有关这一领域十分精审的论述。此外，王辅仁、索文清的《藏族史要》[⑥]，蔡美彪等的《中国通史》第七册[⑦]，黄奋生著《藏族史略》[⑧]，藏族简史编写组所编《藏族简史》[⑨]，韩儒林主编《元朝史》[⑩]，均占用笔墨论述了元代西藏地方的历史与制度，取得了突出的成就。在藏文史籍的整理出版方面，东嘎·洛桑赤列、恰白·次旦平措等藏族学者做了很多有益的工作[⑪]，郭和卿、黄颢、陈庆英等对于藏文史书之汉译，付出了辛勤的汗水[⑫]，这些为我们直接或间接利用藏文史书提供了方便。在汉文史书有关藏族史料的辑录方面，苏晋仁、陈燮章等做了不少工作[⑬]。

前人的研究成就卓越，但是存在问题依然很多，诸如：宣政院的权限如何？它与功德使司的关系怎样？元代在吐蕃建立了什么样的行政机构？究竟由谁来掌管吐蕃地方？宗王、帝师、白兰王在吐蕃的权力及互相关系如何？为什么本钦即是乌思藏宣慰使？十三万户是什么时候建立的？它的构成如何？三路宣慰司的建立年代、治地、范围及下辖机构是怎样的？等等，都

① 沈卫荣：《元代乌思藏十三万户行政体制研究》，《西藏研究》1988 年第 1—2 期；《元朝中央政府对西藏的统治》，《历史研究》1988 年第 3 期；《元代乌思藏十三万户考》，《历史地理》第 7 辑。

② 陈庆英：《元代帝师制度及其历任帝师》，《青海民族学院学报》1991 年第 1—2 期；《元代宣政院对藏族地区的管理》，《西藏研究》1990 年第 4 期；《元代乌思藏本钦纪略》，《元史论丛》第 4 辑，中华书局 1992 年版；《元朝在藏族地区设置的军政机构》，《西藏研究》1992 年第 3 期等。

③ 任乃强、泽旺夺吉：《“朵甘思”考略》，《中国藏学》1989 年第 1 期。

④ 仁庆扎西：《西平王府今地考》，《青海社会科学》1986 年第 6 期。

⑤ 邓锐龄：《元明两代中央与西藏地方的关系》，中国藏学出版社 1989 年版。

⑥ 王辅仁、索文清：《藏族史要》，四川人民出版社 1981 年版。

⑦ 蔡美彪等：《中国通史》第 7 册，人民出版社 1983 年版。

⑧ 黄奋生：《藏族史略》，民族出版社 1985 年版。

⑨ 藏族简史编写组编：《藏族简史》，西藏人民出版社 1985 年版。

⑪ 搽里八·公哥朵儿只（tshal pa kun dgav rdo rje）：《红史》（Deb ther dmar po），东嘎·洛桑赤列校注，民族出版社 1981 年版，第 111—115 页。恰白·次旦平措主持出版的藏文历史文献丛书等。

⑫ 参见《佛教史大宝藏论》、《西藏王臣记》、《青史》（Deb ther sngon po）等；《新红史》、《贤者喜宴》、《青海史》等；《汉藏史集》、与人合译《红史》、《萨斯迦世系史》等。

⑬ 苏晋仁、萧錬子校证：《〈册府元龟〉吐蕃史料校证》，四川民族出版社 1981 年版；苏晋仁编：《通鉴吐蕃史料》，西藏人民出版社 1982 年版；陈燮章、索文清、陈乃文编：《藏族史料》（1—2），四川民族出版社 1982—1983 年等。

需要研究。

本书即是在前人研究的基础上，利用藏汉文史书，第一次全面探讨元代统治吐蕃地方的行政体制。全书共分六章，第一章探讨了影响元代在吐蕃施政的三股势力：宗王、帝师、白兰王，对于他们在吐蕃地方行政中的权限与地位进行了较深入地分析，肯定了他们对吐蕃所具有的行政权力，同时也说明，在元朝建立后，吐蕃不是帝师的封土、宗王的封地或白兰王的领地，而是由宣政院直接管辖的一个地方行政区。并对帝师的生卒年，帝师制度，宗王早期在吐蕃分封的年代，领地范围及历任白兰王事迹，进行了新的探讨。第二章主要讨论元代管辖吐蕃地方的中央机构，较为详尽地考察了总制院、功德使司和宣政院的建立、沿革、职能与历任长使的事迹。说明宣政院是管理吐蕃地方的真正的权力机关，在其下设置有一整套行政机构，以实施统治。第三章以《元史·百官三》"宣政院"条所记"乌思藏纳里速古鲁孙等三路宣慰使司都元帅府"，及下辖诸机构为线索，探讨了元代设立在乌思藏地区的行政建置的职能，对乌思藏十三万户的建立及沿革，提出了自己的看法，对宣慰司的治地、范围等予以探索。进一步证明本钦即乌思藏宣慰使。第四章以《元史·百官三》"宣政院"条所记"吐蕃等处宣慰司都元帅府"为线索，全面探讨了该宣慰司的建立年代、管辖范围、治地及几任长使，并对其下辖机构一一考订。第五章以《元史·百官三》"宣政院"条所记"吐蕃等路宣慰使司都元帅府"为纲，对该宣慰司的建立年代、治地、辖区范围及长使等提出了自己的看法，并对其下辖机构一一考订。第六章主要论述设立在吐蕃周邻地区的相关机构，及其与吐蕃的联系。本书通过以上六章的论述，试图勾勒出元代管理吐蕃地方的行政体制之轮廓，为全面深入地研究元代吐蕃史奠定基础，并用具体而微的史实说明元代对吐蕃实施统治之毋庸置疑，以及统治体制之一元特征。

本书后附录为作者已经发表和首次发表的、有关元代吐蕃地方制度史的9篇论文，即《论元代在西藏地方建政立制的基础》、《答失蛮其人及其经略吐蕃考实》、《Stod hor 考辨》、《释"萨斯迦本钦"》、《释"帝师之命与诏敕并行于西土"》等，是本书不可分割的组成部分，具体补充了书中应有的一些重要细节。

第一章　元代制约吐蕃地方行政的三股势力

元代制约吐蕃地方行政的势力有三股：宗王、帝师和白兰王。他们中的每一股，在学术界都有支持者视之为吐蕃地方的最高首脑。[①]本章将分别予以考察，试图说明他们在元代管理吐蕃地方的行政体制中的地位。

第一节　分封与出镇的宗王

一、阔端对吐蕃的经略

在太祖成吉思汗（ching gis）时，蒙古军威的影响已波及吐蕃，1223 年成吉思汗西征花剌子模，迫其主扎阑丁逃至印度河西岸。蒙古大军曾欲取道吐蕃东归，终因路途险阻而折回白沙瓦。[②]嗣后，相继对吐蕃东北部地区用兵。1227 年，成吉思汗亲自率师渡过黄河攻积石州，破临洮府及洮、河、西宁等州。[③]及窝阔台继为大汗，命皇子阔端（Godan）坐镇凉州，经略吐蕃，揭开吐蕃与蒙古国关系崭新的一页。

---

① 拉施特：《史集》第 2 卷，余大钧、周建奇译，商务印书馆 1985 年版，第 285 页；韩儒林：《元朝中央政府是怎样管理西藏地方的》，《历史研究》1959 年第 7 期，持西藏为西平王封地说。持帝师说者极多，如 W.D.shakabpa, *Tibet, A Political History*, 1967。持白兰王说者如 T.V.Wylie, Khubilai Khagan's Viceroy of Tibet, in L.Ligeti ed., *Tibetan and Buddhist Studies Commern Orating the 200th Annivesary of the Birth of Alexander Csoma de Koros*, Budapest, 1984, II, pp.391-404。

② J.Boyle, *The History of the World Conqueror*, Vol.I, pp.137-138；志费尼：《世界征服者史》（上册），何高济译，翁独健校订，内蒙古人民出版社 1981 年版，第 159 页。

③ 《元史》卷 1《太祖纪》。

1239年，阔端派道尔达（rdo rta, 或 dor ta nag po）率军入藏，蒙古军穿过乌思藏，南抵吐蕃与泥婆罗交界地区。各地首领大多归附，乌思藏地方大体已在蒙古人的军事管制之下。① 虽然时间不长，但其影响不浅。仅仅把它理解为一次试探性的侦察②，并不正确。藏史中明确指出道尔达所占地区与堡寨，以及由京俄（spyan snga）吃剌斯八冲纳思（grags pa vbyung gnas，1175—1255）把乌思藏全部户口之名册献给了道尔达，后者接受了它，蒙古法律从而得行于乌思藏的事实。③ 这绝不是侦察所要做的事。反过来讲，否认了此次对乌思藏征略的意义，那么说明乌思藏归附蒙古的理由又是什么呢？难道是阔端带有威胁性的邀请信或者别的？我们认为，此次征略无疑包含有侦察的目的，但更主要的还是军事占领，蒙古军退出乌思藏，如学者们已指出的，可能与大汗朝廷内的政治变动或人事更移有关。④ 这也正说明这支军队不是因为已达到目的而撤出的。况且，军事侦察何须一直攻打到吐蕃与泥婆罗交界地区（那是吐蕃的极南边境）呢。有了这一次的占领，阔端致萨班信才更具效力，它的威胁才不仅仅是一句空洞的恐吓词，而能在乌思藏地区引起强烈反响。

这里还涉及一个有争议的问题：道尔达入藏时，乌思藏地方各宗教领袖对待蒙古人的态度，是"纷纷投降"，还是"积极抵抗"？魏里以鲜明的态度否决了陆宽田关于各教派"竞相交结蒙古，以便消灭各自政敌"的说法。⑤ 他认为，事实与此相反，宗教首脑们讨厌同蒙古人发生关系。并引证《贤者喜宴》的史料说明，必里公住持是首先同蒙古人发生联系的，可是他玩了一个花招，劝说蒙古人听信他的话去延请萨班，还在萨班北去时赠上礼物。⑥ 我们认为，两说均有失偏颇。道尔达军入藏引起反抗是自然的，而藏史记其杀

---

① 大司徒绛曲坚赞（赏竹监藏）:《朗氏世系史》（即《朗氏宗谱》藏文本），西藏人民出版社1986年版，第109页。参见阿旺、佘万治汉译本，西藏人民出版社1989年版，下同。第五世达赖喇嘛（rgyal dbang Inga pa chen mo）:《西藏王臣记》（bod kyi deb ther dpyid kyi rgyal movi glu dbyangs），藏文本，民族出版社1981年版，第81页，参见郭和卿汉译本，民族出版社1983年版，下同。

② T.V.Wylie, The First Mongol Conquest of Tibet Reinterpreted, in *HJAS*, 37（1977），参见邓锐龄译文，见《民族史译文集》第4集。

③ 《朗氏世系史》，第109页；第五世达赖喇嘛：《西藏王臣记》，第89页。

④ T.V.Wylie, The First Mongol Conquest of Tibet Reinterpreted, in *HJAS*, 37（1977）.

⑤ L.Kwanten, *Tibetan Mongol Relations During the yuan dynasty*, University of South Carolina, Nov.1972, pp.1207-1368. 转引自魏里文（见下）。

⑥ T.V.Wylie, The First Mongol Conquest of Tibet Reinterpreted, in *HJAS*, 37（1977）.

死五百名僧人及近万名平民即是抵抗的明证，至于说借外力以消灭政敌，那仅仅是主观推测，难道它不会担心这外力不仅能消灭政敌，而且也能吞并自己吗？蒙古军的威名吐蕃人应是有所耳闻的，自不会怀抱天真幻想。但是，说吐蕃人是积极抵抗，这也并非事实，如果是积极抵抗，人数不算很多的道尔达军当不会在很短时间内势如破竹，横穿藏区南抵泥婆罗。又必里公住持较早接触蒙古人纯粹是因为地理上的原因，而不能据以说明认识上的深刻与否。必里公（vbri gung）在今西藏自治区拉萨东北墨竹工卡的直孔地方，而萨斯迦则在后藏日喀则西南的萨迦地方，蒙古军由东北向西南进发，接触吐蕃教派自然有先后之别。至于必里公住持所为[①]，与其说是玩弄一个花招，毋宁说是对蒙古人的畏惧。《朗氏世系史》记道尔达曾逮捕了必里公行政首脑官巴释辇，幸得京俄吃剌斯八冲纳思相救得脱。[②]这不会不对其住持留下影响。吐蕃对蒙古有一个由反抗到归附的过程。关于乌思藏地方归附蒙古的原因问题应是较复杂的，诸如长期的分裂割据难以形成强大的军政实力；佛教的传播及其在精神中的主导作用对战争与抵抗行为的消极影响；蒙古军遐迩闻名的威力等，都可能起到一定的作用，尚需进一步探讨。

道尔达返回凉州，以实相告："在边野的藏区，僧伽团体以噶当派（bkav gdam pa）为大；善顾情面以达垅法王为智；荣誉德望以必里公京俄大师为尊；通晓佛法以萨斯迦班第达（sa skya pandita Kun dgav rgyal mtshan）为精。"[③]阔端遂向萨班发出邀请，萨班携二侄上路前往凉州。[④]双方议定乌思藏归附蒙古条件，并由萨班向吐蕃地方各地首领、各寺住持发出归附号召。说明自己不辞年迈北行的苦心，阔端之敬信佛教，蒙古军之不可阻挡等。并谈到蒙古人的要求：第一，归附者官仍原职；第二，缮写各地官员姓名、百姓数目、贡品数额等各三份，一送阔端，一送萨斯迦，一由各长官收执；第三，绘制一份归附者与未归者之地图；第四，一切都须与萨斯迦金字使者商议而行。阔端还随信向吐蕃各寺送去许多布施与礼品。

阔端在经略吐蕃事务中扮演了什么角色呢？我们认为，他当时可以说是

---

① 巴卧·祖拉陈瓦：《贤者喜宴》，藏文本，民族出版社 1986 年版，第 1416—1417 页，记其赠礼给萨班事。

② 《朗氏世系史》，第 109 页。

③ 《西藏王臣记》，第 90 页。

④ 关于萨班携八思巴与恰那朵儿只二侄前往凉州事，藏史多有记载，如《红史》、《萨斯迦世系史》等。

吐蕃事务的总管，具有全权。故藏史有以之为可汗者。《朗氏世系史》记，“此时，吐蕃由在凉州的王子阔端治理”①。他可以决定向吐蕃派军，有权与地方政教领袖商订归附条款，制定地方行政事务的处理方案等。所以，他的令旨在吐蕃如同皇帝圣旨一样具有效力。阔端通过萨班向乌思藏地方首领与高僧大德发出的招抚书，在蒙哥当政时产生了结果：各地首领纷纷归附蒙古。此为推行分封制提供了必要的条件。

二、“供施”关系的实质是领属

在成吉思汗和他的“黄金家族”看来，整个蒙古国的人民和土地都是他们的共同家产。“太祖皇帝初建国时，哥哥弟弟每商量定：取天下了呵，各分土地，共享富贵。”②蒙古人是否在吐蕃实施了裂土分封制度呢？学术界有不同看法。③但我们从藏文史料的记载来看，分封应是客观事实。

《汉藏史集》在叙述大蒙古国之王统时，谈到拖雷（tho lo）和唆鲁禾帖尼诸子：长子蒙哥汗与必里公派（vbri khung pa）结为施主与福田，第二子额沁阔端与萨斯迦班智达结为施主与福田，第三子忽必烈（ho be la），先与搽里八噶举结为施主与福田，第四子阿里不哥与噶哩麻噶举结为施主与福田，第五子旭烈兀与必里公派结为施主与福田。④拖雷与唆鲁禾帖尼共有四子，将阔端作其第二子，误。其为窝阔台子。这里可告诉我们的有两点：其一，诸王子，除阔端而外皆是拖雷的儿子，说明其事出现在蒙哥汗当政以后与阔端去世以前，由于藏史以蒙哥1247年即位，故其时间应在1247—1251年之间；⑤其二，与蒙古王子结为施主与福田的主要是萨斯迦和噶举派，说明这两个教派在当时势力颇强大，且与蒙古王室关系更为密切，故此后出现八思巴（vphags pa）与噶哩麻拔合失争势就不难理解了。

---

① 《朗氏世系史》，第109页。

② 《元典章》卷9《吏部三·改正投下达鲁花赤》。

③ 札奇斯钦：《蒙古与西藏历史关系之研究》，正中书局1978年版，第181页。

④ 达仓宗巴·班觉藏卜：《汉藏史集》藏文本，四川民族出版社1985年版，第255—256页；参见陈庆英汉译本，西藏人民出版社1986年版，第154—155页。

⑤ 《朗氏世系史》，第448页，记1241年贵由即位，将乌思藏等地赐给胞弟阔端作为供养喇嘛的份地，阔端卒于1251年。

蒙古王子与乌思藏诸教派的结盟，既不是他们信奉某派的结果，也不是随意组合的，而是大蒙古国分封制的具体体现。与教派的结合是表面现象，对属于教派的行政辖区的统领才是其实质。

《朗氏世系史》记，蒙哥汗时，由阔端治理吐蕃，蒙哥管理必里公派，忽必烈管搽里八噶举，旭烈兀管伯木古鲁（phag mo gru），阿里不哥管达陇，四位王子分别管辖各万户。① 这就清楚地说明诸王与各派的关系，并非所谓供施，而完全是管理与服从的关系，而且他们管领诸教派所属万户。这一点还得到《贤者喜宴》的证实，该书记蒙哥汗为王时，吐蕃之译师及僧人大多前来蒙古地区（hor yul）。他们凭借各自所联合的力量寻求桂本（sgos dpon，拥有私有庄园的贵族官员）之职位，必里公派和藏地之古尔摩瓦（mgur mo ba）依靠蒙哥汗本人；萨斯迦派之拉德雄巴（sa skya pa lha sde gzhung pa）等依靠阔端；搽里八（tshal pa）依靠薛禅汗（se chen，忽必烈）；达陇派（stag lung pa）依恃阿里不哥；牙里不藏思八（g・yav bzang pa）、伯木古鲁、汤卜赤三者（g・yav phag thang gsum）依靠旭烈兀，总共有十一个势力集团。② 这里值得注意的几点是：第一，如上所言，乌思藏地方诸译师大德之纷纷至内地，是与萨班转达阔端旨意的“告蕃人书”密切相关的；第二，他们之归附，从本质上说是寻求“桂本”职务，保护各自的庄园经济利益；第三，诸王与所庇护的显然不只是教派，而更重要的是他们所代表的势力集团；第四，在当时，这种较大的集团有 11 个，这应该是后来元朝在乌思藏划分十三万户的基础。《朗氏世系史》又谓，必里公派在依靠蒙哥汗的同时，还依靠阿里不哥；而萨斯迦还依靠薛禅汗。这一方面反映了各王封地与各教派势力范围上的基本一致，却又不相等同的状况，另一方面意味着封地的变化。萨斯迦之由依靠阔端转而依靠忽必烈即是此例。前引《汉藏史集》记，忽必烈“先”（sngar）与搽里八噶举结盟，在蒙哥汗继位之后，尤其是阔端去世之后，蒙古统治者内部权力系统的转移导致了治蕃权的变换。蒙哥继位后不久，即命其弟忽必烈插手吐蕃事务，忽必烈积极活动，最终在阔端去世后，派人从凉州蒙哥都镇守地迎走了八思巴和恰那兄弟，从而取代了阔端在治蕃事务中的地位。蒙哥都及其后裔只有蛰居凉州及周邻地区了。

---

① 《朗氏世系史》，第 109 页。

② 《贤者喜宴》，第 1416 页。

对于他们能够保留自己的封地与势力，波斯史家拉施特交代得很清楚：“当窝阔台合罕和贵由汗的儿子们图谋背叛蒙哥合罕时，由于阔端的这些儿子们过去是他［蒙哥］的朋友和支持者，蒙哥在定谋叛者的罪并掳取其亲兵加以分配时，没有为难他们，而将谋叛者拥有的那些军队规定为他们所有。由于他们的份地（禹儿惕）在唐兀惕地区，忽必烈合罕和他的儿子铁穆耳合罕便把阔端家族留在那里，他们照旧为蒙哥合罕的朋友和支持者，并服从他的命令。”①

三、诸王分封制的实施时间

据《朗氏世系史》记载，蒙古在乌思藏地区最初的分封是在贵由汗当政时期（1246—1248），而第一位受封者即是阔端。文谓“是年（阴铁牛年，即 1241 年）贵由汗继位。贵由汗将乌思藏等地赏赐给胞弟阔端作为供养喇嘛的份地”。并言“贵由汗在位时蒙古人未曾来西藏”②。1241 年是窝阔台去世之年，嗣后为脱列哥那皇后摄政，贵由在 1246 年才即大汗位。那么，倘使此载不误，分封时间应在 1241 年。这与当时阔端全权负责对蕃事务是一致的，可以把它看作是一份归他经营的封地（准确地说是镇守地）。

蒙古人在吐蕃的大规模分封是在蒙哥汗当政以后。据前所论，这次分封应在 1248—1251 年之间。又据《朗氏世系史》，“阳铁狗年（1250），……经乌思藏僧人、译师、各处第巴（sde pa）、有关王公奏请于蒙哥皇帝驾前，作为王室兄弟供养喇嘛的份地，（宪宗）从王子阔端手中将乌思藏接收过来，划其地以供养各教派”③。此与前引《贤者喜宴》所记，僧人、译师等请求桂本的资料可相互对证。据此，蒙哥汗在乌思藏地方划分诸王领地的时间是 1251 年。由于蒙哥汗 1251 年即位，那么，上述年代或有误差，这可能是藏史纪年上的失误所致，当是 1251 年。

东嘎·洛桑赤列先生将蒙古在吐蕃实施分封制的时间定为 1239 年，也即阔端派道尔达率军入藏之年。④这大约是将阔端经略吐蕃理解为在封土上施行

---

① 参见拉施特：《史集》，第 11 页。

② 《朗氏世系史》，第 448 页。

③ 《朗氏世系史》，第 448 页。

④ 东嘎·洛桑赤列：《论西藏政教合一制度》，第 69—70 页；参见陈庆英汉译本，民族出版社 1985 年版。

权力的缘故吧。

四、诸王份地的划分

我们前引资料多言及诸王与教派的领属关系，大体勾画出了各自的势力范围，兹分论如下：

1. 蒙哥汗的份地

《汉藏史集》、《朗氏世系史》记其管领必里公派；《贤者喜宴》则记其兼有古尔摩。必里公为十三万户之一，其治地在今西藏自治区墨竹工卡直孔地方，也是必里公教派的根本道场。其地称秀堆（gzho stod），寺又名必里公梯（vbri gung thil）。[①]为法王吉甸松衮（vjig rden gsum mgon）在阴土猪年（1179）所建。[②]至第五任座主炯仁波且（gcung rin po che）时，必里公官巴获得万户长之封诰，势力达到恰（bya）、达（dwags）地区。古尔摩，其治地在今西藏自治区日喀则地区岗巴县塔杰区。[③]在当时也为一巨大政治势力。唯必里公与古尔摩两地相去遥远。蒙哥如何管领，以及两地如何联系等均不详。

2. 阔端的份地

《贤者喜宴》等藏史皆记其管领萨斯迦，或萨斯迦之拉德雄巴。“lha sde gzhung pa”意为“神部衙门”，自然是特指萨斯迦地方势力了。其治地在今西藏自治区萨迦及附近地区。后归忽必烈管辖。

3. 忽必烈的封地

早先是搽里八噶举派的辖区。其根据地在上下吉雪（skyid shod stod smad）[④]，也即吉曲河（skyid chu）流域。管辖范围颇大，包括堆隆、扎朵、穷波、嘉扪，以及唉、达、梁三区等处。[⑤]为元代十三万户之一。府治今西藏自治区拉萨市东郊的蔡公塘。后萨斯迦也归其属下。

4. 阿里不哥的封地

《汉藏史集》记其领噶哩麻噶举；《贤者喜宴》既记为达垅巴，又记其为

---

① 钦则旺布：《卫藏圣地简介》，藏文本，西藏人民出版社 1992 年版，第 12 页。

② 《新红史》，藏文本，第 65 页；参见黄颢汉译本，西藏人民出版社 1984 年版，下同。

③ 杨仁山：《昔日万户府，今地在何方》，《西藏研究》1985 年第 3 期。

④ 《新红史》，第 64 页。

⑤ 《西藏王臣记》，第 107 页。

必里公巴之靠山。噶哩麻噶举的主寺粗卜寺（mtshur phur），地在今西藏自治区拉萨西北的堆垅地方，其势力约在此周邻。著名的噶哩玛拔合失（噶玛拔希）即是此派名僧，他与蒙哥关系密切，其地归阿里不哥管领也是很可能的（其与忽必烈则较疏远）。必里公派归蒙哥管领，很可能在蒙哥死后一度转归阿里不哥，详情不明。达垅派的主寺达垅寺（stag lung）旧地在今西藏自治区拉萨之北，其地东约与必里公势力范围相接。

5. 旭烈兀的封地

旭烈兀的封地在藏史中记载十分详尽，从其中也可窥见诸王与其吐蕃封地关系之一斑。《汉藏史集》记其属地为必里公派辖区；《贤者喜宴》记为牙里不藏思八、伯木古鲁、汤卜赤；《朗氏世系史》记为伯木古鲁；第五世达赖喇嘛《西藏王臣记》则赞同后说。我们认为，在这里《汉藏史集》所记可能有误。其一，必里公是蒙哥汗的封地，且可能与阿里不哥有较密切的关系，不大可能再分封给旭烈兀；其二，藏史中，甚至《汉藏史集》里也没有旭烈兀管理必里公史实的记载；其三，将必里公作为旭烈兀领地的依据，可能是基于参加“必里公之变”（vbri khung gling log）的西蒙古（stod hor）军应是旭烈兀的军队，stod hor rgyal po 即旭烈兀的观念。[①] 但是，尽管旭烈兀所部也被称作 stod hor，而且他也就是 stod hor rgyal po hu la 或 hu la hu。但参与叛乱的应是察合台后王笃哇（又译作“都哇”）和窝阔台之孙海都，而非旭烈兀。[②] 所以，不能据此推断出旭烈兀与必里公的封地与领主关系。旭烈兀封地应是伯木古鲁、牙里不藏思八、汤卜赤等，有大量史料可为之证明。

《西藏王臣记》谓：门鲁果丁（mon lug mgo steng）一带，上下涅（gnyal stod smad）、住徐（gru shul）、洛若噶那（lo ro dkar nag）、嘉波（byar po）、唉（e）切（che）哇（ba）区内之唉琼（e chung，即小唉）、汤卜赤（thang po che）、琼结（vphyong rgyas）、却（vphyos）、门噶尔（mon mgar）、喀达多沃（mkhar ltag do bo）、色德（sregs lde）、温那（von sna）、囊协安（nam zhal lnga）以下一带，从洛扎（lho brag）区东部至却德（mchod sde）、巴西（ba zhi）两牧区，从纳里速（mngav ris）至哥润多（ko ron mdo）以上一带，及布日拉杂（spu rig la rtsa）

---

① 关于必里公之乱，藏文史书《贤者喜宴》，第1419—1420页；《青史》，藏文本，第268—269页等各书均有记载。

② 参见本书“附录”《Stod hor 考辨》。

山麓以下等地区，都属于旭烈兀王（rgyal po hu la hu）主宰与领属的范围。[①]这一范围也正是帕竹噶举派所管辖的地区。在此书之前，几乎为当代人所著书的《朗氏世系史》，也记载了这一条史料。[②]其可靠性当不容置疑。后书还记载旭烈兀属地包括牙里不藏思八和汤卜赤两万户。[③]

以上诸地，个别地区已不易定位了，可知的有：涅，在今西藏自治区山南曲松县南、措美县东，即今隆子县的涅河流域某地方；住徐，在措美县东南、错那县西北的多嘎雄曲河（mdo mkhar gzhung chu）西岸地方；洛若噶那即黑白洛若，地近涅，在洛曲流域，约当隆子县西南和错那县东北地方，今错那有洛堆，当与之有关；嘉波，地在今西藏自治区隆子县东北的三安曲宗（gsang sngags chos gling）和东南的加玉宗两区地方；唉（e），其地以曲松县拉加里宗为中心，包括桑日南部地方，切（che）、哇（ba）二地当与之相邻；汤卜赤，在山南琼结县唐布其乡，因寺而名；琼结，约在今琼结县及附近；却，在琼结西北，靠近协扎，今为琼结县一区；门噶尔，约在今错那县境内；桑耶（bsam yas），为著名寺院桑耶寺所在地，地在今扎囊县境内；洛扎，在今西藏自治区山南，东邻措美，北接浪卡子（sna dga rtse），西北近普莫雍措，东南界不丹。[④]从以上已知其地域之辽阔。

旭烈兀与其领地的联系不算很长，但影响却很大。据史记，初分封后不久的1251年，王子旭烈兀即奏请蒙哥皇帝并获得封诰，划出绛江、伯木古鲁和邢雅三地，不负担绛梅朵（vbyam me tog，驿传税）、人头税和向基层地方组织"马头"（rta mgo）摊派的差税，作为古刹伯木古鲁寺的人畜差徭和茶水费用而奉献给京俄杰瓦宝师。[⑤]伯木古鲁万户长赏竹监藏（byang chub rgyal mtshan）在总结自己担任首领40年之历程时，仍告诫下属："后辈人应遵循旭烈兀的遗命，精心管理此史册上记载的溪卡（gzhis kha）、属民和土地，'勿让自己的羊群混杂于他人的羊群中，勿让他人的羊群混杂在自己的羊群中'，众人应领会旭烈兀这番话的含义。"[⑥]对其初属主人念念在怀。

---

① 《西藏王臣记》，第105页。
② 《朗氏世系史》，第110—111页。
③ 《朗氏世系史》，第200页。
④ 钦则旺布：《卫藏道场胜迹志》，刘立千译注，民族出版社2000年版，第20—23页。
⑤ 《朗氏世系史》，第449页。
⑥ 《朗氏世系史》，第346—347页。

旭烈兀在其辖地的施政有这样几方面：第一，派遣“守土官”（yul bsung pa）全面办理管辖事务。《朗氏世系史》在谈到牙里不藏思八与伯木古鲁的纷争时，谓“王子旭烈兀派来守卫地方的蒙古军官阔阔出（go go chu），是喀尔丹巴家族的成员，姓毕仁，担任王子四部宿卫军（怯薛）中的一部之长官”。应伯木古鲁派之请求，旭烈兀派其入藏为守土官。① 他握有军政司法大权。第二，保护其辖地之利益不受侵害。《朗氏世系史》谈到牙里不藏思八分离出去后，多次与伯木古鲁争夺地盘，而旭烈兀保护后者的情况。② 第三，负责寺院的供奉与香火费用，有权赏赐封地上的庄园土地给寺院，旭烈兀曾把羊卓三岗和雅拉香波神山（在琼结境）周围的牧户，察叶康烈至雪山周围的牧户，曲登林、堆村和甲孜直古的诸村落，献给了邓萨梯寺扎西卧巴灵塔。③

在阔阔出之后，他的儿子仍在伯木古鲁万户中担任政治人物角色，而建立伊利汗国的旭烈兀依然与其在乌思藏的封地保持联系，赠送礼物给高僧。④ 伊利汗宫廷也有吐蕃僧人。⑤ 旭烈兀与其封地的关系如此，其他诸王与封地的关系大约也相近。如第五世达赖喇嘛所言，“以此类推，同样地，必里公和搽里八两派也有其代表各自势力的人物和地区范围”⑥。自然要实施管理，“对这些地区予以照顾”⑦。除以上诸王之外，《朗氏世系史》还记有另外三位王子受封乌斯藏土地的简况。⑧

6. 忙哥剌的封地

为拉萨（lha sa）、主巴（vbrug pa）和拉堆汤琼（la stod thang chung）等三地。忙哥剌（mo gha la）是哪一位王子呢？根据当时的形势来看，应当是负责经营吐蕃事务的忽必烈之子忙哥剌。忙哥剌（？—1278），至元九年（1272）封安西王，出镇陕、甘、川等地，参与经营吐蕃事务。⑨ 在吐蕃拥有封地也

① 《朗氏世系史》，第 116 页。

② 《朗氏世系史》，第 116—117 页。

③ 《朗氏世系史》，第 110 页。

④ L.Petech, Tibetan Relatlons with Sung China and with the Mongols, in M.Rossabi (ed.), *China among Equals*, University of California Press, 1983; E.Sperling, Hülegü and Tibet, 1984.

⑤ 拉施特：《史集》，汉译本第 371 页记合赞汗信仰伊斯兰教，吐蕃等地僧人被逐事。

⑥ 《西藏王臣记》，第 105 页。

⑦ 《西藏王臣记》，第 105 页。

⑧ 《朗氏世系史》，第 448 页。

⑨ 《元史》卷 14《世祖十一》记，至元二十四年十一月右丞相桑哥言：“先是，皇子忙哥剌封安西王，统河西、土番、四川诸处，置王相府……”

是可能的。拉萨应即今西藏自治区拉萨市。主巴即布鲁克巴，地在今不丹境内。《汉藏史集》记，由扎由（bya yul）地方的一千户人家、主巴地方的九百五十户人家共计一千九百五十户人家组成一个万户[①]，此主巴与上同。拉堆（la stod），据《赡部洲志》（vdzam gling rgyas bshad）记“自芒域之纳里速宗卡往南便是藏地之拉堆”[②]。其地在雅鲁藏布江流域，后分为南北两个万户，即拉堆洛（la stod lho）和拉堆绛（la stod byang）。前者在江南，以谢噶尔（shel dkar）为中心，后者在江北昂仁一带。汤、琼是否是汤卜赤与琼结，不得而知。

7. 斯哥汗的封地

斯哥汗（si ga gan），何许人，不详。《朗氏世系史》记其属民是加麻（rgya ma）氏族的扎由人。[③]则其地约在今西藏自治区山南隆子县加玉地区及附近。后为十三万户之一。

8. 格杜拉的封地

格杜拉（gal du la），指哪位王子，未详。其所管民有格岗人（ki kam pa）、察沙（khra sa）、阿拉巴（ngab pa）等。其地待考。

诸王封地基本包括了乌思藏整个地区，其中，必里公、搽里八、萨斯迦、伯木古鲁、拉堆、扎由、牙里不藏思八、达垅、汤卜赤、古尔摩等都成为后来的万户府或千户府，它上承乌思藏地方割据势力的分散现状，下启统一王朝之下的行政体制——十三万户，起到过渡性的桥梁作用。及忽必烈当政后，逐渐受到限制，终至瓦解，而代之以新的统治体制。

五、忽必烈改变分封制的努力

蒙哥继大汗位后，大蒙古国的汗权由窝阔台系转到拖雷系。忽必烈受命经营吐蕃[④]，以替代阔端。幸而后者在1251年去世，为忽必烈插手吐蕃事务提供了大好时机。1253年，忽必烈即遣人要求阔端之子蒙哥都将八思巴与恰那朵儿只送归己处。[⑤]蒙哥都遂同八思巴兄弟来到忽必烈营帐。忽必烈与八思

① 《汉藏史集》，第278页。

② T.V.Wylie, The Geography of Tibet According to the Dzam-Gling-Rgyas-Bshad, in *Serie Orientale Roma*, 25, p.64.

③ 《朗氏世系史》，第448页。

④ 《史集》第3卷，汉译本，第29页，记蒙哥汗派其弟忽必烈合罕到东方汉地及吐蕃等事。

⑤ 《佛祖历代通载》卷22《唐敬宗》，《元史》卷202《释老传》。

巴初次相见，十分高兴，遂给蒙哥都一百名蒙古骑兵，而留下了八思巴，并以其为上师（bla mchod）。[①]这应是忽必烈在获得对蕃经营权方面关键的一步，从而结束了阔端父子与萨斯迦的领属关系，封地转归忽必烈名下。

另一个重要契机是1259年蒙哥的战死。这一年，蒙哥率军与南宋争战中中箭而逝，其在吐蕃的封地随之无主。及至1264年，阿里不哥在与忽必烈争夺汗位中失败，忽必烈成为唯一的主人，诸王在吐蕃的封地也处于风雨飘摇之中了。唯有旭烈兀，既与忽必烈相善，又远离吐蕃，才得以保存封地。史载，“嗣后，在蒙哥汗升天后，忽必烈继承汉地王位时，撤退了警卫乌思藏地方的所有蒙古军队，因为忽必烈和旭烈兀兄弟之间特别亲密，所以守卫我们（即伯木古鲁——引者）地方的蒙古军队全部留驻”[②]。

在追述诸王在吐蕃势力的变化时，赏竹监藏谓：“由于蒙哥皇帝的恩泽和法令，才有你们必里公人的名号和教法，仰仗薛禅皇帝的恩泽和法令，才有萨斯迦派和搽里八的权势和教法，仰赖旭烈兀的恩泽，才有伯木古鲁的政权与安定。”[③]

但忽必烈容忍旭烈兀在乌思藏封地的存在，并不意味着他会放任它的发展，采取限制措施是在所难免的。忽必烈处理牙里不藏思八与伯木古鲁之间的领地纠纷即明确表现出这一点。牙里不藏思八原为伯木古鲁辖下的一个千户，后分离出来并不断扩张，甚至吞食伯木古鲁的领地，其中不免包含着大汗的默许与支持。史载“薛禅皇帝降旨，将牙里不藏思八单独分出（成立一个万户）”[④]。接着又令伯木古鲁管领直拉山以内的地方，交出雅藏寺（在今琼结境）。此后，经过王子奥鲁赤和阿阇黎辇监（即帝师辇真监藏）的调解，“牙里不藏思八管理热木藏协地方，伯木古鲁管理涅地区的恰瓦地方，双方宗教事务由阿阇黎掌管，旭烈兀掌管司法事务”[⑤]。由此知忽必烈限制旭烈兀封地的发展及对吐蕃事务的最终裁决权之一斑。

忽必烈在乌思藏地区收回分封权，推行郡县制，并不是一帆风顺的。这种阻力早已存在。当忽必烈与阿里不哥争汗位时，大部分寺院及行政官，

① 《朗氏世系史》，第449—450页。
② 《朗氏世系史》，第109页。
③ 《朗氏世系史》，第203—204页。
④ 《朗氏世系史》，第116页。
⑤ 《朗氏世系史》，第116—117页。

如萨斯迦本钦释迦藏卜（shakya bzang po）都站在忽必烈的一边，而必里公万户长（khri dpon）朵儿只班（rdo rje dpal）在访问蒙哥宫廷时则成为阿里不哥的党羽，他曾当面与忽必烈争辩且轻视忽必烈。[①]这种不满最终导致必里公联合与元廷对抗的西北叛王海都和笃哇军进攻在蕃的中央军队和萨斯迦地方军，元廷派兵平息，史称此事件为“必里公之变”[②]。改革仍然在进行。

六、西平王出镇吐蕃

拉施特《史集》记载，忽必烈“第七子奥鲁赤，为朵儿别真哈敦所生。合罕把吐蕃地区赐给了他”[③]。事实上，西平王奥鲁赤并未拥有这块“封地”，而是像其他出镇诸王一样，封藩不治藩，旨在统兵镇戍，与行省、行院分权而治。[④]藏史记载，“薛禅皇帝次妃所生之子奥鲁赤，受命管辖西土之事，驻于汉藏交界之处，亦曾前来乌思藏，多次镇压反叛”[⑤]。封立奥鲁赤为西平王，是忽必烈在吐蕃结束分封制、建立郡县制的同时，采取的又一项重要措施。它在表面上与诸王出镇旧例相同，但实际上标志着元朝在吐蕃新的格局的形成。据《元史》卷6记，至元六年十月庚子“赐诸王奥鲁赤驼纽金镀银印”，此当是西平王之始封时间。次年，八思巴受封为帝师，“帝师之命与诏敕并行于西土”[⑥]。两者之间也许存在着某种联系。

西平王的主要职责即在于镇戍地方，平息叛乱。对此，《元史》中有大量的记载，如“至元九年（1272）春正月丁丑，敕皇子西平王奥鲁赤、阿鲁帖木儿……并忙古带等十八族、欲速公弄等土番军，同征建都”；“庚辰，给西平王奥鲁赤马价弓矢”；“十年冬十月庚申，西蜀都元帅也速答儿与皇子奥鲁赤合兵攻建都蛮，擒酋长下济等四人，获其民六百，建都乃降”。同年十二月，西平王率诸王、驸马所部蒙古军征吐蕃。[⑦]至元三十年冬十月，西平

① L. Petech, Tibetan Relations with Sung China and with the Mongols, in M.Rossabi (ed.), *China among Equals*, University of California Press, 1983.

② 关于参与叛乱的西蒙古人是西北叛王而非旭烈兀，参见本书“附录”《Stodhor 考辨》。

③ 《史集》第2卷，第285页。

④ 沈卫荣：《元朝中央政府对西藏的统治》，《历史研究》1988年第3期；李治安：《元代分封制度研究》。

⑤ 《汉藏史集》，第266页。

⑥ 《元史》卷202《释老传》。

⑦ 《元史》卷8《世祖五》。

王又与侍卫亲军千户张邦瑞合兵西征。[①]到元成宗当政后，西平王参与军事活动减少了，见于记载的只有元贞元年（1295）夏四月癸卯，“以诸王出伯所统探马赤、红袄军各千人，隶西平王奥鲁赤”[②]一条。其余则多为受赐或其部受赐的记载，如元贞二年六月，赐西平王奥鲁赤银二百五十两，钞六千锭，所部六万锭。大德二年（1298）春正月，给西平王奥鲁赤部民粮三月。[③]八年夏四月，赐西平王奥鲁赤、合带等部民钞万锭；秋七月，再赐西平王奥鲁赤二万锭。十年二月赐三万锭。[④]未有军事行动而屡受厚赐，是否意味着他的地位的某些变化？我们可以看到的涉及西平王奥鲁赤的是非有二：一是至元三十一年五月，上言“汪总帅之军，多庇其富实，而令贫弱者应役”，朝命更之[⑤]；二是元贞元年六月“河西陇北道廉访司鞫张万户不法，西平王奥鲁赤阻挠其事，帝命谕之”[⑥]。张万户似应为至元三十年由侍卫亲军千户升为万户并随西平王出征吐蕃的张邦瑞，奥鲁赤此举应有包庇亲信部下罪咎之失。这可能对他在镇守吐蕃地方的权力与地位产生不良影响。关于他的结局如何，史无明言。《元史》本纪上记他最后一次活动是大德十年（1306）二月受赐钞三万锭[⑦]，后不见载籍。奥鲁赤之后，其子八的麻的加、其孙贡哥班相继为西平王[⑧]，然其皆少干预吐蕃军政事务。而真正代替奥鲁赤旧职的是他的另一个儿子——镇西武靖王铁木而不花及其后裔。

七、镇西武靖王

史载，大德元年（1297）三月丁丑，封诸王铁木而不花为镇西武靖王，赐驼纽印。[⑨]《史集》记，奥鲁赤去世时，吐蕃地区授予了他的儿子铁木而不花。[⑩]

---

① 《元史》卷 17《世祖十四》。
② 《元史》卷 18《成宗一》。
③ 《元史》卷 19《成宗二》。
④ 《元史》卷 21《成宗四》。
⑤ 《元史》卷 18《成宗一》。
⑥ 《元史》卷 18《成宗一》。
⑦ 《元史》卷 21《成宗四》;《新元史》记大德七年事后，谓其未几卒，似欠妥。当在大德十年或以后卒。
⑧ 《元史》卷 108《诸王表》，西平王：奥鲁赤，八剌麻力（即八的麻的加）、管不八（即贡哥班）。
⑨ 《元史》卷 19《成宗二》;《新元史》卷 114 作“大德三年”，误。
⑩ 《史集》第 2 卷，俄文本，第 155 页，汉译本，第 285 页。

此当误，如前引《元史》所示，大德十年奥鲁赤仍健在。只是不再参与对蕃军事活动而已。

铁木而不花早在元贞二年（1296）已率军讨伐杀掠阶州军民的吐蕃叛部。①汉文史籍对其记载过简，幸而藏史可做一些补充。据《汉藏史集》记“奥鲁赤之子铁木而不花也服事萨斯迦大寺，做了许多利益教法的事”②。又据《朗氏世系史》，软奴云丹任万户长时“令邓萨梯寺向铁木而不花王子供给马料”，由于此人多有过失，“在猪年（1299），细瓦协巴（即吃剌斯辇真）在加麻和彭域之朗塘地方控告于王子铁木而不花和本钦勒巴班座前，免去了软奴云丹的万户长职务，收缴了印章”③。加麻在今西藏自治区墨竹工卡的甲马地方，元代为十三万户之一；彭域（vphan yul）在拉萨北彭域年曲河流域。是知，铁木而不花王子曾到过此地，同时也可能到过萨斯迦。这里还记载了该王免除伯木古鲁万户长一事，说明他对吐蕃地方的行政有一定的干预权，而且大德三年（1299）仍在吐蕃受命理事。

在铁木而不花之后袭任镇西武靖王位的是他的儿子搠思班。其袭职时间不详，不过至迟在大德十年（1306）。史载，这一年二月“镇西武靖王搠思班所部民饥，发甘肃粮赈之”④。又《汉藏史集》记“铁木而不花的次妃所生之子搠思班（chos dpal），受封为（镇西武）靖王，前来乌思藏，在江孜的山脚下击溃西蒙古的军队，并将必里公派的官巴处以死刑”⑤。此当指前文提及的“必里公之变”。其事在元贞元年（1295）以前⑥，这就与其父仍在任相矛盾，镇西武靖王一位是父子相继，而非同时兼领。入藏平叛父子均参与，其时搠思班或非镇西武靖王，而是以王子身份随父往征，其受封当在1300年至1306年之间。

藏史还记载搠思班王子在击败进攻萨斯迦的西蒙古军之后，向地方首领颁发令旨，与宣政院的“札符”一起任命千户长。⑦他的令旨与帝师法旨、宣

① 《元史》卷19《成宗二》。
② 《汉藏史集》，藏文本，第266页，汉译本，第161页。
③ 《朗氏世系史》，第118—119页。
④ 《元史》卷21《成宗四》。
⑤ 《汉藏史集》，藏文本，第266—267页；汉译本，第161—162页。
⑥ 姚遂：《牧庵集》卷13《答失蛮碑铭序》文。
⑦ 《朗氏世系史》，第134、149—150页。

政院札符、萨斯迦议事会的决定，在解决吐蕃地方辖地纠纷中具有同等效力。[①]为了获得支持或具有合法权利，各地万户长与领主必须请得王子的恩准，如藏历鼠儿年（1324）秋，软奴云丹和公卜监藏即为伯木古鲁万户长赏竹监藏请来了册封的诏书、帝师的法旨和王子搠思班的令旨。[②]

搠思班的活动，汉文史书皆有较多的记载，如至大二年（1309）秋七月，他与脱思麻宣慰司联名上言，改松潘叠宕威茂州等处安抚司为宣抚司。[③]延祐六年（1319）三月，斡端地有叛者入寇，受命讨之。[④]至治三年（1323）三月讨伐参卜郎之叛。[⑤]泰定帝三年（1326）十一月，"阶州土番为寇，武靖王遣临洮路元帅盏盏谕降之"[⑥]。

文宗天历二年（1329）春正月，据守四川而与朝廷对抗的囊加台曾乞师于镇西武靖王搠思班，后者拒之，并受命平叛。[⑦]至顺元年（1330）又与彻里铁木儿等由四川进军讨伐云南乌蒙、乌撒及罗罗斯等部的反抗活动[⑧]，次年平之。战后，镇西武靖王向朝廷建言，留荆王也速也不干及诸王锁南屯住（bsod nams don grub）。此后的活动不见载籍。及至顺帝至元三年（1337）五月，"西番贼起，杀镇西王子党兀班，朝廷立行宣政院，以也先帖木而为院使往讨之"[⑨]。搠思班的故去和其子党兀班的被杀，大大减弱了该王系的影响。在后至元三年七月，顺帝赐巩卜班（mgon po dpal）为西平王。[⑩]惜其事迹不详。

据《汉藏史集》记："搠思班的后裔为武靖王班玛塔（pad mata）和在河州的安西王等。后来前来乌思藏的王子皇太子、宗平钦波父子亦是。"[⑪] pad ma ta疑即"八的麻的加"，唯后者是西平王而非镇西武靖王。至于曾至乌思藏的皇太子、宗平钦波（rdzong phing chen po）父子为何人，尚待考订。明初（1370），邓愈率兵至河州（今甘肃临夏），"镇西武靖王卜纳剌亦以吐蕃诸部来

---

① 《朗氏世系史》，第150页。
② 《朗氏世系史》，第151页。
③ 《元史》卷23《武宗二》。
④ 《元史》卷26《仁宗三》。
⑤ 《元史》卷28《英宗二》。
⑥ 《元史》卷30《泰定帝二》。
⑦ 《元史》卷34《文宗三》。
⑧ 《元史》卷34《文宗三》。
⑨ 《元史》卷39《顺帝二》;《元史》卷92《百官八·行宣政院》。
⑩ 《元史》卷39《顺帝二》。
⑪ 《汉藏史集》，第267页。

纳款”[①]。这应当是元代最后一任镇西武靖王了。疑为党兀班之兄弟或儿子。

八、西平王、镇西武靖王王府

由于西平王奥鲁赤之后，镇戍吐蕃的权力未由承袭西平王位的八的麻的加接替，而交给了镇西武靖王铁木而不花[②]，所以，西平与镇西武靖两王王府当在一地。据《元史》卷 10《世祖七》记，至元十六年“秋七月己未，以朵哥麻思地之算木多城为镇西府”。据学者考订，此镇西府即在今青海互助县之松多。[③]此无疑是一个十分有价值的线索。但笔者在阅读史籍中也发现了一些疑点，提出来供学界参考：其一，“朵哥麻思”的藏文对音应是“mdo khams”，即“朵甘思”。在元代，“朵甘思”是和“脱（朵）思麻”（mdo smad）相对应的一个地域名称，二者所含自不相同。[④]今青海互助在元代归西宁州，即使按上述划分也只在脱思麻范围之内。与算木多在朵哥麻思不相合。其二，既然今互助在西宁州管内，而且与州治十分接近，该州又为昌吉驸马镇地（后封宁濮郡王），一地而二王或有未妥处。其三，据《红史》记载，噶哩玛巴黑帽系第四世活佛若贝朵儿只（rol pavi rdo rje）应元宁宗之召，前往朝廷。路经索曲（今西藏自治区索县）、金沙江，猪年（1335）二月六日到嘉嘎（rgya gar），王子桑札室利坚（sang gra shri can）亲自前来迎接。八日，他被接到河州，达玛靖王（rta rma tsing dbang）把他请到索雅尔斡耳朵（vur rdo so yar）住了两天，以靖王官却班（tsing dbang dkon cog dpal）为首的王族前来皈依，他劝说赦免了被革职的斯雅王（srad nya dbang），及王府的属官。他在河州住了八天，住在王子搠思班在山腰修建的寺院附近扎下的帐篷中等。这里明确讲述了设在河州的王子迎接活佛的活动及其处分 srad nya dbang 的情况，tsing dbang 应即“镇西武靖王”之省。足知，镇西武靖王府在河州。[⑤]其四，元亡后的洪武三年五月，明将宁正从邓愈克河州，留正镇守。“时元镇西武靖王卜纳剌等诸酋长拥兵犹

---

① 《明史》卷 330“西番诸卫”条。

② 《史集》第 2 卷，俄文本，第 155 页，汉译本，第 285 页。

③ 仁庆扎西:《西平王府今地考》,《青海社会科学》1986 年第 6 期,后收入《仁庆扎西藏学研究文集》,天津古籍出版社 1989 年版。

④ 任乃强、泽旺夺吉：《“朵甘思”考略》,《中国藏学》1989 年第 1 期。

⑤ 《红史》，汉译本，第 111—115 页。

众，正遣兵追之，于宁河杀获颇多。于是沙家失里与诸酋长遣人请降，正即策马往谕之，酋长皆感悦，献其全部军马及元所授金玉印章、金牌宣命，擢临洮卫世袭指挥同知。”[①] 六月，“故元陕西行省吐蕃宣慰使何锁南普等，以元所授金银牌印宣敕诣左副将邓愈军门降，及镇西武靖王卜纳剌亦以吐蕃诸部来降”[②]。“先是，命陕西行省员外郎许允德招谕吐蕃十八族、大石门、铁城、洮州、岷州等处，至是何锁南普等来降”[③]，也即前后相关。这些地区均在河州之南、东南方向，与前述镇西武靖王所部逃往宁河方向相同，而与今互助松多相异。其五，前引《汉藏史集》提到“搠思班之后裔为武靖王班玛塔以及在河州的安西王等”。即河州有该王后裔，也证明当与河州相关。综上可知，西平王府，至少镇西武靖王府在河州，即今甘肃临夏，而不在青海互助县。

除了直接出镇吐蕃地区的西平王与镇西武靖王之外，云南王老的（铁木而不花之子）及其子豫王阿剌忒纳失里等均参与对蕃镇抚事宜，如至顺元年五月戊辰，遣豫王阿剌忒纳失里镇西番，授以金印。[④]他们都是奥鲁赤的后裔。镇地与吐蕃相接的其他诸王，自然也参与了平定吐蕃地区叛乱的行动。如顺帝至正九年（1349）闰七月，命岐王阿剌乞镇西蕃，十二年秋七月，“以杀获西番首贼功，赐岐王阿剌乞巴钞一千锭，邠王嵬厘、诸王班的失监、平章政事锁南班各金系腰一”，即是。

九、西平王、镇西武靖王在吐蕃的地位

西平王、镇西武靖王在吐蕃是出镇而不是受封或世系领有。《经世大典·序录·屯戍》谓，“国初征伐，驻兵不常。其地视山川险易、事机变化而位置之，前却进退无定制。及天下平，命宗王将兵镇边徼襟喉之地。如和林、云南、回回、畏吾、河西、辽东、扬州之类……”[⑤]其特殊性在于：封

① 《明实录》卷 245“洪武二十九年四月甲寅”条。

② 《明实录》卷 53；又见《明史》卷 330《西域二》“西番诸卫”条。

③ 《明实录》卷 53。

④ 《元史》卷 42《顺帝五》。

⑤ 《元文类》卷 41。

藩不治藩，重在军事镇戍，且与官僚体制相补充。[①]西平王、镇西武靖王对乌思藏地方的行政有一定的干预权，但却是在皇帝圣旨之下与帝师法旨、宣政院札符同时发生作用的。吐蕃地方的行政权主要操于宣政院，前引至大二年秋七月，武靖王搠思班与脱思麻宣慰司、奏改松潘叠宕威茂等州安抚司为宣抚司的建议是通过宣政院上达的，这一点已反映了它们之间的相互关系。皇庆二年（1313）十二月，“搠思班武靖王令旨，言于宣政院，谓乌思藏、朵甘思、朵思麻三路站赤，近年以来，马匹病死，人户贫乏，请闻奏赈济事”[②]。由宣政院再做处理决定。也说明了宣政院对吐蕃的管辖权。至于征税、置驿、赈济等事，则完全是宣政院及其下辖机构的分内事务。置驿之由宣政院官员答失蛮具体负责、吐蕃宣慰使叶仙鼐管理及宣政院使桑哥改革，均有案可稽。[③]乌思藏之兵站是由宣慰使管理的[④]，赈济驿站也由宣政院或下属机构具体负责。[⑤]

即以西平王、镇西武靖王最突出的军事指挥权而言，仍然是有限的，吐蕃地区的军事从与枢密院协商到由宣政院独自办理的转换，已如前文所述。可见，过高估计西平王与镇西武靖王在吐蕃的地位并不正确。但是，他们在镇戍吐蕃地方中的重要性也是显然的。王子的身份已决定了他们的特殊性，开府吐蕃地区，拥重兵而南北征讨，更显示他们的不容忽视。在某种程度上，还对在吐蕃的宣政院下属机构起到监督与牵制的作用。有元一代，西平王与镇西武靖王一直相沿不断，其影响自然也始终存在。

第二节　八思巴及历任帝师的统领权

八思巴是元代一位著名的政治活动家和高僧，他对当时社会政治、文化的影响极为巨大。对此学术界论述已多。本节只想就他在元代吐蕃地方行政方面的权力、地位及相关的帝师权力问题予以探讨。

---

① 李治安：《元代分封制度研究》，第194页。

② 《经世大典·站赤六》，《永乐大典》卷19421。

③ 《汉藏史集》，第273—277、288—293页；《元史》卷133《叶仙鼐传》。

④ 《元史》卷17《世祖十四》记，至元二十五年（1288）冬十月庚申，乌思藏宣慰使软奴汪术赈其管内兵站饥户事。

⑤ 《元史》卷26《仁宗三》记，延祐六年（1319）夏四月丙午，命宣政院赈济四番诸驿事等。

一、八思巴与元世祖的关系

这一问题涉及诸如元代如何在吐蕃确立统治、吐蕃地方与元代中央的关系、帝师的地位问题等。

1. 初次相见的时间

关于八思巴与忽必烈初次相会的时间，藏汉史书均有记载。《汉藏史集》记，萨班伯侄至凉州后，蒙古薛禅王传令说，“听说有殊胜的萨斯迦喇嘛到了凉州，他应该当我的供应上师”。萨班因年老未去，八思巴与凉州王子蒙哥都一同前往汉地，与驻在六盘山的薛禅王忽必烈相会。[①] 萨班是在 1251 年去世的，那么此次相会最晚也在 1251 年。《红史》也记，当忽必烈汗驻六盘山时，凉州大王蒙哥都与上师八思巴一起前去会见，十分欢畅，王子忽必烈赠给蒙哥都一百名蒙古马军。[②]《新红史》记萨班去世时，八思巴 17 岁，“自十九岁起任薛禅王子之供奉上师”[③]。则此应指 1253 年。

汉文史籍对此也有类似的记载，《元史·释老传》记“岁癸丑，年有十五，谒世祖于潜邸”[④]，王磐《八思巴行状》称“癸丑，师年十五，世祖皇帝龙德渊潜，师知真命有归，驰驿径诣王府”[⑤]。癸丑年即 1253 年。《佛祖历代通载》谓：“初，世祖居潜邸，闻西国有绰理哲瓦（萨班）道德，愿见之，遂往西凉遣使，请于廓丹（阔端——引者）大王。王谓使者曰：‘师已入寂，有侄发思巴，此云圣寿，年方十六，深通佛法，请以应命。’”[⑥] 此载与《汉藏史集》等书记载相同。于是，就有了 1251 年与 1253 年两种说法。

在确认何者为是以前，我们先谈一下汉藏史书对八思巴生年记载的歧义。如上所示，藏史记萨班去世时，八思巴 17 岁，生年当在 1235 年；汉史记其癸丑年（1253）15 岁，则生当 1239 年。在这一点上藏史是正确的。[⑦]

---

① 《汉藏史集》，第 325—326 页。

② 《红史》，第 48 页。

③ 《新红史》，第 56 页。

④ 《元史》卷 202《释老传》。

⑤ 《佛祖历代通载》卷 21《大正藏》。

⑥ 《佛祖历代通载》卷 22。

⑦ 藏文史书对其生年的记载更具权威性，《青史》记其生于其父 52 岁，岁次乙未，即 1235 年;《红史》及《佛历表》（bstan rtsis revu mig）等记其生于（阴）木羊年（shing lug），也即 1235 年。

我们认为这里可能存在着初次相见与结为所谓“供施”（yon mchod）关系两个时间问题。前者当在 1251 年，准确地说是在萨班去世之后与阔端临终之前。它的前提条件有二：一是蒙哥这一年（1251）继任汗位，汗权由窝阔台系转归拖雷系，阔端经营吐蕃的大权面临危机；二是同年六月，忽必烈受蒙哥汗之命经营漠南，“领治蒙古、汉地民户”[①]。就在此时，忽必烈屯兵六盘山，以为经略大理之准备。1252 年南进，而 1253 年他仍在大理军中，至 1254 年才还自大理。是六盘山相见在 1251 年而不在 1253 年。但这不是忽必烈与八思巴结为所谓“供施”关系的时间。很重要的一个理由是，蒙哥即汗位后，仍承认了阔端对萨斯迦所拥有的特权（即以之为封地，后详）。那么，这种权力在阔端在世时（距蒙哥即位极近）不会动摇是显然的。1253 年是双方结成“供施”关系的时间。这一点汉藏史书所载已如前引。王磐为世祖时人，其所撰《八思巴行状》自然可信（只是八思巴年岁有误）。嘉木样谢贝多吉《佛历表》记之更为明确，文谓“水牛年（chu glang）（1253），八思巴任蒙古之上师，忽必烈（ho be la）等对萨班死后所出现的舍利表示信仰，遂请八思巴为之灌顶……”[②]这次相会当指八思巴1253年年底在忽必烈军中的会见。[③]嗣后，八思巴随忽必烈至汉地，逗留在忒剌地方。[④]

2. 接受灌顶与供养十三万户问题

藏史中津津乐道的一件事即是忽必烈接受灌顶并为此而向八思巴供养十三万户。如《萨斯迦世系史》记：“据说，汗王为第一次灌顶所献的供养是十三万户。每一万户有拉德（lha sde）四千户、米德（mi sde）六千户。汗王为第二次灌顶奉献了以大白法螺为首的（法器）以及吐蕃三区之僧众与属民。据说此时把吐蕃三区算作一个行省。……吐蕃三区虽不足一个行省，因为是上师之驻锡地及教法弘扬之区，故算作一个行省奉献。汗王为最后一次灌顶所献的供养是依照上师之

---

① 《元史》卷 3《宪宗》。

② 嘉木样谢贝多吉（vjam dbyangs bzhad pavi rdo rje）：《佛历表》，黄颢译，见中国社会科学院民族研究所历史室、西藏自治区档案馆：《藏文史料译文集》，第 110 页。

③ 王辅仁、陈庆英：《八思巴传略》，第 66 页；中国社会科学院民族研究所主编：《中国民族史研究》，中国社会科学出版社 1987 年版。忒纳，地约在今甘肃迭部之达拉。《元史》卷 4《世祖一》记，岁癸丑（1253），秋八月，师次临洮。九月壬寅，师次忒剌，分三道以进。是此地为经略大理的重要中转据点。

④ 阿旺贡噶索南（ngag dbang kun dgav bsod nams）：《萨斯迦世系史》（sa skyavi gdung rabs rin chen bang mdzod），藏文本，民族出版社 1986 年版，第 168 页；参见陈庆英汉译本，西藏人民出版社 1989 年版，第 118 页。

教诫，废止了在汉地以人填河渠之制。”对此学术界有不同理解：一些学者信之，认为从此八思巴成为吐蕃地区的统治者；[①]另一些学者则认为，这应是纪年上有误，因为西藏之分为十三万户是此后事态发展的结果。“如果二人晤面时确有封授之举，那可能不过是形式上做做姿态，再次肯定阔端1247年给予萨班的象征性的权力而已。”[②]“且不论此时忽必烈戎马倥偬，又系初次见面，相知甚浅，不可能有如此重大的封赏，即使八思巴已经很受尊崇，而忽必烈这时还是诸王，他也没有权力擅自把吐蕃之地授予八思巴。”[③]我们认为后者所论十分精当，我们没有更多、更新的补充意见。这里有一个问题是，如何理解藏史中关于灌顶与供养的记载呢？是事实抑或是伪造？我们将予以探讨。

第一，藏史本身对灌顶与供养的记载就存在着不同说法。《红史》和《朗氏世系史》等对此没有记载。较早提及此事的是《汉藏史集》。该书谓：“蒙古与萨斯迦派结为施主与福田的关系，众生怙主八思巴曾三次前往汉地的大都宫廷，向薛禅皇帝及后妃、皇子等三次传授萨斯迦派特有的三密续大灌顶。作为第一次灌顶的供养，奉献了乌思藏十三万户。……作为第二次灌顶的供养，奉献了三个却喀（chol kha）。……作为最后一次灌顶的供养，按照上师的吩咐废除了在汉地以人填河渠的做法，拯救了汉地数万人的生命。”[④]这里虽未言及第一次灌顶和赐给供养的时间，但在字里行间已透露出此事在1259年八思巴到达中都（即后之元大都，今北京）时或以后。同书另一处则明确谈到，八思巴于21岁的阴木兔年（乙卯，1255）在河州附近接受比丘戒，“其后，八思巴到了大都宫殿，为薛禅皇帝及其皇后、皇子传授了三续大灌顶，受封为帝师（误，应为国师——引者）。薛禅皇帝向他奉献了乌思藏十三万户及难以计数的为接受灌顶而奉献的供养。蒙古和萨斯迦派结为施主与福田的关系，吐蕃地方纳入了忽必烈皇帝的统治之下”[⑤]。显然，这里的灌顶与供养是指1260年忽必烈称汗后封八思巴为国师一事而言。《汉藏史集》谈到另一次灌顶是在阴火牛年（丁丑，1277）皇太子真金为曲弥法会布施黄金一事之后。“上师八思巴又前往朝廷，向

① 《萨斯迦世系史》，藏文本，第154—155页，汉译本，第108—109页。

② H.E.Richardson, *A Short History of Tibet*（*Tibet and its history*）, New York（Oxford）, 1962；W.D.shakabpa, *Tibet*, *A Political History*, New Haven and London, Yale University Press, 1967, pp.64-65.

③ T.V.Wylie, The First Mongol Conquest of Tibet Reinterpreted, in *HJAS* 37（1977）.

④ 陈得芝：《元代乌思藏宣慰司的设置年代》，《元史及北方民族史研究集刊》第8期。

⑤ 《汉藏史集》，第327页。

皇帝传授了次第灌顶，作为灌顶的供养，皇帝奉献了吐蕃三个却喀、废除了在汉地以人填河渠的制度”[①]，这一条材料的可靠性是极令人怀疑的。因为八思巴自1274年夏离开中都后一直再未能返回，直到他1280年去世。他在萨斯迦写给忽必烈皇帝的新年颂辞[②]中，有阴土兔年（1279）和阳铁龙年（1280）证明了这一点。这里又是将所谓第二次与第三灌顶之供养合在一起的，足知并无三次灌顶、三次供养之说。

《萨斯迦世系史》等则记第一次接受灌顶与赐给十三万户之供养是在1253年。[③]再次接受灌顶则是八思巴36岁的阳铁马年（1270），“当皇帝再次请求八思巴传授灌顶之时，改西夏甲郭王的玉印为六棱，连同诏书一并赐予，封八思巴为‘皇天之下大地之上西天佛子化身佛陀创制文字辅治国政五明班智达八思巴帝师’”。这显然是由至元十七年（1280）八思巴去世后被追封为帝师之事引申而来的。唯时间上提前，且封号略异。[④]同样，只有“三次灌顶与供养”之名而无其实。据此，我们可以说，这种说法是不足为据的。

第二，忽必烈接受八思巴给予的萨斯迦密续灌顶应属客观事实，而且初次灌顶即在1253年。它的最直接的证据是写于“阳木虎年（1254）仲夏月九日”的藏文诏书（vjav sa bod yig ma）。该诏书谓："朕与察必可敦对其（佛陀——引者）功德、事业和教法生起信仰，先前已任教法及僧伽之主。现今复从法主萨斯迦巴及上师八思巴处获得信仰，皈依佛法。于阴水牛年（1253）接受灌顶，听受众多教法。尤其为担任教法及僧伽之主，看上师八思巴之情面，故以此护持藏地三宝之所依及僧伽不受侵害之诏书，奉献于佛法。”[⑤]诏书除了对藏地僧人之优待条款之外，并无一字涉及关于供养十三万户的记载，也可以说是我们第一点结论的又一有力证据。不过，这里同样确凿无疑地告诉我们：忽必烈1253年接受灌顶是客观事实。

---

① 《汉藏史集》，第329页。

② 《八思巴致元世祖忽必烈的新年吉祥祝词》，《萨斯迦五祖全集》（Sa skyavi bkav vbum）；陈庆英：《八思巴致元世祖忽必烈的新年吉祥祝词》译文，见《西藏研究》1987年第2期。

③ 《萨斯迦世系史》，第151、159—160页。

④ 《元史》卷202《释老传》，至元十六年（误，应作十七年），“八思巴卒，讣闻，赙赠有加，赐号皇天之下一人之上（开教）宣文辅治大圣至德普觉真智佑国如意大宝法王、西天佛子、大元帝师”。

⑤ 《萨斯迦世系史》，第165页。

第三，忽必烈接受灌顶并赐上师以大量金银财物的例证是毋庸置疑的。[①]但是，从未以乌思藏十三万户或三却喀相赐，更不存在把三次灌顶（如果存在的话）同二次领地封赏联系起来的事。所以，试图引证灌顶与供养来证明吐蕃为一独立政权（更不用说王国）的努力，都是徒劳的和没有根据的。

第四，灌顶与供养乌思藏地方或整个吐蕃地区的可能性事实依据，应当是1253年忽必烈接受灌顶、1260年八思巴被封为国师或1264年担任总制院院使、1270年八思巴被封为帝师和八思巴之受追封。两次所谓的供养领地即是如此。实质是对帝师管领吐蕃地方权力的极端夸大。而第三次废除以汉人填河之制，或与八思巴劝诫少杀生，尤其是平南宋中的戒滥杀人有关。

3. 所谓“供施”关系的实质问题

我们上面否定了藏史中关于忽必烈接受灌顶而以乌思藏十三万户和三却喀为供养的说法，事实上已经动摇了忽必烈与八思巴是“供施”关系而非政治关系的基础。“yon mchod”，为“yon bdag mchod gnas”的省称，其意为“供施”或“檀越”，这是一个佛教用语，如果用于普通信众与上师之间，自然是很合适的，但忽必烈和八思巴都是政治人物，他们首先是皇帝和大臣之间的关系。不错，八思巴是帝师，但他是为皇帝的需要而设的，且是由皇帝任命的，而不是自行其是的说法僧。四十多年前，意大利藏学家图齐（G.Tucci）教授即已指出：“忽必烈给大住持八思巴的所谓十三万户和三个却喀的供养问题，实际上不像藏文文献要我们相信的那样一个给予八思巴的真正的供养，无疑是为了皇帝而特设的对西藏土地的名义上的代理总督权。一句话，住持们并不是国王或王公，而是官员，是每次都须经过皇帝下诏颁赐印信加以任命的官员。”[②]这无疑是精辟之论。我们有理由把《新红史》称八思巴与忽必烈的“供施”关系为“天有日月一双，地存供施两者”[③]之论称为不实之言。八思巴之受重用，除了他本人的良好素养与博学多识之外，最核心的还是适应并很好地配合了忽必烈的统治需要。但不管他权力有多大，他始终是元朝中央政府中的一名高级官

---

① 《萨斯迦世系史》，第159—160页。

② G.Tucci, *Tibetan Painted Scrolls*, I, Roma, 1949, p.14. 参见李有义、邓锐龄译：《西藏中世纪史》，中国社会科学院民族研究所印1980年版。

③ 《新红史》，第56页。

员，而绝不是一个独立的主宰者。[①]

二、八思巴行政权力之分析

八思巴作为国师、帝师，对全国的佛教有统领权。此外，在吐蕃地方行政方面也有一定权力，简而言之，有以下几点：

1. 早期的吐蕃事务顾问

《萨斯迦世系史》详载忽必烈接受八思巴所给予的密续灌顶事，以王妃察必口吻谓“吐蕃之事悉听上师（指八思巴——引者）之教，不请于上师决不下诏”[②]。此当即忽必烈以八思巴为吐蕃事务顾问之反映。又《汉藏史集》记“皇帝向上师（八思巴——引者）请教佛法之事，自不必说。就是世俗之大事方面，也常与上师八思巴商议，上师也常就与佛法相符的世间善事向皇帝说明”[③]。这里的世间大事应以吐蕃地方事务为主要内容之一。

2. 总制院的院使

关于八思巴及随后两任帝师可能兼任总制院院使的说明详见第二章。据《元史·释老传》记，世祖时“思有以因其俗而柔其人，乃郡县土番之地，设官分职，而领之于帝师。乃立宣政院，其为使位居第二者，必以僧为之，出帝师所辟举，而总其政于内外者，帅臣以下，亦必僧俗并用，而军民通摄。于是帝师之命，与诏敕并行于西土”。说明帝师是宣政院名义上的最高统领。作为帝师制度建立的参与者和第一任帝师，八思巴自然拥有后代帝师在宣政院所享有的一切权力。

3. 总制院及其他部门行政官员的推荐与任免

八思巴对总制院及下属机构官员的任免也有一定的权力。僧官且不论，颇著名的行政官员即有伯颜和桑哥，两位均官至宰相。据《汉藏史集》载，伯颜原为旭烈兀的怯薛长，奉使中原，得世祖欢心。其率兵攻南宋，八思巴还设佛事阴助其功。[④]至于桑哥，原为一名译吏，后拜八思巴为师，经推荐，

---

① T.V.Wylie 上揭文；王辅仁、陈庆英：《蒙藏民族关系史略》；韩儒林主编：《元朝史》下册。

② 《萨斯迦世系史》，第 153—154 页。

③ 《汉藏史集》，第 287—288 页。

④ 《汉藏史集》，第 280—281 页。

为世祖所倚重，任以总制院使，后官至尚书右丞相。[①] 同样，八思巴的好恶也可在官员任免中起到很大的作用。萨斯迦的几位本钦（dpon chen）公哥藏卜（kun dgav bzang po）、尚尊（zhang btsun）、秋波岗噶瓦（phyug po sgang dkar ba）、赏荦（byang rin）等，皆是由于上师八思巴的引荐而担任本钦职务的。又因为八思巴不喜欢公哥藏卜，而由元世祖下令将其处死。[②] 足见其对宣政院下属官员权力之大。

4. 吐蕃地方行政体制的建立与调整

1264 年，忽必烈赐给八思巴一份珍珠诏书，重申八思巴对吐蕃僧众的最高领导权，以及自己接受灌顶，封八思巴为国师，统天下僧众的史实。[③] 此大约是预先告知吐蕃地方僧俗，八思巴有着特殊的地位。同年，八思巴前往吐蕃组建地方行政系统，委任各级地方官员，彻底改变蒙哥以来的分封局面。[④] 这是他拥有行政权力的突出表现。

三、八思巴的侍从机构及其职能

在八思巴早期的政治与宗教活动中，自然也有一些侍从官员，如桑哥即担任过他的译吏，生活方面也当会有照顾衣食住行者。但均不完备，史载也少，莫知其详。至 1266 年，发生了新的变化，据《萨斯迦世系史》载，“八思巴三十三岁的阴火兔年（1266）时，大皇帝派遣金字使者前来召请八思巴前往朝廷。当时，八思巴设置了十三种侍从官员，随即启程”[⑤]。这十三种官员，依《贤者口饰》记有：索本（gsol dpon），司礼仪之官；森本（gzim dpon），司起居之官；却本（chos dpon），司陈设坛场与祭品之官；可宾（mjal），司接待之官；仲译（yig），司书札之官；司库（mdsod），管库藏之官；司厨（thab），管厨膳之官；仲本（vdren），司引见之官；垫本（gdan），司座位之官；甲本（skya），司运输之官；达本（rta dpon），司马匹之官；错本（mdzo），司犏牛之官；其本（khyi），司犬之官。[⑥] 其中前三组各三个，后二组各二个。这是仿照蒙古官制而

① 《汉藏史集》，第 280—281、288—296 页。
② 《红史》，第 53 页。
③ 《萨斯迦世系史》，第 160—161 页。
④ 王辅仁、陈庆英：《八思巴传略》。
⑤ 《萨斯迦世系史》，第 174—175 页。
⑥ 《萨斯迦世系史》，第 174—175 页；G.Tucci, *Tibetan Painted Scrolls*. 范德康对此有所考证，参见 Leonard W.J.Van der Kuijp, Two Courts of ’phags-pa Era, *China Tibetology*, Special Issue, 1992, Beijing, pp.278-306。

建立的，如蒙古官中有“博尔赤”，是“亲烹饪以奉上饮食者”[①]，即司厨；“速古儿赤”，“掌内府尚供衣服者”[②]；“必阇赤”，“汉语令史也，使之主行文书耳”[③]；“兀剌赤”，为“典车马者”[④]；“仓赤”，管仓人[⑤]等当其所本。以上所设官员，仅仅是为了照顾日常生活而设置的，最多也只是一个地方官员的侍从官员，不能视之为雏形的地方行政组织，这又与蒙古的怯薛制度存在实质上的差异。

八思巴与恰那朵儿只（phyag na rdo rje）兄弟在吐蕃地方行政事务方面的活动，也引来了非议之声。当时的高僧迥丹热智（gcung ldan ral gri）即赋诗嘲讽，谓：“佛陀教法被衙署乌云所遮，众生幸福被官长一手所夺，浊世僧人正贪图官爵富贵，不得这三者就不成其为圣者”，八思巴也赋诗予以反驳：“教法有兴衰为佛陀所言，众生之幸福由业缘而定，教化一切要按情势指导，不懂这三条就不是贤者。”[⑥]为自己的顺势预政做辩护。这实际上是作为兼政治家与宗教家于一身的八思巴的不协调的一面。正如我们前文讲过的那样，他首先是一个政治家[⑦]，宗教的出世条规不会束缚他更为远大的抱负。

四、八思巴与帝师制度的建立

八思巴一生的贡献是多方面的，最突出的有三点：其一，把藏传佛教引入蒙古皇室并确定了它不可动摇的地位，其影响极为巨大而深远；其二，协助元世祖在吐蕃地方建政立制工作，为加强元代中央与吐蕃地方的关系起到促进作用；其三，创制蒙古新字。关于后者，《元史·释老传》谓，其受命“制蒙古新字，字成上之。其字仅千余，其母凡四十有一。其相关纽而成字

① 《元史·兵志》。

② 《元史·兵志》。

③ 彭大雅：《黑鞑事略》。

④ 《元史·兵志》。

⑤ 《元史语解》。

⑥ 《萨斯迦世系史》，第174页；W.D, Shakabpa, *Tibet, A Political History*, p.67, 记 Chomden Rigral 为“那塘寺”的喇嘛，该书第67—68页也转录此诗。

⑦ 他在讲《彰所知论》时，已把蒙古王统与印度王统及吐蕃王统并列，为蒙古统治在佛教世界的合法性张目，见《佛祖历代通载》卷第一，彰所知论·情世界品，大正藏。参见陈寅恪：《彰所知论与蒙古源流》，见《金明馆丛稿二编》，上海古籍出版社1980年版。

者，则有韵关之法；其以二合三合四合而成字者，则有语韵之法；而大要则以谐声为宗也"。其功能在于"译写一切文字"。世祖得字，遂颁诏全国，命馆蒙古字学，令官民习知之。《温州新建帝师殿碑铭并序》谓，新字制成"有诏颁行天下，且命官府符章、制诰文檄，悉以新字从事，内而京邑外而郡国，盛立字学，使承学小生肆业其中……"① 八思巴创立新字，弥补了元世祖心中"文治浸兴，而字书有阙"的缺憾，龙颜大悦，遂升号大宝法王，任为帝师。及其去世，"上闻不胜震悼，追怀旧德，连建大窣堵波于京师，宝藏真身舍利轮奂金碧无俦"②。元英宗至治元年（1321）敕命列郡大建新庙以示纪念。③

八思巴的杰出贡献和他享有的特殊地位，是以后历任帝师所不能比拟的。同时，由于他的杰出成就，又建立起为有元一代所实行的帝师制度。帝师制度的内容，概言之，有这样几点：第一，帝师为萨斯迦款氏（vkhon）及其派系弟子所掌握，其他教派少与闻问。第二，帝师为皇帝所任命，并为皇帝本人、皇后、皇子及国家祈祷福寿、讲法传经而服务的，作为"师"的一面，主要在说法方面，原则上不能干预政治。第三，帝师是管理全国僧政的最高官员，对于制定宗教政策、任免僧官有一定的权力。第四，帝师是皇帝的吐蕃事务顾问，在朝廷对蕃施政中有一定权力，所谓"帝师之命与诏敕并行于西土"即是此谓。帝师制度在元代的政治、经济与文化生活中产生过巨大的影响，已另文探讨，此不赘述。

五、历任帝师

本节拟简述历任帝师的生卒与任期年代，在前人研究基础上做一些新的考订。

1. 八思巴（vphags pa）

萨斯迦款氏家族人，1235 年 3 月 6 日生于后藏昂仁的鲁孔地方。1244 年

---

① 《温州新建帝师殿碑铭并序》，见《柳待制文集》卷 9，商务印书馆缩印元至正刊本。陶宗仪：《南村辍耕录》、《书史会要》等均记八思巴字的有关情况。关于八思巴字的研究，国外有：H.H.Poppe, *The Mongolian Monuments in Vphags Pa Cript*，威斯巴登 1957 年版。龙果夫（A. Dragunov）、李盖提（L.Ligeti）、中野美代子、桥本万太郎等人的著作。国内有罗常培、蔡美彪、照那斯图、杨耐思等人的研究论著。

② 《佛祖历代通载》卷 21，大正藏 2036 号。

③ 《温州新建帝师殿碑铭并序》，见《柳待制文集》卷 9。

与弟恰那朵儿只一起，随伯父萨班前往凉州，1246 年抵达。1247 年，阔端与萨班商定吐蕃归附蒙古条件。嗣后留凉州随伯父学法。1251 年，萨班去世，八思巴继为萨斯迦派首领。并于同年与忽必烈初晤于六盘山。1253 年南至忽必烈军中再会，同年为忽必烈初授密续灌顶。次年，忽必烈赐诏给八思巴（即藏文诏书），宣布保护萨斯迦派教法及寺院财产利益。1255 年，八思巴在河州附近受比丘戒，然后前往今山西、内蒙古和河北一带。1258 年参加僧道大辩论，颇露才具。1260 年，忽必烈称汗，封之为国师。1264 年总制院立，受命前往吐蕃建制。1269 年，制蒙古新字成，上之。次年受封为大元帝师。1274 年再次返藏，帝师之位由亦怜真代之。1277 年主持曲弥大法会。1280 年 11 月 22 日在萨斯迦拉康喇让去世。[①] 生卒年为 1235—1280 年。[②] 任国师为 1260—1270 年，帝师为 1270—1274 年。

2. 亦怜真（rin chen rgyal mtshan）

萨斯迦款氏家族人，八思巴同父异母兄弟。生于 1238 年，精通显密教法、经咒，为忽必烈皇帝的供养喇嘛。至元十一年（1274），八思巴返回乌思藏，亦怜真代理帝师之位。[③] 关于卒年，藏汉史书均有两种说法即 1279 年和 1282 年。《元史》卷 10《世祖七》记为至元十六年“十二月丁酉，帝师亦怜（吉）［真］卒”。同书卷 202《释老传》记“亦怜真嗣为帝师，凡六岁，至元十九年卒”。《汉藏史集》记其 42 岁的阴火兔年（误，应为阴土兔年）。[④]《红史》记其“生于阳土狗年，赴元朝宫廷，当喇嘛（八思巴）返回乌思藏时，他代摄法位。享年四十五岁，于阳水马年逝于临洮”[⑤]。何者是，尚待辨析。他的生卒年为 1238—1279/1282 年，任职为 1274—1279/1282 年。

3. 答耳麻八剌剌吉塔（Dharmapala rakshita）

萨斯迦款氏家族人，帝师八思巴之侄，白兰王恰那朵儿只之子。藏历阳土龙年（1268）生。八思巴去世后，他年方 14 岁，前往朝廷。虽为俗人，代行法主之职，继八思巴法位。后娶诸王启必帖木儿公主贝丹为妻，受命管

---

① 《萨斯迦世系史》，第 212—214 页；王磐：《八思巴行状》，《佛祖历代通载》卷 21。

② 八思巴的生卒年，见《汉藏史集》，第 325、330 页。

③ 《元史》卷 4，有中统元年封帝师；卷 202《释老传》，有至元十六年卒之说，均误。

④ 《元史》卷 8 记，至元十一年三月癸巳，“帝师八合思八归土番国，以其弟亦邻真袭位”。《红史》也有类似的记载。

⑤ 《红史》，第 48 页。

理吐蕃事务。[①]其嗣位之年为至元十九年（1282）。卒年，据《元史·释老传》在二十三年（1286）。[②]《汉藏史集》记其护持法座七年，于20岁的阴火猪年（1287）十一月十八日逝于朵甘思的哲曼达（dre mandhala）地方。[③]《红史》记其返回萨斯迦，享年21岁，于阳土鼠年（1288）逝于哲曼达地方。[④]从这些记载看，答耳麻八剌剌吉塔在1286年已离开大都，也即去帝师之位。卒年时间，因其已往吐蕃应从藏史记载，但究竟在1287年还是1288年呢？我们倾向于《汉藏史集》的记载，即1287年说，理由有二：其一，从史料价值言两书相近，在这里《汉藏史集》提供了确切的地点与具体的时间，而《红史》没有；其二，其他藏文多赞同《汉藏史集》说法。如《萨斯迦世系史》[⑤]、《佛历表》等[⑥]。应是为多数藏族史家所支持的说法。据此可知，他的生卒年为1268—1287年，而任职为1282—1286年。

4. 亦摄思连真（ye shes rin chen）

是八思巴弟子之夏尔喇让（亦称东支，bla brang shar）。据藏史记载，夏尔巴（shar pa）这个家族的来源是，象雄一位名叫觉本的修旧密咒者，他的长子喇嘛夏尔巴也失迥乃随萨班出家。他从本钦释迦藏卜那里买下了夏尔喇让（bla brang shar），得为住持。其子秀莫杰尊加布有三子，皆为八思巴的弟子，其中长子亦摄思连真，当八思巴住在临洮时，萨斯迦派众人派他前往迎请。后至内地，得世祖皇帝欢心，做了帝师。他于47岁逝于五台山。[⑦]《元史·释老传》记，答耳麻八剌剌吉塔至元二十三年（1286）卒，亦摄思连真嗣，三十一年（1294）卒，乞剌斯八斡节儿嗣。《元史·世祖纪》载，至元二十八年十二月“授吃剌思八斡节儿为帝师，统领诸国僧尼释教事”。又三十一年（1294）六月戊申，“以合剌思八斡节而为帝师，赐玉印”[⑧]。两者重复而时间不同，合剌思八斡节而也即乞剌斯八斡节儿。结合《释老传》

---

① 《红史》，第48页。
② 《元史》卷202《释老传》。
③ 《汉藏史集》，第333页。
④ 《红史》，第48页。
⑤ 《萨斯迦世系史》，第236—237页。
⑥ 《佛历表》记，火猪年（me phag）（1287），萨斯迦答耳麻八剌剌吉塔及楚巴尼玛生格二人逝世。黄颢译文见《藏文史料译文集》。
⑦ 《红史》，第51页；《汉藏史集》，第352页。
⑧ 《元史》卷16《世祖十三》；《元史》卷18《成宗一》。

所载，知其卒年也即去职之年。则其生卒年为1248—1294年，任职年为1286—1294年。

5. 乞剌斯八斡节儿（grags pa vod zer）

八思巴弟子之康赛（khang gsar）传承。父松巴乞剌思八监藏曾任八思巴的却本，后作为答耳麻八剌剌吉塔的侍从回到吐蕃。在亦摄思连真之后担任帝师，58岁时逝于朝廷。①《元史·释老传》记其大德七年（1303）去世，生年当在1246年。任职之年如上言，在至元三十一年（1294）。初任职时（1294），"成宗特造宝玉五方佛冠赐之。元贞元年，更赐双龙盘纽白玉印，文曰'大元帝师统领诸国僧尼中兴释教之印'"②。则其生卒年为1246—1303年，任职年为1294—1303年。

6. 辇真监藏（rin chen rgyal mtshan）

八思巴弟子的东支传承（bla brang shar），第四任帝师亦摄思连真之弟。生于藏历阳土马年（1258），曾任萨斯迦细脱喇让（bla brang gzhi thog）住持18年，修建了萨斯迦寺的大殿。③大德八年（1304）被元成宗立为帝师，次年卒。④据《汉藏史集》记其于49岁去世。⑤则生卒年为1258—1305年，任职年为1304—1305年。

7. 相家班（sangs rgyas dpal）

萨斯迦康赛传承之弟子，帝师乞剌斯八斡节儿之侄。大德七年（1303）以前，任康赛喇让住持。后来到朝廷，担任完泽笃、曲律、普颜笃皇帝之帝师，于48岁时逝于朝廷。⑥他对完泽笃皇帝将八思巴的侄子达尼钦波桑波贝从江南召回起到很大作用。《元史·释老传》记，大德九年（1305），"相（原作都——引者）家班嗣。皇庆二年（1313）卒。相儿加思［巴］嗣，延祐元年（1314）卒"。又《元史》卷21记，大德九年三月庚戌，以乞剌斯八斡节儿侄相家班为帝师。《元史》卷24记，皇庆二年九月，以相儿加思巴（1313—1314）为帝师。而延祐二年（1315）二月则是公哥罗古罗思监藏班藏卜为帝师。⑦这样，从1305

① 《红史》，第52页；《汉藏史集》，第354—355页。
② 《元史》卷202《释老传》。
③ 《汉藏史集》，第353页；《萨斯迦世系史》，第237—238页；《红史》记作16年。
④ 《元史》卷202《释老传》。
⑤ 《汉藏史集》，第353页。
⑥ 《汉藏史集》，第355页；《红史》，第52页。
⑦ 《元史》卷25《仁宗二》；《元史》卷202《释老传》。

年至 1314 年的十年间似有两任帝师，即：相家班（1305—1313）和相儿加思巴。事实上，相儿加思巴即相家班的异译，当为一人。[①]《汉藏史集》记其于 48 岁时在朝廷去世。[②] 则其生卒年为 1267—1314 年，任期为 1305—1314 年。

8. 公哥罗古罗思监藏班藏卜（kun dgav blo gros rgyal mtshan dpal bzang po）

萨斯迦款氏家族人，达尼钦波桑波贝之子。生于藏历阴土猪年（1299），29 岁时阴火兔年（1327）二月在大都去世。[③]《元史・释老传》记其延祐二年（1315）任帝师，至治三年（1323）卒。《佛祖历代通载》记其卒于丁卯年。[④] 也即 1327 年。《元史》卷 30《泰定帝二》记，四年（1327）二月壬午，"帝师参马亦思吉卜长出亦思宅卜卒"，有学者认为此即该帝师。[⑤] 其说是。藏文史书多记其曾任普颜笃、格坚、也孙铁木耳三位皇帝的帝师，而卒于阴火兔年。[⑥] 可与后说相印证。则其生卒年为 1299—1327 年，任职为 1315—1327 年。其中 1322、1323—1325 年在吐蕃（详后）。

9. 旺出儿监藏（dbang phyug rgyal mtshan）

族属不详。《元史・释老传》记其至治三年（1323）嗣为帝师至泰定二年（1325）卒，也即 1323—1325 年任职，此时间恰在前任帝师公哥罗古罗思监藏班藏卜任期内。有学者认为，事实真相是，1322 年公哥罗古罗思监藏班藏卜回萨斯迦去受戒，次年元朝任命旺出儿监藏在大都代摄职位，1325 年旺出儿监藏去世，公哥罗古罗思监藏班藏卜又从萨斯迦返回，继任原职。因为存在两位帝师，遂无交接过程。[⑦] 这一说法是正确的。《萨斯迦世系史》记载了他 24 岁回藏受戒，召开法会之事可为之证。[⑧]《元史》卷 29 记泰定元年（1324）三月"己未，以珠字诏赐帝师所居萨斯迦部"，是否指该帝师当时所居（抑或

---

① 韩儒林主编：《元朝史》下册，第 256 页。

② 《汉藏史集》，第 355 页。

③ 《汉藏史集》，第 336 页。

④ 《佛祖历代通载》卷 22 记"帝师公哥罗于十月某日涅槃"。

⑤ 陈庆英、仁庆扎西：《元朝帝师制度述略》，《西藏民族学院学报》1984 年第 1 期，唯文中将其名拟作"mtshan ma ye shis rgyal po dgra rlul ye shis rgyal po"意为"本尊好相克敌法王"。似不妥，汉文原名为"参马亦思吉卜卜长出亦思宅卜"，作者遗漏一字作"参马亦思吉卜长出亦思宅卜"，拟音自然不免有失。我们依元代藏汉译名惯例将其拟作"tshad ma ye shis rgyas po Byang chub ye shis rgyaI po"，汉意为"智量炽盛觉王"。

⑥ 《红史》，第 49 页。

⑦ 陈庆英、仁庆扎西：《元朝帝师制度述略》，《西藏民族学院学报》1984 年第 1 期。

⑧ 《萨斯迦世系史》，第 244—245 页。

是世代所居），颇有可能。又同书卷28记，至治二年（1322）十一月“乙卯，遣西僧高主瓦迎帝师”。泰定帝元年二月“甲子，做佛事，命僧百八人及倡优百戏，导帝师游京城”[①]。可能在1322年内既去又回。那么这位帝师自然应是新上任的帝师旺出儿监藏。及泰定二年，旺出儿监藏卒，公哥罗古罗思监藏班藏卜已返回大都。这样，旺出儿监藏任帝师的时间是1322/1323—1325年。生卒年为？—1325年。

10. 公哥列思八冲纳思监藏班藏卜（kun dgav legs pavi vbyung nas rgyal mtshan dpal bzang po）

萨斯迦款氏家族人，达尼钦波桑波贝之子。其父去世后，萨斯迦分为四个喇让（bla brang），他管理拉康喇让（lha khang bla brang）。生于阳土猴年（1308），21岁时受朝廷之召，前往朵甘思之地，受封为帝师。任帝师之年，据《元史·释老传》记，泰定二年（1325）“公哥列思八冲纳思监藏班藏卜嗣，赐玉印。降玺书谕天下，其年卒”。此皆误。《元史》卷30泰定四年（1327）“夏四月甲午条”记“以西僧公哥列思巴冲纳思监藏班藏卜为帝师，赐玉印，仍诏谕天下僧”。此与藏文关于其21岁任帝师的记载相同，即1327年任职。则其卒于1325年说自然是错误的。关于他的卒年藏史另有二说：一是穆塞巴所著《萨斯迦世系史》谓其于34岁的兔年逝于大都；二是尼第瓦所著《萨斯迦世系史》，记其任帝师三年，于23岁的马年圆寂。[②]依我们之见，前者有两点矛盾：其一，如该僧生于1308年不误，则其34岁应为1341年，而此年非兔年，而是蛇年，兔年应是1339年；其二，据《红史》载，该帝师任帝师于泰定帝也孙铁木耳时。[③]《汉藏史集》记其为元文宗札牙笃的上师，受封为帝师，此后去世。[④]均与汉史所载年代不相违，而1341年说，甚至是兔年（1339）说，则括及元宁宗与元惠宗，与藏汉各史所载年代皆相去甚远。其误是毫无疑义的。1330年说接近事实，但也有小讹。据《元史》卷33记，天历二年（1329）十二月甲申，“以西僧辇真吃剌思为帝师”，同月己亥，“遣

① 《元史》卷29《泰定帝一》。

② 《萨斯迦世系史》，第329—330页认为这有待考证；王森：《西藏佛教发展史略》，中国社会科学出版社1987年版，第92页记元代历任帝师表持1341年说。王辅仁、陈庆英:《蒙藏民族关系史略》第37页也同此说。陈庆英、仁庆扎西：《元朝帝师制度述略》持1330年说，见上揭刊。

③ 《红史》，第49页。

④ 《汉藏史集》，第337页。

使驿致故帝师舍利还其国”。此与前引《萨斯迦世系史》所载其任帝师三年相合。此帝师是卒于大都任上，故应从汉史所载。则其生卒年为1308—1329年，任帝师为1327—1329年。

11. 辇真吃剌失思（rin chen grags shis）

《元史·释老传》记“天历二年，以辇真吃剌失思嗣”。同书卷33《文宗二》记，“天历二年十二月甲申，以西僧辇真吃剌失思为帝师”。有的研究者认为这可能是临时代理帝师。这大约是考虑到前任帝师还在任的缘故。[①]但事实上或有未尽之处。当我们上文考订出前任帝师公哥列思八冲纳思监藏班藏卜的卒年是1329年，而不是1330年或1341年之后，显然容易理解，辇真吃剌失思是正式上任而非临时代理。其去职（或卒年）不详，或与下任帝师之即位相衔接。

12. 公哥儿监藏班藏卜（kun dgav rgyal mtshan dpal bzang po）

萨斯迦款氏家族人。属于拉康喇让一支，达尼钦波桑波贝之子。其兄即帝师公哥列思八冲纳思监藏班藏卜。《汉藏史集》记其生于其父49岁的阳铁狗年（1310），22岁时去朝廷，在也孙铁木耳皇帝在位时任靖国公，札牙笃皇帝执政后期、懿璘质班皇帝在位时及妥欢贴睦尔在位初期任帝师，于50岁的猪年（1359）在大都去世。[②]《萨斯迦世系史》则记其22岁到朝廷，任职27年，且于49岁的土狗年（1358）去世。[③]根据《红史》记，猪年（1259）三月三日“帝师的尸体被反叛者劫走”[④]。这又是在运回吐蕃的途中，那么，卒年似应在1358年。初任职年，据《佛祖历代通载》记“癸酉（1333），今上皇帝万万岁，六月初八日登宝位，改元元统元年，礼请公哥儿监藏班藏卜为帝师”[⑤]。那么其生卒年约为1310—1358年。又权衡《庚申外史》记，丙子，至元二年（1336）“诏征西域剌麻至京，礼为帝师，仍以故太师燕铁木儿第赐之”。似乎此间别有帝师。实际上是错误的。据《元史》卷39《顺帝二》记，“（至元二年）以燕铁木儿居

---

① 陈庆英、仁庆扎西：《元朝帝师制度述略》，《西藏民族学院学报》1984年第1期；陈庆英：《元代帝师制度及其历任帝师》，《青海民族学院学报》1991年第1、2期。

② 《汉藏史集》，第337—338页。

③ 《萨斯迦世系史》，第330页；释迦仁钦岱：《雅隆尊者教法史》，藏文本，西藏人民出版社1988年版，第86页。

④ 《红史》，第116页。

⑤ 《佛祖历代通载》卷22。

第赐灌顶国师曩哥星吉，号大觉海寺，塑千佛于其寺”。又同卷谓“（至元三年）征西域僧加剌麻至京师，号灌顶国师，赐玉印”。知其非帝师，而是灌顶国师。

13. 唆南罗古罗思监藏（bsod nams blo gros rgyal mtshan）

萨斯迦款氏家族人，属于都却喇让（dus mchod bla brang）一支。父为白兰王公哥儿列思巴监藏班藏卜。生于其父25岁的阳水猴年（1332）。阳木马年（1354）在宗日建达仓宗城堡。牛年（1361）妥欢贴睦耳皇帝派金字使者达玛格底（达里麻吉而的，dharmakirti）和额布（ngod po）院使先后至吐蕃封其为帝师，以其弟为白兰王，并赐给管辖达仓宗和曲弥万户属下各地的诏书，遂召请至朝廷，担任皇帝的上师，于31岁的阳水虎年（1362）三月十日在大都去世。①《萨斯迦世系史》也记其于阳水猴年（1332）生于达仓宗卡（stag tshang rdzong kha），随喇嘛胆巴受具足戒，拜喇嘛克尊钦布、嘉木样顿月监藏及胆巴等为师，学习显密经典，后被金字使迎至朝廷任帝师，最后在大都去世，享年31岁。②故其生卒年为1332—1362年，任帝师在1361—1362年。

14. 喃迦巴藏卜（rnam rgyal bzang po）

《明史》卷331《西域传》记，洪武五年元摄帝师喃迦巴藏卜附明。《明实录》同年十二月庚子条记“乌思藏摄帝师喃迦巴藏卜等遣使来贡方物。诏赐红绮禅衣及靴帽、钱物有差”③。次年，“诏以故元释帝师喃迦巴藏卜，为炽盛佛宝国师”。同年辞归。④

此外，还有被追任的一位帝师，即胆巴。《元史·释老传》记“八思巴时，又有国师胆巴者，一名功嘉葛剌思，西番突甘斯旦麻人。幼从西天竺古达麻失利传习秘法，得其法要。……大德七年夏，卒。皇庆间（1312—1313），追号大觉普惠广照无上胆巴帝师”。《佛祖历代通载》卷22等详记其生平事迹。

历任帝师生卒与任职年表

名字	生卒年	任职年	备注
八思巴	1235—1280	1260—1270 1270—1274	任国师 任帝师

① 《汉藏史集》，第341—342页。
② 《萨斯迦世系史》，第371页。
③ 《明实录》卷77。
④ 《释氏稽古略续集》第2卷；《明实录》卷79。

续表

名字	生卒年	任职年	备注
亦怜真	1238—1279 / 1282	1274—1279 / 1282	
答耳麻八刺刺吉塔	1268—1287	1282—1286	
亦摄思连真	1248—1294	1286—1294	
乞剌斯八斡节儿	1246—1303	1294—1303	
辇真监藏	1258—1305	1304—1305	
相家班	1267—1314	1305—1314	
公哥罗古罗思监藏班藏卜	1299—1327	1315—1327	1322 / 1323—1325年在吐蕃
旺出儿监藏	？—1325	1322 / 1323—1325	
公哥列思八冲纳思监藏班藏卜	1308—1329	1327—1329	
辇真吃剌失思	？—1333（？）	1329—1333（？）	
公哥儿监藏班藏卜	1310—1358	1333—1358	
唆南罗古罗思监藏	1332—1362	1361—1362	
喃迦巴藏卜		？—1372	
胆巴	？—1303		1312—1313年追赠帝师

六、历任帝师颁布的藏文法旨

帝师参与管理吐蕃地方事务的史实，在藏文帝师法旨中得到充分体现。据我们的不完全统计，有元一代，历任帝师颁给吐蕃地方的藏文法旨有15件。其中：(1) 涉及八思巴（国师，帝师一件）、亦摄思连真（帝师，下同。一件）、乞剌斯八斡节儿（一件）、辇真监藏（三件）、相家班（两件）、公哥罗古罗思监藏班藏卜（五件）和公哥儿监藏班藏卜（两件）七位帝师，时间从藏历第五绕迥火兔年（元世祖至元四年，公元1267年）到藏历第六绕迥火牛年（元惠宗至元三年，公元1337年）或土牛年（元惠宗至正九年，公元1349年），为时71年或83年。(2) 颁给萨斯迦属众的一件（编号1），沙鲁（zha lu）、西沙鲁地方的五件（编号2、3、7、12、15），乌思藏宣慰司的四件（编号 4、5、9、14），朵甘思宣慰司的一件（编号 11）。另有两件（编号 12、13）只署“宣慰司”，三件（编号 6、8、10）或残或未明言所颁对象，但是，依据文中地名来看，均在乌思藏地区，亦即应是颁给乌思藏宣慰司的法旨。这样，除了颁给朵甘思宣慰司的一件之外，其余皆是颁给乌思藏宣慰司或乌思藏地区相关机构的，没有一件是颁给吐蕃等处宣慰司或脱思麻宣慰司的。（3）在帝师藏文法旨中所提到的名单，上自宣慰司（son wi si）的最高长官，下至平民百姓，既包括军官军人，也包括普通百姓，既有僧部也有俗众，无所不包。以辇真监藏龙年（1304 年 5 月 23 日）法旨为例，内有：“乌思藏宣慰司的官人、军官、守土官、断事官、往来收检者、万户长、驿站的人们、牛马牧养者、传令官、僧俗百姓。”[①]因此，我们可以说，帝师在元朝对吐蕃地区，尤其是乌思藏地区的行政管理中起到十分重要的作用，它是连续不断的一项制度，而且涉及僧俗军民一切人等。（4）从帝师法旨颁布范围来看，15 件法旨有 14 件是颁给乌思藏宣慰司的，一件是颁给朵甘思的，无一件颁给脱思麻宣慰司。虽然这些法旨不是元朝历任帝师法旨的全部，但仍然可以看出帝师在不同地区影响力的大小不同。据此，我们可以推断出，历任帝师事实上的参政权，主要是在乌思藏宣慰司，而不是全部三路宣慰司。结合吐蕃等处宣慰司（脱思麻宣慰司）两属，以及官员由朝廷任命，而非如乌思藏宣慰司均出帝师辟举的状况，更知这一判断之不误。（5）从帝师法旨的行文及内容来看，它是依照圣旨颁行的，而且多在圣旨发布后颁布，且其职权极有限，更不能擅许特权或封授高级地方官员（详见后附“释帝师之命与诏敕并行于西土”一文）。现将帝师藏文法旨列表如下[②]：

（1）八思巴给却顶寺的法旨（1267）

（2）帝师亦摄思连真给棍布班的法旨（1290）

（3）帝师乞剌斯八斡节儿给棍布班的法旨（1295）

（4）帝师辇真监藏给洛本昆思端和洛本辇真班藏卜的法旨（1304）

（5）帝师辇真监藏给朵儿只旺出的法旨（1304）

---

① 扎西旺都编：《西藏历史档案公文选水晶明鉴》，藏文本，民族出版社 1989 年版，第 200 页。

② 扎西旺都编：《西藏历史档案公文选水晶明鉴》，藏文本；西藏自治区档案馆编：《西藏历史档案荟萃》，文物出版社 1995 年版；陆莲蒂、孟庆芬译：《元朝十一篇藏文帝师法旨》，中国社会科学院民族研究所历史室、西藏自治区历史档案馆编:《藏文史料译文集》，1985 年版，第 162—168 页；D.Schuh, *Grundlagen tibetischer Siegelkunde*, St.Augustin 1981.

（6）帝师辇真监藏给昆思端巴的首领等的法旨（1306）

（7）帝师相家班给沙鲁棍巴的法旨（1307）

（8）帝师相家班给辇真岗巴的法旨（1308）

（9）帝师公哥罗古罗思监藏班藏卜给娘库瓦的法旨（1316）

（10）帝师公哥罗古罗思监藏班藏卜给洛本辇真棍的法旨（1319）

（11）帝师公哥罗古罗思监藏班藏卜给旺监的法旨（1321）

（12）帝师公哥罗古罗思监藏班藏卜给沙鲁人的法旨（1321）

（13）帝师公哥罗古罗思监藏班藏卜给朵儿只旺出的法旨（1325）

（14）帝师公哥儿监藏班藏卜给沙鲁人的法旨（1336 或 1348）

（15）帝师公哥儿监藏班藏卜给也失思公哥的法旨（1337 或 1349）

第三节　恰那朵儿只与白兰王

在元代，制约吐蕃地方行政事务的另一股势力是恰那朵儿只与白兰王。本节将就其封授、权力、地位及历任白兰王的有关情况加以探讨。

一、白兰王恰那朵儿只及其行政权力之分析

恰那朵儿只是八思巴的弟弟，生于藏历阴土猪年（1239），6 岁时与兄八思巴随伯父萨班前往凉州阔端王镇地。萨班与阔端达成吐蕃归附蒙古协议后，留在凉州。阔端让其穿蒙古服、学蒙古语，并嫁公主墨卡敦（me vgav vdum）为其妻。[①] 萨班、阔端相继去世后，恰那随兄转归忽必烈营垒。1260 年，忽必烈称汗，以八思巴为国师，统领天下释教。藏史称恰那曾被薛禅皇帝委任为吐蕃地方总首领。[②] 1264 年他与八思巴一同返藏建制，于 29 岁的阴火兔年（1267）在萨斯迦去世。

恰那在吐蕃有多大的行政权力呢？藏史中称其受忽必烈之命为吐蕃总首领（bod spyivi sténg）。魏里据此认为他是元世祖任命的第一任西藏总督

① 《红史》，第 48 页，又见《汉藏史集》、《青史》、《萨斯迦世系史》、《西藏王臣记》及《新红史》等。
② 《红史》，第 48 页。

（Viceroy of Tibet）。[①] 我们认为，藏史的记载是有道理的，恰那朵儿只有可能以吐蕃地区最高的地方行政长官身份出现在吐蕃，不过它的时间很可能只是在 1264 年到 1267 年之间。也就是说，在他受命与其兄八思巴入藏建制期间，接受这一委任。有什么根据说明恰那朵儿只获得了这一权力呢？除了藏史直接的记载而外，相关事实也可为之佐证：其一，阔端让其衣蒙古服、学蒙古语，后来又赐女为之妻，本身就包含有培养未来的吐蕃地方行政长官的意图。其二，从后来其子答耳麻八剌剌吉塔受命任吐蕃地方总首领看，应是继承乃父职守。[②] 故否认恰那在吐蕃曾有过的总管权力是不正确的。

与恰那朵儿只相关的另一个重要史实是他受封为白兰王。藏史首载其事者为《汉藏史集》。该书记恰那“朝见薛禅皇帝之后，薛禅皇帝封他为白兰王（pavi len dbang），赐给金印，并为他设置了左右衙署，委派他治理整个吐蕃地区。在整个吐蕃和萨斯迦派中，他是最早得到王之封号与职位的人”[③]。《萨斯迦世系史》也有类似记载，谓：“据说恰那朵儿只是密宗事部三怙主中具有威德与神变的金刚手菩萨，蒙古薛禅皇帝封他为白兰王（原作 sa len dbang，应为 pavi len dbang 之误），赐金印及左右同知两部衙署，并将公主墨卡敦嫁给他，此外，还让他穿蒙古服，任命他为蕃地三区法官。在吐蕃地区，‘帝师’和‘王’的职位最早就是他们兄弟二人时出现的，对蕃地恩德至大。”[④] 与《汉藏史集》勘比，可注意处有二：第一，两书均记其受封白兰王与任吐蕃总管事；第二，存在着墨卡敦公主是阔端抑或是忽必烈女儿的问题。又据《萨斯迦世系史》：“众生怙主恰那朵儿只有三妻，其中之一是阔端之女芒噶拉，一是玛久丹察曲本，均无子，另一是沙鲁的堪卓本。”[⑤] 并未提及忽必烈嫁女给恰那。那么，在这一点上，《萨斯迦世系史》有其不相一致的地方。似应从《汉藏史集》及《红史》等书所载，墨卡敦为阔端之女。同时可以确定的是恰那为第一位白兰王和吐蕃地区总管。

但是，我们不能同意在这一个问题上的两种观点：其一是把封王与担任

---

① T.V.Wylie, Khubilai Khaghan’s Viceroy of Tibet, in *Tibetan and Buddhist Studies,* Budapest 1984, pp.391-404.

② 《红史》，第 48 页，记其娶诸王启必帖木儿之女为妻，受命管理吐蕃事务。

③ 《汉藏史集》，第 330—331 页。

④ 《萨斯迦世系史》，第 233—234 页。

⑤ 《萨斯迦世系史》，第 236 页。

地方总管混淆起来；其二是把白兰王与西藏王等同。恰那之所以被封为白兰王是由于他是元室之驸马，按旧制“宗室驸马，通称诸王”[①]。也就是说，若非是驸马，他是不可能受封为白兰王的。但作为地方总管则不同，不必人人为王。白兰王是一个荣誉封号，并不是享有封地的诸侯，更不是独霸一方的割据势力。忽必烈连亲生儿子也不过让其镇守一方，更何况异姓诸王。[②]又退一步讲，即使白兰王为实领封地之王，那么也只能是吐蕃本土东北一隅的白兰羌故地，而绝不可能是整个吐蕃地区。“白兰”一词在任何时候，任何地方也没有与吐蕃地区相等同。况且恰那还没有领有白兰羌故地那一块地方。因此，魏里关于“（白兰）这一地理划分，假如不包括西藏全部的话，至少亦包括西藏的部分，因此赐封给恰那朵儿只的白兰王，或更确切地说乃是‘西藏王’这个称号，与作为忽必烈宣授的西藏总督这个政治角色是完全相应的”[③]。这一说法属于主观臆断和没有充足依据的推理。事实上，作为白兰王，他可享有诸王驸马的优遇，但没有行政权，而作为吐蕃总管，他是由皇帝任命的一名地方行政长官，与主宰一方的割据王毫无关涉。

二、恰那之后的几任白兰王

1. 白兰王琐南藏卜（bsod nam bzang po）

恰那朵儿只 1267 年去世后，十余年间未见有人担任吐蕃总管的记载。吐蕃地方由总制院及设在地方的下辖机构管理。1281 年前后，业已成年的其遗腹子答耳麻八剌剌吉塔前往朝廷，继任帝师之位，又娶诸王启必帖木儿之女为妻，1286 年受命回吐蕃管理事务，次年即去世。萨斯迦款氏面临绝嗣危险。在此背景下，朝廷召回被流放到江南的达尼钦波桑波贝，令其众娶妻妾而传后嗣。其子公哥罗古罗思监藏班藏卜、公哥列思八冲纳思监藏班藏卜和公哥儿监藏班藏卜先后担任帝师之职。另一子即是被封为白兰王的琐南藏卜。

---

① 《元史》卷 108《诸王表》。

② 沈卫荣：《元朝中央政府对西藏的统治》，《历史研究》1988 年第 3 期。

③ T.V.Wylie, Khubilai Khaghan’s Viceroy of Tibet, in *Tibetan and Buddhist Studies,* Budapest 1984, pp.391-404.

琐南藏卜的生年，据《汉藏史集》记在藏历阴铁兔年（1291）。[①]年轻时曾在凉州被封为国公，后来元英宗封其为白兰王，并将门达干（mun da gan）公主嫁给他。[②]公主于木鼠年（1324）在朵甘思生子仁达巴扎，后者于年幼时在朵甘思夭折。[③]琐南藏卜本人也在受封白兰王之后不久返回吐蕃，逝于朵甘思。[④]他是汉文史书中尚见记载的唯一一位白兰王。《元史·诸王表》“白兰王条”记“琐南藏卜，至治元年封，后出家，泰定四年还俗，复封”。《元史》卷30《泰定帝二》记泰定三年五月乙卯“以帝师兄琐南藏卜领西番三道宣慰司事，尚公主，锡王爵”。是其复封在三年（1326）而非四年（1327）。所谓“三道宣慰司”者，系指乌思藏、朵甘思和脱思麻三个宣慰司，也就是说，白兰王琐南藏卜与前述恰那与答耳麻八剌剌吉塔一样，均是吐蕃地方的行政总管，并非毫无行政权力。同书卷27《英宗一》也记至治元年十二月“封唆南藏卜为白兰王，赐金印”。是其初封白兰王在至治元年（1321）。从1321年至1326年之间曾一度出家。泰定三年（1326）还俗，再封为白兰王。《元史·释老传》记“泰定间，以帝师弟公哥亦思监将至，诏中书持羊酒郊劳；而其兄琐南藏卜遂尚公主，封白兰王，赐金印，给圆符”[⑤]。当指再封事。去世时间，史无明载，根据藏史记其受封不久返藏逝于朵甘思的史实，及下任白兰王1329年已入藏活动的情况（后详）看，他应卒于1328年。如此，其生卒年为1291—1328年，任白兰王时间为1321—1328年，中间又曾一度出家为僧。

2. 白兰王公哥列思八监藏班藏卜（kun dgav legs pavi rgyal mtshan dpal bzang po）

据载，此人生于其父达尼钦波桑波贝47岁的阳土猴年（1308）。妥欢贴

---

① 《汉藏史集》，第334页；《红史》，第49页，记琐南藏卜是在其父流放江南时生下的。据《萨斯迦世系史》，第239—242页载与1291年说不违。

② 《红史》，第49页；《汉藏史集》，第334—335页。《萨斯迦世系史》，第247页记为公主布达干（budha gan）嫁琐南藏卜；《汉藏史集》，第340页也谓，“琐南藏卜娶公主布达干为妻”。bhunda gan或budha gan与munda gan似为形讹所致，当指一人。

③ 《萨斯迦世系史》，第247页；《汉藏史集》，第340页，记布达干公主生一子为仁达那室利大师，后者生于阳木鼠年（1324），于25岁的阳土鼠年（1348）在汉地去世。

④ 《红史》，第49页。

⑤ 《元史》卷202《释老传》。

睦耳皇帝封之为白兰王，赐给金印及统领吐蕃三却喀之诏书，他还娶了白兰王琐南藏卜的妻子门达干（或作布达干）公主为妻。[①]那么说明他是继琐南藏卜之后而为白兰王的。《朗氏世系史》记“蛇年（1329），王和公主前来西藏时召集前藏人开会”[②]。由“王与公主”同来前藏一事看，此王是“白兰王”无疑。但是，是琐南藏卜抑或是公哥列思八监藏班藏卜呢？我们认为应是后者：其一，前引藏史已明言琐南藏卜返藏途中逝于朵甘思；其二，该王生卒年为1308—1336年，与琐南藏卜不同。如此，新白兰王公哥列思八监藏班藏卜之受封时间应在1329年或之前，很可能即在1328年。

1329年藏历十一月，白兰王夫妇分别住在牙里不藏思八和内邬栋，调解伯木古鲁和牙里不藏思八之间的辖地纠纷。经过一个半月的斡旋，圆满解决了纷争。他们还与乌思地区的官员们一起在伯木古鲁的大本营雅垅（yar lung）欢度藏历阳水马年（1330）新年。同时也给当地带来巨大的经济负担。王和公主频频召开乌思地方首脑会议，试图解决地方上出现的各种矛盾，但他们偏袒萨斯迦的某些决定，引起了已经强大起来的伯木古鲁万户长赏竹监藏的不满。[③]据称，他还捣毁了帕主派的曲登林寺院。他在乌思地区逗留了四年，然后至藏地。[④]时间当在1332年，此后事迹不详。据《汉藏史集》记，他于29岁的阳火鼠年（1336）逝于塞浦（gser phu）的鲁布查彻。[⑤]那么，他的生卒年为1308—1336年，任白兰王约在1328—1336年。

3. 白兰王吃剌思巴监藏班藏卜（grags pa rgyal mtshan dpal bzang po）

白兰王公哥列思八监藏班藏卜之子，元顺帝帝师唆南罗古罗思之弟。于其父去世后的阳火鼠年（1336）生于达仓宗卡地方。后依止法王胆巴及兄帝师唆南罗古罗思等学习萨斯迦教法及其他派教法。在胆巴上师尊前剃度出家，讲说《根本金刚续》等教法。[⑥]后被元顺帝封为白兰王。据《汉藏史集》记载，在唆南罗古罗思监藏30岁的牛年（1361），元顺帝派金字使者封唆南罗古罗思监藏为帝师，封其弟为白兰王，并赐给管辖达仓宗和曲弥万户属下

---

① 《汉藏史集》，第338页；《红史》，第50页。

② 《朗氏世系史》，第153页。

③ 《朗氏世系史》，第154—157页。

④ 《朗氏世系史》，第154—157页。

⑤ 《汉藏史集》，第338页。

⑥ 《萨斯迦世系史》，第341—342页。

各地之诏书。[①]朝廷为他设置左右衙署，并赐给他管领西土的诏书，“据说，他的权势财富十分显赫，在政教两方面都建有大功业”。他于41岁的阳火龙年（1376）在达仓宗旧殿去世。这样，他的生卒年为1336—1376年，任白兰王之年为1361年至元亡。

除前述四位白兰王之外，吃剌思巴监藏班藏卜之子，也是一位十分重要的行政首领人物。据载，他生于其父25岁的阳铁鼠年（1360），依止法王胆巴及唆南罗古罗思等学习萨斯迦教法，在其欲出家时，元顺帝赐他与太子相等之地位，封为“日章王”（ri rtsing dbang），赐以金印、金牌、银牌，为他设置了王傅、傅尉、尚史（byang shri）、司马等左右八种属官。任命他为御使台一品副使，赐以掌管西土的诏书，他于49岁的阳土鼠年（1408）4月24日在门康泽栋宗（smon khang rtse gdong rdzong）去世。享年49岁。[②]这一位日章王在元亡时不过9岁，仍有封授之举，很可能反映的是北元与吐蕃地区所保持的某种联系。

从上文可得出几点结论：其一，白兰王不是“西藏王”，他是由皇帝封赐的元室驸马的封号；吐蕃自然不是他的封地，而是不可分割的皇土。其二，白兰王多被任命为吐蕃三却喀的首领，相当于大吐蕃地区的总管，他有管辖乌思藏、朵甘思和脱思麻三个宣慰司的行政权力。否认其这一行政权力并不正确。其三，白兰王设有王府，其制大约与其他驸马王府相类，设有左右衙署、王傅、傅尉、司马等官。[③]其四，白兰王一系管辖吐蕃地方往往较为松散，既缺乏连贯性（常有无王的间隔情况），又无用人权，更无调军权，所以关于白兰王预政的记载相对较少。各宣慰司直接向宣政院报告而不通过白兰王才是惯例。其五，白兰王王府可能不是固定一地，恰那朵儿只时当在萨斯迦，琐南藏卜时王府可能在朵甘思，因为他的妻子（公主）在朵甘思生子，而他及其子均在朵甘思去世，当非巧合，而白兰王吃剌思巴监藏班藏卜的王府似在达仓宗（他生于斯，逝于斯）。

通过对宗王、帝师和白兰王三个系统的讨论，我们可以得出如下几点结论：（1）宗王是出镇性质，而不是封主；他们在吐蕃的主要职责在于军事而

---

① 《汉藏史集》，第342页。

② 《汉藏史集》，第346页；《萨斯迦世系史》，第372—373页。

③ 《元史》卷89《百官五记》“诸王傅官”可为参证。

不在于行政；出镇宗王的军事活动直接听从中央指挥，而不得自行其是；出镇宗王有限的行政权力（颁布令旨），必须与皇帝圣旨、帝师法旨和宣政院札符相伴而行。（2）帝师对吐蕃地方行政有很大权力，但主要在于统领宣政院并通过宣政院来加以实施；在八思巴之后，尤其是答耳麻八剌剌吉塔与亦摄思连真之后，帝师对宣政院的权力，仅限于推荐官员（主要是僧官），由皇帝任命，院内大权归宣政院使及下属各级官员。（3）白兰王一系，在吐蕃有一定的行政权，几任白兰都领“西番三道宣慰司”事，有全吐蕃总管之名，但缺乏连续性，没有固定不变的王府，没有军事权，实际行政权力相对不大，因此，在很大程度上具有荣誉性质。真正掌握吐蕃地区军事、经济、行政大权的是宣政院。这诚如元明时期的藏文史书《雅隆尊者教法史》所说的那样，“设宣政院与安定吐蕃的三路宣慰司为政法机构，桑哥丞相、月鲁那颜（au lug no yon）、米钦朵西等掌管执法事宜”[①]。

① 释迦仁钦岱：《雅隆尊者教法史》，第 168 页。

第二章　元代管理吐蕃地方的中央机构

1260年3月，忽必烈在开平称汗，建元中统，“以国朝之成法，援唐宋之故典，参辽金之遗制，设官分职，立政安民，成一代王法”①。与此同时，尊吐蕃高僧八思巴为国师，“授以玉印，任中原法主，统天下教门”②。始于吐蕃全面建制施政。其先后在中央设置的管理机构有总制院、功德使司和宣政院。

第一节　总制院

总制院之名不见于前代史籍。《旧唐书》卷43《职官二》记，兵部“尚书、侍郎之职，掌天下武官选择及地图与甲仗之政令。其属有四：一曰兵部，二曰职方，三曰驾部，四曰库部。总其职务，而行其制命。凡中外百官之事，由于所属，咸质正焉”。或取此义也。兹分论如下：

一、总制院的建立背景

《元史》记“至元初，立总制院而领之以国师”③。是总制院建立于至元元

---

① 郝经：《立政议》，《陵川集》卷32。

② 王磐：《八思巴行状》，《佛祖历代通载》卷21；又大藏经《敕修百丈清规》第七，第66页，记“阅六载，庚申（1260），世祖登大宝，建元中统，尊为国师，授以玉印，任中原法主，统天下释教”；《元史》卷4《世祖一》，中统元年十二月乙巳条记“以梵僧八合思八为帝师，授以玉印，统释教”误，该年所封者为国师，帝师之封在至元六年（1269）。

③ 《元史》卷87《百官三》“宣政院”条，中华书局1976年版。

年（1264）。它的建立与这样几个因素有关：

（1）适应对吐蕃地方统治的需要。1239年镇守凉州的蒙古皇子阔端派将道尔达进兵乌思藏，沉重打击了各地势力，为乌思藏地方归附蒙古奠定了基础。[①]1244年道尔达再入吐蕃，奉命召请萨斯迦班智达（省称萨班［sa pan］1182—1251）。1247年萨班与阔端议定乌思藏归附蒙古条件，乌思藏正式置于大蒙古国治下。蒙古统治者许吐蕃各地首领官仍原职，由萨斯迦首领统辖，同时派员管理。但在中央并未设置专门机构。这一状况一直持续到中统元年（1260）。忽必烈即位时，整个吐蕃地区已基本在蒙元中央政府控制之下，设立相应的总管机构势在必行。

（2）总制院之设与元初中央行政体制的建立与完善同步，是其主要环节之一。中统建元以来，相继设官分职。"（元年）夏四月戊戌朔，立中书省，以王文统为平章政事，张文谦为左丞"，五月乙未"立十路宣抚司"[②]，最高行政机构确立。中统四年五月乙酉"初立枢密院，以皇子燕王守中书令，兼判枢密院事"[③]。最高军事机构产生。在稍后的至元五年（1268）设置了最高监察机构御史台。[④]与总制院同年建立的重要机构是以备顾问的集贤院与翰林国史院。[⑤]因此，总制院之设是元初全面建制大背景下的一个产物。

（3）总制院之设与忽必烈赐给八思巴"珍珠诏书"这一事件有关。总制院为管理全国释教的最高机关。这一年，世祖赐国师八思巴"珍珠诏书"，命令僧俗民众遵从上师法旨，悉心修法，"对依法而行的僧人每，彼

---

① 魏里：《蒙古初次征服西藏史实再释》（*The First mongol conquest of Tibet Reinterpreted*），《哈佛亚洲研究杂志》第37卷（1977），第103—133页（*Harvard Journal of Asiatic Studies*, 37, 1977），pp.103-133），认为道尔达之出征目的是侦察，低估了此举的规模与影响。据藏史《西藏王臣记》（民族出版社1957年版）及《朗氏世系史》记载，道尔达捣毁了东方工布、东西洛扎、洛若、加波、门地门贝卓、洛门及泥婆罗边界之堡塞，以蒙古法令行于地方。京俄代表乌思藏献上了户口各册，表示归服。

② 《元史》卷4《世祖一》。

③ 《元史》卷5《世祖二》。

④ 《元史》卷6《世祖三》记，至元五年秋七月"癸丑，立御史台，以右丞相塔察儿为御史大夫……"《元史》卷86《百官二》记，御史台"掌纠察百官善恶、政治得失。至元五年，始立台建官，设官七员"。

⑤ 《元史》卷87《百官三》记"翰林国史院，秩正三品。中统初，以王鄂为翰林学士［承旨］，未立官署，至元元年始置。秩正三品"，同卷记"集贤院，秩从二品。……国初，集贤与翰林国史同一官署，至元二十二年分署两院"，则集贤院之实体在至元元年业已存在。

等军官、军人、守城官、达鲁花赤、金字使者等，无论何人，俱不得欺侮，不派兵差、赋税、劳役”。诏书是鼠儿年（shing byi）夏五月一日写于大都。① 鼠儿年即世祖至元元年（1264）。此与“立总制院而领以国师”相应合。

与总制院建立相关联的有两项重要举措：一是元世祖命令答失蛮（das sman）于至元元年前往吐蕃置驿。② 答失蛮不负主命，“从汉藏交界之处起直到萨斯迦以下，总计设置了二十七个大驿站（vjam chen）”③。一是八思巴受命前往乌思藏建立行政机构。在接到诏书后不久，八思巴奉旨与其弟恰那朵儿只西归，次年初抵达萨斯迦。④ 其目的主要是落实元朝在吐蕃地区的行政建制，委任各级地方官员。⑤ 作为总制院的最高长官，八思巴入藏建制是最合适的。

二、总制院的职掌

据《元史·桑哥传》记：“总制院者，掌浮图氏之教，兼治吐蕃之事。”是知其主要职掌有二：

（1）掌浮图氏之教：蒙古统治者十分重视宗教的社会作用。在入主中原以前，即与内地的佛教禅僧发生联系，1214 年，蒙古军攻陷宁远（今山西五寨北），禅僧海云即于稠人中亲面圣颜。1219 年，成吉思汗在西域传诏，命

---

① 《萨斯迦世系史》，第 160—162 页。

② 关于在吐蕃置驿年代，学术界说法不一。意大利藏学家毕达克在《吐蕃与宋蒙关系》（Tibetan Relations with Sung China and with the Mongols, in M.Rossabi ed., *China among Equals*）认为：“征兵、括户、置驿以及征税，是蒙古统治属国的基准。这些措施在 1268—1269 年实行于中藏，虽然征兵和征税在现存史料中已无直接记载可为依据”；东嘎·洛桑赤列教授认为，“藏历第五绕迥水猴年（元世祖至元九年，公元 1272 年），元朝在西藏地方设立了称为吐蕃宣慰使司都元帅府的行政管理机构，建立管理驿传和军事的驿站，并在全藏地方征收一定的差税”。见《论西藏政教合一制度》，第 73 页；洛桑群觉、陈庆英认为置驿在 1260—1265 年之间，见《元代在藏族地区设置的驿站》，《西北史地》1984 年第 3 期。我们认为即在至元元年（1264），见本书附录《答失蛮其人及其经略吐蕃考实》。

③ 《汉藏史集》，第 196—197 页。

④ 《萨斯迦世系史》，第 173 页。嘉木样谢贝多吉：《佛历表》，黄颢译，见《藏文史料译文集》，第 89—161 页。

⑤ 王辅仁、陈庆英：《八思巴传略》，中国社会科学院民族研究所主编：《中国民族史研究》，第 71 页。

海云（印简）及其师中观统汉地僧人，免其差发。[①]1221 年，搽里八派僧人在蒙古地区（hor yul）宣传佛教。[②]把通过西夏影响蒙古人佛教信仰的活动，变为直接与蒙古人的接触。汉藏僧人在蒙古地区的传教活动几乎是同步的，也同样受到蒙古统治者的欢迎。定宗二年（1247），贵由颁诏命海云统僧。宪宗元年（1251）"蒙哥皇帝即位，颁降恩诏，顾遇优渥，命师（海云——引者）复领天下僧事，蠲免差役，悉依旧制"[③]。与海云同时受到皇室重用的高僧，是迦湿弥罗的密宗大师那摩。[④]《元史》卷 125《铁哥传》载："铁哥，姓迦乃氏，……父斡脱赤与叔父那摩俱学浮屠氏。斡脱赤兄弟相谓曰：'世道扰攘，吾国将亡，东北有天子气，盍往归之。''乃偕入见，太宗礼遇之，定宗师事那摩，……宪宗尊那摩为国师，授玉印，统天下释教。'"那摩与海云同时统领天下释教似有抵牾。野上俊静认为，海云所掌者为中原汉地佛教，而那摩则为最高僧官，统领整个大蒙古国的佛教。[⑤]这样，在八思巴之前已有一任国师，此人即是那摩。

1260 年忽必烈即大汗位，封八思巴为国师，统天下教门。及 1264 年设释教总制院而领之以国师，已是顺理成章的事。总制院主要是通过其下辖的一整套僧政机构来实施统治的。这些机构有总统所、僧录司、总摄所、僧正司、都纲司等。[⑥]至元二十一年（1284）的《大都崇国寺圣旨碑》记总制院及下辖机构处理寺院纠纷事，文谓"皇帝圣旨里，帝师法旨里，宣授大都路僧录司承奉总统所札付该：二十五日，大殿内总制官桑哥相公对崇国讲主省会本所官正宗弘教大师，属蓟州的般若院，系二百三十七处数内回付到院子。见无主人，您总统每将那院子便分付与大都崇国寺家，教做下院者。奉此，总所合下，仰照验，依奉桑哥相公钧旨处分事理，将般若院交付崇国寺，永

---

① 释祥迈：《至元辨伪录》卷 3。

② 《佛历表》，铁蛇年（Lcags sbrul）记事。

③ 《佛祖历代通载》卷第 21《海云传》。

④ 屠寄：《蒙兀儿史记》"伽乃铁哥传"以海云"系那摩之汉名"；柯劭忞：《新元史·宪宗纪》元年记事径改海云为那摩，均误，见陈得芝：《元代内地藏僧事辑》，刊《中华国学》创刊号，香港。那摩的事迹又见：《至元辨伪录》卷 4 所收 1255 年蒙哥皇帝圣旨，见蔡美彪：《元代白话碑集录》，科学出版社 1955 年版，第 101 页；沈涛辑：《常山贞石志》卷 15《大朝国师南无大士重修真定府龙兴寺功德记》。那摩为迦湿弥罗（今克什米尔）密宗大师，其所传与西藏佛教相近而与汉地佛教相远。

⑤ 野上俊静：《元代佛道二教的辩论》，《元史释老传研究》，第 157 页。

⑥ 参见陈高华：《略论杨琏真加和杨暗普父子》，见《西北民族研究》1986 年第 1 期，后收入《元史研究论稿》，中华书局 1991 年版。

远为主施行。奉此，使司除已行下蓟州僧正司依上交付外，所有崇国寺收把执照，合行出给者……”[①]桑哥此人，即应是时为总制院使的桑哥。在江南地区最有影响的则是设在杭州路（治今浙江杭州市）、归总制院管辖的江南（或江淮）释教总摄所。据《元史》记载，至元十四年二月丁亥，“诏以僧亢吉祥、怜真加加瓦并为江南总摄，掌释教，除僧租赋，禁扰寺宇者”[②]。则总摄所在至元十四年（1277）之前业已建立，其时归总制院管辖。

（2）兼治吐蕃之事：1247年，阔端与萨班具有重要历史意义的会见之后，蒙古统治者命萨斯迦派首领为达鲁花赤，赐金、银符；各地官员处理政务应请示萨斯迦长官，不得自由行事。[③]这意味着萨斯迦首领即是大蒙古国在吐蕃的代理人，萨班及八思巴则无疑是当时乌思藏地方的两任达鲁花赤。八思巴在名分上是萨斯迦法统的继承人，又通晓吐蕃历史，知识渊博，具有良好素养，深得忽必烈欢心，初次相会即欲留侍左右，作为他的吐蕃地方政治与宗教事务顾问。[④]他又通过行政手段来加强八思巴在吐蕃地方宗教乃至政治上的影响。藏史中有关于忽必烈三次接受八思巴给予的萨斯迦派喜金刚灌顶之说。如《汉藏史集》谓“八思巴到了大都宫殿，为薛禅皇帝及皇后、皇子传授了三续大灌顶，受封为帝师。薛禅皇帝向他奉献了乌思藏十三万户及无以数计的灌顶之供养”。蒙古与萨斯迦结成所谓檀越关系，吐蕃地方纳入

---

① 碑在北京护国寺。此引自蔡美彪《元代白话碑集录》，科学出版社1955年版，第33页。此文为至元二十一年二月二十七日书。

② 《元史》卷9《世祖六》，怜真加加瓦是藏语人名，可还原为“rin chen rgyal ba”意为“长寿佛”，元代通译作“杨琏真加”，西夏人。日本学者小川贯式在普宁藏《华严经》的识语中发现有几位僧官名，内有“江淮释教都总摄永福大师杨琏真佳”，位于其前的是“江淮诸路都总摄扶宗弘教大师行吉祥”。见竺沙雅章《中国佛教社会史研究》，第297页。与《元史》所载相同，“行”、“亢”音同相通，是为一人。又至元二十八年（1291）杨氏失势后，江淮行省榜文谓“杨总摄等倚恃权势，肆行豪横，将各处宫观、庙宇、学舍、书院、民户房产田土山林池荡，及系官业产，十余年间，尽为僧人等争夺占据”。见《庙学典礼》卷3。可与上文相印证，则杨琏真加之任总摄当在至元十四年（1277）。关于杨琏真加生平事迹，参见H.Franke, *Tibetans in Yuan China*, China under Mongol Rule, 1981, pp.296-328；陈高华：《略论杨琏真加和杨暗普父子》，《西北民族研究》1986年第1期，第385—400页。

③ 《萨斯迦世系史》，第135—140页，又见《萨班全集》(sa skya pandita gsung vbum)；英译见G.Tucci, *Tibetan Painted Scrolls*, I, Roma, 1949, pp.10-12；汉译有王尧（文刊《元史及北方民族史研究集刊》第三期，1979年，陈庆英：《萨斯迦世系史》，第91—94页）等多种译本。

④ 《萨斯迦世系史》，第151—153页。

了忽必烈皇帝的统治之下。[1]忽必烈派大臣答失蛮到吐蕃建立驿站，加强对吐蕃地方的管理。它所反映的事实是：在萨班与阔端相继作古之后，忽必烈与八思巴如何确认并巩固吐蕃对中央政府的服从，以及吐蕃在元朝版图中的地位。忽必烈借助扶持佛教并提高八思巴的宗教地位来实施对吐蕃的统治，而八思巴则借助元世祖的威权以自重，并用以弘扬藏传佛教。中统元年，八思巴受封为国师，其宗教地位已无与伦比，其在忽必烈对吐蕃的施政方面的影响也有增无减。至元元年总制院建立，作为这一机构首领的八思巴返回萨斯迦，具体实施元朝在吐蕃的行政建设工作。[2]总制院对吐蕃的管辖，在一定程度上是通过八思巴在吐蕃的政务活动来体现的。

总制院最直接的行政职责是管理西蕃诸宣慰司的军民财谷。[3]当时，元代中央在吐蕃地区，即乌思藏纳里速古鲁孙（dbus gtsang mngav ris skor gsum）、朵甘思（mdo khams）和脱思麻（mdo smad）置驿，用兵，设立行政机构，建立榷场，管理内地与吐蕃地方贸易，均有总制院参与。如总制院官员答失蛮之入藏置驿，总制院使桑哥之率兵入藏平叛等。[4]此外，总制院兼治吐蕃事务，自然对管区之官员有推荐或任免权，尤其是作为总制院的最高首领，八思巴对萨斯迦本钦的推荐与任免更显突出。藏史记释迦藏卜去世后，由任近侍公哥藏卜继任本钦，他修建了仁钦岗（rin chen sgang）、拉康喇让，完成拉康的围墙。以后，公哥藏卜将本钦之职依次交给尚尊、秋波刚噶瓦（phyug po sgang dkar ba）、赏荦等，他们由喇嘛（八思巴）的推荐担任本钦。又因上师不喜欢公哥藏卜，由薛禅皇帝下令将其处死。[5]由于总制院存在时间较短，史书对它记载也稀少，然此后的宣政院即为其直接沿袭，所设机构及其在吐蕃政治事务中的作用，也当一脉相承，可相互参证。

---

① 《汉藏史集》，第327页。关于忽必烈接受八思巴灌顶并赐十三万户作供养之说，其他藏文史书，如《红史》、《青史》、《贤者喜宴》、《新红史》等均有记载，述说略异。

② 王辅仁、陈庆英：《八思巴传略》。

③ 《元史》卷205《桑哥传》。

④ 《汉藏史集》，第290—292页。

⑤ 《红史》，第53页。

三、总制院的历任院使

《元史》中提到的总制院使只有桑哥一人。该书卷205《桑哥传》记“至元中擢为总制院使”。同书卷14《世祖十一》记至元二十四年十一月壬辰，以桑哥为金紫光禄大夫、尚书右丞相，兼（总）制院使，领功德使司事。那么，至元二十四年（1287）很可能就是桑哥的初次任职时间，于是问题便出现了：其一，桑哥是否是唯一的院使？其二，桑哥是否是第一任院使？如果不是，那么又应当是何人？我们认为桑哥不是第一任院使，《元史》已记，总制院置于至元之初（1264），而桑哥任职在“至元中”，又很可能在1287年，两者不相合。他不是第一任院使，从而也自然不是唯一的院使。我们注意到野上俊静关于帝师和国师不是总制院或后来的宣政院的长官的论述。[①] 但依然认为总制院的长官应即国师（宣政院则非是），而第一任院使则是八思巴本人。理由是：第一，“至元初，立总制院而领以国师”[②]当非虚指或只在名义上。第二，从八思巴及继任的亦怜真、答耳麻八剌剌吉塔全面负责宗教并参与吐蕃事务的状况看，他们完全行使了院使的职责。八思巴在总制院初建后，受命前往吐蕃建制事已如前述。亦怜真为八思巴返藏期间代任，其事迹多不明。[③]而答耳麻八剌剌吉塔则在1286年受命回吐蕃管理政务。[④] 兼有院使之职是可以想见的。第三，从至元元年（1264）到至元二十四年（1287），正是八思巴、亦怜真和答耳麻八剌剌吉塔三位（国）帝师相继任职与生活的时间范围。而1287年又是桑哥担任院使的时间，这也许不仅仅是巧合。

为什么桑哥得任院使，而不复由帝师兼任此后的宣政院使呢？我们认为应考虑这样几个因素：(1) 适应行政体制转换的需要。元朝建立后，世祖十分重视吐蕃地方行政体系的建设，经二十余年努力，已完全建立起一套行政体系与职官制度，吐蕃地方已牢固地掌握在元朝中央政府的控制之下，任命桑哥为院使有加强行政职能、改变总制院性质的因素。具体说，就是要把

---

① 野上俊静：《元の宣政院にっぃて》，第227页。

② 《元史》卷87《百官三》“宣政院”条。

③ 《元史》卷202《释老传》，记八思巴“（至元）十一年（1274）请告西还，留之不可，乃以其弟亦怜真嗣焉”。

④ 《红史》，第48页。

总制院变为一个真正的行政管理机构。（2）答耳麻八剌剌吉塔的去世为此提供了可能。如众所知，八思巴是一位杰出的政治活动家和博学的高僧，在历任帝师中具有特殊的地位，其任帝师统领总制院事可以说是众望所归。而继其后的亦怜真和答耳麻八剌剌吉塔则是萨斯迦氏家族的血统传人，尤其是答耳麻八剌剌吉塔，是受命掌管吐蕃地方行政事务的白兰王恰那朵儿只的遗腹子，其兼总制院使也有定例可依。但在答耳麻八剌剌吉塔去世之后，情况有了变化。萨斯迦款氏家族绝嗣[①]，为元朝调整在吐蕃的统治结构提供了机会。（3）桑哥是最合适的人选。据藏史载，他是噶玛洛部落的青年，起初为胆巴门徒，后为八思巴译吏，得以接触元廷上层。总制院建立后，他成为其中的一名官员，后得世祖器重，任尚书右丞相。[②]精通吐蕃事务，兼得世祖与帝师八思巴欢心，是桑哥担任总制院使最为有利的条件，以尚书右丞相兼任院使，名义上低于帝师，实际上丝毫不减其作用。于是转变很自然地实现了。以后的帝师对宣政院有一定的干预权。[③]但不再是它的直接掌管者——院使。这样，总制院使的继承表即是：八思巴（1264—1274）→亦怜真（1274—1279/1282）→答耳麻八剌剌吉塔（1282—1287）→桑哥（1287—1288）。

四、总制院的地位

元初对各种宗教均采取较为平等的优待政策，扶持各教为己所用。但在具体实施中又有轻重、厚薄之分，即藏传佛教置于各种宗教与教派之上，最受优遇；在汉地佛、道二教争执中偏袒佛教，压抑道教；对“汉地”原有的

---

① 《萨斯迦世系史》第238—240页及《汉藏史集》第333—334页，记答耳麻八剌剌吉塔无后而终，八思巴异母弟也失迥乃之子达尼钦波桑波贝，在八思巴去世后，被控不遵哀悼例规，又非款氏血统，被流放到苏州、杭州，后转至普陀山，款氏家族别无男性嗣人。

② 《佛祖历代通载》卷22《胆巴传》，“初，相哥受师戒，继为帝师门人，屡有言其横自肆者，师责而不悛，由是御之”。桑哥，sang gha，意为僧伽（梵文）。关于族属见L.Petech, Saṅ Ko, *A Tibetan Statesman in Yuan China*；仁庆扎西：《元代中央王朝中的藏族宰相桑哥》，《西藏研究》1984年第2期等。

③ 《元史》卷87《百官三》“宣政院”条，“其为使位居第二者，必以僧为之，出帝师所辟举，而总其政于内外者，帅臣以下，亦必僧俗并用，而军民通摄”。

佛教派别，则采取重教轻禅的态度。[①]当时各教地位，道教不及佛教之“什一”[②]，也里可温等在朝贺时，又排在和尚与道士之后。[③]佛教所属机构的品级也高于其他各教。[④]佛教，尤其是藏传佛教，是绝大多数吐蕃人信奉的宗教，重视并加以利用，即可达到安定地方，实施有效统治的功用。所以，总制院的院使是由帝师或尚书右丞相这样显赫的人物来兼任，同时，它还兼治吐蕃之事，此已超出一般的宗教管理机构的范围，更多地具有行政机构的色彩。其地位自然非掌道教的集贤院和掌也里可温教的崇福司所能比拟。

第二节　都功德使司

据《元史》卷11《世祖八》载，“至元十七年（1280）三月乙卯，立都功德使司，从二品，掌奏帝师所统僧人并吐蕃军民等事”。我们对它的职能、设立背景、沿革及其与总制院和宣政院的关系、历任功德使事迹等做一些探讨。

一、都功德使司的职能

从上引文知，功德使司掌奏帝师所统僧人并吐蕃军民等事。然而，就有限的资料来看，功德使司似乎只表现出对前者的关心，或者说它更侧重于处理佛教事务。在《元史》本纪中，它的职能有如下几点：其一，修设佛事。至元十九年（1282）十一月戊寅，罢免了一位功德使，原因即是他“修设佛事妄费官物”[⑤]，此类活动随着皇帝的重释崇佛及帝师的推动而有增无已。至元三十年“醮祠佛事之目，止百有二；大德七年（1303）再立功德使司，积

① 陈高华：《略论杨琏真加和杨暗普父子》，《西北民族研究》1986年第1期。

② 《元史》卷202《释老传》记“维道家方士之流，假祷祠之说，乘时以起，曾不及其（释氏——引者）什一焉”。

③ 《元典章》卷33《礼部六·也里可温教》。

④ 《元史》卷87《百官三》记宣政院为从一品，掌道教的集贤院为从二品，掌也里可温的崇福司也为从二品。关于总制院，《元史》卷83《选举志三》记，至元二十二年，“总制院与御史台同品，令译史，通事一体如之”。

⑤ 《元史》卷12《世祖九》。

五百有余，今年一增其目，明年即指为定例，已倍四之上矣”[①]。此事已引起有识之士的忧虑。泰定二年（1325）秋七月壬申，御史台臣言“西僧修佛事，所费不赀，于国无益，并宜除罢”，获得首肯。[②]次年三月甲子，“命功德使司简修佛事一百三十七”[③]。其二，释囚。释囚往往是由功德使向皇帝提出而得以实施的，有时数目很大，如英宗至治三年（1323）夏四月甲戌，敕都功德使阔儿鲁至京师，释囚，大辟三十一人，杖五十七以上者六十九人。[④]此举未免有悖王法，因而也并非有求必应。仁宗皇庆二年（1313）二月，功德使亦怜真等以佛事奏释重囚，即未获许。同年四月乙酉，御史台臣言“富人夤缘特旨，滥受官爵，……西僧以作佛事之故，累释重囚。……请悉革其弊”[⑤]，获得皇帝恩准。但这绝不意味着释囚之事由此而终，即在同年七月癸巳，仍有“以作佛事，释囚徒二十九人”[⑥]的记载。

二、都功德使司的建立背景

为什么会在至元十七年（1280），在已有管理佛教事务及吐蕃之事的总制院的同时，设立都功德使司呢？我们认为有这样几个理由：第一，吐蕃地区政教事务涉及范围与规模的扩大。军政上，至元元年总制院建立之后，元朝在吐蕃地区，尤其在其东北的朵甘思、脱思麻地区一直用兵，讨伐未服与新叛部落，并收抚归附者，设立行政机构以司其事。至元元年（1264）秋七月，以西番十八族部立安西州，三年春正月“城西番匣答路”，闰五月丙辰，雅州碉门宣抚使请复碉门城邑。[⑦]十六年六月“诏发新附军五百人，蒙古军百人、汉军四百人戍碉门、鱼通、黎、雅。秋七月，以朵哥麻思地之算木多城为镇西府，敕军镇守”[⑧]，元朝在吐蕃地方的军政建置达到一个高潮。佛教事务上，以至元

---

① 《元史》卷175《张珪传》,《元史》卷202《释老传》。必兰纳识里,“自至元三十年间,醮祠佛事之目,仅百有二，大德七年再立功德司，遂增至五百有余”。

② 《元史》卷29《泰定帝一》。

③ 《元史》卷30《泰定帝二》。

④ 《元史》卷28《英宗二》。

⑤ 《元史》卷24《仁宗一》。

⑥ 《元史》卷24《仁宗一》。

⑦ 《元史》卷5《世祖二》；卷6《世祖三》。

⑧ 《元史》卷10《世祖七》。

十六年（1279）为例：六月甲辰，五台山作佛事；“秋七月癸酉，命散都修佛事十有五日；十二月丁酉，帝师亦怜（吉）[真] 卒，敕诸国教师禅师百有八人，即大都万安寺设斋圆戒，赐衣”①。这种状况在客观上要求建立新的管理机构。第二，与第一点相关，由于总制院事务，尤其是俗世行政事务的增加，管理佛教的功能相对减弱了。设立都功德使司，即可起到补充作用。前文谈及总制院世俗院使的出现即与此相关。第三，与至元十七年（1280）设立都功德使司相关联的重要事件有三：其一，至元十六年（1279）帝师亦怜真的去世（一说在 1282 年），未来的合法继承者答耳麻八剌剌吉塔尚未即位，造成帝师之位的空缺。其时答耳麻八剌剌吉塔年仅 11 岁，除了名义上的宗教领袖之外，很难说能在宗教上（更不必说行政上）挑起重任，设立都功德使司即可在吐蕃政教事业中起到代理帝师职能的作用，以为皇帝的决策服务。其二，至元十七年（1280），总制院使桑哥带兵入藏，改革行政军事体制，突出了总制院的行政职能。这与“崇尚释教”、“因其俗而柔其人”的治蕃方针略有抵触，设立都功德使司，加强佛教的影响力，也不失为一种策略。其三，这一年（1280）11 月 22 日，八思巴逝世于萨斯迦拉康喇让，作为一代宗师的八思巴之去世，对佛教在朝廷的地位自然会产生影响，都功德使司之设，有缓冲这种影响的作用。因此，1280 年设立都功德使司，有其深刻的历史背景。

三、都功德使司的沿革

都功德使司在至元十七年（1280）建立，世祖去世后不久的至元三十一年（1294）六月庚寅，新继任的成宗皇帝又诏罢功德使司及泉府司冗官冗员。②这与当时体制变革有关。此年五月壬申，御史台臣言：“内外官府增置愈多，在京食禄者万人，在外尤众，理宜减并。”成宗命与中书省议之，都功德使司之裁员即是其产物。“大德七年，再立功德司，遂增至五百有余。”③武宗至大四年（1311）二月，复玉宸乐院为仪凤司，“改延庆司为都功德使司”④。似乎存在两个处理有关佛教事务的功德使司，疑后者为改隶。延庆司，在《元史》

① 《元史》卷 10《世祖七》。
② 《元史》卷 18《成宗一》。
③ 《元史》卷 202《释老传》。
④ 《元史》卷 24《仁宗一》。

卷 89《百官五》也有两个：一属储政院（曾隶詹事院与徽政院），一属内史府，前者“掌修建佛事”，后者则“掌王府祈禳之事”，以功德使司的职能度之，改者当属前者。又延庆司属储政院管，而储政院又在“至大四年罢”，遂导致将延庆司改为都功德使司之举。在此同时，又罢除了总统所及各处僧录、僧正、都纲司，将僧人诉讼事宜“悉归有司”办理。[①]

泰定三年（1326）八月甲午，罢行宣政院及功德使司。随后，朝廷的佛事活动有所减少，且多限于以帝师为首的佛事活动。如同年九月辛亥，“命帝师还京，修洒净佛事于大明、兴圣、隆福三宫”。十二月己亥，“命帝师修佛事，释重囚三人”[②]。泰定三年十一月癸卯，中书省臣针砭西僧每假元辰疏释重囚之事，以为其“有乖政典”，请罢之。帝命“自今当释者，敕宗正府审覆”。次年七月朝廷“籍僧、道有妻者为民”，九月“禁僧道买民田，违者坐罪，没其直”[③]。限制了僧人的不法行为。

《元史》卷 33 记，天历二年（1329）十一月丙寅“罢功德使司，以所掌归宣政院”，与前相叠。此有两种可能：其一，此前或并存两个功德使司，即至元十七年所立者和至大四年改延庆司新置者，两次罢除各去其一；其二，前次所罢仅是限制措施而并未落实。因为与功德使司一同被罢的行宣政院，在致和元年（1328）十一月的再次请求中才被罢除[④]，功德使司或与此同。何者为是呢，我们更倾向于后说。

文宗至顺二年（1331）二月戊申，立广教总管府以掌僧尼之政，凡十六所，秩正三品，府设达鲁花赤、总管、同知府事、判官各一员，宣政院选流内官拟注以闻，总管则以僧为之。[⑤]这应是功德使司被罢后新设立的替代性机构。选官由宣政院主之，僧人出任总管是其特征。次年三月再立功德使司。同时还置兴瑞司，掌中宫岁做佛事，其秩正三品，可谓变本加厉。

元代为何屡次废立功德使司呢？我们认为其最根本的一条是取决于皇帝对待佛教的态度。功德使司的主要活动如上所示，是组织建寺祀佛与奏请释

① 《元史》卷 24《仁宗一》。
② 《元史》卷 30《泰定帝二》。
③ 《元史》卷 30《泰定帝二》。
④ 《元史》卷 32《文宗一》，致和元年十一月，御史台臣言：“行宣政院、行都水监宜罢。”从之。
⑤ 《元史》卷 35《文宗四》。

因，这些都必须掌握在一定的“度”内，过之即损国财而坏王法，不足则难以表达皇帝礼佛之诚。又功德使司与宣政院职掌几近，颇有重叠之嫌，非议之声自属难免，泰定帝时的平章政事张珪之论可为代表。[①]然而，佛教已是元王室不可或缺的精神食粮，其于巩固统治，尤其是在吐蕃地方的施政，意义更大。所以，在每次罢除之后，又往往很快恢复。

四、都功德使司的历任长使、官员

都功德使司（或功德使司）废置无常，史籍对其内部结构又多疏略，要探明其职官系统，尚有困难。此仅就史籍所见简列如下：

（1）脱烈　生卒年与任期均不详。《元史》卷12《世祖九》记，至元十九年（1282）十一月戊寅，罢都功德使脱烈，其修设佛事妄费官物，皆征还之。钱大昕《元史氏族表》考其为回回古素鲁氏。[②]至元十七年（1279）都功德使司初立。脱烈或即其第一任长使。

（2）桑哥（？—1291）　桑哥为元世祖时尚书右丞相，政绩卓著，后又获罪被诛，《元史》将其列入《奸臣传》（见卷205）。至元二十四年（1287）十一月壬辰兼任功德使，二十八年被诛。其任职约在1287—1291年。

（3）华林仙（1287—1312）　一名铉，字子举，无锡人。以布衣游京师，得备宿卫，至大间授都功使司都事，以疾归。皇庆元年卒。[③]

（4）亦怜真　生卒年任期不详。《元史》卷24《仁宗一》记，皇庆二年（1313）二月丁亥，功德使亦怜真等以佛事奏释重囚，不允。

（5）阔儿鲁　生卒年任职期均不详。《元史》卷28《英宗二》载，至治三年（1323）夏四月甲戌，敕都功德使阔儿鲁至京师，释囚大辟三十一人，杖五十七以上者六十九人，放笼禽十万，令有司偿其值，则其在1323年前后任职。

---

① 《元史》卷175《张珪传》。

② 《元史氏族表》二记脱烈为耶尔脱忽忞之孙，回回古素鲁氏（《危素集》作“回纥”），见第83—84页，《潜研堂全书》第30册。

③ 《金华黄先生文集》卷37《都功德使司都事华君墓志铭》。

五、都功德使司与总制院及宣政院的关系

据前文所引，都功德使司与总制院及后来的宣政院关系十分密切，都是与佛教和吐蕃事务相关的中央机构。它们之间有什么差别呢？我们认为有这样几点：第一，总制院（尤其是后来的宣政院）侧重于吐蕃地方的军政事务（详后），而都功德使司则侧重佛教事务，从前引及我们所接触的资料，都功德使司的活动无一例不关乎佛教，又无一例涉及吐蕃事务，即是其证。第二，二者职能即依文献所记也有差异。“总制院者，掌浮图氏之教，兼治吐蕃之事”，而都功德使司则是“掌奏帝师所统僧人并吐蕃军民等事”。前者是握有实权的行政机构，而后者则是一个提供情报与建议的咨询机构，无权任命官吏或干涉军政事务。第三，总制院暨宣政院自建立起至元末，一直在元代中央对蕃事务的决策中起到积极的作用，是一个常设机构；而都功德使司则时置时废，活动范围多限于佛教事务，影响远不及前者，且多遭非议。

野上俊静认为，功德使司是总制院和皇帝之间一个联络机构。[①] 我们并不这样认为，理由是：其一，功德使司在一定程度上是为皇帝提供政教（主要是佛教）情报与建议的机构，但它联络的对象不是总制院或宣政院，而是“帝师所统僧人并吐蕃军民等事”。其二，都功德使司管理朝廷修功德的有关事宜，主要是负责祈福、建寺、诵经、刻经及修设佛事、呈请释囚等事，并无任何行政权力，更不可能在皇帝与总制院中起什么联系作用。其三，总制院，尤其是宣政院，是秩从一品的衙门，有权直接上奏皇帝，无需都功德使司从中斡旋。史籍中尚未见到有关都功德使司在皇帝与总制院之间进行联络的记载。都功德使司的建立有两个前提：一是元朝皇帝对吐蕃因其教而柔其人的政策所产生的直接后果。皇帝之礼佛受戒，与历代相沿的尊崇帝师，使建立修功德机构具有必要性。二是由于总制院和宣政院侧重行政职能，而管理佛教的功能相对减弱，都功德使司从而补充之。它与总制院相重叠的一面，是屡动罢除之议的核心点。这也说明它并不是一个中间联络机构。

---

① 野上俊静：《元の功德使司にっぃて》，第 131 页。

第三节　宣政院

宣政院是由总制院改名而来的，《元史》卷205《桑哥传》记"桑哥又以总制院所统西蕃诸宣慰司，军民财谷，事体甚重，宜有以崇异之，奏改为宣政院"。道出了改名的理由。宣政院是元代十分重要的中央机构，对吐蕃事务有总管权力。学术界对此已有专文讨论。[①]我们在此做一些新的探讨。

一、改名时间

《元史》卷15《世祖十二》记，至元二十五年（1288）十一月"改释教总制院为宣政院，秩从一品，印用三台，以尚书右丞相桑哥兼宣政院使"。同书卷16《世祖十三》则于至元二十八年（1291）条下记："夏四月庚寅，并总制院入宣政院。"似有1288和1291年两种说法。参证相关史实看，前者是正确的。理由是：（1）《元史》卷87《百官三》"宣政院"条也记，（至元）二十五年，"因唐制，吐蕃来朝见于宣政殿之故，更名宣政院"（《唐会要》卷97《吐蕃记》元和十三年八月"吐蕃使论司热等七人辞于宣政衙"云云）。（2）据《元史》卷205《桑哥传》，总制院之更名是桑哥因其所统西蕃诸宣慰司事重，宜有以崇异之而奏改。从当时背景看，此前一年（1287），桑哥新任金紫光禄大夫、尚书右丞相，兼总制院使，领功德使司事，位高权重，颇得世祖倚重。次年奏改总制而为宣政，且自荐为院使，是情理中事，而至元二十八年春，桑哥已遭弹劾，政途已现日下之势。不久即入狱，七月被处死，似不可能在已为众矢之的的情况下，奏改院名又自荐院使。故总制院之改名应以至元二十五年（1288）说为是。

二、宣政院职掌

《元史》卷87载，"宣政院，秩从一品，掌释教僧徒及吐蕃之境而隶治

---

① 野上俊静：《元の宣政院にっぃて》，第221—239页。初收《羽田博士颂寿纪念东洋史论丛》，昭和二十五年十一月，昭和四十八年九月补订。国内有陈庆英《元代宣政院对藏族地区的管理》，《青海社会科学》1990年第4期。陈得芝为《中国大百科全书·中国历史》《元史》所撰"宣政院"条，见韩儒林主编《元史》，中国大百科全书出版社1985年版，第124—125页。

之。遇吐蕃有事，则为分院往镇，亦别有印。如大征伐，则会枢密府议。其用人则自为选，其选则军民通摄，僧俗并用”，基本概括了宣政院的基本职能与特征，即它是管理吐蕃地方的最高行政机构，而且是管僧管俗、管军管民的，这些特点也直接影响到其下辖机构的性质与特征。我们将从掌管释教和吐蕃军政与刑法几个方面讨论它的职掌。

1. 掌管释教

前文我们谈到总制院暨宣政院与都功德使司相较，有侧重管理行政的一面，但其管理释教之作用也不容忽视，理由有三：其一，它是“天下寺院”的最高管理机构，“若夫天下寺院之领于内外宣政院，曰禅、曰教、曰律，则固各守其业，惟所谓白云宗、白莲宗者，亦或颇通奸利云”①。是其明证。至元二十八年“宣政院上天下寺宇四万二千三百一十八区，僧、尼二十一万三千一百四十八人”②。佐其不虚。其二，宣政院竭力维护僧众的特权利益。至大二年（1309），宣政院臣奏取旨：“凡民殴西僧者，截其手；詈之者，断其舌。”此令幸得时为太子的元仁宗之奏，方得废止。③为僧众乞免差税也是其职。至元二十八年十二月己巳，宣政院臣言，“宋全太后、瀛国公母子以为僧、尼，有地三百六十顷，乞如例免征其租”，从之。④其三，管理佛事是宣政院的重要活动内容，建寺、修佛事、刻经等往往耗费巨大，当朝廷在灾荒之年或国用不足时，需削减佛事活动开支，自然要通过宣政院来具体落实，至元三十一年，罢宣政院所刻河西藏经板。大德十一年（1307）十二月丁巳，“以中书省言，国用浩穰，民贫岁歉，诏宣政院并省佛事”即属此例。⑤文宗至顺元年（1330）闰七月庚子，中书省臣言，“内外佛寺三百六十七所，用金银钞币不赀。今国用不充，宜从裁减”，诏命省及宣政院臣裁减。作为这一次行动的部分成果，“上都岁作佛事百六十五所，定为百四所，令有司永为岁例”⑥，次年又将每岁所做佛事减少十六所⑦。

---

① 《元史》卷 202《释老传》。
② 《元史》卷 16《世祖十三》。
③ 《元史》卷 23《武宗二》;《元史》卷 202《释老传》。
④ 《元史》卷 16《世祖十三》。
⑤ 《元史》卷 22《武宗一》。
⑥ 《元史》卷 34《文宗三》。
⑦ 《元史》卷 35《文宗四》记：至顺二年五月甲辰，宣政院臣言：“旧制，列圣神御殿及诸寺所作佛事，每岁计二百十六，今汰其十六为定式。”制可。

宣政院是一个常设的中央管理机构，在屡次罢除都功德使司时，往往以其所掌事归宣政院，如天历二年（1329）十一月丙寅，罢功德使司，以其所掌事归宣政院。[①]其余几次废止，约略相同。足知在掌管佛教事务方面，都功德使司与宣政院的重复，这也是朝臣诸多讥议的焦点与目标。

2. 掌管吐蕃地方事务，主要有三个方面的内容

其一，军事方面。宣政院是军民通摄、管军理民的中央机构，对吐蕃地方的军事负有直接责任。首先，有权建议设置军事机构，任命军事长官。至元二十九年（1292）二月庚寅，宣政院臣言，授诸路释教都总统辇真术纳思为太中大夫、吐蕃等处宣慰使司都元帅；同年九月“从宣政院言，置乌思藏纳里速古鲁孙等三路宣慰使司都元帅”[②]。其次，直接负责对吐蕃地区反叛部落的征讨。这一点在至大四年（1311）以前，可能处于相对混乱的状态，即宣政院与枢密院均有权力而又互不受制，宣政院有权任命军事官员，而枢密院则可派官率军征讨，如至元三十年，诏发总帅汪惟和所部军三千征吐蕃，又发陕西、四川兵万人，以行枢密院官明安答儿统之征西番。[③]即是，至大四年六月癸卯，武宗敕宣政院“凡西番军务，必移文枢密院同议以闻”[④]，吐蕃军事遂由两院协商办理。是时，吐蕃犯永福镇，敕宣政院与枢密院遣兵讨之。[⑤]也许是两院协调并不容易的缘故，这种合作办理吐蕃军事的局面只维持了几个月。到八月丙戌，元仁宗又“敕西蕃军务隶宣政院”[⑥]。由此，宣政院全面负责吐蕃地方军事得以确定。泰定元年（1324）三月庚子，朝廷以四川行中书省平章政事囊加台兼宣政院使，征西番寇参卜郎。[⑦]顺帝至元三年（1337）五月甲寅，西番“贼”起，杀镇西王子党兀班，立行宣政院，以也先帖木儿为院使，往讨之。[⑧]至正十四年（1354）春正月丙戌，以答儿麻监藏遥授陕西行省平章政事，实授行宣政院使，“整治西番人民”[⑨]等，都是宣政院参与平叛

① 《元史》卷 33《文宗二》。
② 《元史》卷 17《世祖十四》。
③ 《元史》卷 17《世祖十四》。
④ 《元史》卷 24《仁宗一》。
⑤ 《元史》卷 24《仁宗一》。
⑥ 《元史》卷 24《仁宗一》。
⑦ 《元史》卷 29《泰定帝一》。
⑧ 《元史》卷 39《顺帝二》；同书卷 92《百官八》“行宣政院”记为“至元二年”。
⑨ 《元史》卷 43《顺帝六》。

或镇压吐蕃部落反抗的明证。

其二，行政方面。首先是负责吐蕃地区行政机构的设置与官员任命，如前所引，吐蕃等处宣慰使司都元帅府及乌思藏纳里速古鲁孙等三路宣慰使司都元帅府军民兼理，也有行政职能。其次，宣政院负责吐蕃地区的“军民财谷”①。早在吐蕃归附大蒙古国之初即有纳税服差之事项。②此后遂成定例。藏史《萨斯迦世系史》记公哥罗古罗思监藏班藏卜曾在朝廷向大皇帝请求免除乌思藏民众数年赋税，使雪域众生获享安乐之事。③宣政院管理吐蕃的军政钱物，当吐蕃地区出现灾荒或驿户困乏时，也可用作救济之资。④再次，宣政院对吐蕃驿站的管理及驿户的救济。此类事多见史册记载。如皇庆二年（1313）十二月，搠思班武靖王令旨，言于宣政院，谓乌思藏、朵甘思、朵里麻三路站赤，“近年以来，马匹病死，人户贫乏，请闻奏赈济事，宣政院启奉皇太后懿旨，令于都省同议赈济之宜。依例接济，又为在京钱物不敷，定拟：二十八站，各给中统钞三百锭，总计八千四百锭，若或不足，就于宣政院所辖西番课程钱物内斟酌增给”⑤。延祐六年（1319）夏四月丙午，命宣政院赈济西番诸驿。⑥是宣政院上传下情，反映西番诸宣慰司实况，下达皇帝圣旨与帝师法旨，执行各项政策的事例。

其三，刑事审判权。宣政院负责有关僧人的刑事与纷争，偏袒之事，自属难免，因而也造成了僧众“怙势恣睢，日新月盛，气焰熏灼，延于四方，为害不可胜言”⑦的局面。至杨琏真伽（加）发掘故宋皇帝陵墓，受人献美女，攘夺财物等，达于极致。僧人强夺民财、肆意拘人，乃至迫逐男子、奸污妇女，无所不为。⑧造成极坏的影响，也破坏了法律。成宗时，曾试图改变这一状况，大德六年（1302）春正月庚戌，诏“自今僧官、僧人犯罪，御史台与

---

① 《元史》卷205《桑哥传》。

② 萨班致蕃人书，见《萨斯迦世系史》，第135—140页。

③ 《萨斯迦世系史》，第252页。

④ 《永乐大典》卷19421《站赤六·经世大典》。

⑤ 《永乐大典》卷19421《站赤六·经世大典》。

⑥ 《元史》卷26《仁宗三》，又《永乐大典》卷19421《站赤六》。

⑦ 《元史》卷202《释老传》，至大二年，“复有僧龚柯等十八人，与诸王合儿八剌妃忽秃赤的斤争道，拉妃堕车殴之，且有犯上等语，事闻，诏释不问”，骄纵也如此。

⑧ 《元史》卷202《释老传》。

内外宣政院同鞫，宣政院官徇情不公者，听御史台治之”①。这道圣旨不能说没有威严，但在实际执行中收效甚微，因为次年，即有宣政院参议李良弼受赇鬻官事件发生，结果“直以帝师之言纵之”②，未如之何。同年夏四月，中书左丞相答剌罕再次上言指斥僧人释囚事，谓：“僧人修佛事，必释重囚。有杀人及妻妾杀夫者，皆指名释之。生者苟免，死者负冤，于福何有？”帝嘉纳其议。③这都与帝师及宣政院等处置欠公有关。当然，也不乏秉公执法的院使，如洁实弥尔之整饬僧政，“凡事，如省部例”及回回的“乞沙汰僧道，以革游食之弊”，高纳麟给僧人定罪等（详后），但终难扭转大局，元武宗当政之初（1307），中书省臣再次指责僧人释囚枉法事，建议将“内外犯法之人，悉归有司依法裁决”④。至大二年（1309），在宣政院刑法权的归属方面发生了一场较大的风波。先是，宣政院臣奏获圣旨：“凡殴西僧者，截其手；詈之者，断其舌”，六月甲戌，皇太子认为“此法昔所未闻，有乖国典，且于僧无益。僧俗相犯，已有明宪，乞更其令”。又言：“宣政院文案不检校，于宪章有碍，遵旧制为宜”⑤，并从之。这些批评都是对着宣政院的司法权而发的，在至大四年（1311）终于有了结果，此年冬十月，仁宗下令“罢宣政院理问僧人词讼”⑥。

宣政院审理刑狱、干预司法的过程，由独立办理而至与御史台协商，终至被废黜。这一过程既是元朝加强法制，逐渐完善法律体系的过程，也是僧人的纵行放任不断受到约束的过程，至仁宗至大四年改制，宣政院不再干预王朝法制。

三、宣政院的职官体制与办事机构

宣政院设在大都（今北京市），它有一套职官系统和办事机构，以实现这台庞大机器的正常运转。它的职官设置有一个过程，据《元史》卷87《百

① 《元史》卷20《成宗三》。
② 《元史》卷202《释老传》。
③ 《元史》卷21《成宗四》。
④ 《元史》卷22《武宗一》。
⑤ 《元史》卷23《武宗二》。
⑥ 《元史》卷24《仁宗一》。

官三》“宣政院”条记载，至元二十五年总制院初改名为宣政院时，置院使二员、同知二员、副使二员、参议二员、经历二员、都事四员、管勾一员、照磨一员。院使、同知和副使总揽院务，很可能僧俗各一员。[①]参议，为宣政院参佐官首领。[②]经历，为首领官之长，职掌衙门案牍并管理吏员，处理院内日常事务。都事，执掌案牍，上奏公事并管理吏员。管勾，执掌衙门公务。照磨，掌院内钱谷出纳，营缮料理等事。均是负责宣政院具体事务的官员。[③]

至元二十六年（1289），置断事官四员。断事官，蒙语作“札鲁花赤（jarquaci）”（或札鲁忽赤、札鲁火赤），此职在早期是处理庶务的，后则管理刑政，元代设有大宗正府，秩从一品，即其司。在宣政院置此官与当时宣政院有司法审理权相关。“大德四年，罢断事官。”[④]为什么会在建立十二年之后罢除呢？我们目前还缺乏直接的说明材料，但有两点值得注意：其一，它与大宗正府裁减五名官员事同年。[⑤]也许会存在某种联系。其二，与大德四年（1300）前后，朝廷曾就宣政院问理刑狱事屡下诏书，不断限制其滥用权力的行动有关，断事官之罢，或是其结果。

至元二十八年（1291），增佥院、同佥各一员，协理院事。元贞元年（1295），增院判一员，位在同佥之下，至大初（1308）又设院使一员。至治三年（1323），置院使六员。

天历二年（1329），罢功德使司归宣政院，编制也扩大，定置院使十员，从一品；同知二员，正二品；副使二员，从二品；佥院二员，正三品；同佥三员，正四品；院判三员，正五品；参议二员，正五品；经历二员，从五品；都事三员，从七品；照磨一员，管勾一员，并正八品；掾史十五人，蒙古必阇赤二人，回回掾史二人，怯里马赤四人，知印二人，宣使十五人，典吏有差。[⑥]大大增加了宣政院的员额。其中“掾史十五人”负责汉文书史，蒙古必阇赤（又作必彻彻，意为“书史”），负责蒙古文书记，而回回掾史则相

---

① 《元史》卷 202《释老传》，记宣政院“其为使位居第二者，必以僧为之，出帝师所辟举，而总其政于内外者，帅臣以下，亦必僧俗并用，而军民通摄”。

② 地位及职权约与“参议中书省事”相近。

③ 蔡美彪主编：《中国历史大辞典 · 辽夏金元史》，上海辞书出版社 1986 年版。

④ 《元史》卷 87《百官三》“宣政院”条。

⑤ 《元史》卷 87《百官三》“大宗正府”，记“大德四年，省五员”。

⑥ 《元史》卷 87《百官三》“宣政院”。

应地负责亦思替非文字书记。“怯里马赤”为突厥—蒙古语，意为“通事”，也即译员，负责文字翻译。知印，职掌衙门印章。宣使，负责宣达令旨。典吏若干人，掌管文书并管理吏员。

《元史·百官三》“宣政院”条还记有：“断事官四员，从三品，经历、知事各一员，令史五人，知印、奏差、译史、通事各一人。至元二十五年始置。”“客省使，秩从五品。大使二员，副使一员。至元二十五年置。”“断事官四员”当与上文之四名断事官是一非二，经历、知事等为断事官所在衙门属员。此言至元二十五年置，与前述二十六年置略异，何是，尚难遽断。客省使，为客省的长官，客省为掌接待外国使者之官署。初置于辽太宗会同元年（938），元因之。宣政院置此官约也与掌接待事宜相关。

在大都及上都还设有一些办事机构，也归宣政院管辖，且与佛教或吐蕃事务有关。

> 大都规运提点所，秩正四品。达鲁花赤一员，提点一员，大使一员，副使一员。至元二十八年置。
>
> 上都规运提点所，秩正四品。达鲁花赤一员，提点一员，大使一员，副使一员，知事一员。至元二十八年置。
>
> 大都提举资善库，秩从五品。达鲁花赤一员，提举一员，同提举一员，副提举一员。掌钱帛之事。至元二十六年置。
>
> 上都利贞库，秩从七品。提领一员，副使一员。掌饮膳好事金银诸物。元贞元年置。
>
> 大济仓，监支纳一员，大使一员。
>
> 兴教寺，管房提领一员。

设在大都和上都（故址在今内蒙古正蓝旗东五一牧场）的规运提点所，顺帝至元六年（1340），改原太禧宗禋院所辖会福、崇祥、隆禧、寿福四总管府及隆祥使司为规运提点所，掌资产之营运。

大都提举资善库掌钱帛之事，上都利贞库掌饮膳好事金银诸物。这些都是为在京都活动的帝师及其随从、高僧的饮食生活与佛事活动服务的。藏史《汉藏史集》记本钦加瓦藏卜（rgyal ba bzang po）在担任帝师公哥儿监藏班藏卜的文书时，作为侍从，随帝师进京，先被任命为院使（疑为行院使），后被任命为乌思藏本钦。嗣后，此人再次到朝廷拜见皇帝，三次担任宣政院的根本长官，掌管利贞库，得到叫作“古查会森”（gu tra huvi zin）的诏书。[①]大约即是直接为帝师的饮食服务的官职。大济仓当为诸物库，掌出纳事宜。而兴教寺则为僧人居所，故有管房提领一员。这些都是服务性的机构。

四、宣政院的下辖机构

在这里，我们主要讨论行宣政院和诸总统（摄）所。

1. 行宣政院

行宣政院是宣政院设在地方的管理机构，《至正金陵新志》卷6《官守志》记：“行宣政院，从二品衙门。管理江南诸省地面僧寺功德词讼等事，至元二十八年于建康水西门赏心亭上开设，系托托大卿为头院使，三十年迁院杭州。”据此知其原在建康（今江苏南京），后迁杭州。然据《两浙金石志》卷14“杭州飞来峰摩崖题名”，至元二十九年闰六月行院使脱脱夫人已在杭州。又同年七月江浙行院使也在“杭州造多闻天王像题名”，署衔“资政大夫行宣政院使”，与三十年迁院杭州之说略有歧异，是迁院之举持续了半年有余呢？还是记载上的失误？尚待进一步查实。

有学者认为，“行宣政院仅杭州一处，院使一般由江浙行省丞相（行省的最高行政长官）兼任，其所辖范围也就限于江浙行省的佛教事务”[②]。但《元代白话碑集录》中有“一三三六年江西行宣政院札”[③]一则，似告诉人们行宣政院不止杭州一处。依我们之见，元代设在内地，管理释教的行宣政院仅杭州一处，在这一点上，前者是对的。但是，既然“江西道龙兴路百丈山大智寿圣禅寺”僧政须通过皇帝颁布圣旨，由“行宣政院（此当指置于杭州的行宣政院——引者）准宣政院咨”来加以干预，那么杭州行宣政院之权力当不限于江浙地区，应该更广，至少应包括江西道。同时，在吐蕃地区或其

---

① 《汉藏史集》，第409页。

② 陈高华:《元代佛教与元代社会》，见《中国古代史论丛》1981年第1辑，后收入《元史研究论稿》，中华书局1991年版。

③ 蔡美彪:《元代白话碑集录》，第111页。

邻近，因军事之需也设有行宣政院，与设于杭州的行宣政院名同而实异。在此，以行院只有杭州一处之说似可补充。我们将两类行院分论如下：

杭州行宣政院　据《元史》卷16《世祖十三》记，至元二十八年（1291）九月丙午，“立行宣政院，治杭州”。其意大约是取代由于杨琏真加之被诛而濒临破弊的江南释教总统所之职责。泰定三年（1326）八月甲午，“罢行宣政院及功德使司”[①]，此次可能并未落实，到文宗天历元年（1328），罢行宣政院，立十六处广教总管府以摄僧，似代其职。次年十一月，御史台臣再言“行宣政院、行都水监宜罢”，才最后罢除。[②]至顺帝元统二年（1334）春正月又“罢广教总管府，立行宣政院”[③]。直至元亡。

杭州行宣政院设官与宣政院相近，有行院使、同知院使、副使、同佥[④]、院判[⑤]、都事[⑥]、掾史[⑦]等。以下就正副行院使及同知予以简述。

脱脱　亦作托托。如上文所引，托托（脱脱）为第一任行宣政院使，而且是“头院使”。又据《两浙金石志》卷14“杭州飞来峰摩崖至元二十九年闰六月行宣政院使脱脱夫人造像题名”，知脱脱在行院迁址后仍在院使任上。

杨谨　据前引《两浙金石录》载，杨谨在至元二十九年七月，也担任江浙行宣政院（即杭州行宣政院）院使，与脱脱同期任事。

叉木　《元典章》卷53，《庙学典礼》卷4均记叉木任杭州行宣政院院使事，时在至元三十年正月。

张闾　亦作张驴或章闾。据《元史》卷20《成宗三》记其大德三年（1299）在江南行台中丞任上。十年正月，由行宣政院使升为中书左丞（《元史》卷21）。后升任中书平章政事。其任行院使约在1299（？）—1306年间。

张天祐（1247—1309）　字吉甫，大都人。至元二十六年（1289）升中

---

① 《元史》卷30《泰定帝二》。

② 《佛祖历代通载》卷22，《释氏稽古略》续集，记天历元年（1328），废行宣政院，立广教总管府事。《元史》卷33《文宗二》记为天历二年（1329）。

③ 《元史》卷38《顺帝一》。

④ 钱大昕：《元史氏族表》卷2，第18页。

⑤ 《元故中奉大夫浙东宣慰杨公神道碑》记，杨瑀至正十五年任行宣政院判事，《东维子文集》卷24。

⑥ 蔡杞，仕至行宣政院都事，《至顺镇江志》卷19。

⑦ 许广大，后至元三年选为行宣政院掾，《元统元年进士录》上及《思敬堂记》，见《安雅堂集》卷8等记其生平事迹。

书参知政事。“大德四年佥宣政院，七年官资善，同知江南行宣政院。”“宣政五年”[①]，是其任职始于 1303 年，至 1307 年罢。

脱欢（1292—1328） 斡剌纳儿氏，哈剌哈孙之子。“由太子宾客拜御史中丞，袭号答剌罕，进御史大夫，行台江南。寻拜平章，行省江浙进左丞相，兼领行宣政院。”其任职约在延祐七年（1320）迁南台大夫后不久，到致和元年（1328）卒于官。[②]

高纳麟（1281—1359） 河西人。天历元年（1328）迁杭州路总管。后至元六年（1340）出为江浙右丞。至正二年（1342），除行宣政院使。“上天竺耆旧僧弥戒、径山耆旧僧惠州，恣纵犯法，纳麟皆坐以重罪。请行宣政院设崇教所，拟行省理问官，秩四品，以治僧狱，从之。寻为江浙行省平章政事。”[③]

彻彻不花 至正元年六月“以太中大夫、自归德府达鲁花赤上”。二年四月迁行宣政院副使。[④]是其任副使在 1342 年。

木岳石 据朱德润《存复斋文集》卷 1《江浙行省右丞木岳石公提调海漕政绩碑铭》，木岳石曾在至正四年或稍前担任行宣政院院使。

朵儿只 《元史》卷 139 本传记其为木华黎六世孙，至正四年迁江浙行省左丞相。宋濂《故文明海慧法师塔铭》记其在高纳麟之后领杭州行宣政院事（《宋文宪公全集》卷 11）。

索罗贴木儿 至正三年（1343）左右任行宣政院副使。[⑤]

廉惠山海牙 字公亮，畏兀人，希宪从子。至正中历任河南、湖广、江西、福建四行省右丞，后迁行宣政院使，次年，拜翰林学士承旨、知制诰兼修国史。[⑥]是其任行院使仅一年。

拜住哥 怯烈氏，亦怜真子。至正十八年（1358）迁行宣政院使，御史劾其杀迈里古思之罪，诏罢职。在任也仅一年左右。[⑦]

达识贴睦尔 宋濂《径山和上及公塔铭》记：“戊戌（至正十八年）江

---

① 《资善大夫同知行宣政院事张公神道碑》，姚遂《牧庵集》卷 20。
② 《元史》卷 136《哈剌哈孙传》等。
③ 《元史》卷 142《纳麟传》。
④ 王士点、商企翁编：《秘书监志》，高荣盛校，浙江古籍出版社 1992 年版，第 163 页。
⑤ 《行宣政院副使送行诗序》，《存复斋文集》卷 4。
⑥ 《元史》卷 145《廉惠山海牙传》。
⑦ 《元史》卷 188《迈里古思传》。

浙行省丞相达识贴穆尔兼领院事。”《元史》卷45《顺帝纪八》载：“至正二十年八月庚戌，诏江浙行省左丞相达识贴睦迩加太尉兼知江浙行枢密院事，提调行宣政院事，便宜行事。”二十四年（1364）为张士诚所拘，自杀。

朵耳　《元史》卷47《顺帝十》记：“至正二十七年十二月庚午，大明兵由海道取福州，守臣平章政事曲出遁，行宣政院使朵耳死之。”

元代所设的另一类行宣政院，完全是军事性质的，且限于吐蕃地区。这就是《元史》卷87《百官三》“宣政院”条所谓“遇吐蕃有事，则为分院往镇，亦别有印”的机构。我们能看到的仅限于元顺帝时期，后至元三年五月甲寅，“西番贼起，杀镇西王子党兀班。立行宣政院，以也先帖木儿为院使，往讨之”[①]。这是较早的记载。至正十四年（1354）春正月丙戌，“以答儿麻监藏遥授陕西行省平章政事，实授行宣政院使，整治西番人民”[②]。还有一位行院使叫桓州闾，据载，“也先忽都当贬撒思嘉（sa skya——引者）之地，道由朵思麻（mdo smad——引者）。行宣政院使桓州闾素受知太平，因留居其地，执政知其故，奏也先忽都违命，杖死之”[③]。其任行院使事在至正十九年前后。[④]由后条知，行宣政院有其治地或治所。这样，见于记载的三位行宣政院使是：也先帖木儿—答儿麻监藏—桓州闾。

2. 总统（摄）所

总统（摄）所是宣政院辖下管理僧政的机构，见于史载的主要有以下几处：

（1）江南（江淮）总摄（总统所）　设在杭州，其建立时间不详。据《元史》卷9《世祖六》记，至元十四年二月丁亥，“诏以僧亢吉祥、怜真加加瓦并为江南总摄，掌释教，除僧租赋，禁扰寺宇者”，则1277年业已存在。张伯淳为《辩伪录》一书所作序谓，“当是时也，江南释教都总统、永福杨大师琏真佳，大弘圣化，自至元二十二年春，至二十四年春，凡三载，恢复佛寺三十余所，如四圣观者，昔孤山寺也，道士胡提点等舍邪归正，罢道

① 《元史》卷39《顺帝二》；同书卷92《百官八》“行宣政院”条记“至元二年五月，西番贼起，置行宣政院，以也先帖木儿为院使往讨之”。与前说有一年之差，当为笔误所致，何者为是，未详，此从本纪。

② 《元史》卷43《顺帝六》。

③ 《元史》卷140《太平传附也先忽都》。

④ 《元史》卷140《太平传附也先忽都》，记也先忽都至正十九年镇压开平至辽阳的反抗活动。后任宣政院使（很短），接着获罪，其时桓州闾任行宣政院院使。

为僧者奚啻七八百人”。如此一来，难免不法之举，至元二十一年九月丙申，“以江南总摄杨琏真加发宋陵冢所收金银宝器修天衣寺”[①]。二十三年春正月甲戌，“以江南废寺土田为人占据者，悉付总统杨琏真加修寺”。二十五年二月丙寅，“江淮总摄杨琏真加言以宋宫室为塔一，为寺五，已成，诏以水陆地百五十顷养之”[②]。严重损害民利。又这里出现了“江南总摄”、“江淮总摄”、“江南总统”和“江南释教都总统”并用于杨琏真加名前的情况，则知其含义相同。总统所、总摄所及都总统所等自然也无异。

至元二十八年（1291），桑哥因事被诛，杨琏真加作为党羽受到牵连，但总统所似乎并未立即撤销，据《元史》卷20记，大德三年（1299），命妙慈弘济大师，江浙释教总统补普陀僧一山持诏使日本。又据《重阳洞林寺藏经记》载，释普仁（雪堂）“至元三十年，诏授江淮福建隆兴等处释教总统，力辞不就”[③]。事在杨琏真加去职后不久。此处“江淮福建隆兴等处释教总统”疑即“江淮（江南）释教总统”。其“力辞不就”者详情不明，但碑石资料均称其为“雪堂总统”或“总统雪堂”。[④]当不至于一无根由。杨氏之后，江南总统所的活动显著减少，这与在杭州设立行宣政院代行其事相关。

（2）大都总统所（？） 北京崇国寺圣旨碑文有“皇帝圣旨里，帝师法旨里：宣授大都路僧录司，承总统所札付该：……奉此，总所合下，仰照验……”[⑤]此总统所管理大都寺院事，当在大都。

（3）西夏僧总统（所）《元史》卷33《文宗二》记，天历二年（1329）十一月戊午，“西夏僧总统封国公冲卜卒，其弟监藏班藏卜袭职，仍以玺书、印章与之”。西夏为佛教的繁盛之地，夏虽亡而教犹存，故在此设总统所不难理解，其治当在中兴府（今宁夏银川市）。

（4）陇西四川总摄所 《元史》卷16《世祖十三》记“至元二十八年二月癸酉，以陇西四川总摄辇真术纳思为诸路释教都总统”，则相应地会有其总摄所。唯“陇西四川”一名颇引人疑惑。陇西为陕西行省一县名，而四川在至元二十三

---

① 《元史》卷13《世祖十》。

② 《元史》卷14《世祖十一》；卷15《世祖十二》。

③ 见《金石萃编补正》，蔡美彪：《元代白话碑集录》，第120—121页收录此文。

④ “1301年荥阳洞林寺圣旨碑”、“1309年荥阳洞林寺圣旨碑”及该处，1312年，1314年，1318年碑等，均有记载，蔡美彪上揭书。

⑤ 蔡美彪：《元代白话碑集录》，“1284年大都崇国寺圣旨碑”，第33页。

年自为行省，两者级别悬殊，又地理上无特殊联系，疑为“陕西四川”之误。

（5）哈的结鲁伴卜总统所　《元史》卷29《泰定帝一》记，泰定元年九月辛卯，“罢哈的结鲁伴卜总统所，更置临洮总管府”。是其治在临洮府（今甘肃临洮）。至大元年（1308）冬十月甲辰，“从帝师请，以释教都总管朵儿只八兼领囊八地产钱物，为都总管府达鲁花赤，总其财赋”[①]。朵儿只八，藏文似作“rdo rje dpal”，意为“金刚幢”，其事迹未详。囊八，地名，一作“喃巴”。《元史》卷43《顺帝六》记，至正十四年（1354）夏四月，“诏复起永昌、巩昌、喃巴、临洮等处军”。知其地与临洮相近，此都总管府当与总统所相关。

五、宣政院历任院使、副使

桑哥（sang gha）　自至元二十五年（1288）十一月奏改总制院为宣政院，自任院使到二十八年（1291）被处死。[②]

脱因　桑哥奏改总制院为宣政院，世祖问其所用何人，对曰“臣与脱因”。于是二人并为院使。[③]脱因父为畏兀贵族孟速思，曾任断事官，世居别失八里（今新疆吉木萨尔境）。[④]又仁宗延祐六年（1319）正月十日联名奏事的宣政院使中有“脱因”之名。[⑤]与其是否是二人，因时隔31年有余，尚难断定，置此待考。

暗普　又作安普、俺普、杨暗普等，江南释教总统杨琏真加之子。《元史》卷17《世祖十四》记，至元三十年二月己丑“从阿老瓦丁、燕公楠之请，以杨琏真加子宣政院使暗普为江浙行省左丞”。则1293年已任宣政院使。其任职时间史无明载，至元二十五年宣政院初立时，院使是桑哥与脱因，《元史·百官三》记院使定置二人，则暗普是时非院使可知。又《经世大典·站赤》[⑥]记至元二十五年十一月十九日，丞相桑哥等奏：“前者，奏除暗普充和林宣慰副使，与哈剌斡脱赤共董廪粟之政。今言合用铺马，请给降圣旨事……”则其时，暗普仍任宣慰副使，而不在宣政院使任上。此后脱因未去院使之职，

---

① 《元史》卷22《武宗一》。
② 《元史》卷205《桑哥传》，及《汉藏史集》有关桑哥事迹的记载。
③ 《元史》卷205《桑哥传》。
④ 钱大昕：《元史氏族表》卷2，《潜研堂全书》第30册。
⑤ 《永乐大典》卷19421《站赤六》，《经世大典》。
⑥ 《永乐大典》卷19419。

则暗普任院使当在至元二十八年（1291）桑哥倒台后，到三十年（1293）之前。[①]应是接替桑哥为院使的，很可能是在1291年。至元三十年五月丙寅，以江南民怨杨琏真加，罢其子江浙行省左丞暗普职[②]，是否也去宣政院使职，不明。然至大元年（1308），罢大护国仁王寺总管府，建会福院，“以平章政事、宣政院使安普、忽马儿不花为会福院使，综核名实，遣官分道约部使者集郡县吏，申画疆场，树识封畛，历四载始仍旧贯，视常岁之入相倍蓰焉。以功晋封安普秦国公”[③]。又史载延祐元年（1314），暗普仍在院使任上。[④]六年所列诸宣政院使名单上已无暗普之名。[⑤]是其去职（或卒年）在1314—1319年间。

玉笃实　畏兀人，洁实弥尔之兄。至元二十一年（1284）任总制院经历。[⑥]后为总制院同知，受正奉大夫。总制院更名后，曾任宣政院副使、同知宣政院事，转资政大夫、资德大夫。[⑦]其为宣政院副使约在1288年。

答失蛮　《元史》卷19《成宗二》记，元贞二年（1296）二月“治书侍御史万僧受赇，命御史台与宣政院使答失蛮杂治之”。是其此时已任院使。答失蛮，据载是西域高昌人，幼事世祖于潜邸，掌第一宿卫奏记兼斡脱总管府，后曾入吐蕃置驿，镇压乃颜、哈丹及吐蕃地区的叛乱，至元二十五年，宣政院初立即任院使，至大德八年卒。[⑧]任职约在1288—1304年。

洁实弥尔　畏兀人，宣政院使玉笃实之弟。据《齐国文忠公神道碑》记[⑨]，其世居北庭（今新疆吉木萨尔境），后与仲兄玉笃实俱至京师，给事东宫。“太后升仙。成宗驻跸柳林亟召公（洁实弥尔——引者），谓公曰：‘汝当以事吾父母之心事我，授资善大夫，同知宣政院事，领延庆司。’”为同知院事当在“太后升仙”的同年，即大德四年（1300）。在任上对宣政院做了较大改革，“宣

---

① 杨琏真加倒台，暗普其时未受较大影响，参见陈高华：《略论杨琏真加和杨暗普父子》。

② 《元史》卷17《世祖十四》。

③ 程钜夫：《大护国仁王寺恒产之碑》，见《雪楼集》卷9；《元史》卷24《仁宗一》记，至大四年十二月癸酉，“封宣政、会福院使暗普为秦国公”。

④ 《经世大典·站赤》，见《永乐大典》卷19421，郑麟趾：《高丽史》卷24《忠宣王》。

⑤ 《经世大典·站赤》，见《永乐大典》卷19421。

⑥ 《大都崇国寺圣旨碑》；《草庐吴文正公集》卷32，“齐国文忠公神道碑略记”谓“官于功德使司，初以奉训大夫为经历，未几，同知司事……”

⑦ 《大都崇国寺圣旨碑》；《草庐吴文正公集》卷32。

⑧ 姚遂：《牧庵集》卷13《皇元高昌忠惠王神道碑铭并序》；《元史》卷19《成宗二》；本书附录《答失蛮其人及其经略吐蕃考实》。

⑨ 《吴文正集》卷64；《草庐吴文正公集》卷32均收有此碑铭。

政所掌者僧，往往黩货徇私，公一新拯饬，凡事如省部例，人曰：宣政院为御史台矣”。大德四年至十年，晋授荣禄大夫，宣政院使。至大元年（1308）受命翻译佛经。延祐间（当在1314—1315年间），议赐其国公爵，固辞乃止，官仍原职，则任宣政院使不改，至延祐二年（1315）十月卒。其生卒年为1253—1315年，任职在1300—1315年。

脱虎脱 至元十五年（1278）任总制院通事，负责迎送吐蕃僧人。[①]大德十一年（1307）六月，武宗以中书平章脱虎脱为江西行省平章政事。十一月十一日“诏中书省官十二员，脱虎脱仍领宣政院，教化留京师，其余各任其职”[②]。则此前已任院使，任期不详。至大四年（1311）武宗崩，不久脱虎脱被诛。[③]

八札 畏兀人，铁哥术之子。《元史》卷135《铁哥术传》谓其“高昌人，世居五城”，“五城”即“别失八里”也即北庭（今新疆吉木萨尔境）。后徙京师大都。八札为其四子之一，“同知宣政院事”[④]。

沙的 大德十年（1306）正月三十日，宣政院使沙的、同知宣政院事桑哥答思等奏帖木儿，前者传奉圣旨：诸王、驸马，非奉上命，毋得遣使西番。十二月乙卯，“帝有疾，禁天下屠宰四十二日。丙辰，遣宣政院使沙的等祷于太庙”[⑤]。是其当时任院使之职。

桑哥答思 如上文所引，大德十年在同知宣政院事任上。

肥儿牙儿迷的里 大德十一年秋七月，“遣肥儿牙儿迷的里及铁肐胆诣西域取佛钵、舍利，肥儿牙儿迷的里遥授宣政使，铁肐胆遥授平章政事”[⑥]。此为遥授院使。

忽马儿不花 史载，至大元年（1308），“罢大护国仁王寺总管府，建会福院，以平章政事、宣政院使安普、忽马儿不花为会福院使……”[⑦]是其在此前后任院使之职。

阿剌黑不花 答失蛮长子阿剌黑不花，为宣政院使兼徽政使，遥授中书

---

① 《元史》卷130《不忽木传》。

② 《元史》卷22《武宗一》。

③ 《元史》卷24《仁宗一》。

④ 又见钱大昕：《元史氏族表》第2卷，第22页。

⑤ 《元史》卷21《成宗四》。

⑥ 《元史》卷22《武宗一》。

⑦ 程钜夫：《大护国仁王寺恒产之碑》，《雪楼集》卷9。

右丞相。①

铁木迭儿　延祐二年（1315）七月“命铁木迭儿总宣政院事，诏谕中外”②。其“既已位极人臣，又领宣政院事，以其子八里吉思为之使”③。至治元年（1321）六月乙卯，“以铁木迭儿领宣政院事”④。是重申还是再任，不详。但次年八月即去世，任期约为1315—1322年。

文伯要解　史记“文伯要解，河西人，中大夫。延祐三年十一月二日至，五年七月改除宣政院副使”⑤。则其任副使在1318年。

八里吉思　权臣铁木迭儿之子。铁木迭儿领宣政院事，又以其子八里吉思为之使已如前引。其名又作“八思吉思”，当由“里”、“思”形近致讹。至治二年（1322）十二月“铁木迭儿子八思吉思，坐受刘夔昌献田地，伏诛，仍籍其家”⑥。又有称“八剌吉思”者⑦，音译不同而已。其任院使约与乃父同时，即1315—1322年。

八剌　《经世大典·站赤》记，延祐六年（1319）上书奏言救济乌思藏驿站的诸宣政院使中有“八剌”。

月鲁贴木儿　《经世大典·站赤》记，延祐六年（1319）正月十日在宣政院使任上，奏言赈济乌思藏诸驿站。有将月鲁贴木儿、八剌合为一人者。似不妥，当为两人，月鲁贴木儿即“urlug Temur”，而八剌即“Bala”。

丑驴　史载，至治三年（1323）六月“西番参卜郎诸寇未平，遣徽政使丑驴往督师”⑧。其时徽政院已罢当不致有使，又其所理事与地皆归宣政院办理，故此徽政院当为“宣政院”之讹。

钦察台　至治二年（1322）十二月“以知枢密院事钦察台为宣政院使”⑨。天历二年（1329）春正月，钦察台知枢密院事，去宣政院使职是否即在此年，不详。

---

① 姚遂：《牧庵集》卷13《皇元高昌忠惠王神道碑铭并序》。
② 《元史》卷25《仁宗二》。
③ 《元史》卷205《铁木迭儿传》。
④ 《元史》卷27《英宗一》。
⑤ 《至顺镇江志》卷15，江苏古籍出版社1990年版，第606页。
⑥ 《元史》卷28《英宗二》。
⑦ 《元史》卷136《拜住传》记“宣政使八剌吉思”。
⑧ 《元史》卷28《英宗二》。
⑨ 《元史》卷28《英宗二》。

忻都　《柳待制文集》卷 8《谥议》“故宣政使兼资政院使忻都，少称骁勇，长益敏明……讨叛西域，献俘大廷，多出奇谋……”疑此即元世祖至元二十九年讨伐西北叛王的忻都。[①] 任职时间不详。

答儿麻失里　畏兀人，洁实弥尔之子。同上引《经世大典·站赤》记其为宣政院使，致和元年（1328）八月“即遣前河南行省参知政事明里董阿、前宣政院使答里麻失里（即答儿麻失里——引言）驰驿迎帝于江陵”[②]。其任院使时间，据《齐国文忠公神道碑》，在其父洁实弥尔去世的至治三年（1323），去职约在致和元年（1328）以前。

旭迈杰　史载，至治三年九月“以旭迈杰为宣政院使”。泰定帝元年，朝臣兀伯都剌、张珪、杨廷玉等以地震灾异，乞罢旭迈杰，未获恩准。次年十二月卒。[③] 则其任职在 1323—1325 年。

锁秃　至治三年十二月“知枢密院事马某沙、御史大夫纽泽、宣政院使锁秃，并加授光禄大夫”[④]，是其时在院使任上。

囊加台　泰定元年三月庚子“以四川行中书省平章政事囊加台兼宣政院使，往征西番寇参卜郎”[⑤]。天顺改元，不受朝命。天历二年（1329）降，被诛。任职在 1324—1328 年。

陈苹　父陈自中，为宋大都督府行军司马，提兵拒守元军于汾水关，执节以死。伯父陈宜中为宋右丞相兼枢密使，浮海不归。世祖取宋，陈苹与兄芹至京师“刻意于学，无所不通，以兼善学，被旨赐裕宗皇帝于东宫”[⑥]。赐其名曰辇真加剌思。[⑦] 成宗即位不久，吐蕃地区发生叛乱，被任以荣禄大夫、宣政院使，领吐蕃宣慰使，前往平叛。叛平，拜大司徒，仍为宣政院使、会福院使、延庆使等职。历武宗、仁宗、英宗三朝而未改。泰定二年（1325）疾剧乞归，始得出为江南行宣政院使，未行而卒，其任院使在 1295/1297—1325 年。

陈端　字正卿，汴梁原武（今河南原阳附近）人。成宗时颇受重用，延

---

① 《元史》卷 127《伯颜传》。

② 《元史》卷 32《文宗一》；同书卷 138《燕铁木儿传》。

③ 《元史》卷 29《泰定帝一》。

④ 《元史》卷 29《泰定帝一》。

⑤ 《元史》卷 29《泰定帝一》。又见柯劭忞《新元史》卷 164《囊家台传》。

⑥ 《银青荣禄大夫大司徒陈公神道碑》，《金华黄先生文集》卷 27。

⑦ 《江夫人行状》，见《王忠文公集》卷 18。

祐三年（1316）拜吏部尚书，四年为中书参知政事。泰定元年（1324）拜同知宣政院事。二年引疾归。起为四川行省左丞，固辞，士论贤之，卒于家。[①]则其任同知院事仅一年（1324—1325）。

满秃 《元代画塑记》载："泰定帝三年（1326）三月二十日，宣政院使满秃传敕：诸色府可依帝师指授，画大天源延圣寺前后圣，四角楼画佛，……"是泰定帝三年（1326）其为院使。

罗五十三 《元史》卷200《列女一》记，贵哥，蒙古氏，"同知宣政院事罗五十三妻也。天历初，五十三得罪贬海南，籍其家，诏以贵哥赐近侍卯罕，卯罕亲率车骑至其家迎之贵哥度不能免，令婢仆以饮食延卯罕于介事，如厩自经死"。是知，罗五十三在天历元年（1328）前后同知宣政院事。

回回 《元史》卷143《回回传》记，"文宗立，除宣政院使，上言乞沙汰僧道，其所有田宜同民间征输"。文宗天历元年（1328）立，此当其任职之年。为使期间"上言乞沙汰僧道，以革游食之弊，其所有田宜同民间征，擢中书右丞"[②]。又因刚直不阿而开罪权臣，被贬为陕西等处行中书省平章政事，不赴。至正元年卒[③]，此应是终职之年。其任职约在1328—1341年。

马札儿台 《元史》卷138《马札儿台传》记"泰定四年（1327），拜陕西行台治书侍御史，……转太府卿，又转都功德使，改宣政使"。任院使当在1327年或稍后时期。

伯颜 史记其元统二年（1334）十一月，"进封秦王，继领太禧宗禋院、中政院、宣政院等"[④]。杨瑀《山居新话》记"巴延（即伯颜——引者）所署官衔曰……领学士院、知经筵事、太史院、宣政院……计二百四十六字，此系至正五年五月所署之衔也"[⑤]。那么，伯颜至少在1334—1345年间一直担任宣政院使之职。

末吉 《元史》卷38《顺帝一》记，后至元元年（1335）十二月"命宣政院使末吉以司徒就第"，在此前后其在院使任上。

---

① 《新元史》卷203《陈端传》。

② 《宋景濂未刻集》卷下，第6—14页，神道碑；《宋文宪公全集》卷41《康里公神道碑铭》；陈垣：《元西域人华化考》，《励耘书屋丛刻》上，北京师范大学出版社1982年版。

③ 《宋景濂未刻集》卷下，第6—14页，神道碑；《宋文宪公全集》卷41《康里公神道碑铭》。

④ 《元史》卷138《伯颜传》。

⑤ 杨瑀：《山居新话》卷2。

杨安札儿不花　西夏人，字行实，延祐间为行台御史，“至乙亥（1335）七月，上京有东门之惊，由户部尚书拜治书侍御史，俄除陕西左丞，未行，改同知宣政院事，遂升院事（使？）”[①]，去职时间不详。

汪家奴　史记，顺帝至元二年（1336）三月“以汪家奴为宣政院使，加金紫光禄大夫”[②]。其任院使至元亡。洪武四年（1371）八月癸卯“故元室王子巴都麻失里、沙加失里、院使汪家奴等来降，贡马二十匹及献铠甲器仗”[③]。

沙剌班　北庭畏兀人。阿邻贴木儿之子，累拜中书平章政事、大司徒、宣政院使。曾为顺帝之师。[④]杨瑀《山居新话》记“至元后庚辰为中书平章”[⑤]。即至元六年（1340）沙剌班任平章及宣政院使职。

脱脱　《元史》记其于“元统二年（1334），同知宣政院事”。至正四年（1344），“领宣政院事，诸山主僧请复僧司，且曰：‘郡县所苦，如坐地狱。’脱脱曰：‘若复僧司，何异地狱中复置地狱邪？’”未详其中间是否一度去院使职。九年（1349）仍领宣政院事。[⑥]

亦怜真班　据《元史》卷145《亦怜真班传》记“（至正六年）迁宣政院使，出为甘肃行省平章政事”。其任院使在1346年。去职年未详。至正十一年（1351）出为江浙行省左丞。明年移江西，十四年卒。[⑦]

星吉　字吉甫，河西人。袭怯里马赤（译员），给事仁宗潜邸。至正七年（1347）十月迁宣政院使。明年拜江南行台御史大夫。[⑧]则其任职在1347—1348年。

韩家纳　史载，至正九年（1349）七月“出海寿为陕西廉访副使，韩家纳为宣政院使”[⑨]，与左丞相太平欲谋黜哈麻，而触怒顺帝，“罢为宣政院使，罢出江浙行省平章政事”[⑩]。是其任职时间并不长久。

月鲁不花　史载，至正九年（1349）八月“以集贤大学士柏（伯）颜为中

---

① 许有壬：《宣政使杨公行实序》，见《至正集》卷3或《元许文忠公至正集》卷31“序二”。
② 《元史》卷39《顺帝二》。
③ 《明实录》卷67。
④ 《元史》卷124《哈剌亦哈赤北鲁传附阿邻贴木儿》。
⑤ 杨瑀：《山居新话》卷3；卷1、卷2均记其事。
⑥ 《元史》卷138《脱脱传》。
⑦ 《至正金陵新志》卷6。
⑧ 宋谦：《文宪集》卷18《新济公神道碑》。
⑨ 《元史》卷42《顺帝五》。
⑩ 《元史》卷205《哈麻传》。

书平章政事，河南行省平章政事月鲁不花为宣政院使”。十二年春正月庚戌，“以宣政院使月鲁不花为中书平章政事”[①]。后者也许即是其去院使职之年。

桑哥　亦都护高昌王月鲁贴木儿之子，至正十二年春正月“命四川行省平章政事月鲁贴木儿为总兵官，与四川行省右丞长吉讨兴元、金州等处贼；宣政院同知桑哥率领亦都护畏吾儿军与荆湖北道宣慰使朵儿只班同守襄阳”。次年六月，父死于南阳军中，遂袭亦都护高昌王爵，未知是否即去同知院事职。[②]

笃怜贴木儿　《元史》卷43《顺帝六》记，至正十三年（1353）三月壬戌，“以宣政院使笃怜贴木儿知经筵事”。

桑哥失里　汪家奴子。至正中，参与哈麻、雪雪兄弟害死太师丞相脱脱事。哈麻原许以左相位，事成反悔，授其为宣政院使，事约在至正十五年（1355）。不久，哈麻、雪雪兄弟相继死去，桑哥失里也暴卒。[③]其任职不足一年。

忻都　至正十五年（1355）正月“以宣政院副使忻都为太子詹事”[④]，是其1355年以前任副院使。

哈蓝朵儿只　西夏人，亦怜真班子，任宣政院使。[⑤]钱大昕《元史氏族表》卷2记“暗伯亦唐兀世族，……子湖广行省左丞，孙哈蓝朵儿只，宣政院使”。任职时间不详。

搠思监　怯烈氏。曾任职福建、山东、陕西等地，有政绩。至正十六年为中书左丞相，次年进右丞相[⑥]，同年秋七月乙酉“命右丞相搠思监领宣政院事”[⑦]。其去院使职时间史无明载，然本传记：至正十八年冬，监察御史燕赤不花劾奏其任用私亲朵列及妾弟崔完者贴木儿印造伪钞，事将败，令朵列自杀以灭口。搠思监为此所累，请谢事，解机务。顺帝只收其印绶。次年改为辽阳行省左丞相，至正二十年三月复拜中书右丞相，是否兼任宣政院使，不得而知。至正二十四年（1364）去相位，被杀。[⑧]

槖驩　《元史》卷186记至正二十三年（1363）年前后其在宣政院使任上。

---

① 《元史》卷42《顺帝五》。
② 《元史》卷42《顺帝五》。
③ 陶宗仪：《辍耕录》卷15，四库全书本，子部。
④ 《元史》卷44《顺帝七》。
⑤ 《元史》卷145《亦怜真班传》。
⑥ 《元史》卷205《搠思监传》。
⑦ 《元史》卷45《顺帝八》。
⑧ 《元史》卷205《搠思监传》。

藏文史书《红史》记噶哩麻噶举派法王若贝朵儿只于鼠年（byi）七月八日前往朝廷，牛年（glang）至内地，托欢院使（tho gon dben shi）率从骑至咸阳府迎接。[①]牛年即至正二十一年（1361），“tho gon”即“to gon”也即槖驩，当为一人。

哈麻　字士兼，康里人。至正十三年（1353），脱脱奏用哈麻为宣政院使[②]，次年十二月“宣政院使哈麻、永昌宣慰锁南班并为中书平章政事，进阶光禄大夫”[③]。至正十五年（1355）被诛。任院使职约在1353—1355年间。

马梅　洪武四年六月戊子，“以吐蕃来降院使马梅为河州卫指挥佥事……”[④]未详其是行院或宣政院使，姑附于此。

琐南搫真　洪武四年八月，赐“知院琐南搫真金绣衣一袭，文绮七匹”[⑤]。

何锁南普　明将宁正“招降元宣政院使何锁南（普）等”[⑥]，是其为元顺帝朝宣政院使。

海寿　洪武四年明太祖赐“宣政副使海寿、和尚马儿等三十人文绮人三匹及衣靴”[⑦]。是其曾任元之宣政副使。

藏文史书中也记有宣政院使，此仅就所见罗列如下：

南喀贝院使（nam mkhav dpal dbon shris）《红史》记，南喀贝院使拜见噶哩麻噶举派法王若贝朵儿只，请授灌顶，大加崇敬。其事约在法王十一岁的阳水龙年，即1352年前后。[⑧]

定久院使（ding ju dbon dpon）《红史》记，皇帝闻知若贝朵儿只为让迥朵儿只（rang byung rdo rje，1284—1339年）的转世且具成就后，于藏历火鸡年，也即1357年，派宣政院定久院使与噶玛寺官员官却监藏和帝师的下属索南辛饶等送去邀请诏书，及一锭金子、三锭银子，各色绸缎各三匹。[⑨]那

---

① 《红史》，第118页；《佛历表》，也记若贝朵儿只1360年前往汉地，1363年返藏事。
② 权衡：《庚申外史》。
③ 《元史》卷43《顺帝六》。
④ 《明实录》卷66。
⑤ 《明实录》卷67。
⑥ 《明实录》卷245。
⑦ 《明实录》卷67；又《元史》卷42《顺帝五》，记至正九年（1349）七月“山海寿为陕西廉访副使”，未知是否与此同为一人。
⑧ 《红史》，第110页。
⑨ 《红史》，第111页。

么“定久院使”即在1357年前后供职宣政院。

达玛格底院使（达里麻吉而的，dharma kirti）《汉藏史集》记，藏历牛年辛丑（1361），顺帝妥欢贴睦尔派金字使臣达玛格底和额布院使先后前来吐蕃，封唆南罗古罗思监藏（1332—1362年）为帝师，封其弟为白兰王，并赐给管辖达仓宗和曲弥万户属下的各地之诏书。[①]《朗氏世系史》记，达玛格底院使来迎请唆罗（即唆南罗古罗思）帝师，并与吐蕃上层僧俗官僚会晤，颁布赏赐品与圣旨。[②]

额布　见上引。又《朗氏世系史》记，当绛曲坚赞前往拉萨修建佛寺时，传说以院使额布为首的迎请帝师的宣旨钦差一行抵达达木（dam），后至藏地，与各地首领会晤、处理内部纠纷，宣布诰命，事在达玛格底院使入藏次年。[③]

加瓦藏卜　《汉藏史集》记，本钦加瓦藏卜依恃帝师公哥监藏（kun dgav rgyal mtshan）而掌管文书，曾作帝师侍从前往朝廷，由帝师荐举，加之本人精通法规，先被任命为院使，后被任为乌思藏本钦，返回吐蕃。[④]

旺秋班（dbang phyug dpal）《朗氏世系史》记，当帝师公哥监藏向皇帝推荐索南监藏任伯木古鲁万户长时，本钦旺秋班正担任宣政院的大长官，本钦旺尊（dbang brtson）任其僚属，阻挠帝师之荐。[⑤]

旺尊（dbang brtson）　同上引，记其原为僚属，在本钦旺秋班任乌思藏本钦之后，继任为宣政院的大长官，屈从帝师，使索南监藏得为万户长。[⑥]

公哥藏卜　《朗氏世系史》记，绛曲坚赞指责帝师公哥监藏两位弟子残杀本钦公哥藏卜事，谓此人是朝廷一品命官，荣禄大夫、院使，只有皇帝有权废杀。[⑦]

伊劳（亦老，yi lo）《朗氏世系史》记，相传宣政院长官伊劳将驾到，本钦前往达木（dam，今西藏当雄）迎驾，也通知绛曲坚赞迎接。1357年，

---

① 参见《汉藏史集》，第342页。

② 参见《朗氏世系史》，第309—315页。

③ 《朗氏世系史》，第321—330、335—340页。

④ 《汉藏史集》，第408页。

⑤ 《朗氏世系史》，第160—161页。

⑥ 《朗氏世系史》，第160—161页。

⑦ 《朗氏世系史》，第254—257页，“g.yung”当为“荣禄”。

伊劳院使在贡塘过年，向绛曲坚赞宣布赏给他大司徒（tavi si tu）印章与封号，随后前往拉萨。①

宣政院的官员，除院使之外，其他职官也有见于藏文史书者，《汉藏史集》提到的掌管“利贞库”的官员，《红史》记“行院索南同知”等均属此列。藏史中的“院使”，有些可能与汉史所载相同，有些可能是行院院使，有些也可能是别的官员而非院使，这需要做大量的勘同工作，容以后再做探讨。

关于元代的宣政院使名单，以上所列自然不是很完整的，从中可知者有以下几点：其一，与《元史·百官三》“宣政院”条所载一致，在至治三年（1323）以前，院使人数并不多，在其后，尤其是天历二年（1329）“罢功德使司归宣政，定置院使一十员”后，院使人数剧增，至顺帝时，无以复加。藏史所载诸院使皆为此时任职者。其二，宣政院使多为朝中要人担任，甚至由丞相兼领，反映其地位之崇高，以及元代对吐蕃事务与佛教之重视。其三，宣政院使主要负责吐蕃军政事务，甚至率兵平叛、入藏解决纷争，多是吐蕃事务方面的内行里手，兼知藏事与佛教二者。其四，色目人、吐蕃人、汉人等均有任院使者，以前者为多。其五，由本钦而任职宣政院，或由院使再任乌思藏本钦者，说明两者的一致关系（见于藏文史籍记载）。其六，宣政院使之职不乏父子、兄弟或家族内相继担任者，如铁木迭儿与其子八里吉思，玉笃实与其弟洁实弥尔，洁实弥尔与其子答儿麻失里，亦怜真班与其子桑哥失里，答失蛮与儿子阿剌黑不花及族孙搠思监等。此内情况又有差异，有的因专权而任私，有的则是世通藏务而得世承。前者如铁木迭儿父子，后者如玉笃实家族即是。宣政院秩从一品，印用三台银印，自选官属，且僧俗并用，军民通摄，与中央核心机构中书省、枢密院、御史台并为元朝四大独立的任官系统，院使甚至由朝中右宰相兼任，这在历代中央政府管理西藏地方事务的机构中，是绝无仅有的。元朝统治者专门设立这一机构管理释教与吐蕃地区事务，说明其对藏区事务的高度重视。

元朝时期，中国版图辽阔，西藏并非就是边远荒蛮之地。中央政府与“钦察汗国”和“伊利汗国”长期保持着密切的宗藩关系，他们的汗王依然享受着中原地区封地的收入，继任汗位，也须接受元朝皇帝（大汗）的册

① 《朗氏世系史》，第 288—289 页。

封，并为元朝中央效命，攻伐叛乱。西藏地方的安定与发展，对于元朝中央保持与中亚及西亚诸汗国的联系，具有重要的意义，第一任伊利汗旭烈兀还在西藏享有封地、设有守土官，并与之保持长期的联系。更为重要的是，西藏地区与中亚的察合台汗国，以及南宋下辖的四川等地相连，在大蒙古国灭南宋和元朝中央平定察合台汗国叛乱时期，早已显示出特殊的战略地位，在以后维护各地的稳定方面依然发挥着作用。察合台汗国军队南入西藏，并与西藏地方的必里公（即止贡）万户相联合，攻击萨斯迦（即萨迦）政权，扰乱地方的事例，也是一个很好的反面例证。因此，元朝精心管理西藏及其他藏区，不只是考虑到青藏高原这一块广大的地区，而且也考虑到整个中国西部，乃至全国的全局问题。

宣政院将全国的佛教事务与西藏及其他藏区的军政事务合而为一，统摄其中，也深有寓意。

蒙元之际，正是藏传佛教的形成与发展时期。蒙古统治者，面临西藏地方封建割据势力林立，宗教派别竞相纷呈的局面，不仅在政、教两者之中选择了后者，而且在众多的教派之中又选中了“德高望重”的萨斯迦派（萨迦）作为扶持对象，集中反映了他们对解决西藏问题所持有的态度。然而，就当时形势而言，元朝统治者所面临的问题相当复杂。在西藏地方，萨斯迦派固然强大且具有号召力，但还面临着必里公（止贡）等派势力的不断挑战。确立萨斯迦教派的地位与权威，仍有大量工作要做。同时，在西藏地方建立行政体制，完善并实施对藏区的全面统治，尚需做很多方面的努力，这需要对藏区事务，以及它的地区性、民族性与宗教特点有全面而透彻地了解。成立专门机构是一种客观上的需要。

从全国形势来看，忽必烈重视宗教，尤其是佛教的政策，仍具有迫切而重大的现实意义。用佛教经义来抚慰饱受战乱之苦的内地人民的灵魂，减弱他们精神上的痛苦与负担，乃至稀释他们内心深处的民族情绪，无疑势在必行。世祖“因其俗而柔其人”的政策不只适用于吐蕃地区，也适用于内地，这正是元朝在都城大都（今北京）设立释教总统所，而在南宋故都杭州设立行宣政院，以弘扬、管理佛教的根本原因所在。宣政院之设可以说是应运而生。宣政院的建立及其特殊地位的确定，还与八思巴本人的杰出才能与非凡影响有关联。八思巴是 13 世纪中国历史上一位杰出的人物，他的政治才干、宗教造诣，以及文化素养，不仅为忽必烈完善在藏施政打下了坚实基础，而且为突出西藏地区事务、促成中央建立宣政院，起到积极的推动作用。

宣政院，以及它的前身总制院，上承唐代之旧，下启明清之新，在历代中央政府的治藏机构中，也是颇具特色的一个，值得深入研究。宣政院是军民统摄，理僧管民的中央机构，僧人受帝师推荐担任副院使等官，军政民政联为一体，这其中僧俗之间、军民之间存在哪些方面的摩擦，以及如何协调解决等问题，也是耐人寻味的。宣政院辖下直接管理吐蕃地方事务的机构有三：乌思藏纳里速古鲁孙等三路宣慰使司都元帅府，吐蕃等处宣慰使司都元帅府和吐蕃等路宣慰使司都元帅府[①]，下面我们将专章分别加以讨论。

① 《雅隆尊者教法史》，第 168 页，谓："（忽必烈皇帝与上师八思巴结为供施之缘后）设宣政院和安定吐蕃的三路宣慰司为政法机构，桑哥丞相、乌鲁诺颜（ao lug no yon）、米钦朵西（mi chen rdo shi）等掌执法诸事。"是汉藏史书对此记载相同。

第三章 元代的乌思藏宣慰司

乌思藏宣慰司即乌思藏纳里速古鲁孙等三路宣慰使司都元帅府的省称。是传统中的吐蕃三大地理区域之一。这三大地理区划先后有变化。较早是指上部纳里三围（stod mngav ris skor gsum）、中部乌思藏四茹（bar dbus gtsang ru bzhi）和下部朵甘思六岗（smad mdo khams sgang drug）。[①] 后纳里与乌思藏合为一体，朵甘思又分出上朵（mdo stod）和下朵（sdo smad），形成了新的三区：乌思藏法区（dbus gtsang chos kyi chol kha）、朵思兑人区（mdo stod mivi chol kha）和朵思麻马区（mdo smad rtavi chol kha）。[②] 元代大三区是乌思藏纳里速古鲁孙（dbus gtsang mngav ris skor gsum）、朵甘思（mdo khams）和朵（脱）思麻（mdo smad）。其区划依《汉藏史集》记载："从嘉玉纳里公塘（Ja yul mngav ris kun thang）以下到索拉甲沃（sog la skya bo）以上为正教法区；自索拉甲沃以下到黄河河曲为黔首人区；自黄河河曲以下到汉地大白塔为俯行马区。"[③] 其地域大致与乌思藏、朵思麻和朵甘思三个区的划分相一致。[④] 在每个却喀设有一名本钦，由皇帝和帝师商定而任命。据汉文史籍记载，元代设在吐蕃地区的机构为乌思藏、脱思麻和朵甘思三个宣慰司。藏汉史所载应一致，三个区即三个宣慰司的辖区，本钦即

---

① 萨斯迦·琐南监藏（sa skya bsod nams rgyal mtshan）：《王统世系明鉴》（rgyal rabs gsal bavi me long），民族出版社 1981 年版，第 38—39 页。又见《汉藏史集》、《西藏王臣记》等书。

② 《西藏王臣记》，第 103 页。

③ 《汉藏史集》，第 278 页。

④ 参见牙含章：《关于"吐蕃""朵甘""乌思藏"和"西藏"的语源考证》，《民族研究》1980 年第 4 期；G.N.Roerich, *The Blue Annals*, Part I.Calculta 1949, p.216；沈卫荣：《浅释"吐蕃三路"（chol kha gsum）》，《甘肃民族研究》1985 年第 3—4 期；任乃强、泽旺夺吉：《"朵甘思"考略》，《中国藏学》1989 年第 1 期。

首席宣慰使。[①]

本章主要讨论乌思藏纳里速古鲁孙等三路宣慰使司都元帅府的机构与建置情况。[②]

乌思藏纳里速古鲁孙等三路宣慰使司都元帅府所辖地区，主要在今西藏自治区和不丹、列城等境外地区。在传统中也有三区之说，即纳里速、乌思（dbus）和藏（gtsang），也即今阿里地区、拉萨地区和日喀则地区。在纳里速有所谓“三围”（skor gsum）之说，系指布让（spu rangs）、古格（gu ge）和芒域（mang yul），形成于吐蕃王朝瓦解后。[③]乌思藏地区为古代的四茹（ru）之地，据《贤者喜宴》记载，伍茹（dbu ru）以拉萨小昭寺为中心，东至约卡之秀巴本敦（vol khavi shug pa dpun bdun），南至玛拉拉举（rma la la rgyud），西至秀尼木（gzhu sne mo），北至扎地之朗玛古普（prags kyi glang ma gur phug）；约茹（gyo ru）以雅隆昌珠（yar lungs khra vbrug）为中心，东至工域芝纳（kung yul bres sna），南至夏乌达果（sha vug stag sgo），西至卡热康孜（khar rug gangs rtse），北至玛拉拉举；叶茹（g・yas ru）以香之雄巴园（shangs kyi zhong pa tshal）为中心，东至扎地之朗玛古普，南至尼雅南木亚波纳（gnyav nam g・yag povi sna），西至且玛拉古（bye ma la dgu），北至弥地曲纳（smri ti chu nag）；茹拉（ru lag），以柴之土巴纳（brag kyi dur pa sna）为中心。每个茹有十个东岱（stong sde，千户），再加上苏毗茹（sum pavi ru）共有 5 茹 61 东岱。[④]其中伍茹和约茹属于乌思，而叶茹和茹拉属于藏地。[⑤]这种划分随着吐蕃王朝的瓦解而名存实亡。至元初以前主要为大大小小

---

① 陈得芝：《元代乌思藏宣慰司的设置年代》，见《元史及北方民族史研究集刊》第 8 期。

② 关于元代吐蕃地区的建置情况，参见 G.Tucci, *Tibetan Painted Scrolls*, Roma, 1949. 及 L.Petech, Central Tibet and the Mongols, *Yuan Saskya Period of Tibetan History*, Roma, 1990；王森：《西藏佛教发展史略》；王辅仁、索文清：《藏族史要》；韩儒林主编：《元朝史》下册；陈得芝：《元代乌思藏宣慰司的设置年代》，《元史及北方民族史研究集刊》第 8 期；蔡美彪等：《中国通史》第七册；藏族简史编写组：《藏族简史》；邓锐龄：《元明两代中央与西藏地方的关系》；沈卫荣：《元代乌思藏十三万户考》，《历史地理》第 7 辑；陈庆英：《元朝在藏族地区设置的军政机构》，《西藏研究》1992 年第 3 期等。

③ 《汉藏史集》，第 215—216 页；《红史》，第 42—45 页等。

④ 《贤者喜宴》，第 187—188 页。

⑤ 钦则旺布（mkhyen brtse dbang po）：《卫藏圣地简介》，第 2、46 页等。国内有刘立千汉译本，西藏人民出版社 1987 年版；国外有费拉丽（A.Ferrari）：《钦则的卫藏圣迹指南》（*mk'yen-brtse's Guide to the Holy Places of Central Tibet*），罗马东方丛书 XVI，1958 年。

的封建割据势力所占据。元代因其势力而划分乌思藏十三万户，隶乌思藏纳里速古鲁孙等三路宣慰使司都元帅府。此就其相关问题分论如下。

第一节　有关乌思藏宣慰司的几个问题

一、乌思藏宣慰司释名

乌思藏宣慰司一名，《元史》中仅一见，即至元二十九年九月甲申，“乌思藏宣慰司言：‘由必里公反后，站驿遂绝，民贫无可供亿。’命给乌思藏五驿各马百、牛二百、羊五百，皆以银；军七百三十六户，户银百五十两”[①]。同书中能说明该称谓存在的另两条资料是：其一，至元二十五年冬十月庚申，“乌思藏宣慰使软奴汪术赈其管内兵站饥户，桑哥请赏之，赐银二千五百两”[②]。其二，至顺元年二月乙酉“以西僧加瓦藏卜、蘸八儿监藏并为乌斯藏、吐蕃等处宣慰使都元帅”[③]。但在皇帝赐给乌思藏地方的圣旨、帝师的法旨中则多有记载。[④]这应是“乌思藏纳里速古鲁孙等三路宣慰使司都元帅府”的省称。至元二十九年九月丁亥，“从宣政院言，置乌思藏纳里速古鲁孙等三路宣慰使司都元帅”。即是其全称。[⑤]《汉藏史集》有“等三路宣慰司都元帅府”（dhim zam lu son wi si du dben sha hu）。[⑥]也是其全称。而《朗氏世系史》及《汉藏史集》等书中还有“乌思藏宣慰司”或宣慰司[⑦]，则是其省称。在帝师的藏文法旨中两者均存在，而以省称为多，如元仁宗延祐三年（1316）的帝师法旨是全称，而元成宗大德八年（1304）的法旨和九年（1305）的法旨等均为“乌思藏宣慰

---

① 《元史》卷17《世祖十四》。

② 《元史》卷15《世祖十二》。

③ 《元史》卷34《文宗三》。

④ 陆莲蒂、孟庆芬译：《元朝十一篇藏文帝师法旨》，见《藏文史料译文集》，第162—168页；《西藏地方是中国不可分割的一部分》（史料选辑），西藏人民出版社1986年版。

⑤ 《元史》卷17《世祖十四》。

⑥ 《汉藏史集》，第272页。

⑦ 《朗氏世系史》，第155—157、204—205、210、326—328页；《汉藏史集》，第359页。

司”，英宗至治元年（1321）和泰定二年（1325）的法旨作“宣慰司”。[①]说明其表述有异而所指相同。乌思藏宣慰司的前身应是“乌思藏纳里速古鲁孙等三路军民万户府”。（dbus gtsang mngav ris skor gsum dhim zam lu gun min wan hu fu）。据《汉藏史集》记载，忽必烈封给乌思藏第一任本钦释迦藏卜的封号与印章是“zam lu gun min wan hu”（三路军民万户）。[②]那么，元初在这里设置的最高行政机构应是其所司的万户府。这一职官任命的时间，约在八思巴和恰那朵儿只兄弟1265年到萨斯迦建政之后的1267年，也即接替刚去世的恰那朵儿只在乌思藏的行政权力。嗣后，在1280年前后出现了乌思藏宣慰司及赏竹辇真担任第一任宣慰使（时称万户）。[③]这实际上是由“乌思藏纳里速古鲁孙等三路军民万户府”改名而为“乌思藏纳里速古鲁孙等三路宣慰使司都元帅府”而产生的。在某种意义上说，它是这一机构的完善与发展，而不是新建。这一变化，藏文史书也有反映。如《汉藏史集》记载，“至于各级官职，有十夫长、五十夫长、百户、千户、万户、路达鲁花赤。若管辖三个路，则称为路军民万户，赐给水晶印。在吐蕃，此官职曾封给本钦释迦藏卜。对其他大多数本钦，赐给的是‘等三路宣慰司都万户’的官职、六棱银印、虎头牌等”[④]。这里的三路（zam lu）自然是指乌思藏纳里速古鲁孙。职官封号的变化事实上是机构改名的产物，遂后均称宣慰使而不再称万户。

二、乌思藏宣慰司与萨斯迦本钦的关系

乌思藏宣慰司既然是乌思藏纳里速古鲁孙等三路宣慰使司都元帅府的省称，后者，据《元史·百官志》“宣政院”条记是乌思藏纳里速古鲁孙的最高行政机构，宣慰使无疑是该地区的最高首领。而在藏文史书中，乌思藏之最高行政首领是萨斯迦本钦（sa skya dpon chen）。[⑤]故学者们认为，宣慰使即

① 扎西旺都编：《西藏历史档案公文选水晶明鉴》，藏文本；《西藏地方是中国不可分割的一部分》（史料选辑）。

② 《汉藏史集》，第357页。

③ 陈得芝：《元代乌思藏宣慰司的设置年代》，见《元史及北方民族史研究集刊》第8期。

④ 《汉藏史集》，第271—272页。

⑤ 《汉藏史集》，第356—363页；《红史》，第53—54页。

本钦。[①] 但也有学者不同意此说，认为本钦这一官职是帝师以受封的领主身份任命的管理其设下的官员，它的地位相当于帝师份地的总管。也正由于帝师在乌思藏、朵甘思、脱思麻都有份地和汤沐邑，所以这三个地区都有一位本钦，本钦与宣慰使不同，他既是帝师份地总管又兼乌思藏宣慰司的宣慰使，故总管一切，而未有本钦名号的宣慰使则不能管辖帝师份地。在这里，我们认为，后说把这一问题推进了一步，但也还有可商之处：其一，吐蕃不是帝师的封地，已如我们上文所言；其二，帝师在脱思麻的临洮和朵甘思的灵藏附近是有份地，但那是极小的一块[②]，应当是供养帝师及其随从至其地或居住时生活而用的，决不可把管理这么小块土地的人与管理整个乌思藏地区的大官本钦相提并论；同时，它还说明吐蕃决非帝师八思巴的封地。乌思藏及整个吐蕃地区是大元帝国直接管辖的领土，而绝不是帝师或其他某个人的封土或份地，它在这里置驿、驻军、括户、征兵、征税，建立有行政体制，怎么可能存在另外一个与之格格不入的行政系统呢？

我们赞同宣慰使（准确地说，是为首宣慰使）即本钦说，理由如下：第一，据《汉藏史集》记载，在八思巴时，“依薛禅皇帝的圣旨，赐给他（释迦藏卜）三路军民万户的名号和印章，任命他为乌思藏本钦”[③]。释迦藏卜是第一任本钦，说明他是由皇帝钦命的，而且拥有“三路军民万户”（zam lu gun min wan hu）的名号与印章。如前述，后者即当时乌思藏的最高行政机构，后更名宣慰使司。若两职同时宣授，那么应是不可分割的。而且，后者才是实授，而前者只是乌思藏地方俗称（后详），二者是一非二。第二，乌思藏宣慰使是汉史中乌思藏纳里速古鲁孙地区的最高行政长官，而萨斯迦本钦则是藏史中该地区的最高行政长官，两者在理论上应是相同的。在统一的元朝中央直接管辖之下，不可能存在两个相互平行的地方行政机构与长官。《汉藏史集》记，元朝在吐蕃地区设有三位本钦，一即萨斯迦本钦，一在朵甘思的馆觉（gon gyo），一在朵思麻的临羌。[④] 恰与《元史》所载三宣慰司相对应。萨斯迦本钦当为该道宣慰司的宣慰使。同时，藏史中涉及宣慰使的记

---

① 陈得芝：《元代乌思藏宣慰司的设置年代》，见《元史及北方民族史研究集刊》第 8 期。

② 《汉藏史集》，第 277、328 页。

③ 《汉藏史集》，第 357 页；释迦仁钦岱：《雅隆尊者教法史》，第 166 页。

④ 《汉藏史集》，第 362 页。

载均与本钦的活动相关，而汉史中无一字提及萨斯迦本钦，说明在吐蕃存在“宣慰使”，而对元中央而言，乌思藏并不存在一个独立行使权力的萨斯迦本钦。从现有藏文帝师法旨看，也是如此。如元成宗大德八年（藏历龙年，1304）的“帝师辇真监藏谕乌思藏宣慰使法旨”谓：

> 奉皇帝圣旨：
>
> 帝师辇真监藏法旨：
>
> 乌思藏宣慰司宣慰使、军官、军人、地方守卫、司法官、税吏、万户长、大驿站头目、征派牛马人员、传令官、僧俗部众等一体知晓……

又元顺帝后至元二年（藏历鼠年，1336）“帝师公哥儿监藏班藏卜谕乌思藏宣慰使司等处官员法旨”谓：

> 奉皇帝圣旨：
>
> 帝师公哥儿监藏班藏卜法旨：
>
> 乌思藏宣慰使司宣慰使、内政官、各寺侍从、招讨使、大臣、司法官、金字使、往来收拣僧俗、税吏、万户长、寺庙堪布僧众、千户长、一切官员一体知晓……①

其他法旨大致相当，有这样几个特点：其一，均是受皇帝之命颁发的，法旨前的皇帝圣旨里（rgyal povi lung gis）说明皇帝的至高无上权力；其二，法旨中首提“乌思藏纳里速古鲁孙的宣慰司”、“乌思藏宣慰使司”或“宣慰司”，并将它们混用，说明其相同且是该地方最高机构，其使也为最高长官；其三，法旨中全面列举了乌思藏地方主要大小官员，如宣慰使、军官、军人、断事官、金字使、招讨使、万户长、千户长、守土官、驿站官及僧俗首领，从未提及被称为乌思藏地方最高行政长官的萨斯迦本钦，难道帝师也不知道此职吗？（那可是他的“近侍”——如藏史所载及一些学者所论。）第三，

---

① 扎西旺都编：《西藏历史档案公文选水晶明鉴》，藏文本；《西藏地方是中国不可分割的一部分》（史料选辑）。我们对此进行了藏汉译名勘对，自汉文职官名音译和藏文意译者居多，除“守土官”之外，未见有因袭吐蕃故官名者。

依藏史记载，本钦是由帝师推荐并由皇帝任命的，甚至有官至一品者（或有小讹）。[①] 那么，他们应该是为朝廷所熟知的，而且是皇命行政官员，而非帝师近侍或领地总管。其生杀予夺大权操于皇帝而非帝师。第四，据统计，萨斯迦本钦与宣慰使相同一的有五人：即第五任本钦赏竹辇真、第七任本钦软奴汪术、第九任本钦阿迦仑、第十三任本钦斡节儿桑哥（vod zer seng ge）和第十八和第二十一任本钦加瓦藏卜。[②] 足知萨斯迦本钦即乌思藏宣慰使。为什么会产生萨斯迦本钦与乌思藏宣慰使记载上的分歧呢？这有两个原因：其一，对元代中央政府来说，管理乌思藏地方的最高行政机构只有一个即乌思藏宣慰司，长官也是该司的宣慰使；而对于吐蕃地方来说，这里的最高行政长官由萨斯迦教派人来担任，故多知有萨斯迦本钦。其实，这中间联系环节就是：元朝把乌思藏宣慰司设在萨斯迦，且由该派弟子及相关人员来担任，兼有帝师之荐一环节，造成萨斯迦与帝师包揽一切的现象。实则二者是一事而二名。其二，乌思藏宣慰使是正式名称，而萨斯迦本钦是乌思藏地方的俗称，这正是后者不见汉史和正式诏书，包括帝师藏文法旨的主要原因，《汉藏史集》明确指出："本钦这个名词，是吐蕃人对上师（当指帝师）的近侍所起的专门名称。"[③] 再从"本钦"一词含义而言，它本身并无任何级别可言，dpon chen 即"大官"，完全是一个敬称，在藏史中又称为"乌思藏本钦"（dbus gtsang dpon chen），自然是乌思藏地区的最高行政官员之代称。皆指乌思藏宣慰司的宣慰使。因此，我们可以确定萨斯迦本钦（或乌思藏本钦）即乌思藏宣慰使。需要补充一点的是，乌思藏宣慰使在《元史·百官志》中有五名，而本钦则是为头的宣慰使。藏史中也表明宣慰使不止一人。如《朗氏世系史》记必里公万户长官巴公辇（sgom pa kun rin）之任命即是由"乌思藏诸宣慰使"实施的。[④] 至少应包括驻守在吐蕃的蒙古军都元帅和其他有此职位的高级官员。1353 年帝师公哥儿监藏两子拘禁本钦，伯木古鲁万户长对旬杰都元帅说："现在蒙古都元帅不在，旬杰都元帅你有三道虎头牌，六棱印，它的等级同本钦的印章相似，故宣慰司、军站的蒙古兵和全体乌思人在你的后面作中军，我的士

---

① 《汉藏史集》，第 356—363 页；《红史》，第 53—54 页；《朗氏世系史》，第 234、255 页等。

② 陈得芝：《元代乌思藏宣慰司的设置年代》，见《元史及北方民族史研究集刊》第 8 期。

③ 《汉藏史集》，第 272 页。

④ 《朗氏世系史》，第 209 页，第 309 页等多处。

卒充当右翼主力，香巴为你充当左翼……”以营救本钦。[①]“旬杰都元帅是宣慰使司的三路都元帅，且有虎钮印章，所以统领前藏千户、万户的部队和北部军站的兵力经北路前进。”[②]说明都元帅与本钦地位相近，又低于本钦，是宣慰司的长官，此当是宣慰使。藏史有称都元帅为本钦属官的记载。[③]再次证明本钦即为首宣慰使之说。兹依藏史列历任本钦名单。

历任本钦名单

序号	汉译	藏名	备注
1	释迦藏卜	shākya bzang po	
2	公哥藏卜	kun dgav bzang po	
3	尚尊	zhang btsun	
4	秋波刚噶瓦	phyug po sgang dkar ba	
5	赏荦	byang rin	
6	公软	kun gzhon	
7	软汪	gzhon dbang	
8	赏朵	byang rdo	
9	阿迦仑	ag len，ag lan	
10	软汪	gzhon dbang	重任
11	勒巴班	legs pa dpal	
12	桑哥班	seng ge dpal	
13	斡节儿桑哥	vod zer seng ge	
14	公哥荦真	kun dgav rin chen	
15	顿约班	don yod dpal	
16	云尊	yon btsun	
17	斡节儿桑哥	vod zer seng ge	重任
18	加瓦藏卜	rgyal ba bzang po	
19	汪秋班	dbang phyug dpal	

① 《朗氏世系史》，第 250—253 页。

② 《朗氏世系史》，第 241—242 页。

③ 《朗氏世系史》，第 163—164 页，记多尔郊都元帅（rdor kyabs du dben sha）为本钦索南班（bsod names dpal）之下属官吏。

续表

序号	汉译	藏名	备注
20	索南班	bsod nams dpal	
21	加瓦藏卜	rgyal ba bzang po	重任
22	汪尊	dbang brtson	
23	南喀丹巴	nam mkhav brtan pa	
24	乞剌斯巴监藏	grags pa rgyal mtshan	
25	罗古罗思监藏	blo gros rgyal mtshan	
26	班本	dpal vbum	
27	吃剌斯旺	grags dbang	

注：（1）本表据《红史》，第53—54页；《汉藏史集》，第356—363页。

（2）《元史》卷15《世祖十二》记，至元二十五年冬十月庚申，“乌思藏宣慰使软奴汪术尝赈其管内兵站饥户，桑哥请赏之，赐银二千五百两”。《元史》卷34《文宗三》，“至顺元年二月乙酉，以西僧加瓦藏卜、蘸八儿监藏并为乌斯藏、土蕃等处宣慰使都元帅”。

三、帝师颁给乌思藏宣慰司的藏文法旨

如本书第一章著录历代帝师藏文法旨所示，它们绝大多数是颁给乌思藏宣慰司的，或者是乌思藏宣慰司辖下的各政、教组织或单位的。这里仅以指明是颁给乌思藏宣慰司的四件法旨为例，探讨一下相关问题。这四件法旨分别是：帝师辇真监藏给洛本昆思端和洛本辇真班藏卜的法旨（1304年2月24日）、帝师辇真监藏给乌思藏宣慰使的法旨（1304年5月23日）、帝师公哥罗古罗思监藏班藏卜给娘库瓦的法旨（1316年4月8日）和帝师公哥儿监藏班藏卜给沙鲁人的法旨（1336年或1348年4月16日）。

这四件法旨具有这样几个特征：其一，它们是颁给乌思藏宣慰司的，能够反映该宣慰司的职官组织和行政体制状况；在时间上有33年或45年的跨度，恰值元代中期和中后期，说明它是一项业已完善的制度，而非临时性措施。其二，法旨中提到的职官和职业有：乌思藏宣慰使（即乌思藏宣慰司的官人，gtsang dbus swon we sivi mi dpon）、军官（dmag dpon）、军人（dmag mi）、囊索涅巴（内务总管，nang sovi gnyer pa）、各喇让的近侍（bla brang so sovi nye gnas）、招讨使（chavo tavo sivi mi dpon）、达鲁花赤（da ra kha che）、断事官（khrims gcod）、金字使者（gser yig pa）、往来收检的僧俗（sdud dang vgro vong byed pavi ban skya）、万户长、寺庙的师徒（mkhan slob）、千户长（stong dpon）、站赤的人们（vjav mo che）、执印者（da kha ba）、传令官（gho lung ba）、守土官、管家（mdzod pa）、地方官（sa yul gyi mi dpon）、牛马牧养者（mdzo rta gsam mi）、办事者们（bya ba byed pa rnams）及僧俗百姓（1ha sde mi sde rnams）。有官有百姓，有军有民，有僧有俗，无所不包。而且，这一套职官大致可以与《元史·百官三》卷87“宣政院”条乌思藏宣慰司的职官相勘同，如宣慰司的官人即宣慰使等，军官即元帅、都元帅，招讨司的长官即招讨使，万户长、千户长即乌思藏十三万户的各万户长、千户长，如沙鲁、搽里八、伯木古鲁、必里公（迷儿军）、牙里不藏思八等。囊索涅巴是乌思藏地方政教合一的地方势力的内务总管，在萨斯迦，即指萨斯迦囊钦（nang chen）。其三，这些法旨大多赐给某寺院一些特权，即不当差、不应役或财产不受侵夺等。同时，又让享受特权者遵守法律、服从地方长官的领导。说明元代乌思藏地方除寺院自身的宗教组织之外，并不存在与中央在藏机构并行的另一套行政职官系统。关于这一点，在乞剌斯八斡节儿帝师给棍布班的法旨（1295年闰4月8日）中讲得更为明确，文谓：“皇帝御赐棍布班的金册和诏书。依委任之法规，我亦委任其为你等之首领。你等应遵从棍布班之命令，按时完成国法规定之事。棍布班亦不得因我委任便不同以阿迦仑和亚维奥阔（ya was ao khol）为首的宣慰司的官人们商量，行非体之事。而要不分亲疏地恩养世俗众百姓。”① 颇有助于说明乌思藏地方行政工作的运作情况。结合宣政院僧俗并用、管僧管俗的状况，在乌思藏地方，要在元代宣政院及其下辖的乌思藏宣慰司之外，找到一套完整的僧官系统也是徒然的。

四、乌思藏宣慰司的治地与管辖范围

既然乌思藏宣慰使即是萨斯迦本钦，那么本钦所居的萨斯迦自然是乌思藏宣慰司的治地，但有学者认为，乌思藏宣慰司不是设在萨斯迦，很可能

① 扎西旺都编：《西藏历史档案公文选水晶明鉴》，藏文本，第198页；参见陆莲蒂、孟庆芬译《元朝十一篇藏文帝师法旨》。

是设在藏北当雄，与元朝在西藏的驻军和驿站在一起，所以在赏竹监藏等联合营救本钦加瓦藏卜时，宣慰司的官员们也和蒙古军部队一起参加联军向萨斯迦进发。此说有一定的合理性。乌思藏宣慰司虽然设在萨斯迦，但它的长官——宣慰使，除了萨斯迦本钦之外，还有别人及在别的地方的长官，至少驻在当雄的蒙古军都元帅即是其中之一，但中心似仍在萨斯迦，正因为这样，他们在乌思藏地方行政、文化中心萨斯迦地方发生了拘捕乌思藏最高行政长官本钦（或宣慰使）事时，就要带军前往。当雄（即达木，dam）是元代在乌思藏驻军的中心据点，负责地方安全的，在帝师法旨中，其长官、属部是属于“军官、军人”之列，而不是宣慰使。反过来讲，如果说达木是宣慰司的所在，那么，作为当时乌思藏地方行政首脑的萨斯迦本钦及频繁的行政活动似乎超出元代在乌思藏的行政系统之外。这自然是不大可能的。我们承认达木为乌思藏宣慰司重要的活动中心，甚至设有相应的机构，但是，宣慰司的根本治地似仍在萨斯迦，而不在达木。

关于乌思藏宣慰司的辖地，理所当然地是管领乌思藏纳里速古鲁孙三个地区。但有学者认为，藏族史学家认为乌思藏宣慰司并不管辖整个乌思藏地区，藏文史籍说乌思藏宣慰司管辖十三万户，但藏汉文史料的记载中萨斯迦都不在十三万户之列。此外，阿里地区也不在十三万户之中。对此，我们可以提几点意见：其一，乌思藏宣慰司既然是乌思藏纳里速古鲁孙等三路宣慰使司都元帅的省称，那么应当是管辖整个乌思藏地区的，藏汉史书均证明了这一点，如《元史·百官志》“宣政院”条有“纳里速古儿孙元帅二员”即是宣慰使属下的官员，他们自然是负责纳里速地区事务的，藏史记乌思藏本钦（宣慰使）自第一任释迦藏卜起即领有“三路军民万户”封号与印章，后则为“等三路宣慰司都万户”也即宣慰使，均包括整个乌思藏纳里速古鲁孙三个地区。其二，关于十三万户包括哪些，藏汉史书记载大体一致，小有不同。至于萨斯迦是否是十三万户之一，学术界有不同意见。[①]但是无论它是否属于十三万户，都不意味着它在乌思藏宣慰司的管治之外。依照我们上文所言，萨斯迦本钦即是乌思藏宣慰使，其在管内自不待言。退一步讲，“十三万户”之名在初立时或有其实，嗣后则完全是乌思藏地区的代名词了，

① 王森先生即以萨斯迦为乌思藏十三万户之一，见《西藏佛教发展史略》，第219—220、225页。

应该说是包括萨斯迦在内的。其三，纳里速（阿里）地区不在十三万户之列是自然的，因为十三万户仅指乌思和藏两地，而乌思藏宣慰司所管，除了乌思、藏地区之外，也包括纳里速地区。

第二节　乌思藏宣慰司的下属机构

一、乌思藏宣慰司下辖的职官系统

1. 单一的职官体系

宣慰司是元代设在乌思藏地方的最高行政机构，“掌军民之务，分道以总郡县，行省有政令则布于下，郡县有请则达于省”。“有边陲军旅之事，则兼都元帅府，其次则止为元帅府。”① 由于该宣慰使司多涉军旅之事，故称都元帅府。其设官有宣慰使五员，同知二员，副使一员，经历一员，镇抚一员，捕盗官一员。宣慰使（包括同知、副使）之见于汉藏载籍且包括本钦与都元帅等，已如前述，在皇帝诏书和帝师法旨中统称为“乌思藏宣慰司宣慰使”；经历，为首领官之长，职掌宣慰司案牍并管理吏员，应即法旨中的“内政官”（nang sovi gnyer pa）；而镇抚，当即法旨中的“地方守卫官”（yul srungs）；② 捕盗司官一员，说明元朝于此设有捕盗机构。是否归土蕃巡捕都元帅府管辖，不详。③

藏史中记载的乌思藏地方官吏有十夫长、五十夫长、百户长、千户长、万户长和路达鲁花赤。④ 这应是它的基本组织结构。各级组织的存在与活动均有史可依。⑤ 帝师法旨也多提及，如帝师吃剌思巴斡节儿1295年给沙鲁万户长棍布班（mgon po dpal）的法旨，即是告沙鲁诸地所辖之“sde skor”（千

---

① 《元史》卷91《百官志七》。

② 陆莲蒂、孟庆芬译：《元朝十一篇藏文帝师法旨》，及《西藏地方是中国不可分割的一部分》（史料选辑）。

③ 《元史》卷33、卷38记“废立土番巡捕都元帅”事。

④ 《汉藏史集》，第271—272页。

⑤ 《朗氏世系史》，第141页，记绛曲坚赞（赏竹监藏）召集百户长、什长开会事；同书，第111页，记有纳南百户，至于千户万户则更多，此不一一列举。

户）、“brgya skor”（百户）和“bcu skor”（十户）民众书。①

依据《元史·百官志》“宣政院”条所列属官看，元代在乌思藏设立的行政机构有：都元帅府、招讨使司、转运司、管民万户府和千户府。这些机构之职官大多见于帝师的藏文法旨中。②说明藏汉史书中关于乌思藏地方行政体制的记载基本一致，也就是说，是一套完整的职官体系而不是两套，即宣政院→宣慰司→万户→千户→百户→五十户→十户。元代在乌思藏地方的括户即是依此统计的，据载，一个蒙古户（hor dud）包括夫妻、子女、仆役共六人，可播 12 霍尔松（hor son）种籽的土地，有骑、耕、食三种牲畜，山羊、绵羊等共 24 头。五十户称为一个马头，两个马头为一个百户，十个百户称为一个千户，十个千户称为一个万户。“按照规定建立的万户，都划出六个千户为教民，十个万户称为一个路，十个路称为一个行省。”③这种所谓的“规定”，自然是元朝中央政府的规定，而万户千户制，袭自蒙古旧制已不待多言。其中的“户”称“hor dud”，种籽，按“hor son”计算，及五十户称马头均应取自蒙古制度。有学者将 hor dud 对应为北方的传统计户单位——帐（ordu），把 rta mgo 对应为内地的“社”④，是很有道理的。因此，可以说，元代在乌思藏设置的职官及行政系统，虽有其特殊的一面，但基本上是依照在内地所推行的制度与体制，不存在别的什么行政系统。

2. 萨斯迦本钦与囊钦系统的异同

萨斯迦本钦，如我们前文所论即乌思藏宣慰使，其与同处于萨斯迦行政中心之内的囊钦有相同的一面，又有不同的一面。相同点是：其一，都属乌思藏地方行政系统的官员，且多由皇帝任命。其二，都与萨斯迦教派及款氏家族密切相关。其三，均治萨斯迦。不同点是：其一，萨斯迦本钦为乌思藏地区的最高行政长官，有权管领整个乌思藏地区的军政事务，而萨斯迦囊钦则仅是管理萨斯迦所辖地区事务，无权干涉其他万户事务。故藏史中前者被称“大官”，而后者只称为“官”（dpon）一样。⑤其二，据《汉藏史集》和

---

① 陈庆英：《夏鲁的元朝帝师法旨》，《西藏民族学院学报》1988 年第 4 期，1989 年第 1 期。

② 陆莲蒂、孟庆芬译：《元朝十一篇藏文帝师法旨》。

③ 《汉藏史集》，第 270—271 页。

④ 沈卫荣：《元朝中央政府对西藏的统治》，《历史研究》1988 年第 3 期。

⑤ 《西藏王臣记》，第 106 页，称搽里八万户长为“dpon”，同书第 125—127 页，记伯木古鲁万户长为“dpon”等。

《红史》所载历任本钦与囊钦名单看，24 位（27 任）本钦与 29 位（31 任）之间除两人（公哥藏卜 kun dgav bzang po 和云尊 yon btsun）是由囊钦任升本钦，一人（公辇 kun rin，似为 kun dgav rin chen 之省）不明而外，其余皆无联系。因此，实际管理乌思藏地方各个万户的是本钦系统，而不是设在萨斯迦的所有机构与官员。此据《汉藏史集》与《红史》列历任囊钦名单。

《汉藏史记》与《红史》历任囊钦名单

序号	汉名	藏名	备注	序号	汉名	藏名	备注
1	公哥藏卜	kun dgav bzang po	A	16	云尊札巴达	yon btsun grags pa dar	连任，H
2	软奴班	gzhon nu dpal		17	辇桑都元帅	rin bsam du dben sha	
3	公软	kun gzhon	B	18	南喀监藏	nam mkhav rgyal mtshan	
4	顿珠班	don grub dpal		19	公辇	kun rin	
5	罗古罗思	blo gros	C	20	本结	vbum skyabs	I
6	沙鲁本协	zha lu dpon shes	D	21	南喀巴都元帅	nam mkhav pa du dben sha	
7	顿巴辇真班	ston pa rin chen dpal		22	藏卜班	bzang po dpal	
8	珠藏	grub bzang	E	23	却杰	chos rgyal	
9	馆觉藏卜	dkon mchog bzang po	F	24	桑哥监藏	seng ge rgyal mtshan	
10	绛监	vjam rgyal	G	25	辛饶斡节儿都元帅	Shes rab vod zer du dben sha	
11	顿巴辇真班	ston pa rin chen dpal	重任	26	馆觉辇真	dkon mchog rin chen	
12	顿巴仁莫	ston pa ring mo		27	帕巴班藏卜	vphags pa dpal bzang po	J
13	觉尊公协	jo btsun kun shes		28	公哥本	Kun dgav vbum	
14	公哥培	kun dgav vphel		29	公哥帕	Kun dgav vphags	K
15	云尊札巴达	yon btsun grags pa dar		30	热觉帕	rab vbyor vphags	L

注：A、H 为升任本钦者。

B、E、F、G 为《红史》记载，《汉藏史集》所无者。

C《汉藏史集》作“dpon blo”。

D《红史》汉译本作“夏鲁本喜敦巴仁钦贝”，误，应为“夏鲁本喜”和“敦巴仁钦贝”二人。

I《汉藏史集》作“结本”。

J、K、L 为《汉藏史集》所载，《红史》所缺者。

据《汉藏史集》囊钦共有 29 人，加上两人重任，计 31 人次。但《汉藏史集》与《红史》均未记足，我们参照两书，补为 28 人，其中“顿巴辇真班”与“云尊札巴达”均连任，与《汉藏史集》所记相合，所缺一人，我们怀疑第 13 任囊钦“觉尊公失思”（jo btsun kun shes）为两人，即“觉尊”（jo btsun）和“公失思”（kun shes）待考。

3. 分管一方的万户长

在元代乌思藏地方宣慰使之下，能够独当一面行使职权，上承皇命、下施号令的官员即是各万户的万户长。各个万户有自己相对固定的领地，万户属地和一般某些家族行使权与管辖地区，都以一定的方式对外封闭。《西藏王臣记》记，一个人没有路条（1am yig），就不可能从一个领邑到另一个领邑去，而路条是由各万户长发给的。[①] 各万户势力的兴衰，与万户长的作为密切联系在一起，伯木古鲁的崛起，即与赏竹监藏的努力息息相关。但是，他们是朝廷的命官：第一，由皇帝任免；第二，要服从萨斯迦本钦的领导；第三，要提供兵员为平息地方叛乱服务；第四，要供应本万户附近的驿站所需并交纳课税；第五，要为乌思藏宣慰司所在地萨斯迦寺院的建设提供劳役。[②] 各万户之间也常为辖地与利益之争发生战争，伯木古鲁的发展正是在长期的战争中实现的。[③] 元代的括户即以万户为一个大的计算单位。[④] 关于元代各万户的基本状况，学术界已有专文探讨[⑤]，我们下文也将予以论述，此不赘议。

---

① G.Tucci, Tibetan Painted Scrolls, I, p.38.

② 《汉藏史集》，第 357—358 页，记本钦向达木蒙古以上的乌思藏各万户、千户府发布命令，征调人力修建萨斯迦大殿事。

③ 大司徒绛曲坚赞，在《朗氏世系史》一书多所记述。

④ 《汉藏史集》，第 299—301 页。

⑤ G.Tucci, *Tibetan Painted Scrolls*, I, Roma, 1949; L.Petech, Central Tibet and the Mongols, Roma, 1990. 王森：《西藏佛教发展史略》；《新红史》（注释）；沈卫荣：《元代乌思藏十三万户考》等文。

二、纳里速的行政建置

纳里速即乌思藏以西的布让、古格和芒域（mang yul）等地区。史书关于这一地区的记载多限于吐蕃赞普后裔的活动与上部弘传的一般状况，有元一代关涉行政建置的资料极少。据《蒙古源流》记，在成吉思汗四十五岁时（1206）曾征讨吐蕃，吐蕃地方派300人的使团前往柴达木献物纳款，可汗遂向萨斯迦发出邀请，“由是，收服阿里三部属八十万土伯特人”[①]。吐蕃地方派300人归服事或不实[②]，但蒙古大军在1218年，乘西辽衰微之际，尽取今新疆迤西之地，波及阿里是有可能的。纳里速归附蒙古的时间不是1206年，也不是1218年[③]，而是在1244—1247年之间。“萨班致蕃人书”谓，“前此数年，蒙古兵未至上部地方，由我率白利归顺，因见此归顺甚佳，故上部纳里速、卫、藏等部亦归顺，复又使白利诸部输诚，故至今蒙古未遣军旅前来，亦已受益矣……”[④]萨班1244年启程前往凉州，经过朵甘思白利地方劝其归附蒙古，而此信则是1247年阔端与萨班议定条件后写出的。在这期间纳里速归附了蒙古，因未兴兵，故史多失载。

据《元史·百官志》“宣政院”条记，乌思藏宣慰司属下机构有“纳里速古儿孙元帅二员”，是元代当在这里设立元帅府。但这一机构活动的详情却无从窥知。我们从藏文史籍能发掘到的有三件，兹予简论：

1. 置驿

《汉藏史集》记“玛法木（ma phang）地方的小站由普兰（pu rangs）人支应，古格南北两路的小站，由梅朵色如（me tog se ru）人支应管理”[⑤]。玛法木，应在玛法木湖附近。其地约在今阿里普兰县境霍尔（hor）区。古格辖地包括今札达、噶尔两县，为重要商路所在，噶尔县境有索多（sog stod）和

---

① 萨囊彻辰：《蒙古源流》卷3，道润梯步校注，内蒙古人民出版社1980年版，第157—159页；乌兰：《〈蒙古源流〉研究》，第164页，作“就这样收服了纳里三部以下三省八十八万黑色吐蕃人众”，辽宁民族出版社2000年版。

② T.V.Wylie, The First Mongol Conquest of Tibet Reinterpreted, in *HJAS*, 37（1977）, pp.103-133. 韩儒林主编：《元朝史》下册。

③ 《藏族简史》，第130页，认为可能在1218年派军南进。

④ 《萨斯迦世系史》，第137页。

⑤ 《汉藏史集》，第302页。

索麦（sog smad）或为兵站与驿站所在地，而另一个小站则可能在噶尔县门士区的阿里塘噶（mngav ris thang ga）。[①]这些地名多与蒙古人相关，而且至今为蒙古游牧民活动地，后者很可能与军站驿站蒙古军有关。设在纳里速的这三个站均是小站，在《汉藏史集》关于置驿的记载中未被提及。[②]但是，它无疑与乌思藏地区其他驿站的设置大体同时，也即是在1264年由答失蛮入藏建立起来的。[③]驿传系统把纳里速与乌思藏及内地紧密联系起来，同时也保证了元代在这一地区统治的实施。

2. 括户

据《汉藏史集》记，当萨斯迦归附蒙古后，首次在乌思藏地区清查户口，由阿滚（a kon）和弥林（mi gling）统计从上部纳里速古鲁孙到沙鲁万户辖地之间的人口。其时，纳里速古鲁孙地区共有15690户。这应是1268年括户的结果，20年后（1287），朝廷又派和肃（ho shu）和乌努汗（au nu khan）与萨斯迦本钦软奴汪术（gzhon nu dbang phyug）合作统计了人口，“上部纳里速古鲁孙：普兰是被雪山围绕，古格是被石山围绕，芒域是被河流围绕，这几处算起来，有二千六百三十五户”[④]。这个数字应是上次统计遗漏的和新增加的，而不可能是纳里速1287年的总户口，也就是说，1287年并不是一次大清查，而只是在上次清查基础上的补遗工作。[⑤]

3. 至正五年（1345）朝廷官员的纳里速之行

至正五年（1345），司徒达玛监藏（答儿麻监藏，sì tu dar ma rgyal mtshan）与一名副使、一名知院至乌思藏考察，任务有四：其一，审理地方纷争事件；其二，修补夏喀（zhabs kha）等驿站；其三，稳定纳里速地区的局势；其四，清查乌思藏纳里速古鲁孙三区的户口与贡赋。[⑥]后者也是人们常说的第三次清查户口。[⑦]达玛监藏一行，先到达木，然后到后藏，从后藏至纳里，嗣

① 祝启源、陈庆英：《元代西藏地方驿站考释》，《西藏民族学院学报》1985年第3期。

② 《汉藏史集》，第273—277页。

③ 见本书附录《答失蛮其人及其经略吐蕃考实》。

④ 《汉藏史集》，第296—301页。

⑤ 这一点可以补充毕达克关于1287年并非再次大清查的说法。参见L.Petech, The Mongol census in Tibet, in M.Arised., *Tibetan Studies in honour of Hugh Richardson*, Warminster 1980, pp.233-238。

⑥ 《朗氏世系史》，第165—167页。

⑦ 依据藏史所载，这次清查，也只是补充性工作，很可能只是查对一下新增人户而已，并不是一次大清查，由此可见，L.Petech的说法基本是正确的，参见同作者上揭文。

后到乌思地方审理伯木古鲁与牙里不藏思八万户之间的辖地纷争。《西藏王臣记》记其旨在安定纳里速并清算（phye gsal）吐蕃三却喀。[①]可见，纳里速之行是其主要目的之一。

三、乌思藏的都元帅府、招讨司与转运司

在乌思藏宣慰司下有管蒙古军都元帅府，担里管军招讨使司和乌思藏等处转运司，前二者很显然是军事组织，而后者很可能也与军事运输相关。在此一并论之。至于乌思藏地区的管民万户，我们将专节予以讨论。

1. 乌思藏管蒙古军都元帅府

《元史·百官志》“宣政院”条记有“乌思藏管蒙古军都元帅二员”，是其当有相应的衙署——都元帅府。

2. 乌思藏蒙古军的来源

据可靠记载，蒙古军进入乌思藏地区始于1239年道尔达率军入藏，但战后似乎并没有留驻军队。蒙古军初次驻扎乌思藏地区，应在蒙哥汗时期。据藏史记载，蒙哥汗在乌思藏推行分封，各地首领奏请蒙哥皇帝在其管区驻扎蒙古的守卫部队[②]，遂获允准。旭烈兀的封地伯木古鲁万户则要求在派来守卫地方的蒙古军队的同时，派一名有权势的蒙古官员，旭烈兀遂派了一名侍卫怯薛长阔阔出并带有12名侍卫。牙里不藏思八封地上原有的蒙古驻军还为他们做翻译。[③]后来，蒙哥去世，忽必烈即汗位，改革乌思藏地方的分封体制，“撤退了警卫乌思藏地方的所有蒙古军队”。但是却又破例地保留了旭烈兀的蒙古军。[④]

蒙古军再次进驻乌思藏，是在至元十七年（1280）。这一次，十万大军由桑哥带领，查究公哥藏卜违背帝师旨意之事。[⑤]桑哥军击败据守恰若仓城（bya rog tshang，在今日喀则之江孜县境）的公哥藏卜的军队，将其处死。随后在蚌波岗留下以尼玛滚（ni ma mgon）和达尔格为首的160名士兵担当恰那

---

① 《西藏王臣记》，第132页。

② 《朗氏世系史》，第449页。

③ 《朗氏世系史》，第116页。

④ 《朗氏世系史》，第109页。

⑤ 《汉藏史集》，第290—292页。

之子答耳麻八剌剌吉塔的警卫任务；又从七个蒙古千户中抽调出700人，驻于警戒西蒙古（指察合台汗国）的哨所；在南木官萨地方，留有以乌玛尔恰克为首的400名蒙古军；塞日绒有以多台为首的巴、拉克的军队；甲孜直古、羊卓等地驻扎有卫普尔的军队，以镇慑冬仁（dung reng）部落；多儿班土绵的军队留驻在当雄那玛尔、朗绒等藏北草地，以保障各寺院的安全。后又从卫普尔和巴、拉克留驻藏北的军队中抽调出一部分来负责驿站事务，由乌思地方人供应食物和医疗物资。[①]这就大大加强了乌思藏地方蒙古驻军的力量，而且从上述驻军看，蒙古军是遍及乌思藏地区的，又以乌思地区为重点。嗣后，"必里公之变"，又有大批蒙古军进入乌思藏。[②]这些都构成了在藏蒙古军的主力。

3. 乌思藏管蒙古军都元帅府的治地

关于乌思藏管蒙古军都元帅府的治地，史未明言，但是，依据当时在乌思藏地区驻兵多少以及此后蒙古军的活动情况看，它应在达木，也即今西藏自治区当雄地方。首先，我们在前文看到驻扎在当雄（达木）那玛尔地方的是多尔班土绵的军队。土绵，蒙古语为"万"或"万户"，这里似为后者。也就是说，这里的军事长官是一个具有"万户"衔的人，应该驻有更多的军队。前引营救本钦的蒙古军即由这里派出开往萨斯迦。其次，达木地区扼守由脱思麻入乌思藏要道，南控乌思、西御来者，是重要军事据点，元代在这里设有军站，藏史称"dmag vjam"。赏竹监藏曾劝属下在达木军站安置探子。[③]晚年告诫他的后人"多尔班土绵（dor ban thu man）和玛绛（dmag vjam）等在他当政时始与伯木古鲁万户发生联系，假若他们不做错事，应扶助之"[④]，后者自然是元亡时的事，达木蒙古军势已今非昔比。但其曾为军事中心于此也可知一二。后代仍为蒙古军及后裔住地，遂有"达木蒙古"之名。再次，蒙古军都元帅应是宣慰司的五位宣慰使之一，自然与为首宣慰使萨斯迦本钦保持着联系。[⑤]此地还是朝廷命官与地方官僚重要的停留与活动地。[⑥]由于蒙古

---

① 《汉藏史集》，第290—292页。

② 《贤者喜宴》，第1419—1429页等。

③ 《朗氏世系史》，第383页。

④ 《朗氏世系史》，第356页。

⑤ 《朗氏世系史》，第234页。

⑥ 《朗氏世系史》，第241、321—322页，汉译本，第197、209页。后者记皇帝派来"佥院"即召赏竹监藏到达木听指令。

都元帅等军事首领为宣慰司长官，很可能这里也是宣慰司的一个分治所。[①]综上我们可以确定乌思藏管蒙古军都元帅府的治地当在达木。它应是元代驻乌思藏，乃至整个乌思藏宣慰司辖区的军事中心，而萨斯迦则是行政与宗教文化中心。

4. 担里管军招讨使司

《元史·百官志》“宣政院”条，记乌思藏宣慰司辖下有“担里管军招讨使一员”，《元史·百官七》“招讨司”条记有“檐里管军”，“檐里”即“担里”。是知乌思藏置有“担里招讨使司”。“招讨司，秩正三品。达鲁花赤一员，招讨使一员，经历一员”[②]，招讨使的官秩，仅次于从二品的乌思藏宣慰使，很可能也是宣慰司五名宣慰使之一。其职能主要也在于平定叛乱与反抗。在藏历鼠年（1336/1348）帝师公哥儿监藏班藏卜颁给乌思藏宣慰司等处官员的法旨中提到“招讨使”（cha tavo so）[③]，应指担里招讨使司。关于它的治地，史无明载，不过《元史·百官志》记“牙里不藏思八万户府”下有“担里脱脱禾孙一员”[④]。牙里不藏思八，地在今西藏自治区乃东县的雅桑。那么，其治地很可能就在此附近。[⑤]藏史中常出现“cho to”[⑥]，即招讨。

5. 乌思藏等处转运使司

《元史·百官志》“宣政院”条下记有“乌思藏等处转运一员”，自然不是一人，而是有司专管。在元代乌思藏与内地之间常有物资往来，包括乌思藏地方的赋税供品，以及朝廷赏给地方的物品，来往帝师，朝廷官员的携带品可能都存在一个转运的问题，至于在乌思藏地方驻军及军用物资也需转运，或与此司有一定的联系。唯资料奇缺，此无以详论，容后再做考察。

---

① 《朗氏世系史》，第183页，本钦旺尊抵达达木地方。据说同本钦加藏（rgyal bzang）交接完职务之后到达通门地方。此加藏，似应为加瓦藏卜之省，此指其第二次担任本钦之后，由旺尊继任事。那么，达木似也为乌思藏宣慰司的一个重要分治地，有时本钦的交接工作也在这里举行。

② 《元史·百官七》卷91“招讨司”。

③ 《西藏地方是中国不可分割的一部分》（史料选辑），第68页，及陆莲蒂、孟庆芬译文均收录。唯此鼠年是阳火鼠年（1336），还是阳土鼠年（1348），不详，由于该帝师在位时间是1333—1358年，故较难判断。

④ 《元史》卷87《百官三》“宣政院”条下。

⑤ 有学者否认此说，认为可能在当雄，此从《元史》所载。

⑥ 《朗氏世系史》，第177、182页等。

第三节 元代乌思藏地区的十三万户

元代管理乌思藏地方主要是通过乌思藏宣慰使（萨斯迦本钦）领导下的十三万户来实施的，关于十三万户的建立时间及其组成，国内外学术界已有很多文章论述[①]，硕果累累。但是由于汉文史籍缺乏完整记载，而藏史记载又多歧义，尚未取得一致意见，本节拟在吸收前人成果的同时，提出自己的一些补充意见。

一、十三万户建立的背景

吐蕃地方归附蒙古，蒙古统治者必然要建制设政，实施统治。在乌思藏地方推行万户制，势不能免。但是，如何具体落实，却与乌思藏地方的形势有极密切的关系。总而言之，在乌思藏归附蒙古之前，其基本局势可用两点来概括：其一，四分五裂；其二，政教结合。

吐蕃王朝瓦解以后，达磨（dar ma）后裔斡悉弄（斡松，vod srung）与云丹（yum brtan）的支持者们相互攻战，兼之以奴隶起义，“吐蕃本土历经彼此火并与内讧，日趋支离破碎。于是境内各处每每分割为二，诸如大政权与小政权，众多部与微弱部，金枝与玉叶，肉食者与谷食者，各自为政，互不统属”[②]。赞普后裔分散各地，成为大大小小的割据势力。云丹后裔：（1）其孙尼玛滚（ni ma mgon）的幼子尼沃贝滚（ni vod dpal mgon），及其后裔分布在隆雪（klung shod）、彭域和朵康（mdo khams）等地。（2）尼玛滚长子乞德日巴滚（khri lde rig pa mgon）的长子德波（Lde po）后裔为布巴巾

---

① G.Tucci, *Tibetan Painted Scrolls*, Ⅱ, Roma, 1949, p.681；韩儒林：《元朝中央政府是怎样管理西藏地方的》，《历史研究》1959 年第 7 期，后收入《穹庐集》，上海人民出版社 1982 年版，第 425—434 页；佐藤长：《元末明初西藏的形势》，见《明代满蒙史研究》，京都大学文学部 1963 年版，后收入《西藏中世纪史研究》，同朋舍 1986 年版；王森：《关于西藏佛教史的十篇资料》，后定名为《西藏佛教发展史略》；黄颢译：《新红史》释文；黄奋生：《藏族史略》；杨仁山：《昔日万户府，今地在何方》，《西藏研究》1985 年第 3 期，L.Petech, Central Tibet and the Mongols, Roma, 1990；沈卫荣：《元代乌思藏十三万户考》，《历史地理》第 7 辑等。

② 《贤者喜宴》，第 431 页。

巴（bug pa can pa）和唐拉札巴（thang Lha brag pa）等，乞德日巴滚幼子朵儿只帕（rdo rje vbar）之孙为桑耶地方首领，重孙乞巴（khri pa）之后分别为昌索巴、藏巴甲巴、勒哇南巴、止巴、涅塘巴、空萨则波、泊细巴、拉尊恩莫、吕如巴等，明代的温、朵、恰塘、桑耶藏布等家族皆其后裔。他们主要分布在乌思藏地区，兼及朵康。[①] 姜与其子乞扎西孜巴贝居伍茹（dbu ru），在大部分领地被云丹后裔夺去后，父子二人逃往纳里速，吉德尼玛滚先到上部，将各地收归治下，命其三子分治，遂有"纳里速古鲁孙"（mngav ris skor gsum），而扎西尼玛滚则住在尼桑城堡，其子柯热出家，即有名的喇嘛也失斡（益西沃，ye shes vod）。

贝考赞次子乞扎西孜巴贝之子贝德（dpal lde）、沃德（vod lde）和吉德（skyid lde）被称为"下部三德"。他们父子统治纳里速公塘（mngav ris gung thang）。贝德的后裔是从恩波川波到拉堆以上的喀贡塘巴、鲁嘉、吉巴、拉孜巴、扎垅、则果哇等家族。吉德得到杰、达那（stag nag）等地，其六子，五人到藏北羌塘地区，卓地方的则波家族和叶茹、如拉等地的则波、穆巴、杰、达那家族即其后裔，另一人后裔则分布在藏地区的仲巴、塞、娘堆等地，包括嘉哇沃地区的则波家族。沃德后裔分布在藏地区的叶茹各地，直至金喀则波地方，东面的宗喀（tsong kha）地区之王，京俄顿钦等脱思麻地区的王族也是他的后裔。到雅隆去的，成为乌思地区的则波、微松等家族，以及那莫哇、秦喀哇、顿喀哇、唐科哇、达谢巴、札那哇、门喀哇、本顿唐巴、杰琼巴、昌珠巴、曲弥果波等家族，遍及各地。[②] 除了赞普后裔之外，新兴的封建领主，也各据一方，如在奴隶起义中发展壮大起来的许补氏（shud pu），即是此类。[③]

各地封建领主在发展经济、军事势力的同时，均十分重视扶持佛教、利用佛教来巩固自己的权力。在桑耶寺的云丹后裔、领主擦拉那父子，听到喇钦公巴饶赛（dgong pa rab gsal，892—975）授戒传经事后，遂派乌思藏六人前往脱思麻求取佛法，他们学成返乡、修建寺院广传教法，为佛教在乌思藏地方之复兴立下汗马功劳。斡悉弄之子贝考赞在世时，即曾修

---

① 《汉藏史集》，第 212—214 页；《红史》，第 40 页。

② 《汉藏史集》，第 214—228 页。

③ 《贤者喜宴》，第 431—433 页。

复娘麦、卓布麦龙等八座寺院。其后裔柯热（kho re）躬自出家，改名喇嘛也失斡，建托林寺（mtho lding）。其二子出家改名喜瓦沃和绛曲沃。他还派出21人携重金至克什米尔迎请班智达达磨巴拉和婆罗门辇真朵儿只，其中19人患病身亡，只有辇真藏卜（仁钦桑布，rin chen bzang po）和勒贝辛绕二人活下来。后又费尽心力请来阿底峡（a ti sha，982—1054），推动了佛教在纳里速地区的传播。阿底峡的亲传弟子种敦（vbrom ston rgyal bavi vbyung gnas，1005—1064）等传出噶丹派（噶当派），辇真藏卜翻译的显密经典也被称为“新译”，而与此前的翻译（“旧译”）区别开来。

11—12世纪，西藏佛教各教派相继建立，而且都和某个有势力的家族结合起来，形成政、教结合的局面，如后藏萨斯迦（sa skya）的款氏是政教兼掌；沙鲁派（zha lu pa）与杰氏（lce）；搽里八与噶尔氏（mgar）；伯木古鲁与朗氏（rlang）；必里公与交绕氏（cog ro）等。此外，沙鲁的杰氏，拉堆绛的西夏后裔，江孜的地方势力等，均与萨斯迦有密切关系。雅隆地区的赞普后裔，堆隆（stod lung）的噶哩麻噶举粗卜寺（楚布寺），达垅（stag lung）的达垄噶举寺等，都是以宗教为主的地方势力。只有噶丹派相对不大参与权势之争。[①]通过不断的扩张、兼并与组合，在蒙古入据吐蕃前，已形成十几个较大的政教势力[②]，这便是建立十三万户的基础。

二、十三万户建立的时间

关于乌思藏十三万户建立的时间，学术界有多种说法。法国藏学家石泰安（R.Stein）认为在1253年或1260年。[③]图齐（G.Tucci）教授认为在八思巴受封为帝师时进行的，也即1269或是1270年。[④]我国学者东嘎·洛桑赤列教授认为在1272年。[⑤]但是更多的说法是在1268年。[⑥]最近有学者认为，乌思藏

---

① 参见《汉藏史集》、《红史》、《西藏王臣记》等有关各教派发展的记述；王森：《西藏佛教发展史略》，中国社会科学出版社1987年版，第208—209页。

② 《贤者喜宴》，第1416页。

③ 石泰安：《西藏的文明》（*La civilisation tibetaine*），第73页。

④ G.Tucci, *Tibetan Painted Scrolls*, 1, Roma, 1949, p.13.

⑤ 《红史》，第438页，第557条“万户长”（khri dpon）。

⑥ T.V.Wylie, The First Mongol Conquest of Tibet Reintepreted, in *HJAS*, 37（1977）；王森：《西藏佛教发展史略》，第226—227页；L.Petech, Central Tibet and the Mongols, Roma，1990, p.51等。

十三万户的出现有先后之分，最早出现的是伯木古鲁万户（1254），蒙哥汗时建立了乌思六万户，而忽必烈时建立了藏地六万户和俺卜罗万户，而1268年的括户则是乌思藏十三万户正式建立的标志。[①]我们同意十三万户不是一次建成的，而有先后之分。但是，关于万户制推行于乌思藏的时间，依藏史记载看，似乎应该更早。其一，据《朗氏世系史》、《西藏王臣记》等书记载，吐蕃归附蒙古，实施蒙古法制的时间是1240年道尔达入藏以后。当时的吐蕃地方联盟首领把乌思藏的全部户口名册交给了道尔达。[②]其二，萨班致乌思藏高僧大德书谓，阔端已任其为达鲁花赤，并命他荐举官员。希望各地首领在统计百姓、贡品数目同时，交上一份官员名单[③]，是蒙古官制自初即推行于乌思藏地方的例证。其三，如我们前文所证，乌思藏地方首领（11个）纷纷至蒙哥汗廷请求官职的时间是1250年，次年蒙哥推行分封制于乌思藏，那么各派势力很可能即以万户名之，其首领所获职官当也是万户长。其四，据可靠的八思巴信函资料，蒙哥汗在乌思藏括户是在1252年上半年。代替其伯父继任萨斯迦法主，从而也是乌思藏地方达鲁花赤的八思巴，受命派人前往，配合金牌使者清查户口、划定地界。[④]其五，藏文史书多记忽必烈第一次接受八思巴给予的萨斯迦密续灌顶，"供养"十三万户之说，其误已如我们前文所辩，但并不意味着我们否认其时存在万户这一组织。在上文，我们还确认了1253年接受灌顶的事实。那么，藏史关于万户（恐非十三个）存在的说法，当有所据。此外，藏史记述了1254年以前乌思藏地区万户存在的情况。《朗氏世系史》在记述京俄乞剌思八冲纳思（grags pa vbyung gnas，1175—1255）生平大事时谓藏历阳铁鼠年（1240），"蒙古皇帝窝阔台先后令蒙古将军里佶达（？）和道尔达二人到乌思藏清查属民户口，推行蒙古法度。……先前必里公充任乌思藏地方首领，官巴释辇（shākya rin chen）任总管……是年，尊者（此指京俄——引者）委任丹玛（1dan ma）为伯木

---

① 沈卫荣：《论元代乌思藏十三万户的建立》，《元史论丛》第五辑。

② 《朗氏世系史》，第109页。

③ 萨班致乌思藏蕃人书，见《萨斯迦世系史》，第135—140页。

④ 此信全文载《萨斯迦五祖全集》，德格木刻版，Ba函，第320页；陈庆英、史卫民：《蒙哥汗时期的蒙藏关系》，《蒙古史研究》第一辑。

古鲁万户长”[①]。《汉藏史集》也记载，当蒙古驿站经过北方地区时[②]，伯木古鲁万户承担支应孜巴驿站的任务。其时皇帝与上师商议，认为应当给各万户任命一名好的万户长。当时必里公与伯木古鲁两处僧伽寺院联为一体，由必里公派官巴释迦辇真（shakya rin chen）负责全部事务，他的一位侍从叫丹玛官尊（ldan ma bsgom brtson），在葱都思扎喀修建乞康（khri khang），归降了东部蒙古，得到万户长的名号。嗣后，京俄仁波且乞剌思八冲纳思的一位司茶堪布辇真监藏（rin chen rgyal mtshan）又担任了若干年万户长；继之才是来自朵甘思的朵儿直班（rdo rje dpal）。他任京俄司茶，又得去内地办事，得到皇帝与上师的喜爱，而被赐以世代管领伯木古鲁万户的诏书与印信。他返回乌思藏，在藏历阳木虎年（1254）修建了雅隆南杰（yar lungs rnam rgyal）和内坞栋（snevu sdong）作为万户衙署，担任万户长15年。[③]从上知，其一，伯木古鲁第一任万户长是丹玛，至少说，在丹玛和继任者辇真监藏时，已有该万户之名。而且它是由“东部蒙古”（smad hor）也即蒙古大汗委任的。其二，丹玛时已在葱都思建有万户长衙署（khri khang），这应是该万户业已存在的明证。其三，以上两书所载大致相近，那么伯木古鲁之有“万户”之名似在1240年出现（其时，丹玛任万户长）。

但是，十三万户的主体之被正式确立，应在蒙哥汗当政时期。它与我们上文已提到的乌思藏十一个地方势力前来请职及括户、分封等重大事件相关。《朗氏世系史》记，藏历阳火羊年（1247）蒙哥汗即位，次年阳土猴年（1248）“司徒阿稽、阿滚（？）被派到乌思藏清查属民户数，设立千户、万户”[④]。这里显然把蒙哥的即位之年给弄错了，如果以蒙哥即位及次年清查为线索不误，那么这个时间应是1252年，与蒙哥1251年即位，次年（壬子）在乌思藏地方括户正好相合。蒙哥在乌思藏施政的几件大事分别是：1251年乌思藏地方十一个势力之受封，权益获得承认；同年诸王在乌思藏封地的确立；1252年的括户及设立千户、万户。于是，我们可以认为1252年是蒙古在乌思藏地方建立万户体制之年。至于1254年，朵儿只班修建雅

---

① 《朗氏世系史》，第447—448页。

② 大蒙古国时已在吐蕃地区设立驿站，只是从凉州至热振之间而已，其时间在1240年左右，见《朗氏世系史》，第108页。

③ 《汉藏史集》，第544—545页。

④ 《朗氏世系史》，第448页。

隆南杰和乃东万户府衙署，那是伯木古鲁万户内的大事，未必是万户制度初次推行的时间。而且从其受封及返回乌思藏，到建成两处万户衙署也未必在一年之内完成。自然伯木古鲁万户把该万户长作为第一位很正规的万户长，而称以前两名只是名义上的[①]，有着自己的理由：（1）该万户长新建了万户衙署，且为后代相传不改。前文提到丹玛时已在葱都思建有万户长衙署，这次迁徙应与其势力扩大有关。（2）他是皇帝委任并世袭的朗拉细家族的第一位万户长，自然为世传的该万户所推重。（3）他扩大了该万户的基业，藏史称"他建立了以内坞栋为首的哈拉岗、那措、甲孜直古、汤卜赤的林麦、却溪卡、门喀扎西冬、甲塘、葱都思扎喀、桑日颇章岗、喀托恰噶朵等直接管辖的十二个溪卡"。因此被人们誉为精明强干的万户长。[②]他无疑是蒙哥时委任的该万户第一位万户长。[③]不过，千户、万户制的建立及任命当在1252年。那么，在1251年请封而在同年接受各王管领的十一个势力集团，其中很大一部分（也即十三万户的主要部分）当在此时建立起来或获得认可。此后通过忽必烈当政后大规模括户最终完善了十三万户的行政体制。可见，万户制的建立与两次在乌思藏括户还是有着一定的联系的。

那么，十三万户的完成是否是至元五年（1268）呢？我们的回答是否定的。持此说的最有力依据是《汉藏史集》的有关记载，一是关于忽必烈供养十三万户以为受灌顶之"报答"，在这里全面条列出十三万户之名；一是记载了所括各万户的户数。然而，依我们之见，在藏史中（包括《汉藏史集》此书）初授灌顶与1268年无关，此事在1253年。那么，据此不能确认1268年为十三万户形成之年是显然的。至于括户所记各万户数，《汉藏史集》已明言，其为至元二十四年（1287）括户之数，而非至元五年（1268）括户之数，两者截然有别。因此，1268年为十三万户形成之年说不正确。如果括户所标各万户人口能说明万户最后形成时间的话，那么这个时间应是1287年。

① 《汉藏史集》，第551—552页。
② 《汉藏史集》，第545—546页，其十二个溪卡中，即有旧万户衙署葱都思扎喀一地。
③ 《汉藏史集》，第551—552页。

三、乌思藏十三万户的组成

关于十三万户包括哪些，至今仍无最后结论，我们拟在吸收前人研究成果的基础上做一些探索。先将诸书所载列成表（见第 117 页）。[①]

我们将《元史》与藏史所载参证论列如下：

1. 乌思藏田地里管民万户

藏文史书不载此万户之名，王森先生依萨斯迦第一任本钦释迦藏卜所获印为“乌思藏三路军民万户之印”（dbus gtsang gi zam lu gun min dbang huvi dam kha），认为“他即管辖属下各万户，可能本身也直接管理萨斯迦本身一个万户”，藏史中有纳里速（即阿里），不是指阿里地区，而是用这两个字的本意，即“直属土地人民”的意思，这个万户又可称为“拉”（lha）即“拉德”。[②] 然而，“乌思藏三路军民万户”是乌思藏宣慰使的前身，他是统领十三万户的，不大可能是一个万户的首领或兼任萨斯迦万户首领，故有学者否认这一观点。认为这一万户可能在吉隆县宗嘎以东、以南。[③] 但是，《元史》中的乌思藏田地里管民万户是藏文中的哪个万户呢？没有说明。我们认为：其一，《元史》中的这一万户所指的应该是萨斯迦，诚如王森先生所指出的，作为当时乌思藏地区的行政中心，只有萨斯迦堪当此名。不过，“乌思藏三路军民万户”即后来的乌思藏宣慰使，他是整个乌思藏纳里速地区的首领。如果有这个万户，那么萨斯迦囊钦应即该万户的万户长。其二，汉藏史书对萨斯迦势力集团的理解并不完全一样，在《元史》中它只是一个“乌思藏田地里管民万户府”，而在乌思藏地区，它常常与本钦的、更大权力混在一起，同时也与该派所享有的一些免税特权有关，作为一个万户的特点，反而减弱了，遂出现了纳里速属下三宗一万户之说，如《汉藏史集》所载。

---

① 此据王森：《西藏佛教发展史略》，第 214—225 页，参见沈卫荣：《元代乌思藏十三万户考》一文所列表，《历史地理》第 7 辑，并补充以《汉藏史集》、《王统教法白琉璃明鉴智者颈饰》、《汉藏蒙历史概论》等书的资料。

② 王森：《西藏佛教发展史略》。

③ 沈卫荣：《元代乌思藏十三万户考》，《历史地理》第 7 辑，复旦大学历史地理研究所。

书名与年代万户名对照表

书名与年代 万户名	《元史》 （1370）	《汉藏史集》 （1434）	《新红史》 （1538）	《西藏王臣记》 （1643）	《如意宝树史》 （1748）
书名与年代 万户名	迷儿军	必里公	必里公	必里公	必里公 vbri gung
书名与年代 万户名	伯木古鲁	伯木古鲁	伯木古鲁	伯木古鲁	伯木古鲁 phag mo gru
书名与年代 万户名	加麻瓦	加麻瓦	加麻瓦	加麻瓦	加麻瓦 rgya ma ba
书名与年代 万户名	牙里不藏思八	牙里不藏思八	牙里不藏思八	牙里不藏思八	牙里不藏思八 g.yav bzang pa
书名与年代 万户名	搽里八	搽里八	搽里八	搽里八	搽里八 tshal pa
书名与年代 万户名	扎由瓦	斯卜剌、贝尔、琼	汤卜赤	汤卜赤	扎由瓦、拉、布鲁克 bya yul lha vbrug
书名与年代 万户名	乌思藏	纳里速之珞、达、洛 拉堆洛 拉堆绛	古尔摩 拉堆洛 拉堆绛	古尔摩 拉堆洛 拉堆绛	纳里速 mngav ris 拉堆洛 la stod lho 拉堆绛 la stod byang
书名与年代 万户名	出密	出密	出密	出密	出密 chu mig
书名与年代 万户名	沙鲁	沙鲁	沙鲁	沙鲁	沙鲁 zha lu
书名与年代 万户名	嶅笼答剌	扎由、布鲁克巴	香	香	绛卓 byang vbrog
书名与年代 万户名	思答笼剌	俺卜罗	俺卜罗	俺卜罗	俺卜罗 yar vbrog

因此，汉史中的“乌思藏田地里管民万户”即是萨斯迦；而藏史中的“纳里速万户”依我们之见，或不是用“纳里速”的本意，而正是纳里速地区，或如《汉藏史集》所载，是“纳里速宗卡以下的珞、达、洛三宗”。我们可提供两点证据：(1)《朗氏世系史》记，藏历阳铁鼠年（1240）蒙古法度推行于乌思藏地方，“先前，必里公充任乌思藏首领，官巴释辇担任总管。尊者委任乌思的长官是多吉贝瓦巴，波（山南扎溪、囊扎一带地方）羊卓（的长官）是洛巴·甸努崩，纳里三围（的长官）是南萨拔希，分别负责该地司法”①。后来萨斯迦本钦公哥藏卜唆使南萨拔希的一名叫作宕巴仁楚的管家将他毒死，从此萨斯迦掌管了“纳里速万户”②。这里的“纳里速万户”显

① 《朗氏世系史》，第 448 页。这里的纳里三围，其原文是“mngav ris skor gsum”。

② 《朗氏世系史》，第 114 页。

然不是指“直属的土地与人民”而言，而是指纳里速三围即今阿里地区。公哥藏卜之任本钦约在1269—1275年之间。[①]那么，该万户在1269年之前，并不直接属于萨斯迦。同书又记，“蒙哥汗在封诰中规定伯木古鲁的领地上自纳里速（阿里）的郭润砣，下至波日拉山脚。在委任南萨拔希为长官后，我们（指伯木古鲁——引者）始领有”。从萨班时即欲拥有此块领地，终在公哥藏卜时，才最后得手。[②]说明纳里速万户原与萨斯迦无涉。（2）《汉藏史集》在记乌思藏地区人户支应驿站时，谓“藏地方的人户再加纳里速地方的人户，支应四个大驿站，每站有一百人。其中，拉堆洛、拉堆绛和纳里速的人户，支应萨斯迦大站。拉堆洛万户还要支应玛尔拉塘（mar la thang）地方的一个小站，纳里速的民户还要支应夏喀地方的小站、江仁（gyam rings）地方的一个小站、蚌兰（spong len）地方的兵站”[③]。有学者怀疑gyam rings为昂仁（ngam ring）之误[④]，我们不这样认为，zhag kha、gyam rings和spong len皆应在纳里速宗卡地区。接下来讲的玛法木小站由普兰人（pu rangs）支应，古格南北两路的一个小站，由梅朵色如人支应。[⑤]应是往西的纳里速地区，不大会冒出一个“昂仁”来。反过来说，昂仁地在拉堆绛中心范围，中隔拉堆洛，何须费此一举呢？人们已容易看出这里的纳里速也不是指直属土地与人民，萨斯迦在藏地，而从上引文明讲，纳里速不在藏地，当指纳里速地区无疑。因此，我们可以说，藏史中的纳里速万户不是指萨斯迦，倒是有可能指纳里速地区的万户。

乌思藏十三万户是否包括纳里速万户呢？我们尚不能确断，但依据一般藏史著作所载，似不包括纳里速地区的万户。但涉及“纳里速”一名的万户却与纳里速地区密切相关。因此，毕达克最近研究所得出的关于十三万户还包括纳里速地区的三个万户：古格、普兰和芒域[⑥]，是错误的。它忽视了藏史关于乌思藏地区诸多万户的记载。

《汉藏史集》记有“从纳里宗卡以下的珞、达、洛三个宗为一个万户”

① 陈庆英：《元代乌思藏本钦纪略》，《元史论丛》第四辑。

② 《朗氏世系史》，第113页。

③ 《汉藏史集》，第301—304页。

④ 祝启源、陈庆英：《元代西藏地方驿站考释》，《西藏民族学院学报》1985年第3期。

⑤ 《汉藏史集》，第302页。

⑥ L.Petech, Central Tibet and the Mongols, Roma, 1990.

（mngav ris rdzong khavi vog gi blo da lo rdzong gsum khri bskor gcig）。[①]这里没用 mngav vog（属下）而只用了个 vog（下）。我们怀疑，它是指纳里速宗卡的下部，也即东部（边），而非管下的三宗。纳里速宗卡位于纳里贡塘山口附近。据《赡部洲志》记“自纳里速宗卡往东便是乌思藏四茹地方”，纳里速宗卡东边当时有许多宗。[②]清人黄沛翘《西藏图考》记有“阿里宗城”，文谓“济隆城（在日喀则城西南七百四十里），阿里宗城（在日喀则城西南七百六十里），尼牙拉木宗城（在日喀则城西南七百八十里）”[③]。济隆约今吉隆县，而尼牙拉木即聂拉木，三地之间间隔二十里，距日喀则远近相当，其相距似不远。《西藏图考》记“冈噶沙弥山（在阿里宗城东南七十里，势极高大，积雪其上，土石皆白）皆在藏地”[④]。“拉木卒西木卒池（在阿里宗城东北一百二十里，池广二百二十里，其形南北长，南受四川，北受一水）。”[⑤]山当为喜马拉雅山中的一段，而水似为今哈门错，那么阿里宗城应在今吉隆县城南部的吉隆地方。其距萨斯迦约 500 余里，供应萨斯迦驿站似也容易理解。综上我们认为，《元史》中的“乌思藏田地里管民万户”应指萨斯迦所辖诸地，而《汉藏史集》（也包括据此书及列出该万户名单的其他史书）所言之纳里速宗卡以下三宗一万户，则在今西藏吉隆县吉隆乡一带地方。关于该万户的户口，由于汉藏史书所指不同，自然也产生歧义。王森先生引达斯《十三世纪中国鞑靼皇帝统治下的西藏》一文，认为萨斯迦有属民 3630 户。有学者认为此说似应引自《汉藏史集》，而该书根本见不到关于萨斯迦有属民 3630 户的记载。[⑥]事实上，《汉藏史集》有关于 3630 户不属于万户府管辖人家的记载，只是如何理解它的归属问题了。原文记“此外，还有不属于教民、俗民任何一个万户的人，在如参木有 360 户，加瓦农牧民 150 户，塘察地方 150 户，葱都思地方 140 户，在属于萨斯迦管辖的格如地方以及属于耕种土地的仆役（？），分散在拉堆洛及萨斯迦周围、果则、卓穷右方、当拉、乃达、木雅，共 30 户（？）。在格如洛东有 40 户，在察查阿赞有 46 户。共

① 《汉藏史集》，第 270 页。
② 魏里：《〈赡部洲志〉所见西藏地理》，罗马东方丛书 35，罗马，1962 年版。
③ 《西藏图考》卷 5，《西藏图考西招图略》合刊，西藏人民出版社 1982 年版，第 155 页。
④ 同上书，第 156 页。
⑤ 同上书，第 158 页。
⑥ 沈卫荣：《元代乌思藏十三万户考》，《历史地理》第 7 辑，复旦大学历史地理研究所 1990 年版。

有3630户不属于万户府的人家”。这些地区又都在藏地。[①] 如我们上文所言，既然藏史中未把萨斯迦作为一个万户，那么，认为《元史》中“乌思藏田地里管民万户”也即萨斯迦自身领有这些民户，还是可以接受的；而纳里速以下三宗之人户，据载为670户。

《元史》中记有“速儿麻加瓦田地里管民官”和“撒剌田地里管民官”各一员，似在萨斯迦管内，其地待考。

2. 沙鲁田地里管民万户

即藏史中的“zha lu”。据《汉藏史集》记载，该万户在1267年以前业已建立。文谓，恰那朵儿只娶了沙鲁万户家的女儿玛几坎卓本为妻，在恰那去世六个月之后的阳土龙年（1268）正月，生下答耳麻八剌剌吉塔，为之修辛康喇让。[②] 嗣后，答耳麻八剌剌吉塔至朝廷请求忽必烈皇帝[③]，赐给其舅氏“世代掌管万户”的诏书。[④] 关于该万户的初封及首任万户长的情况尚不清楚。图齐认为在阿美钦波（a mes chen po）之子相儿加思额扎（sangs rgyas snga sgra）时被晋封为万户。[⑤] 其辖地在以沙鲁为中心的娘思兑（nyang stod）和娘思麻（nyang smad）地区，约当今娘曲河流域中段。[⑥] 统治家族是杰氏。元代括户，共有霍尔都3892个。[⑦] 万户府治今西藏自治区日喀则甲措区夏鲁地方。汉藏各史均记该万户，是其为十三万户之一无疑。

3. 搽里八田地里管民万户

即藏史中的“tshal pa”。藏史记，那囊氏（sna nam）祥仁波且（zhang rin po che），1175年建搽里八寺，1187年建公塘寺。使其弟子获得“dpon”的封文，成为上下吉雪之首脑，权势显赫。此后其弟子达磨软奴（dar ma gzhon nu）扩建公塘寺，建祥仁波且灵塔，成为该派政教之主。此后达磨软奴族侄冲纳思尊珠（vbyung gnas brtsun vgrus）继承其“dpon”的职位，继之，其族弟也失冲纳思（ye shes vbyung gnas）继之为“dpon”，将吉思麻（skid smad）

---

① 《汉藏史集》，第299—300页。

② 《汉藏史集》，第332页；参见沈卫荣：《论元代十三万户的建立》，《元史论丛》第五辑。

③ 据《汉藏史集》记载，答耳麻八剌剌吉塔14岁至朝廷，时当至元十八年（1281），又其逝于至元二十四年（1287），时均在忽必烈在位时期，故原文作成宗误。

④ 《汉藏史集》，第370—371页；觉囊达热那特：《后藏志》，西藏人民出版社1983年版，第165页。

⑤ G.Tucci, *Tibetan Painted Scrolls*, II, Roma, 1949, p.673.

⑥ 《汉藏史集》，第363—371页。

⑦ 《汉藏史集》，第299页。

即拉萨河下游一带纳入治下。此后“dpon”一职为噶尔氏的相儿加思欧珠（sangs rgyas dngos vgrub）继承。[①] 根据上文祥仁波且弟子获得万户长的封文，及软奴冲纳思尊珠继承达磨软奴的“dpon”职位看，这里的“dpon”即受朝廷敕封的“khri dpon”（万户长），那么，搽里八的首任万户长似不是噶尔氏相儿加思欧珠或其前任冲纳思尊珠，而是达磨软奴。[②] 他的受封时间在1240年左右。蒙哥汗设千户、万户制时，其为万户之一无疑（时为忽必烈封地）。我们依藏史排列历任万户长名单如下：达磨软奴——冲纳思尊珠——也失冲纳思——相儿加思欧珠——辇监（rin rgyal）——哥第（dgav sde）——门朗朵儿只（smon 1am rdo rje）——公哥朵儿只（kun dgav rdo rje）——吃剌思巴也失（grags pa ye shes）。

该万户的辖地在上下吉雪、堆隆、扎垛（gra do1）、琼波（vphyung po）、结门（rgyal sman）、埃（e）、达、聂（gnyal）及公塘（gung thang）等地。[③] 治地在今西藏自治区拉萨市东南的蔡公塘。元代括户时有霍尔都3702个。汉藏史书皆载此万户，是其为十三万户之一无疑。

4. 出密万户

即藏史中的“chu mig”（又作曲弥）。各史一致记有此万户，是其当在十三万户之内。《朗氏世系史》记其曾为达尼钦波的汤沐地，后又侍奉细脱喇让。[④] 其治地在今西藏自治区日喀则西南曲美地方，为元代著名胜地，著名的“出密法会”即在这里举行。元代括户，有霍尔都3003个。

5. 嗸笼答剌万户

藏史无对应名字。据王森先生考订，此即绛卓万户。嗸笼为香（shang）河谷名，嗸笼答剌即今之答剌地方。地在今南木林以东河谷之南岸，达那家族世居其地。此万户又称香或绛卓。也即《汉藏史集》中的“扎（sbra）、贝尔（ber）、琼（khyung）”组成的一个万户。其户口史未明载，只言“香万户在江边的十一个达果，负责支应达克大站”[⑤]。11个达果有550户。或非全

① 《西藏王臣记》，第106页。

② 王辅仁：《西藏佛教史略》，青海人民出版社1982年版，第159页，认为始于相儿加思欧珠。沈卫荣：《论元代十三万户的建立》，《元史论丛》第五辑，认为始于冲纳思尊珠。

③ 《西藏王臣记》，第107页。

④ 《朗氏世系史》，第277页。

⑤ 《汉藏史集》，第303页。

部。唯《汉藏史集》记其是“后来出现”的万户。[①]是否是1268年括户之后呢，不得而知。

6. 思答笼剌万户

即藏史中的“stag lung”。在元代藏史中称达垅者，较著名的有两处，一是拉萨北部达垅噶举派的根本道场达陇寺所在地之达垅；一是在前藏山南羊卓雍湖西南的达垅。[②]此即前者。王森先生认为藏史对此记载有些混乱，“在比较晚的资料里，都把它说成拉萨以北达垄地方的噶举派达垄寺的达垄（stag lung）。但是，在我们现在所看到的关于达垄噶举的藏文资料里，没有提到这一派有什么人曾经受封过万户。还有的资料说，达垄这一派的人在元朝没有受过朝廷封号”。认为“元史的思答笼刺即stag lung的古译，即藏文资料所说的羊卓万户”[③]。有学者在此基础上进一步否定了佐藤长、杨仁山把思答笼刺万户与达垅寺所在地之达垅连在一起的说法[④]，认为不仅藏北达垅寺之达垅不是万户，而且山南羊卓雍湖之南的达垅也不是万户。[⑤]我们觉得这些看法还有商讨的余地。首先，不仅较晚的资料，而且较早的资料也记载了达垅万户（思答笼刺万户），如《汉藏史集》即记此万户。其次，最受人们推崇，并最早记载十三万户的《汉藏史集》一书告诉我们，在“藏”北，准确地说，在乌思地方存在着一个达垅万户，而且它与羊卓雍的达垅并无关涉。这里的资料有两条：一条是《汉藏史集》在谈括户时谓“羊卓（俺卜罗——引者）万户比较特殊，据说它由十六个部分（leb）组成”；而同时又记“达垅万户有500户”，如果两者相同，不大会同时出现，而且《汉藏史集》同处明确讲，前者在“藏地”，而后者在乌思地方，迥然不同。另一条是《汉藏史集》在记述驿站支应时谓：“羊卓万户全部的十六个达果和甲若仓的二十八个达果，以及香万户在江边的十一个达果，负责支应达克大站。在雅鲁藏布江河阴，有一个小站，由羊卓万户的人支应。”这是“藏地方的情况”，而“帕竹（即伯木古鲁——引者）万户的2438户人家，加上被称为萨达的达垅万户的500户人家、拉巴的600户人家，支应孜巴驿站”。“拉达以上的

---

① 《汉藏史集》，第299页。

② 王森：《西藏佛教发展史略》，第222页。

③ 王森：《西藏佛教发展史略》，第221—222页。

④ 沈卫荣：《元代乌思藏十三万户考》。

⑤ 沈卫荣：《元代乌思藏十三万户考》。

达垅万户的人户，被称为萨达，加在藏地方的人户中。”这是“乌思地方的情况”。作者还特地声明，乌思人户支应驿站的办法过去与现在不同，而这里讲的是过去的办法。[①]可见，两个万户并存，且南北不同，一在乌思，一在藏，由于两个万户相衔接，故达垅万户又被称作“萨达”的一部分，算作藏地，该万户在乌思却是毫无疑问的。再次，《新红史》所谓“达垅巴不属于十三万户，蒙元之际亦未获职事”并非不易之论。达垅万户的活动及该教派首领之受封万户的史料确实缺乏，但是达垅不仅在宗教上，而且在世俗政治事务上的活动也一直存在，直至元末，不仅《朗氏世系史》等有记载[②]，就是《新红史》也未忘记述一笔。[③]其本之“古之 yig tshang”也即《汉藏史集》（rgya bod yig tshang）。而《汉藏史集》又以第一任萨斯迦本钦释迦藏卜的卷册簿记和萨斯迦囊钦、都元帅软奴滚（gzhon nu mgon）所写文书、《大元通制》等写成的。[④]应该是资料转录。较之《新红史》，无论在时代上，还是史料价值上都更可令人信赖。

那么，达垅万户是什么时候出现的呢？依我们推测，它当出现在乌思藏十三万户主体形成时期，也即蒙哥汗设立千户、万户府时期。藏文诸史均记达垅派与其他各派一同至汗廷请职，被列为阿里不哥的封地，是时即应为万户之一。也同样由于是阿里不哥封地的缘故，后来受到某种限制，而只表现出宗教方面的成就。但是元代在吐蕃括户时，也即 1287 年时，其应为万户之一，也即汉史中的思答笼剌万户。其治在今西藏自治区拉萨市林周县旁多区达垅地方。

有学者认为它与伯木古鲁共同组成一个万户，以及该万户不足一个万户应具规模[⑤]，这是可以商榷的。《汉藏史集》在谈到括户时记“思答笼剌万户有五百户”；在记述供应驿站时称，“伯木古鲁万户的 2438 户人家，加上被称为萨达的思达笼剌万户的 500 户人家、拉巴的 600 户人家，支应孜巴（rtsi

① 《汉藏史集》，第 298—304 页。

② 《朗氏世系史》，第 223、355—356 页。

③ 《五世达赖喇嘛传》第一卷记各万户户口时提及“达垅万户”，西藏人民出版社 1989 年版，第 37—38 页。

④ 《汉藏史集》，第 270 页。

⑤ 参见沈卫荣：《元代乌思藏十三万户考》。

dbar）驿站”[①]。早期可能存在与伯木古鲁合而为一的情况（如《汉藏史集》另处所载），但这里不仅不能证明它与伯木古鲁合而为一，反倒说明它是一个独立的万户，因为它讲的是诸万户联合应驿，并不是合为一个万户。至于说500户作为一个万户为少，我们前文所述的砦笼达剌（即香）万户有550个霍尔都能说多吗？而且500户尚非全部。因此，思答笼剌作为一个万户应是可以确定的。

7. 伯木古鲁万户

即藏史中的“phag mo gru”。它是以该教派为主而发展起来的一个万户。第一位朗拉细家族的人由知事僧人担任伯木古鲁法座的是吃剌思巴冲纳思（grags pa vbyung gnas）。[②]该势力在蒙哥汗以前已有万户之名已如前述。自朵儿只班后，万户长为朗氏据有并世袭相承。据《汉藏史集》记，“自从按照蒙古和萨斯迦派的命令清查乌思藏地方的户口、划分各个万户府以来，伯木古鲁万户府的历任万户长，除最初的丹玛官尊和雪德堪布辇真监藏仅有万户长名义而不计入外，在朗拉细家族的后裔中，从最早担任万户长的朵儿只班到阐化王吃剌思八监藏，共有十二人，还有刚就任万户长就去职的释迦辇真。在他们中间，同时兼任帕主法座的有三人，其中还有非朗氏家族而任万户长的羊卓巴・赏竹软奴（yar vbrog pa byang chub gzhon nu），还有由六人代表会共同管理万户府的一任”[③]。这里基本叙述清楚了该万户长的承袭情况。所谓共管万户府一任，是指镇西武靖王铁木而不花母子至乌思藏时，见万户长软奴云丹办事失当，奏请朝廷罢免其职务。在朝廷诏命未至之前，由王子所派的麻玛郭洽（ma ma go cha）、萨斯迦派的曲称巴・辇真吃剌思、京俄的侍从尊追班、软奴云丹的助手吃剌思八斡节儿，及从前旭烈兀所任命的守土官阔阔出的儿子朵儿只、雅隆巴・觉卧吃剌思巴等共同掌管万户府一事。[④]伯木古鲁历任万户长是：丹玛官尊—辇真监藏（rin chen rgyal mtshan）—朵儿只班—软奴监藏（gzhon nu rgyal mtshan）—赏竹软奴（byang chub gzhon nu）—软奴云丹（gzhon nu yon tan）—仁波且

① 《汉藏史集》，第300—303页。
② 《汉藏史集》，第540页。
③ 《汉藏史集》，第552页。
④ 《汉藏史集》，第547页。

炯迦（rin po che gcung rgya）—监藏班（rgyal mtshan dpal）—吃剌思巴藏卜（grags pa bzang po）—释迦拳真—赏竹监藏—吃剌思巴监藏（grags pa rgyal mtshan）。[①]

伯木古鲁万户辖地十分广阔，以内坞栋为中心，包括哈拉岗（ha la sgang）、汤卜赤下院（thang po che gling smad）、却溪卡（vphyos gzhis kha）、纳秋（sna cho）、甲孜直古（1cags rtse gri gu）、门噶尔扎西冬（mon mkhar bkra shis gdong）、甲汤（rgya thang）、葱都思查卡（tshong vdus brag kha）、桑日颇章岗（zangs ri pho brang sgang）、卡托（mkhar thog）及切嘎（chad dkar）等十二处庄园。[②]以后还逐渐扩大，至赏竹监藏（绛曲坚赞）时达于极盛。元代在乌思藏括户，伯木古鲁有2438个霍尔都，还曾兼有思答笼剌与拉巴的民户。万户府治在今西藏自治区山南乃东县乃东地方。

8. 汤卜赤八千户

藏史中的“thang po che”。《新红史》、《西藏王臣记》等以之为十三万户之一。《元史》作“汤卜赤八千户”。佐藤长认为，《元史》列记万户中，不可能只有此作“千户”，而应为“万户”之讹。[③]

王森先生认为“塘波且巴仅有属民一百五十户，元史谓为千户，已觉户数太少，五世达赖喇嘛《西藏王臣记》列为万户，似难置信。何以致有此误，尚待进一步考证”[④]。近期，仍有学者撰文认为，在元代汤卜赤属于伯木古鲁万户管辖，且户数规模与万户相差甚远，“汤卜赤八千户四员”不可能是万户之讹。[⑤]我们认为，这样分析均是有道理的，汤卜赤在初期恐非万户，即不可能是十三万户之一。但是，元代的汤卜赤，也像牙里不藏思八一样，并非一直屈居伯木古鲁卵翼之下。事实上，在早期是与牙里不藏思八、伯木古鲁一起属旭烈兀的领地。[⑥]后则为伯木古鲁万户的十二（有说十三个）溪卡之一，即汤卜赤下院。再后来则独立出去，并与伯木古鲁分庭抗礼，甚至占

---

① 《汉藏史集》，第544—552页，参见《红史》，第123—124页。

② 《汉藏史集》，第544—546页；《朗氏世系史》、《新红史》、《西藏王臣记》皆有记载，略有差异。

③ 佐藤长：《元末明初西藏的形势》，见《明代满蒙史研究》，又见《西藏中世纪史研究》，同朋舍1986年版。

④ 王森：《西藏佛教发展史略》。

⑤ 沈卫荣：《元代乌思藏十三万户考》。

⑥ 《朗氏世系史》，第110—111、200—201页。

据伯木古鲁的领地，与本钦及搽里八、牙里不藏思八、扎由瓦等联合对抗伯木古鲁[①]，并建立万户，《朗氏世系史》记，赏竹监藏时，喇嘛公邦巴（kung spang pa）和本钦加瓦藏卜欲“接管内坞栋（乃东）和伯木古鲁万户，由本钦加藏兼领牙里不藏思八、伯木古鲁和汤卜赤三个万户”，放逐必里公首领。[②]也即汤卜赤后来也发展为一个万户。也许这正是藏史将其列入十三万户的依据。不过，元代括户它只有 150 户，势不能独立为万户已如学者所言。其地在今西藏自治区山南雅隆河谷琼结县境内。

9. 加麻瓦万户

即藏史中的“rgya ma ba”。它是以属于噶当派的加麻寺为核心发展起来的。加麻瓦出自结氏（sgyer），该族的大官巴（sgom pa chen mo）软奴吃剌思（gzhon nu grags，1210—1291）首建加麻旧寺和仁钦岗寺（rin chen sgang），开始此派的发展时期。他的弟子软奴冲纳思（gzhon nu vbyung gnas）建仁钦岗新殿。[③]由于结氏叔侄之政教业绩卓著，使其僧家弟子获得掌管彭域地区的万户长职务。[④]何人何时首任万户长，均不详。

加麻瓦万户在萨斯迦派和元朝的支持下发展起来，并与搽里八等一起与必里公对抗。必里公也欲占据加麻地方。[⑤]双方争执影响到乌思藏地区的局势。加麻瓦万户长馆觉藏卜（dkon mchog bzang po）曾一度把虎钮印章交给本钦，声言不能胜任万户长职务，以示对支持不力的不满。[⑥]本钦仍未与伯木古鲁万户长赏竹监藏达成一致意见。结果在至正十七年（1357），必里公出兵大败加麻万户。伯木古鲁等联军极力抵抗，保住了加麻瓦万户。为此，加麻宝师、万户长馆觉藏卜与加麻决事会全体成员向协助御敌者献茶致谢。[⑦]嗣后，伯木古鲁崛起，占领堆隆与彭域两宗，加麻势力逆转，甚至须向伯木古鲁请得万户长之职。在万户长勒丹巴（legs ldan pa）时，因反对伯木古鲁，并将

---

① 《朗氏世系史》，第 138、143、174 页。

② 《朗氏世系史》，第 169 页。

③ 《红史》，第 65 页；又《新旧噶丹教史》记“结（sgyer）钦波软奴吃剌思，阳铁马年（1210）生于嫩地（snon），建仁钦岗寺，八十二岁的铁兔年（1291）卒于仁钦岗”木刻版，第 20 页下至 21 页上。

④ 《新红史》，第 65 页。

⑤ 《朗氏世系史》，第 281 页。

⑥ 《朗氏世系史》，第 286—287 页。

⑦ 《朗氏世系史》，第 291—292 页。

其属下之诸甘丹巴驱往边地而遭攻击[①]，势更衰颓。加麻只能在必里公和伯木古鲁两个较大的万户势力之间求生存，最后终于在这两大势力的武力争夺和协商谈判之后被瓜分。

加麻瓦万户的根本居地在今西藏自治区墨竹工卡地方，西北临接拉萨，万户府旧址在加麻赤康（rgya ma khri khang）即今拉萨市墨竹工卡甲马乡尺岗村。[②]元代括户，它与扎由瓦合为5900户[③]，《汉藏史集》记其各占一半，大约有霍尔都2950个。

10. 扎由瓦万户

即藏史中的“bya yul ba”。《汉藏史集》在十三万户名单中称其是组合起来的一个万户：即由扎由地方的1000户人家与布鲁克巴（vbrug pa）的900户，合1900户结成的万户。在统计各万户人口时，径称扎由瓦万户。[④]“vbrug pa”（布鲁克巴）即今不丹，是扎由万户西南辖及今不丹。《如意宝树史》及《多仁班智达传》分别记为“扎由、拉、主”（bya yul lha vbrug）和“拉、扎、主”（lha bya vbrug），二者应相同。且所指即“扎由瓦万户”[⑤]。掌管该万户的是在雅隆以下玛域（ma yul）发展起来的扎巴（bya pa）家族，其先祖名扎米玛王（rgyal po bya mig ma），经两代至其孙堪布云丹却（yon dan mchog）时已据有埃（即今拉加里）之洛（klogs）、扎（bya）地之夏尔达（shar mdav）和达布之仲达（grom mdav）、聂之森莫米（srin mo mig）。[⑥]关于该万户的建立年代，史无明载。据《西藏王臣记》，却桑斡（chos seng vod）之子楚称藏卜（tshul khrims bzang po）受任羊孜万户长（yang rtser khri dpon）及其孙扎西班藏卜为扎巴万户长（bya pavi khri dpon）。[⑦]后者虽时当明初，而前者却是元代受封的一位万户长，也证明该万户的存在。尽管如此，还是与《汉藏史集》所记其为十三万户之一所应具有的时间难以衔接。也许存在前后变化。又在元代中后期极少见提到“扎由万户”的，如《朗氏世系史》记1346—1347年

---

① 《新红史》，第65页。

② 《卫藏圣地简介》，第12页；《墨竹工卡宗甲马封建庄园调查报告》，中国社会科学院民族研究所西藏少数民族社会历史调查组编1964年版，第1页。

③ 《汉藏史集》，第300页。

④ 《汉藏史集》，第278、303页。

⑤ 王森：《西藏佛教发展史略》，第223页；沈卫荣：《元代乌思藏十三万户考》。

⑥ 《西藏王臣记》，第179—181页。

⑦ 《西藏王臣记》，第181页。

间，伯木古鲁万户长赏竹监藏与本钦及搽里八支持下的牙里不藏思八、汤卜赤首领和扎由千户楚称等人诉讼。[①]扎由千户还辱骂赏竹监藏。[②]1357年前后，必里公进攻加麻万户，并与伯木古鲁争雄。“扎由的千户长依附必里公，而不交纳财产税和萨斯迦的巨细差税，不管任何官吏和宣旨钦差前来也不迎送与承侍，反而可以享用（他们的）食物。”[③]从这些记载看，扎由地区的最高首领是千户长而非万户长。是否意味着该万户的衰落呢？这是很可能的，藏汉信史皆载“扎由瓦万户”，其为十三万户之一大致没有问题。其户数有2950户。万户府治地在今西藏自治区山南隆子县加玉地方。

11. 牙里不藏思八万户府

即藏史中的“g. yav bzang pa”。《元史·百官三》“宣政院条”记“牙里不藏思八万户府，达鲁花赤一员，万户一员，千户一员，担里脱脱禾孙一员”。在《元史》中它与“迷儿军万户府”（详后）是较特殊的两个万户府，设官多于其他万户府。其“担里脱脱禾孙一员”主要负责管理驿传稽查往来使者，以辨奸伪。元代还在这里设立“担里管军招讨使司”（详前）。说明这一地方的重要，它很可能与有元一代这一地区错综复杂的相互关系有涉，尤其是与牙里不藏思八和伯木古鲁从未完全终止的斗争有关。《朗氏世系史》详细记述了这两个万户斗争的历程。

牙里不藏思八万户与雅桑（即牙藏）噶举密切相关。蒙哥汗分封时，它为旭烈兀的封地，其时只是伯木古鲁辖下的一个千户。[④]它之成为万户较伯木古鲁、搽里八、必里公等为晚，在至元二年（1265）以后，由忽必烈皇帝颁旨成立一个万户。[⑤]早在作为一个千户时即吞并了伯木古鲁管下的门（smon）地区的门鲁果丁，以此为基地逐渐发展，与伯木古鲁万户争夺地盘。由于朝廷和萨迦的支持，占据聂地的四个村落，最终成为一个万户。[⑥]牙里不藏思八的发展，是得到忽必烈皇帝的支持的，如我们前文所言，它与削弱诸王（此指旭烈兀）在吐蕃封地有关，同时也可限制伯木古鲁万户的过于强大。牙里

---

① 《朗氏世系史》，第174页。

② 《朗氏世系史》，第179页。

③ 《朗氏世系史》，第291—292页。

④ 《朗氏世系史》，第115、448页。

⑤ 《朗氏世系史》，第116页。

⑥ 《朗氏世系史》，第115—117页。

不藏思八与伯木古鲁的斗争始终存在，而且一直得到萨斯迦本钦的支持，这主要是为了抑制伯木古鲁势力的膨胀。但最终又以联合必里公及南木扎巴（nam grags pa）对伯木古鲁作战失败而失去聂地及协噶尔（shel mkhar）等处庄园，走向衰落。[①] 牙里不藏思八万户管辖地区，包括东西雅隆（yar klung shar nub）、上下涅地、错那卓许（mtsho sna gro shul）及恰尔（byar）。[②] 这是其教祖门朗巴（smon lam pa）的传法区。后则多有变化。首邑在今西藏自治区山南乃东县雅桑地方。元代括户有霍尔都 3000 个。

12. 迷儿军万户府

即藏史中的“vbri gung”。也译作“必里公”。《元史·百官志》“宣政院”条记，“迷儿军万户府，达鲁花赤一员，万户一员，初厚江八千户一员，卜儿八官一员”。“初厚江”疑为地名，而“卜儿八”似为一种职官名。当借自蒙古语。

必里公也为噶举教派的一支，1179 年，法王吉甸松滚（chos rje vjig rten gsum mgon，1143—1217）建必里公梯寺。传至第五任座主炯仁波且时，必里公官巴获得万户长的封诰，他的生卒年代是 1211—1279 年。[③] 蒙哥分封时，该万户归可汗本人。必里公万户原来十分强大，后一直与萨斯迦存在矛盾，终在本钦软旺（gzhon dbang）、赏朵（byang rdor）及阿迦仑时，双方爆发武装冲突，其与察合台后王笃哇及窝阔台之孙海都联兵进攻萨斯迦，为朝廷大军与萨斯迦地方军队所击败，史称“必里公之变”，势力大受挫折，但终元仍为一个颇具实力的万户。[④] 其辖地在恰尔和达。[⑤]“恰尔”地区在今西藏自治区隆子县东北部的三安曲林（gsang sngags chos gling）及东南的加玉宗。[⑥] 也即苏班西里河（subansiri）的支流恰曲（char chu）地区，它分为上恰尔和下

---

① 《西藏王臣记》，第 176—178、181—182 页。

② 《新红史》，第 64 页。

③ 《新红史》，第 65 页。

④ 《新红史》，第 66—71 页；《朗氏世系史》，第 223、227—228、355—356 页等；止贡·旦增白玛坚赞：《止贡法嗣》，第 123 页记：“由于官巴的属下萨钦朵儿班（sa chen rdor dpal）、噶麻朵儿色（ga ma rdor se）等宣称，吐蕃（西藏）木门人家全都是官巴释辇的属民，三位官巴时与历世萨斯迦本钦不睦。”西藏藏文古籍出版社 1989 年版。

⑤ 《新红史》，第 65 页。

⑥ 钦则旺布：《卫藏圣地简介》，第 25 页。

恰尔。[①]"达"即"达布"(dwags po),在今乃东泽当东北雅鲁藏布江北岸。其首邑在今西藏自治区拉萨市墨竹工卡县直孔区。元代括户时有霍尔都3630万。

13. 俺卜罗万户

即"yar vbrog"。如我们前文所言,它与思答笼剌万户(也即达垅万户)是二非一。该万户境内有羊卓达垅(ya vbro stag glung),但与思答笼剌万户不同。又该万户曾治浪卡子,故也有称其为浪卡子万户者。如《新红史》记,"浪卡子巴,曾得到皇帝钦赐掌管羊卓(yar vbrog)至洛扎地区之万户长封诰"[②]。即指该万户受封事。著名的萨斯迦本钦阿迦仑即曾是浪卡子地区的总管。在万户长南喀藏卜(nam mkhav bzang po)叔侄时,羊卓僧俗均归治下。[③]该万户的后裔长期统治这一地区。[④]元代括户,它的户口是16个"蕾卜"(1eb),"蕾卜"(1eb)是什么呢?这使学者们感到困惑。我们认为,它就是"rta mgo"(达果,马头),理由有三点:其一,《汉藏史集》在户口计算时称羊卓万户有十六个"蕾卜",而在谈到各万户应役时,则称为"羊卓万户全部的十六个达果和甲若仓的二十八个达果,以及香万户在江边的十一个达果,负责支应达克大站"[⑤]。二者所言一事,表述不同。其二,"leb"有"部分"的含义,应指一个计户单位,而"达果"即是。前引文甲若仓及香万户的人户皆用达果(rta mgo)计算,也同此类。其三,从它的户口看也是相同的,《五世达赖喇嘛传》记,"羊卓(yar vbrog)万户[和其他万户不同],其下又特设十六个'蕾卜'(1eb),[全部]共为七百五十户"[⑥]。而十六个达果(马头),也是800户人家,由于达果严格程度并非无懈可击,故二者应是大体相同的。因此,我们认为,leb即达果,也即50户人家一个单位的马头。俺卜罗万户(羊卓)的人户应是800户。这里也说明它与达垅万户并不相同,因为《汉藏史集》记后者为500户。其为藏史所载万户无疑。

---

① 费拉丽:《笺注〈卫藏圣迹志〉》,罗马东方丛书,16,1958年版;沈卫荣、汪利平译文,见《国外藏学研究译文集》,第五辑,西藏人民出版社1989年版,第485—486页。

② 《新红史》,第63页。

③ 《新红史》,第63—64页。

④ 五世达赖喇嘛在《西藏王臣记》中记,当时羊卓万户的后裔萨琼公哥旺钦朋措(sa skyong kun dgav dbang chen phun tshogs)仍统治羊卓地方。

⑤ 《汉藏史集》,第299、303页。

⑥ 阿旺洛桑嘉措(第五世达赖喇嘛):《五世达赖喇嘛传》第1卷,西藏人民出版社1989年版,第37—38页。

14. 古尔摩万户（mgur mo）

《汉藏史集》所记“十三万户”无古尔摩，而且括户无其户数，应驿万户中也无其名。《汉藏史集》、《朗氏世系史》等书提及“葱都思古尔摩”（tshong vdus gur mo）或古尔摩。[①]均未与“万户”相连，有学者认为葱都思古尔摩在曲弥（chu mig）附近。[②]也有学者认为在尼木县（snye mo）境内。[③]前者有出密万户，后者有沙鲁万户，是不大可能再有古尔摩万户。又《汉藏史集》记该地在沙鲁管内。[④]故学术界认为古尔摩在元代不是十三万户之一。[⑤]但是，是否整个元代从未封授万户？藏史为何又把它列为十三万户的记载呢？这些都尚待进一步考证。

15. 拉堆洛万户（la stod lho）

藏文诸史皆载该万户，学术界也未有异辞，是当为十三万户之一。藏史中把后藏西部，尤其是拉孜县（lha rtse）以西称拉堆（la stod）。拉堆又分南北，以雅鲁藏布江为界。江南即拉堆洛。《新红史》记此地首领，“承皇帝圣旨，获得掌管雅卧拉（g · yav vo la）至昌波（brang po）以上拉堆洛之万户长封诰”。其后势力极大。终因与拉堆绛纷争及内部分裂而衰。元代括户有1089户。万户府治在今西藏自治区定日县协噶尔地方。

16. 拉堆绛万户（la stod byang）

拉堆绛万户，也为藏文诸史所载。当为元代十三万户之一。关于它的建立，藏史中说法并不一致。《新红史》记“关于绛巴（byang pa），曾有一位总管（zhal ngo）任八思巴侍者前往内地，因成薛禅汗之上师，遂被称为帝师吃剌斯巴斡节儿（ti shri grags pa vod zer）。……他曾得到由皇帝圣旨所颁赐的封文，即封其掌管由嘉尔加（skyar skya）至切（vjad）以上之拉堆绛地区的万户长，随后势力增大”[⑥]。如此载不误，那么，拉堆绛的这位总管应当是元朝第五任帝师吃剌斯八斡节儿。他的生卒年是1246—1303年；任帝师之年限为1294—1303年。据《萨斯迦世系史》记载，他是萨斯迦康赛传承的

① 《汉藏史集》，第366页；《朗氏世系史》，第278页等。
② 《新红史》，第257—258页。
③ 《红史》，注第650条。
④ 《汉藏史集》，第367页。
⑤ 王森先生上揭书未列此万户；沈卫荣上揭文进一步否定元代存在这一万户的说法。
⑥ 《新红史》，第62页。

弟子，八思巴去世后，无人敢去朝廷报丧，时为八思巴却本的吃剌斯八斡节儿自愿前往，受到表彰。后又曾任答耳麻八剌剌吉塔的侍从到朝廷，受到忽必烈信任与重用。[①] 八思巴去世在 1280 年，他之受任封只能在 1280—1294 年之间。此前为康赛系弟子及八思巴侍从，此后为帝师。他是拉堆绛的第一位万户长，则该万户也当在此间建立。

《汉藏史集》还记载了一个与之不同的万户世系。文谓，有噶玛洛的青年人叫完卜辇真监藏（dbon po rin chen rgyal mtshan），在八思巴由朝廷返藏时，前往拜见，愿得灌顶，获法名辇真尊追，必里公与萨斯迦发生纷争时，他曾作为后者的代表之一前往朝廷打官司，且获胜诉。[②] 他与一明妃生三子，其次子叫达玛官却（dharma dkon mchog）与答耳麻八剌剌吉塔同年同月同时生。后来他迎送前来乌思藏平息必里公之乱的搠思监王子有功，王子欢喜，"下令将藏地方的北部划出来一部分，让辇真尊追及其后裔管辖"。还赐以诏书，在他去世后，其长子班根罗古罗思辇真（ban rgan blo gros rin chen）继其法位，为萨斯迦内臣，后得完泽笃皇帝（成宗）赐以诏书，敕命"自拉果冬孜以上到唐拉云木错以下的地区由罗古罗思辇真及其后裔管辖"，达玛官却为万户长，幼弟公哥朵儿只为都元帅。[③] 其历世万户长的传承是：达玛官却（dharma dkon mchog）⟶官却坚赞⟶完卜官却斡节儿（dbon po dkon mchog vod zer）。

必里公与萨斯迦诉讼事在 1280 年。[④] 搠思监王子随父入藏则在 1287 年。[⑤] 那么，辇真尊追领受一块辖地最早也只能在 1287 年或以后。至于其子达玛官却之受任万户长则是在元成宗时期（1295—1307）。《新红史》与《汉藏史集》关于拉堆绛万户的记载，关系如何，可以进一步考证，但是，它们所表明的一点是确定的：1280 年以前，不存在拉堆绛万户；同时，有元一代确实又有拉堆绛这个万户。该万户治地在今西藏自治区日喀则地区昂仁县境，元代括户共有 2250 户。

---

① 《萨斯迦世系史》，第 231 页等。

② 《汉藏史集》，第 404 页。

③ 《汉藏史集》，第 405—415 页。

④ 东嘎·洛桑赤列：《论西藏政教合一制度》，第 78 页；恰白·次旦平措等：《西藏简明通史》第五章，推测纷争起于 1264 年或稍前，西藏藏文古籍出版社 1989—1991 年版。

⑤ 东嘎·洛桑赤列：《论西藏政教合一制度》，第 78—79 页。

通过上面的考察，我们可以做出以下几点判断：第一，元代在乌思藏设立十三万户始自大蒙古国可汗蒙哥时期，它的大致年代是1252年或其前后。当时受封的有伯木古鲁、必里公、搽里八等，甚至也包括达垅及稍后的沙鲁等。藏史关于供养十三万户之说，即与此次设立万户有关，当时是否存在十三个万户呢？没有资料能够确证。第二，1268年为十三万户形成之年的说法，尚有可商之处，理由是：其一，藏史中有关供养十三万户之说如我们上文言，应是指蒙哥时期之事，此与1268年完成十三万户体制无涉，如果当时已存在十三万户，何须1268年再最后完成呢？其二，《汉藏史集》所载各万户的人数，不是1268年括户的成果，而应是1287年括户的结果；《汉藏史集》固然谈到1268年括户的数目，但两者不同，而且依照萨斯迦本钦、三路军民万户释迦藏卜登记册的各万户人户数是蒙哥汗时期，或者更可能是1268年之数目，而不是1287年的、列有各万户详细人户的这一次括户，因为藏史明记后一次括户在火猪年（1287），而且主持其事的人也不同①，后一个时期释迦藏卜早已仙逝。②所依自然不是他的登记册了，据此无法证明十三万户此时最后形成。第三，在十三万户中，各万户的建立时间跨度很大。藏史中被公认是十三万户之一的拉堆绛万户，它的形成时间，如我们上文所言，是在1280年以后。其他诸如拉堆洛、扎由、加麻、出密、香等的建立时间也是未知的。如果括户及与之相连的各万户人口统计能说明十三万户最后形成的时间的话，那么，我们认为1287年才是十三万户最后形成的时间。自然，1268年的括户，按推断，也许会产生一些新的万户，但1287年才是它最后形成时间。第四，藏汉文史书对十三万户的记载基本一致，但是也有相异的地方，如汉文中的“乌思藏田地里管民万户”当指萨斯迦，而在藏史中则没有该万户。藏史中的“纳里速宗卡以下的珞、达、洛”组成的万户，治地在今西藏自治区吉隆县境内，处于纳里速与藏之交界处，与萨斯迦有500余里之遥，自然不可与“乌思藏田地里管民万户”相提并论。第五，所谓“乌思藏十三万户”的说法，不见汉文史籍，应是乌思藏地区对所设万户体制的称呼，在初期或确有十三个，而后则或多或少，不以此数为限。至明初仍有“十三万户”之名，但已包括朵甘思的四个万户了。因此，不能只拘泥于它

---

① 《汉藏史集》记1268年为阿滚（a kon）和弥林，而1287年为和肃乌努汗（lho zhu a nu gan）。

② 《汉藏史集》，第357—359页；参见陈庆英：《元代乌思藏本钦纪略》，《元史论丛》第四辑。

的表面现象。第六，通过前文分析，现在要我们列出一个元代十三万户的名单，这让我们感到困难，元代十三万户是哪些呢？它是在变化着。如果说初次完成时的十三万户，那么，我们大体支持《汉藏史集》的说法，在1287年有：纳里速宗卡以下的珞、达、洛（blo da lo）三宗一万户，拉堆洛，拉堆绛，出密（chu mig），沙鲁，斯卜剌、贝尔、琼（sbra ber khyung）三地一万户（即香万户），必里公（vbri gung），伯木古鲁（phag mo gru），搽里八（tshal pa），牙里不藏思八，加麻瓦（rgya ma ba），扎由瓦（bya yul ba），俺卜罗（yar vbrog）等。[①] 由于《汉藏史集》记“香万户是后来才有的”并同时记有“达垅万户”，而我们前文也推测达垅即《元史》中的思答笼刺万户，自然应为十三万户之一。故而，上述名单并非是无懈可击的最后结论，而且它不久即发生变化。

第四节　乌思藏十三万户的变化

元代在吐蕃地区设立行政管理组织——十三万户，经过我们上述考察，似乎把问题复杂化了。所谓十三万户，在很大程度上是行政体制的代名，即使实有十三个万户，经过有元一代的风雨变革，其模样已非昔比。在乌思藏地方，居于首领地位的萨斯迦地方势力与其他各万户的关系，以及各万户势力之间的关系，错综复杂，变化多端。我们试图探索这一中间环节，限于资料，颇感深究不易，不过有两点是可以把握的：其一，十三万户有很大一部分沿袭下来，直到明初，而另一部分则相对衰落了；其二，伯木古鲁万户壮大起来，实际上已取代了萨斯迦在乌思藏的行政地位。以下即就这两点加以探讨。

一、乌思藏各万户势力的消长

各万户势力的消长情况复杂，而史料极零散，我们条列其要者如下：

---

① 《汉藏史集》，第227—278页，参见沈卫荣：《元代乌思藏十三万户考》一文。

（1）除萨斯迦之外，伯木古鲁、搽里八、必里公、沙鲁、出密、牙里不藏思八等一直是较为强大的地方势力，他们的好恶直接关系到乌思藏地方的形势，如伯木古鲁与萨斯迦及搽里八之争，必里公与萨斯迦，乃至伯木古鲁之争，以及牙里不藏思八与伯木古鲁的长期之争均是如此。辖地与利益之争是其核心。这些史实在《朗氏世系史》中有记述。该书同样提到各万户盛衰状况，诸如“由于蒙哥皇帝的恩泽和法令，才有你们必里公人的名号和教法；仰仗薛禅皇帝的恩泽和法令，才有萨斯迦派和搽里八的权势和教法；仰赖旭烈兀的恩泽，才有伯木古鲁的政权与安定”[①]。点出几个较大万户兴衰与诸王的关系。另外，《朗氏世系史》又从教派兴衰方面谈到“往昔噶当派和必里公派相逢吉祥岁月，兴盛昌隆，现今萨斯迦派和搽里八噶举发迹，权势显赫……”[②]“沙鲁瓦和搽里八富足圆满、权势炽盛的情况是出现在孤尚吃剌思八监藏（sku zhang grags pa rgyal rtshan）和门朗朵儿只时代，当时一个长官属下的仆人有一千，各自在本职官位上逞能竞赛。”[③]除以上各万户之外，加麻万户、汤卜赤万户以及拉堆洛、拉堆绛、古尔摩、香、扎由、俺卜罗等地方势力也不容忽视。伯木古鲁万户长赏竹监藏在仁蚌建筑堡垒，据其本人讲，“它将牵制出密、沙鲁和古尔摩等三地，也牵制南北拉堆地区”[④]。是诸地对已强大的伯木古鲁仍有一定影响。但所谓纳里以下三宗一万户却颇少见于记载。

（2）从大司徒赏竹监藏在1361年总结其任伯木古鲁万户长四十年（1322—1361）经历之概观看，保存到元末的各万户势力，除伯木古鲁之外尚有：拉堆绛、拉堆洛、沙鲁（即孤尚巴，sku zhang pa）、香巴、牙里不藏思八、必里公巴、搽里八、达垅巴等。[⑤]如前所述，羊卓万户在五世达赖喇嘛时势力仍存在。又南北拉堆虽有兴衰，至明时还曾联合为一个万户。[⑥]说明他们长期保存了自己的实力。

（3）据《明史》记“洪武二年（1369），太祖定陕西，即遣官持诏招

---

① 《朗氏世系史》，第203—204页。

② 《朗氏世系史》，第147页。

③ 《朗氏世系史》，第415—416页；关于门朗朵儿只，见《新红史》，第64页。

④ 《朗氏世系史》，第278页。

⑤ 《朗氏世系史》，第353—356页。

⑥ 《新红史》，第62页。

抚。又遣员外郎许允德谕其酋长，举元故官赴京。摄帝师喃加巴藏卜及故国公南哥思丹八亦监藏等于六年春入朝，上所举六十人名。帝喜，置指挥使司二，曰朵甘，曰乌斯藏，宣慰司二，元帅府一，招讨司四，万户府十三，千户所四，即以所举官任之”[①]。此中的“十三万户”与元代之十三万户已大相径庭了。首先，它包括有朵甘地区的万户在内，乌思藏地区的万户自不足“十三”之数。其次，即使属于乌思藏地区的万户也已有一定程度的变化。那么明代在乌思藏地区设立了哪些万户府呢？据载，明代在朵甘思设有“万户府四：沙儿可万户府，乃竹万户府，罗思端万户府，别思麻万户府”[②]。乌思藏地区当有九个万户府。由于明代在乌思藏不是通过武力改置，而是通过地方首领举荐而任命的，很可能已包括了元末乌思藏各万户之一般状况。

明初，依乌思藏地方所举设立的万户府有：伯木古鲁万户府[③]，必里公瓦万户府[④]，鲁万户[⑤]，着由万户[⑥]，仰思多万户[⑦]。设立的都指挥使司、行都指挥使司有俺卜罗卫指挥使司（及行都指挥使司）[⑧]，牛儿宗寨行都指挥使司[⑨]，擦力巴都指挥使司[⑩]，加麻都指挥使司[⑪]，朵陇都指挥使司[⑫]，领司奔寨行都司[⑬]。可与元代诸万户勘同的有：伯木古鲁、必里公、沙鲁、着由（扎由）、俺卜罗、搽里八、加麻等，那么，这几个万户势力在元末仍存在且具有影响。

（4）明初在乌思藏朵甘地区封有八大法王，除灵藏的赞善王和馆觉的护教王之外，其余皆在乌思藏地区。大宝法王是噶哩麻噶举派的得银协巴

① 《明史》卷331《西域三》；《明实录》卷79“洪武六年二月癸酉”条。
② 《明史》卷331《西域三》；《明史》卷90《兵卫二·卫所》。
③ 《明实录》卷96“洪武八年正月”条；卷122“洪武十二年二月”条等均记该万户府。
④ 《明实录》卷170“洪武十八年正月”条等记该万户府。
⑤ 《明实录》卷249“洪武三十年正月”条记“沙鲁万户列思巴端竹”。
⑥ 《明实录》卷88“永乐七年二月”条记“着由万户搠巴星吉冲（卫）阿儿的占”。
⑦ 《明实录》卷142“洪武十五年二月”条记“仰思多万户公哥怕”。
⑧ 《明实录》卷170“洪武十八年正月”条记“乌思藏俺卜罗卫指挥使古鲁监藏”，《明实录》卷137“永乐十一年二月”条“俺卜罗行都指挥使司”。
⑨ 《明实录》卷137“永乐十一年二月”条记“置乌思藏卫牛儿宗寨行都指挥使司，以喃噶监藏为都指挥佥事”。
⑩ 《明实录》卷86“永乐六年十二月”条；《明实录》卷137，“永乐十一年二月”条均记之。
⑪ 《明实录》卷88“永乐七年二月”条记之。
⑫ 《明实录》卷88“永乐七年二月”条记之。
⑬ 即藏史中的“Rin spungs”（仁蚌巴）。

（de bzhin gshegs pa），其根本道场为粗卜寺；大乘法王是萨斯迦派的昆泽思巴（kun bkras pa）；大慈法王是宗喀巴的弟子释迦也失（shākya ye shes），其寺为色拉寺（se ra）；阐化王为帕木竹巴（phag mo gru 元代之伯木古鲁）派的吃剌斯八监藏（grags pa rgyal mtshan）；阐教王为必里公瓦锁南藏卜（bsod nams bzang po）；辅教王思达藏（stag tshang）僧。① 其中，萨斯迦、伯木古鲁（帕木竹巴）、必里公均是与其强大的行政权力相关联的。

二、伯木古鲁万户的崛起

伯木古鲁原本是乌思藏地方一大割据势力，归附蒙古后曾为旭烈兀的封地。1254 年，其万户长朵儿只班建立十二个溪卡和雅垅南杰与乃东两处万户长衙署，其势渐大。及忽必烈即位，削除诸王在乌思藏封土，旭烈兀的特权例外地被保存下来，但日趋受到限制，牙里不藏思八、汤卜赤等相继分离出去。在第七任万户长软奴云丹时，该万户一度势衰，由镇西武靖王子铁木而不花派人，会同萨斯迦、丹萨梯寺住持、旭烈兀“守土官”阔阔出的儿子朵儿只等显贵势力，联合掌管万户府事务。② 嗣后，仁波且甲沃被朝廷任命为万户长，他兼领法主与万户长二职。历两任而至赏竹监藏，遂使该万户开始一个新的发展时期。

赏竹监藏，生于藏历水虎年（1302）③，14 岁到萨斯迦，做了达尼钦布藏卜班的侍从与管事，因聪明识事，被送给名师指点，学习讲经。21 岁（1322）被任命为万户长。他鉴于前几任万户长沉溺酒色不理政务，下决心借助佛法以根除陋习，振兴本万户的事业。④ 他首先召集各百户长、什户长及各级官吏，申明自己三年改变局面的计划与决心，然后从整顿万户内部事务做起，严于律己、善用人才。他亲自到各百户处结算田租、地价和所有收入，防止贪污，使万户的经济状况有了好转。同时展开了收复失地的努力。按帝师法

① 《明史》卷 331《西域三》；佐藤长：《明代西藏八大教王考》（上、中、下），分载于《东洋史研究》第 21 卷第 3 号（1962），第 22 卷第 2 号（1963）和第 22 卷第 4 号。

② 《汉藏史集》，第 547 页。

③ 关于赏竹监藏的生年，藏史有不同记载，如《汉藏史集》第 547 页记为木虎年（1314），显然是错误的，应从其本人传记。

④ 《朗氏世系史》，第 139 页。

旨和行宣慰院的札符，伯木古鲁领有直直修及秋斯（chu srid）、茨崩、赛卡、纳木（sna mo）、哲木（vbras mo）等地。然而，哲木、直直修及秋斯已为牙里不藏思八万户所占。在 1322 年底与 1323 年初，他曾两度发兵收复，皆以失败告终。[①]1324 年，软奴云丹和滚波监藏为赏竹监藏请来了册封的诏书、帝师的法旨和王子搠思班的令旨，使他的万户长职位合法化。次年，他为两处辖地之争与牙里不藏思八诉诸于本钦座前，结果被判各占一地，而属于伯木古鲁的一地，不久又因属民叛离而归于牙里不藏思八。赏竹监藏再次上诉，由于本钦及搽里八等支持牙藏，一切都归于徒劳。1329 年，白兰王及公主前往乌思藏，赏竹监藏再次上诉，双方争端遂得暂时解决，伯木古鲁保住了纳木、哲木、茨崩和赛卡，而牙里不藏思八则拥有直直修和秋斯地方。[②]但矛盾依然存在，终于导致一场战争。由于牙藏得到萨斯迦与搽里八的支持，伯木古鲁又一次战败。[③]1345 年，赏竹监藏又与牙藏诉讼，反被拘捕一段时间，收复失地的梦想又一次破灭。[④]萨斯迦本钦所以支持牙里不藏思八对抗伯木古鲁万户，主要是后者已对乌思藏地区的政治势力平衡带来不安因素。连帝师也直接插手此事。他们一度囚禁赏竹监藏，令其交出虎钮印章，这些都未使他屈服，不久即获释放。赏竹监藏仍旧恭敬地侍奉萨斯迦本钦，同时表白自己不是一名反叛者。[⑤]

1345 年，朝廷命官司徒达玛监藏至吐蕃安定纳里速局势并核实户口。赏竹监藏又提出辖土纷争事，双方再次划分辖土，签订和解协议，由乌思地方首领作证，违者罚金。[⑥]为时未几，双方即开战端，结果牙藏失败，遂告急于搽里八和萨斯迦本钦，后者派人调解，无果。萨斯迦本钦加瓦藏卜与喇嘛公邦巴商定接管内坞栋与伯木古鲁万户，由本钦兼领牙里不藏思八、伯木古鲁和汤卜赤三个万户，并与搽里八联合放逐必里公首领以恢复乌思藏地方往日的平静。赏竹监藏再次被捕。[⑦]本钦甚至密谋押解赏竹监藏至后藏杀害。[⑧]新任

① 《朗氏世系史》，第 151 页。
② 《朗氏世系史》，第 153—154 页。
③ 《朗氏世系史》，第 158—159 页。
④ 《朗氏世系史》，第 160—163 页。
⑤ 《朗氏世系史》，第 163—165 页。
⑥ 《朗氏世系史》，第 166 页。
⑦ 《朗氏世系氏》，第 169 页。
⑧ 《朗氏世系史》，第 178—179 页。

的本钦旺尊一方面派人进京状告赏竹监藏谋反，另一方面则调动乌思藏纳里速地区的藏蒙军队，以对付伯木古鲁。面对这样的形势，赏竹监藏也修筑堡垒积极备战。双方终于在1348年展开大规模的战斗，赏竹监藏获得胜利。此后则连连用兵，终于在1349年收复被牙里不藏思八占据的领地，并迫其投降。[①]次年，迫使搽里八投降，将其领地划归管下。[②]但是，各万户仍在积极活动，与伯木古鲁进行对抗以收复失地。搽里八、必里公、牙里不藏思八莫不如此。[③]

强大起来的伯木古鲁万户，一方面在军事上积极地应付任何来犯者或反抗者，另一方面又积极参与关系整个乌思藏地区大局的决策，扩大本万户的影响。1351年，他建立泽当寺作为伯木古鲁住持驻锡之所，取代邓萨梯而为该派主寺。同期又派人进京请得圣谕、银印章和宣政院札符，进一步巩固了地位。与必里公、搽里八及牙里不藏思八的斗争一直在持续。赏竹监藏真正确立其在乌思藏地区的突出地位，是始于营救本钦事件。1354年前后，帝师公哥监藏班藏卜（kun dgav rgyal mtshan dpal bzang po）的两位公子拘禁本钦加瓦藏卜，并以武力相威胁。在此背景下，善知识吃剌思八桑哥求助于赏竹监藏，赏竹监藏遂与各地首领、宣慰使司的都元帅们商讨对策，最后决定出兵后藏，这支军队即在赏竹监藏带领下，救出本钦，平息了这一事件。[④]它导致了两点后果：一是大大降低了萨斯迦派在人们心中的地位，而提高了伯木古鲁万户的地位。二是本钦宴请赏竹监藏于出密，将其子嗣、财产及权势托付给赏竹监藏。[⑤]随即赏竹监藏委派朵儿只监藏为出密和仁蚌（领奔，仁布）的司库，筹划建筑仁蚌堡寨以控制后藏，牵制出密、沙鲁、古尔摩及南北拉堆。[⑥]并联合各地万户支持本钦对付必里公。1357年应赏竹监藏之请，朝廷派人封其为大司徒。[⑦]同年击败必里公的军队，迫使其谈判。次年，前往萨斯迦平息内讧。拉康喇让图谋反抗，赏竹监藏派人管制。[⑧]1358年派军包围萨斯迦

---

① 《朗氏世系史》，第199页。
② 《朗氏世系史》，第203—204页。
③ 《朗氏世系史》，第227—230页。
④ 《朗氏世系史》，第241—268页。
⑤ 《朗氏世系史》，第268—273页。
⑥ 《朗氏世系史》，第273—278页。
⑦ 《朗氏世系史》，第289页。
⑧ 《朗氏世系史》，第299—305页。

大殿，活捉本钦旺尊，并进攻武装抵抗的拉孜和拉堆绛而平息之[①]，代行萨斯迦本钦职责。后经必里公恳请与担保释放了本钦旺尊。赏竹监藏还任命新的萨斯迦大殿管理人和拉康喇让的大侍者。[②]扮演好地方领导者的角色，负责新任帝师进京事宜等。由于时值元末，元朝廷自顾不暇，对于赏竹监藏的行为也就听之任之，一有请封，随即满足。

关于赏竹监藏的生平及伯木古鲁万户的崛起，《朗氏世系史》记述至详。据此，我们可申述者有以下几点：第一，赏竹监藏是元代藏族的一位杰出人物，他品行高尚，自律极严，百折不挠，见识明远。伯木古鲁万户的崛起与他密切相关。第二，伯木古鲁的兴起与元朝走向衰退、萨斯迦地方势力日趋腐败与没落有着直接的联系。第三，赏竹监藏始终是以元朝一名地方官员身份出现的，他屡次派人进京请授封号，恭谨接待朝廷使者，即使在临终前依然如故，为了感谢大皇帝颁发水晶印章、圣谕与诸多关怀，他在拉萨兴办佛事祝愿皇帝父子长寿。[③]并一再表明他无背叛之心，直到临终前不久，还派人至大都请封，表达恭谨与服从之意[④]，而且始终以朝廷大法为准则约束地方。他一直使用“大司徒”（tavi si tu）的封号，只称“第巴”，而未称尊称王。第四，赏竹监藏并非消灭了搽里八、必里公、牙里不藏思八等万户，这些万户仍然存在，这在赏竹监藏自述中明确提到各个势力的存在及其与伯木古鲁的关系；而且，他的统治远不像人们想象的那样牢固地控制着乌思藏地方，事实上未服从的和反抗者依然存在。这一点日本学者佐藤长在他的名文《元末明初西藏的形势》中业已提及。[⑤]第五，赏竹监藏制定的法律及改革行政、设立“宗”（rdzong），在西藏地方历史上产生一定的影响。[⑥]

伯木古鲁万户的崛起，是元代中后期乌思藏地方的重大事件，也是十三万户体制走向瓦解的阶段，及赏竹监藏取萨斯迦而代之，乌思藏地区以萨斯迦为核心，以“十三万户”为骨干的行政体系遂告终结。

---

① 《朗氏世系史》，第 307—309 页。
② 《朗氏世系史》，第 320—321 页。
③ 《朗氏世系史》，第 321—322 页。
④ 《朗氏世系史》，第 343—344 页。
⑤ 佐藤长：《元末明初西藏的形势》，第 485—585 页。
⑥ 《西藏王臣记》，第 139—140 页。

第四章 元代的吐蕃等处宣慰司

吐蕃等处宣慰司全称吐蕃等处宣慰司都元帅府，又省称脱思麻宣慰司，是元代设置在吐蕃地方，归宣政院管辖的三个地方行政机构之一。

第一节 有关吐蕃等处宣慰司的几个问题

吐蕃等处宣慰司，地接陕西、甘肃、四川等行省，是蒙古经略吐蕃较早涉及的地区，在对蕃事务中占据重要的地理位置。大蒙古国在这一带的建制施政直接影响了在整个吐蕃地区的行政建置。但是，有关该宣慰司的许多基本状况，我们仍有未知者，诸如它的建立年代、它的管辖范围、它的沿革与内部结构等。本节主要想通过对该宣慰司几个相关问题的探讨，勾画出它的大体轮廓。

一、吐蕃等处宣慰司释名

吐蕃等处宣慰司又称脱思麻宣慰司，其名见于《元史》，终元一代一直使用。[①]脱思麻，亦作朵思麻、秃思马，来自藏文“mdo smad”。是藏史中的地理概念，意为“下朵”[②]。它是与“上朵”相对应的，后者在元代称“朵甘思”，前者未变。由于蒙元在这一带设有脱思麻路，又其范围约近吐蕃等处

---

① 《元史》卷23《武宗二》记至大二年（1309），脱思麻宣慰司与镇西武靖王奏改安抚司为宣抚司事；同书卷41《顺帝四》记至正三年（1343）八月，脱思麻同知宣慰司事锁儿哈等平叛事。

② 藏史中关于地区划分的记载颇多，以智观巴·贡却丹巴绕吉：《安多政教史》记之最详。

宣慰司都元帅府所辖，故有是省。但是，《元史》中的一条记载给我们带来了疑惑，此文谓："（成宗）大德十一年（1307）秋七月丙寅，以礼店蒙古万户属土番宣慰司非便，命仍旧隶脱思麻宣慰司，防守陕州。"[①]这里引出两个问题：其一，"土番宣慰司"是什么样的机构？其二，"土番宣慰司"与脱思麻宣慰司关系如何，它们是两个机构吗？

我们先讨论前者。

从我们所接触的资料来看，吐蕃宣慰司一般是指"吐蕃等处宣慰司都元帅府"，但也可能有例外，如至元二十年秋七月丁丑，"命按察司照刷吐蕃宣慰司文卷"，及顺帝至元四年（1338）五月辛酉，诏："土番宣慰司军士，许令乘马，执兵器。"[②]或为泛指，也当包括吐蕃等路宣慰司都元帅府。但从史籍的一般所指看，多指吐蕃等处宣慰司。如：甲，《元史》卷98《兵一》记"（大德）十一年四月，诏礼店军还属土番宣慰司"，此礼店在吐蕃等处宣慰司都元帅府管内，是为后者无疑。乙，从延祐七年（1320），这一宣慰司长官的人员变动即可知二者的一致。此年八月丁卯，"脱思马部宣慰使亦怜真坐违制不发兵，杖流奴儿干之地"，"十月乙丑，帝师请以醮八儿监藏为土蕃宣慰（司）[使]都元帅"[③]获得认可。这应是先后相承的事件。如此点不误，"脱思马（麻）部宣慰使"与"土蕃宣慰（司）[使]都元帅"应相同，则其司也当无异。丙，《明史》将元代的吐蕃等处宣慰司都元帅府一律省称吐蕃宣慰司，或陕西行省吐蕃宣慰司。[④]因此，学者们认为"吐蕃等处宣慰使司都元帅府，简称吐蕃宣慰司"[⑤]。

那么，它与脱思麻宣慰司是并列的两个宣慰司吗？我们的回答是否定的。理由如下：

其一，据《元史·地理志》，陕西等处行中书省吐蕃等处宣慰司都元帅府条下记有"脱思麻路"[⑥]。后者当为前者之下属机构。其二，《元史·百官

① 《元史》卷22《武宗一》。
② 《元史》卷12《世祖九》;《元史》卷39《顺帝二》。
③ 《元史》卷27《英宗一》。
④ 《明史》卷42《地理三·陕西》记"元礼店文州军民元帅府，属吐蕃宣慰司"，文州、河州、洮州、雅州等"元属陕西行省吐蕃宣慰司"，诸地皆在吐蕃等处宣慰司都元帅府管内。
⑤ 陈得芝：《元代乌思藏宣慰司的设置年代》，见《元史及北方民族史研究集刊》第8辑。
⑥ 《元史》卷60《地理三·陕西等处行中书省》。

志》宣政院下也有相同记载，而且有关“脱思麻”的机构均在“吐蕃等处宣慰司都元帅府”之下。[①]两者应是隶属关系而非并列关系。至于称脱思麻宣慰司者，与这样三个因素有关：第一，脱思麻路是该宣慰司下辖的两路之一。与河州路相比，辖区大，为吐蕃人聚居区，更具代表性，故以路名代称其所在司名。第二，脱思麻是该宣慰司的最初的辖区，而河州则是后属的[②]，前者更易与司通称。第三，脱思麻是藏史中的一个地名概念，它的含义在藏史中是确定的，在汉文史书中除了相对稳定的区域外，很难确切划出。而且，前者更易于消除中央与吐蕃地方、汉文与藏文在地名理解上的差异，故有是称。实则，藏史中只有脱思麻而无“吐蕃等处宣慰司都元帅府”[③]。为什么会出现将脱思麻宣慰司与吐蕃宣慰司并列的情况呢？我们认为，主要是两个名称使用上的混乱造成的结果。这里的“脱思麻宣慰司”应为“脱思麻路”之讹，而“土番宣慰司”则为“河州路”之误。元代未见将脱思麻路从吐蕃等处宣慰司中分出置司的记载，自然不会有上述情况发生。至于把河州路误作吐蕃宣慰司，那是由于河州是该宣慰司治所的缘故。[④]礼店蒙古军的归属是在一司之下的两路之间的调整，本意在于归司（宣慰司）治还是归省（陕西行中书省）治，在汉文史料中常把吐蕃宣慰司作为陕西行省下的属级机构（河州自属其一部分）。[⑤]产生上述混乱是不难理解的。从上述调整的背景也可知我们的推断不误，据《元史》记，“初，西川也速迭儿、按住奴、帖木儿等所统探马赤军，自壬子属籍礼店，隶王相府。后王相府罢，属之陕西省，桑哥奏属土蕃宣慰司，咸以为不便，大德十年命依壬子之籍”。次年四月“诏礼店军还属土番宣慰司”[⑥]，至秋七月才有前述调整的，它是在司与省之间进行的，由于陕西行省与吐蕃宣慰司管辖区交错复杂，造成了记载上的混乱。事实上也只此一条。因此，据上述材料说明当时存在脱思麻与吐蕃两宣慰司，或试图说明两者不同的做法并不正确。

---

① 《元史》卷87《百官三·宣政院》;《元史》卷34《文宗三》记，至顺元年四月，“土蕃等处脱思麻民饥，有司赈之”。是脱思麻在吐蕃等处宣慰司管内。

② 《元史》卷60《地理三·陕西等处行中书省》下“巩昌府”条记至元六年“以河州属吐蕃宣慰司都元帅府”。

③ 藏史中的“脱思麻”（mdo smad）与汉史中的“脱思麻路”当大同而小异。

④ 《元史》卷63《地理六·河源附录》，详见下文。

⑤ 《元史》卷60《地理三·陕西等处行中书省》，参见本书第六章。

⑥ 《元史》卷98《兵一·兵制》。

在史籍中还有“西番（蕃）宣慰司”，应视具体情况而定，如至元三十年（1293）“六月庚寅，诏云南旦当仍属西番宣慰司”[①]。此当指吐蕃等路宣慰使司都元帅府。而至大四年（1311）二月丁卯，“命西番僧非奉玺书驿券及无西蕃宣慰司文牒者，勿辄至京师，仍戒黄河津吏验问禁止”。则为泛指。毕达克认为，汉文史籍对吐蕃地区使用了三个地理名称：吐蕃、西番和乌思藏。“这并非同义语。蒙古沿袭宋代，以‘吐蕃’指其最东部旧宗哥王国及其邻近地带；‘西番’则是对四川西部和甘肃南部边境部落的通称；新的纯粹藏语名称‘乌思藏’用于指中藏。”[②]这种分法看上去很有道理，但是除了乌思藏指称中藏不误外，其他都是经不起推敲的。我们可以举出很多史料来说明“西番”不仅指今川西、甘南，包括吐蕃人在内的诸部，也指称吐蕃等处宣慰司、乌思藏地区，还用以泛称上述三个地区。《元史·百官志》“宣政院”条所记“吐蕃等处”、“吐蕃等路宣慰司”已与上说不合自不待言；《元史》中称乌思藏僧人为“西僧”或“吐蕃僧”同样不胜枚举。[③]“西蕃诸驿”也不是只指今川西甘肃驿传而包括所有藏区的驿站。“西番军务”、“西番茶提举司”[④]也同之。至治元年三月遣使赐“西番撒思加”金银财币[⑤]，是指后藏萨斯迦等。同样，“吐蕃”一词也不限于只指宗哥王国及近邻地区。至元十四年（1277）夏四月癸酉，“置榷场于碉门、黎州，与吐蕃贸易”[⑥]。是指川西地区吐蕃。至大四年七月己酉，“吐番寇礼店、文州，命总帅亦怜真击之”[⑦]。是指今四川西北、甘肃东南部地区的吐蕃人。而“郡县土番之地”以立宣政院[⑧]，此为藏区之通称。“帝师八思巴者，土番萨斯迦

① 《元史》卷17《世祖十四》。

② L.Petech, Tibetan Relations with Sung China and with the Mongols, in M.Rossabi (ed.), *China Among Equals*, University of California Press, 1983.

③ 《元史》卷27《英宗一》，至治元年十二月甲子，“命帝师公哥罗古罗思监藏班藏诣西番受具足戒”，自然是指乌思藏。

④ 《元史》卷19《成宗二》；《元史》卷24《仁宗一》等。

⑤ 《元史》卷27《英宗一》。

⑥ 《元史》卷9《世祖六》；同卷记至元十三年乙卯，“以吐蕃合答城为宁远府”；卷19《成宗三》，记吐蕃碉门等安抚司、运司合并事等；《元史》卷131《速哥传》；同书卷157《郝经传》等。

⑦ 《元史》卷24《仁宗一》；同书卷19《成宗二》，记元贞二年五月“土蕃叛，杀掠阶州军民”事等；《元史》卷180《赵世延传》等。

⑧ 《元史》卷202《释老传》；同书卷205《桑哥传》记“总制院者，掌浮图氏之教，兼治吐蕃之事”也如之。

人，族款氏”[①]，则专指乌思藏，足证毕达克所论不实。事实上，“吐蕃”与“西番”在指吐蕃方面并无地区差异，只是后者更宽泛一些，还包括非吐蕃人的其他部落，且多用于泛称。

二、吐蕃等处宣慰司的建立年代

关于吐蕃等处宣慰司的建立年代，清人顾祖禹谓“元宪宗始于河州置吐蕃等处宣慰司都元帅府”[②]。然《元史·宪宗纪》未记这一建置。又《元史·地理志》“陕西等处行中书省”下“巩昌府”条记，至元六年（1269）“以河州属吐蕃宣慰司都元帅府”[③]。那么，此前河州似不当归该宣慰司管辖，自然也非司治所在。

据《元史》卷133《叶仙鼐传》记“仙鼐幼事太祖于潜邸，从征土蕃、云南，常为前驱。……中统元年（1260），从征阿里不哥，与其党遇，大呼驰击之，其众骇溃，赏白金貂裘。明年，讨李璮，以功赏白金五百两。授西道都元帅、金虎符、土蕃宣慰使。……为宣慰使历二十四年，迁云南行省平章政事”[④]。那么他之受任吐蕃宣慰使当在至元初年。吐蕃宣慰司的设置约在此时。[⑤]至元元年，是管理全国佛教及吐蕃事务的中央机构——总制院的建立之年，从而也设置吐蕃等处宣慰司，实属自然。但是，此前管理这一地区的地方行政机构是什么呢？会不会像乌思藏地方一样，在宣慰司之前置有“军民万户府”？这些都有待探讨。

值得注意的两点是：其一，蒙哥汗即位后，“改更庶政”、设官分职，以其弟忽必烈领漠南汉地，以牙老瓦丁、不只儿等充燕京等处行尚书省事，赛典赤佐之，以讷怀、塔剌海等充别失八里等处行尚书事，暗都剌兀尊等佐之，以阿儿浑充阿母河等处行尚书省事，法合鲁丁等佐之，以茶寒（一作察罕）、叶了干（也柳干）统两淮等处蒙古汉军，以带答儿统四川等处蒙古汉

① 《元史》卷202《释老传》。
② 顾祖禹：《读史方舆纪要》卷65“陕西十四诸附考·西番朵甘卫都指挥使司”条；卷74《四川九》“附考·西番乌斯藏都指挥使司”条。
③ 《元史》卷60《地理三》。
④ 《元史》卷133《叶仙鼐传》。
⑤ 陈得芝：《元代乌思藏宣慰司的设置年代》。

军，“以和里解统土蕃等处蒙古汉军”，皆仍前征进，以僧海云掌释教事，以道士李真常掌道教事。[①]这显然是大蒙古国在所辖地区设立的较完备的行政机构，包括政教诸方面。而与“土蕃等处蒙古汉军”并列的是诸行尚书省及两淮、四川等与蒙古汉军这一以军事职能为主的行政设置，很可能与吐蕃等处宣慰使司都元帅府的设置（或改置）有一定的关系。其二，据《元史·地理志》记载，至元六年（1269），吐蕃宣慰司都元帅府已确定无疑的存在，而至元五年至八年（1268—1271）是该宣慰司的发展与完善时期，至元五年，“割安西州属脱思麻路总管府。六年，以河州属吐蕃宣慰司都元帅府。七年，并洮州入安西州。八年，割岷州属脱思麻路”[②]。一方面是安西州、洮州和岷州相继划归脱思麻路管辖，另一方面是河州纳入宣慰司。此言河州归脱思麻路者，盖因此年既是河州改隶之年，又是置路之年，它当与脱思麻路平级，故径称其归司。

三、吐蕃等处宣慰司的治所

据《元史》卷63记，黄河水“至贵德州，地名必赤里，始有州治官府。州隶吐蕃等处宣慰司，司治河州”[③]。《明史》也记，元“于河州设吐番宣慰司，以洮、岷、黎、雅诸州隶之，统治番众”[④]。毫无疑问，脱思麻宣慰司的治地在河州。但是，如我们上面引文所示，河州至元六年始归宣慰司管内，而此前该宣慰司业已存在，那么它的治所自然不会在河州，应该在什么地方呢？依据当时该宣慰司只管辖脱思麻路的状况，它应该是脱思麻路的一个行政中心。但汉文史籍未记其所在。依据藏文史书《汉藏史集》记载，元朝除了设在萨斯迦的乌思藏本钦之外，还在朵甘思的“gon gyo”和脱思麻的“gling chang”两却喀各设一名本钦。[⑤]“gon gyo”在今西藏自治区贡觉县贡觉地方。那么“gling chang”在什么地方？学者们将此与明代赞善王所在之灵

① 《元史》卷3《宪宗》。
② 《元史》卷60《地理三·陕西等处行中书省》。
③ 《元史》卷63《地理六·河源附录》。
④ 《明史》卷330《西域二·西番诸卫》。
⑤ 《汉藏史集》，第362页。

藏勘同。[①]《明史》记“赞善王者，灵藏僧也。其地在四川徼外，视乌斯藏为近”[②]。《中国历史地图集》第七册将灵藏标在今金沙江上游以东四川邓柯与德格两县之间地区。[③]这些地区按藏史作者的划分似在元代的朵甘思境，而非脱思麻地方，是否与“脱思麻之 gling chang”不协调呢？王森先生谓“藏文资料记载，元时所置三宣慰司都元帅府，一在萨迦，一在馆觉，一在灵藏，各设本钦一人，管理军民事务。馆觉与灵藏世族盖在元世已有根基，故明初于馆觉置护教王，于灵藏设赞善王。或仍沿元代旧制三区分治之意”[④]。这里的藏文资料大约即是我们上文所引《汉藏史集》的资料。如何解决藏汉史书对三个宣慰司记载上的这种差异呢？我们认为，问题的关键是在于对藏史的翻译与理解问题，即《汉藏史集》（第 262 页）中的 gling chang 能否译为“灵藏”？它是藏文词汇，还是汉译音？又，它是否可以与《朗氏世系史》（第 357 页）所提到的 gling tshang（灵藏）相互勘同？这些都有待研究。我们认为两者互不相同：gling tshang 是藏语词汇，汉语“灵藏”即是它的译音，其地在朵甘思，约当今四川德格的俄兹。而 gling chang 应是汉语词汇，原词是“临羌”，系藏语音译，其地在脱思麻，是指古代的“临羌城”即今青海湟源县。gling tshang（灵藏）地方也很可能设有宣慰司，但它与馆觉是一致的，均是朵甘思宣慰司的核心。乌思藏本钦（即萨斯迦本钦）与乌思藏宣慰司的一致，已如我们上文所论。我们也在藏史中发现了灵藏本钦的资料，而且也证明馆觉并未设立本钦或建置宣慰司都元帅府。馆觉与灵藏联系密切，很可能只是一个宣慰司，即朵甘思宣慰司。[⑤]而另一个宣慰司则应在脱思麻，具体说，当与汉文史书所记吐蕃等处宣慰司都元帅府（即脱思麻宣慰司）早先治地同处。

这个神秘的地方在哪里，虽然没有直接的说明材料，但依我们推测，它应在宗喀（今青海西宁市）或临羌（青海湟源县）。据《汉藏史集》记载，“在众生顶饰具吉祥萨斯迦派统治吐蕃三个却喀时期，出现过建立功业的本

① 王森：《西藏佛教发展史略》，第 241—242 页；邓锐龄：《元明两代中央与西藏地方的关系》，第 36 页。两位先生均将 gling chang 与汉文中的灵藏相勘同。

② 《明史》卷 331《西域三·乌斯藏大宝法王》。

③ 谭其骧主编：《中国历史地图集》第七册，中华地图学社 1975 年版。

④ 王森：《西藏佛教发展史略》，第 241—242 页。

⑤ 详见本书第五章。

钦、上师、格西、学者等。在这无数的贤哲伟人中，最早的是对萨斯迦立有大功的三人，即仲巴萨斯迦本钦释迦藏卜、东方脱思麻宗喀（tsong kha）地方的格西辇真尊追（rin chen brtson vgrus）、朵甘思的霍尔钦顿楚（hor chen ston tshul）”①。从这里可以看出，在萨斯迦管领三却喀时立有大功的三人各在一个却喀，而释迦藏卜是乌思藏本钦、顿楚则是当时朵甘思的总首领。②辇真尊追的职位虽未明言，其与前两者相类是不言而喻的，很可能即是脱思麻的首领官。如此推测不误，宗喀当为脱思麻本钦所在地，也即脱思麻宣慰司的早期治地。后来由于该司辖地扩大，尤其是向东发展，括及安西州、洮州、岷州，尤其是河州之后，才将治地东移，宗喀则为昌吉驸马所驻守。又前引《汉藏史集》明载，除萨斯迦本钦之外，另两个本钦，一在朵甘思的馆觉，一在脱思麻的临羌（gling chang），这里的“gling chang”我们认为即是位于今青海湟源的古临羌城，地在宗喀（西宁）。可见，与前说虽表述方式不同，其实质无异。如此，脱思麻宣慰司的早期治地初步可以确定在今青海湟源县或西宁市地区。后来则移徙到河州。

四、吐蕃等处宣慰司的辖区范围

在藏史中脱思麻是吐蕃三却喀之一，据《汉藏史集》记载，它的范围是“自黄河河曲以下到汉地白塔（rgya mchod rten dkar po）以上”地区。③也即所谓“畜牲马区”的范围。④黄河河曲在今甘南玛曲（dmav chu）一带；白塔，图齐（G.Tucci）考订其在凉州西南⑤，当误。藏史中的汉藏交界地区是指唐朝时唐蕃双方会盟划界而言的，玛曲是指黄河河曲的玛曲一带，绝不可能在凉州西南，我们认为它在河州一带，应是今甘肃永靖县之白塔。据《安多政教史》记，唐蕃甥舅失和，吐蕃赞普可黎可足（ral pa can）派兵大败唐军，“后由吐蕃的译师、班第达等，唐朝的和尚们从中调解。以唐朝的公谷梅如（gong gu rme ru）作为唐蕃两国交界之地，由吐蕃赞普和唐朝皇帝各于彼处

① 《汉藏史集》，第 400—401 页。
② 《汉藏史集》，第 328 页；《朗氏世系史》，第 356—360 页。
③ 《汉藏史集》，第 278 页，又见《西藏王臣记》、《安多政教史》等书。
④ G.Tucci, *Tibetan Painted Scrolls*, I, Roma 1949 note 38.
⑤ G.Tucci, *Tibetan Painted Scrolls*, I, note 38.

修建一座寺庙。此寺被认为即现在的白塔寺”[①]。这应是藏史作家所理解的汉藏交界处。这样，藏史中的脱思麻是指玛曲以北到今甘肃永靖南部之间地区，这是它的南北范围。

汉文史籍对其记载也嫌简略，且有混乱之处。《元史》卷60《地理志三·陕西等处行中书省下》有“土蕃等处宣慰使司都元帅府”条，同书卷87《百官三》“宣政院下”也有“吐蕃等处宣慰司都元帅府”。关于两者的关系，下文将予讨论。两者所辖机构大致相同，但也有一定的差异。我们先列地理志所载辖地于此。

（1）河州路。下。领县三：定羌，下。宁河，下。安乡，下。

（2）雅州。下。领县五：（石）［名］山，下。泸山，下。百丈，下。荣经，下。严道，下。

（3）黎州。下。领县一：汉源。下。

（4）洮州。下。领县一：可当。下。

（5）贵德州。下。

（6）茂州。下。领县二：（文）［汶］山，下。汶川。下。

（7）脱思麻路。

（8）岷州。下。

（9）铁州。下。

（10）碉门鱼通黎雅长河西宁［远］等处宣抚司。

（11）礼店文州蒙古汉儿军民元帅府。

据谓“白河州以下至此多阙，其余如朵甘思、乌思藏、积石州之类尚多，载籍疏略，莫能详录焉”[②]。看来，这只能是一个残缺不全的地理名单了。相比之下，《元史》卷87《百官三》“宣政院”条的记载就要完备一些，或许能接近它的本来面目。宣政院辖下的吐蕃等处宣慰司都元帅府辖地（机构）有：

（1）脱思麻路军民万户府。

（2）西夏中兴河州等处军民总管府。

（3）洮州元帅府。

（4）十八族元帅府。

---

① 《安多政教史》，第17页。

② 《元史》卷60《地理三·陕西等处行中书省》。

（5）积石州元帅府。

（6）礼店文州蒙古汉军西番军民元帅府、礼店文州蒙古汉军奥鲁军民千户所、礼店文州蒙古汉军西番军民上千户所、礼店阶州西水蒙古汉军西番军民总把二员。

（7）吐蕃等处招讨使司，属附有脱思麻探马军四万户府、脱思麻路新附军千户所等。

（8）文扶州西路南路底牙等处万户府。

（9）凤翔等处千户所。

（10）庆阳宁环等处管军总把一员。

（11）岷州十八族周回捕盗官二员。

（12）常阳贴城阿不笼等处万户府。

（13）阶文扶州等处番汉军上千户所。

（14）贵德州。

（15）必呈（里）万户府。

（16）松潘（客）[宕] 叠威茂州等处军民安抚使司。

（17）静州茶上必里溪安乡等二十六族军民千户所。

（18）龙木头都留等一十二族军民千户所。

（19）岳希蓬萝卜村等处二十二族军民千户所。

（20）折藏万户府。

两相比较，有两点值得注意：其一，上述名单在前者中还应补上积石州。《元史》载，太祖二十二年（1227）丁辛春，帝留兵攻夏王城，自率师渡黄河攻积石州。州距该宣慰司治地不远，应在管内。又《明史·地理志三·陕西·河州》条下注谓，“河州，……又西北有积石州，元属吐蕃宣慰司，洪武四年正月改置积石州千户所”①。其二，后者较前者范围更为广大，其中，西夏中兴等处总管府、庆阳宁环等处、凤翔等处等，后来均不在宣政院的直接管辖之内。这说明吐蕃等处宣慰司，既存在归陕西等处行中书省，又归宣政院管辖的两属情况，同时也存在着辖区大小的前后变化。

此外，吐蕃等处宣慰司（脱思麻宣慰司）与吐蕃等路宣慰司（朵甘思宣

---

① 《明史》卷42《地理三·陕西》。

慰司）的交界问题也值得注意。在西段地区是以黄河及巴颜喀拉山为界，大致不误；在东段，也即今川西地区，情况就稍微复杂一些。在这里吐蕃等处宣慰司（脱思麻宣慰司）与吐蕃等路宣慰司（朵甘思宣慰司）是怎样划分的，交界在什么地方？具体说，碉门鱼通黎雅长河西宁远等处宣抚司究竟属哪一个宣慰司？要圆满地予以回答是很困难的，我们认为两宣慰司在今川西一带往往是交错管理的，机构也多，且间有变化。至于碉门鱼通黎雅长河西宁远等处宣抚司，应该属脱思麻宣慰司。因为，《元史·地理志》不仅记载该宣抚司在脱思麻路管内，而且雅州、茂州，尤其是黎州也在管内，而黎州在该宣抚司之南，碉门、鱼通又在雅州管内①，是其当属脱思麻宣慰司；《明史·地理志》也记述雅州、黎州“元属陕西行省吐蕃宣慰司”②。为什么会出现两属的情况呢？我们推测它当与先后归属不同有关。属脱思麻宣慰司者称“碉门鱼通黎雅长河西宁［远］等处宣抚使”，而属朵甘思宣慰司者则称“碉门鱼通黎雅长河西宁远等处军民安抚使司”③。据《元史》卷23《武宗二》记，至大二年（1309）秋七月，镇西武靖王搠思班与脱思麻宣慰司曾奏言，将“松潘叠宕威茂州等处安抚司”改为“宣抚司”，上述机构或许也有类似变革，所属也如之。

五、吐蕃等处宣慰司与萨斯迦地方势力的关系问题

在前文中，我们已辨析了所谓忽必烈向八思巴供养吐蕃三却喀之说之不实的问题。在这里，我们要进一步探讨萨斯迦教派管理吐蕃三却喀的问题。有一种说法谓：元代的萨斯迦有权管理吐蕃三却喀即整个吐蕃地区事务，从而在当时存在一个所谓的行政上的大藏区。事实上这是一种误解。元朝的吐蕃地区是在宣政院及其下设机构的直接领导之下的。帝师作为总制院的最高长官及对宣政院事务具有巨大影响力的朝廷官员，在吐蕃地方长官的选用及地方政教事务的发展与改革方面，确实起到十分重要的作用，但他们不是吐

① 《元史》卷60《地理三·陕西等处行中书省》，同书卷6《世祖三》记，至元二年闰五月丙辰，“雅州碉门宣抚使请复碉门城邑，诏相度之”。此“宣抚使”《地理三》作“安抚使”。

② 《明史》卷43《地理四·四川》。

③ 《元史》卷60《地理三·陕西等处行中书省》，卷87《百官三·宣政院》。

蕃事务的主宰者。真正曾受命管领吐蕃三却喀事务的是白兰王，但是由于恰那朵儿只的过早去世及元世祖在吐蕃地方改革行政体制与加强中央集权措施的推行，后世的白兰王只有受命管理吐蕃三却喀之名，而无号令吐蕃地方之实。除了所谓供养三却喀之说以外，以上两点是形成有关萨斯迦教派管辖吐蕃三却喀的重要依据。

关于却喀及相关问题，我们已有专文讨论（见本书附录部分），这里要辨明的一个史实是，吐蕃等处宣慰司不归萨斯迦教派管理。理由有以下几点：其一，在可以看到的藏文帝师法旨中，没有一件是颁给吐蕃等处宣慰司或脱思麻宣慰司的，也无一件涉及该地区的政教事务。这与乌思藏宣慰司的情况迥然相异。其二，从藏汉文史书记载来看，除了由第八任帝师公哥罗古罗思监藏班藏卜推荐，醮八儿监藏被任命为吐蕃宣慰使司都元帅之外，没有关于萨斯迦政教首领参与该路宣慰司重大行政事务的记载。其三，元代伯木古鲁万户长赏竹监藏在《朗氏世系史》中说："薛禅皇帝和喇嘛八思巴结为供施关系后，萨斯迦派虽充当瞻部洲之主宰者，但势力范围甚小，它之占有瞻部洲之中的乌思藏康三区，而在乌思藏康三区中，萨斯迦派只直接管辖乌思藏和康区。"[①]未明言包括脱思麻地区。其四，《汉藏史集》记载，"在众生顶饰具吉祥萨斯迦派统治吐蕃三却喀时期里，出现过建功立业的本钦、上师、格西、学者等。在这无数的贤哲伟人之中，最早的是对萨斯迦建立功勋的三人，即仲巴萨斯迦本钦释迦藏卜、东方麦地宗喀地方的格西辇真尊追、朵思兑的霍尔钦顿楚"。麦地大格西传出的后裔高贵而充满智慧，服侍上师，"为乌思藏地方事务献计出力"[②]。萨斯迦派管理吐蕃三却喀之说之真正依据已如上述。值得注意的是，东方麦地宗喀之格西后裔，其发挥才干的地方不是在脱思麻，而是为帝师所真正管理的乌思藏地区，由此可以看到，帝师在脱思麻及乌思藏两地中真正关心的，或者说具有权威的是后者，而非前者。其五，吐蕃三却喀均在宣政院管内，并不意味着它们的地位及行政管理体制完全相同。因为吐蕃等处即是一个宣政院和陕西行省的两属之地，其中还包括相当广阔的汉族及其他各族聚居区。可见，萨斯迦教派并没有直接管理吐蕃等处宣慰司，从而也不能说它管理吐蕃三区。

① 《朗氏世系史》，第254—255页。

② 《汉藏史集》，第400—401页。

六、吐蕃等处宣慰司的职官设置

据《元史》记“吐蕃等处宣慰司都元帅府，秩从二品。宣慰使五员，经历二员，都事二员，照磨一员，捕盗官二员，儒学教授一员，镇抚二员”[①]。这些职官与任职者名单、事迹多已湮没无闻，兹仅就所见列述诸宣慰使事迹如下：

（1）叶仙鼐　据《元史》记，其参与平定李璮之乱后“授西道都元帅、金虎符、土蕃宣慰使。仙鼐素熟夷情，随地阨塞设屯镇抚之，恩威兼著，顽犷皆悦服。赐金币钞及玉束带。为宣慰使二十四年”[②]。可能是首任脱思麻宣慰使，且是颇具功绩的一名地方官员。藏史记答失蛮建立吐蕃地区驿站后，朝廷派了一名叫ai ji lag的大臣，给以管理吐蕃驿站的诏书，任以同知（thong ji）之职前往吐蕃，由于他的功绩，驿传得以平安畅达，使上师、本钦、使者往来顺利。[③]这位ai ji lag，“在受命管理吐蕃驿站之前，当蒙古皇帝率军前往云南之时，掌管脱思麻的两个驿站，配合汉地的驿站，在收复云南的战争中效力，又掌管朵甘思合里（ga re）、忽必（go be）两个驿站”[④]。ai ji lag被学者们认为即是叶仙鼐。[⑤]从对音及经历看是没有什么问题的。据其本传“仙鼐幼事世祖于潜邸，从征土蕃、云南，常为前驱”。是指1253年南平大理之事。[⑥]至于其入吐蕃管理驿站，当是以西道都元帅、佩金虎符、吐蕃宣慰使的身份。则宣慰使有权管理驿站于此可知。

（2）辇真术纳思　《元史》记，至元二十九年（1292）二月庚寅，“宣政院臣言：授诸路释教都总统辇真术纳思为太中大夫、土蕃等处宣慰使都元帅”[⑦]。辇真术纳思，藏文应作“rin chen vbyung gnas”。其由僧主而出任宣慰使。此前

---

① 《元史》卷87《百官三·宣政院》。

② 《元史》卷133《叶仙鼐》。

③ 《汉藏史集》，第276—277页。

④ 《汉藏史集》，第276—277页。毕达克认为这两驿站即是《元史》卷17所记，至元二十九年受给马牛羊的“合里、忽必”二站。见L.Petech, Central Tibet and the Mongols, Roma, 1990, p.62。

⑤ 毕达克认为他还是邀请邬坚巴（u rgyan pa，1230—1309）到内地的mi dpon Iji Lag，见上揭书，第62—63页。

⑥ 《元史》卷4《世祖一》。

⑦ 《元史》卷17《世祖十四》。

一年二月，他以“陇西四川总摄”升任诸路释教都总统[①]，一年后即任宣慰使。去职年不详。

（3）沙的　史记至大二年（1309）九月己亥，“以陕西行台大夫、大司徒沙的为左丞相、行吐蕃等处宣慰使都元帅”[②]。是该宣慰司与陕西行省行政上关系密切。其去职时间不详。

（4）亦怜真　史记其至大四年（1311）闰七月，以总帅身份前往讨伐侵扰礼店文州的吐蕃部落。[③]此总帅或即都元帅府之总帅，也即宣慰使。延祐七年（1320）八月丁卯“脱思马部宣慰使亦怜真坐违制不发兵，杖流奴儿干之地”[④]。是宣慰使因失职遭处罚的事例。亦怜真即藏文“rin chen”。

（5）钦察台　延祐七年（1320），元学士倪镗所撰《儒学文庙碑记》谓，元朝加封孔子大成至圣文宣王，祀以太牢。而熙河襟带秦陇，表里番汉，顾瞻缺焉。“河州儒户张德载始自建宣圣庙于蒙塾。延祐二年，平章宣慰使钦察台重修殿阁廊庑，绘塑贤哲。继而，宣慰使着思吉巴拨田赡学，养育人才。延祐六年，孙张文焕诣阙下，祗奉恩言以归，一门煜耀，观听怂恿。越明年，文质文弼述其事，诣前史臣倪镗请记之。”[⑤]文庙在故河州之西南，河州为吐蕃等处宣慰使司治地，此宣慰使为该司长官无疑。据此知，延祐二年（1315）前后钦察台为该司宣慰使。

（6）着思吉巴　如上引文，着思吉巴担任该司宣慰使，且在钦察台任职之后，约在延祐二年至六年（1315—1319）之间，去职时间不详。

（7）醮八儿监藏　史载，延祐七年（1320）冬十月乙丑，“帝师请以醮八儿监藏为土蕃宣慰（司）[使]都元帅”[⑥]。醮八儿监藏，藏文似为rgyal ba rgyal mtshan。而此中之帝师，当指元代第八任帝师公哥罗古罗思监藏班藏卜。又《元史》卷34记文宗至顺元年（1330）二月乙酉，“以西僧加瓦藏卜、蘸八儿监藏并为乌斯藏、土蕃等处宣慰使都元帅”。此“蘸八儿监藏”与前者是一人之再次受任，抑或是同名的另一位新当政者，尚待进一步考订。

---

① 《元史》卷16《世祖十三》。
② 《元史》卷23《武宗二》。
③ 《元史》卷24《仁宗二》。
④ 《元史》卷27《英宗一》。
⑤ 碑文分见嘉靖《河州志·文籍志》，康熙46年《河州志》、《陇右金石录》等书。
⑥ 《元史》卷27《英宗一》。

（8）世荣 雍古氏，祖按竺迩，父国宝为领兵元帅，颇建奇功。国宝为蒙古汉军元帅兼文州吐蕃万户府达鲁花赤，招降吐蕃首领勘陁孟迦。至元四年（1267）卒。十五年，世荣袭职为怀远大将军、蒙古汉军元帅兼文州吐蕃万户府达鲁花赤。后以功进安远大将军、吐蕃宣慰使议事都元帅，佩三珠虎符。①其时叶仙鼐也在宣慰使任上，此“议事都元帅”当为五位宣慰使之一，与之并不相妨。

（9）锁儿哈 顺帝至正三年（1343）八月甲午朔，“命朵思麻同知宣慰司事锁儿哈等讨四川上蓬琐吃贼”②。是其曾任同知宣慰使。

（10）何锁南普 据《明实录》记，洪武三年（1370）六月“故元陕西行省吐蕃宣慰使何琐南普等，以元所授金银牌印宣敕诣左副将邓愈军门降”③。他应是元代脱思麻路最后一位宣慰使。次年正月被明朝授为河州卫指挥同知。④除了上述宣慰使都元帅、同知宣慰使及宣慰使议事都元帅之外，见于汉文史籍的还有经历和同佥吐蕃经略使等，如至正二十三年（1363）十二月，陈祖仁拜治书侍御史，弹劾宦者资政使朴不花与宣政院使桑骧之过，忤太子意“左迁吐蕃宣慰司经历”⑤。世祖时的张庭珍曾任同佥吐蕃经略使。⑥该司设官如前示颇多，因史载不详，已难一一探明。

第二节 吐蕃等处宣慰司的下辖机构

在《元史·百官七》“宣政院”条下列有吐蕃等处宣慰司的下辖机构名单，关于它们的设立年代及隶属情况都不十分清楚，尽管我们可以参照《元史·地理志》的记载或机构沿革状况做一些推断，比如《地理志》谓脱思麻辖有安西州、洮州、岷州等，则相应的“洮州元帅府”、“十八族元帅府”、“岷州十八族周回捕盗”机构等应属脱思麻路；安抚司之改为宣抚司，能看

① 《元史》卷 21《按竺迩传》。
② 《元史》卷 41《顺帝四》。
③ 《明实录》卷 53。
④ 《明实录》卷 60。
⑤ 《元史》卷 186《陈祖仁传》。
⑥ 《元史》卷 167《张庭珍传》。

出前者的大致年代等。但是，还有不少无法还其面目。因此，我们在这里一仍《元史》所载之旧，一一加以考辨，在各分条下陈其隶归，以免自囿于寡陋之失。兹考辨如下：

一、脱思麻路军民万户府

司属机构之一。秩正三品。达鲁花赤一员，万户一员，副达鲁花赤一员，副万户一员，经历一员，知事一员，镇抚一员。

脱思麻，藏文 mdo smad 之汉译。为吐蕃等处宣慰司都元帅府下辖的两路之一，且为较早和主要辖区，故也用以指称该司。脱思麻路当为脱思麻路军民万户府之省。又有脱思麻路总管府。[①]当与其密切相关，为管民与诸军奥鲁的机构。据《汉藏史集》记载，元代在吐蕃括户、置驿均自脱思麻的丹底水晶殿（今青海化隆回族自治县境）开始。其中脱思麻设有七个大的驿站。[②]但加上小驿站则更多。大德元年（1297）六月丙辰，"赐朵思麻一十三站贫民五千余锭"[③]。是其有十三个驿站。延祐元年（1314）四月，中书省奏中统宝钞一万锭赈济吐蕃三路驿站，脱思麻也为其一。[④]

脱思麻路军民万户府的辖区，南及黄河河曲，北与河州路相接，西包括贵德州等地，东与陕西行省、四川行省西部为邻。洮、岷、安西诸州，及礼店文州蒙古汉儿军民元帅府、碉门鱼通黎雅长河西宁远等处宣抚司等皆在管内。[⑤]

二、西夏中兴河州等处军民总管府

司属机构之一。秩正三品。达鲁花赤一员，总管一员，同知一员，治中一员，府判一员，经历一员，知事一员。属官：税务提领，宁河县官，宁河脱脱禾孙五员，宁河弓甲匠达鲁花赤。为吐蕃等处宣慰司所辖两路之一的河州路。据《元史》卷 60《地理三》记，元初河州归"巩昌路便宜都

---

① 《元史》卷 60《地理三・陕西等处行中书省》。
② 《汉藏史集》，第 275 页。
③ 《元史》卷 19《成宗二》。
④ 《元史》卷 24《仁宗一》。
⑤ 《元史》卷 60《地理三・陕西等处行中书省》。

总帅府”统辖，至元六年，始隶吐蕃等处宣慰司都元帅府。[①]又西夏中兴，治地在今宁夏银川市。中统二年（1261）立西夏中兴行省于此，至元三年（1266）罢行省而设宣慰司，直隶于中书省。八年，立西夏中兴等路行尚书省，不久改中书省，十年又罢。[②]屡经变革。至元贞元年（1295）罢宁夏行省，以其地并入甘肃行省。[③]未见将西夏中兴与属于陕西行省的河州联合置制的记载，或为一度之设，而未久置。根据吐蕃等处宣慰司属内有“庆阳宁环等处管军总把一员”和“凤翔千户所”来看，该总管府无疑是存在过的。“凤翔等处千户所，秩从五品。达鲁花赤一员，千户一员，百户二员。”上述两机构当归此总管府直辖。只是存在时间或很短，所以没有留下任何有关这一总管府活动的记载。

这个机构真正归吐蕃等处宣慰司管辖的常设机构是河州路，该宣慰司的治所即设于此。似先一度与西夏中兴联为军民万户府，后则分立为路。《元史·地理志》记其领定羌、宁河、安乡三县：（1）定羌县，本吐蕃所置阿诺城，宋熙宁七年（1074）改为定羌。[④]金称定羌城，元时升为县，曾为河州路治所，东至临洮三十五里，西至新宁河砦三十里。[⑤]（2）宁河县，本吐蕃香子城，宋熙宁六年（1073）拔之，置宁河砦。崇宁四年（1105）改为县。金仍属河州。元朝因之，后废为镇。又别有宁河砦。前者在州治之南六十里，后者在治东四十里，不相及。[⑥]至元九年（1272），于吐蕃西川界立宁河站。都实受命探查黄河源头，至河州，“州之东六十里，有宁河驿”[⑦]。是元代的宁河驿应为吐蕃故香子城。元代在这里设有宁河脱脱禾孙五员，以辨使臣奸伪。[⑧]又置“宁河县官”及“宁河弓甲匠达鲁花赤”，后者似为负责铸造兵器之官员。是宁河为河州路的重要军政据点之所在。（3）安乡县，本吐蕃所置城桥关。

---

① 《元史》卷60《地理三》。

② 《元史》卷4　14《世祖纪》；孛兰盻等撰：《元一统志》卷6，赵万里校辑，中华书局1966年版，第548—550页。

③ 《元史》卷91《百官七·甘肃等处行中书省》。

④ 《宋史》卷87《地理三》。

⑤ 《金史》卷26《地理下》；顾祖禹：《读史方舆纪要》卷60《陕西九》。

⑥ 《宋史》卷87《地理三》；顾祖禹：《读史方舆纪要》卷60《陕西九》。

⑦ 《元史》卷63《地理六·河源附录》。

⑧ 《元史》卷91《百官七》。

宋元符三年（1100），更名安乡关。在河州界北三十五里。[①] 金朝时归宁河县辖下为安乡城。[②] 元升县隶河州路。《明史》记，河州，元河州路，后为右卫，"又南有宁河县，东北有安乡县，元属河州路"，又东南有定羌巡检司[③]。《读史方舆纪要》也记安乡在州治东北五十里。[④] 则《中国历史地图集》第七册将此标在州治西北，或不妥。

三、洮州元帅府

秩从三品，设达鲁花赤一员，元帅一员，知事一员。领可当一县。[⑤] 元太祖二十二年（1227）破洮州。元初归巩昌府，至元五年（1268）入安西州。[⑥] 则其自然也归脱思麻路辖下。该州设有元帅府。[⑦] 泰定三年（1326）五月"洮州路可当县、临洮府狄邑［道］雨雹"[⑧]，则可当也在州内。该元帅府延续至元末。明初即其地置千户所。东临岷州，南至废叠州，西至生番界，为险要之地。[⑨]

四、十八族元帅府

秩从三品。置达鲁花赤一员，元帅一员，同知一员，知事一员。《元史》卷91《百官七》"元帅府"条下也列"十八族"，即指此。至元元年（1264）秋七月癸未，以西番十八族部立安西州，行安抚司事，归巩昌路便宜都总帅府管辖。[⑩] 五年，割安西州属脱思麻路总管府。这应是十八族归吐蕃等处宣慰司的时间。七年，并洮州入安西州，似该州内置两个元帅府。至元九年，十八族军在忙古带率领下参加了平定建都蛮叛乱的军事活动。[⑪] 十八族元帅

---

① 《宋史》卷87《地理三》；顾祖禹：《读史方舆论纪要》卷60《陕西九》。
② 《金史》卷26《地理下》。
③ 《明史》卷42《地理三·陕西》。
④ 顾祖禹：《读史方舆纪要》卷60《陕西九》。
⑤ 《元史》卷60《地理三·陕西等处行中书省》。
⑥ 《元史》卷60《地理三》。
⑦ 《元史》卷91《百官七》。
⑧ 《元史》卷50《五行一》。
⑨ 《明实录》卷60；《明史》卷42《地理三·陕西》。
⑩ 《元史》卷60《地理三》。
⑪ 《元史》卷7《世祖四》。

府一直存在到元末。明太祖洪武四年（1371）正月“西番十八族元帅包完卜乩、七汪肖遣侄打蛮及各族都管哈只藏卜、前军民元帅府达鲁花赤坚敦肖等来朝”，明太祖以其部立千户所，以包完卜乩为正千户，七汪肖为副千户。[①]

其地在洮州、岷州之间。故史有称其为“岷州十八族”者，如“岷州十八族周回捕盗官二员”之设即是。[②]也有称之为“洮州十八族”者，明代曾用兵定“洮州十八族”之乱。[③]二者当无差异。

五、积石州元帅府

置达鲁花赤一员，元帅一员，同知一员，知事一员，脱脱禾孙一员。积石州也在1227年为蒙古军所破。[④]大将按竺迩“从征积石州，先登，拔其城”[⑤]。建立首功。积石州，本宋积石军溪哥城。元符间（1098—1100）为河湟吐蕃溪巴温所据。大观二年（1108），臧征扑哥以城降，即其地建军。地在青海湖东一百余里，西宁州界南八十里地方。[⑥]元因之，置元帅府[⑦]，隶吐蕃等处宣慰司都元帅府。在河州西北部。潘昂霄《河源志》记，过贵德州，“又四五日，至积石州，即禹贡积石。五日，至河州安乡关”[⑧]。是积石州在黄河岸边，贵德州与安乡关之间，约在今青海循化撒拉族自治县境。元代在这里设立脱脱禾孙，是于此当置有驿站及辨使者奸伪的官员。明代即其地置千户所，隶河州卫。[⑨]

六、礼店文州蒙古汉军西番军民元帅府

秩正三品。置达鲁花赤一员，元帅一员，同知一员，经历、知事一员，镇抚二员，蒙古奥鲁相副官一员。《元史·地理三》记吐蕃等处宣慰司都元

① 《明实录》卷61。
② 《元史》卷87《百官三》。
③ 《明史》卷126《李文忠传》。《明史》卷132《王弼传》；《明实录》卷122等。
④ 《元史》卷1《太祖》。
⑤ 《元史》卷121《按竺迩传》。
⑥ 金大定二十二年（1182）改为州。
⑦ 《元史》卷91《百官七·元帅府》条下记有“积石州”。
⑧ 《元史》卷60《地理三》。
⑨ 《明实录》卷60。

帅府辖下“礼店文州蒙古汉儿军民元帅府”即此。蒙古控制这一带地区并于此置官施政较早，太宗八年（1236），大将按竺迩领炮手兵为先锋，破宕昌、残阶州。继之攻文州，断城中用水而拔之，招抚吐蕃酋长勘陁孟迦等十族，遂定文州。以功为元帅，佩金符，驻军汉阳礼店，戍守西和、阶、文州南界及西蕃边境。[1]是其时已在汉阳礼店置元帅府。又《元史》卷133记暗伯父秃儿赤“事宪宗，累官至文州礼店元帅府达鲁花赤”[2]。宪宗时该元帅府之存在可以无疑。嗣后，一度反叛的勘陁孟迦因按竺迩之子国宝之招入觐归附。国宝奏“文州山川险阨，控庸蜀，拒吐蕃宜城文州，屯兵镇之”。被采纳，世祖遂授其三品印，为蒙古汉军元帅兼文州吐蕃万户府达鲁花赤，与勘陁孟迦皆佩金符。[3]至元四年（1267），国宝临终前又令其弟国安袭其职。十五年，国宝子世荣继任为怀远大将军、蒙古汉军元帅、兼文州吐蕃万户府达鲁花赤。后以功进安远大将军、吐蕃宣慰使议事都元帅，佩三珠虎符。[4]弟世延继之为元帅，兼文州吐蕃万户达鲁花赤。[5]据此可知，礼店文州蒙古汉军元帅府，文州吐蕃万户府等，设置有蒙古汉军元帅和万户府达鲁花赤，一度为按竺迩及其后裔世袭，兹附其世系如次：[6]

按竺迩（按住奴）—
- 车里（彻里）——→ 步鲁合答
- 国宝（黑子、黑梓）→
  - 世荣（那怀）
  - 世延（赵世延）
- 国安（帖木儿）

但是，这一机构在当时并不属吐蕃等处宣慰司。据《元史·兵志一》记，“初，西川也速迭儿、按住奴（按竺迩）、帖木儿等所统探马赤军，自壬子属籍礼店，隶王相府，后王相府罢，属之陕西省。桑哥奏属土番宣慰司，咸以为不便，大德十年命依壬子之籍”[7]。这一部分探马赤军即是前述礼店文州等处元帅府军的主力。从壬子（1252）籍户之后即归礼店，隶安西王府管

① 《元史》卷121《按竺迩传》。
② 《元史》卷133《暗伯传》。
③ 《元史》卷121《按竺迩传》；《元史》卷132《步鲁合答传》。
④ 《元史》卷121《按竺迩传》。
⑤ 《元史》卷180《赵世延传》。
⑥ 《元史》卷121《按竺迩传》；《元史》卷132《步鲁合答传》；《元史》卷180《赵世延传》。
⑦ 《元史》卷98《兵一·兵制》。

辖。王相府罢后（1280），归陕西省。桑哥秉政时，奏归吐蕃宣慰司，大德十年（1306）又归礼店文州元帅府。由于有时归省管，故《元史·百官七》谓“李店文州”元帅府不属吐蕃宣慰司。[①]但次年四月，“诏礼店军还属土番宣慰司”[②]。是此后则相延不改，《明史》记：礼县，在秦州西南，“元礼店文州军民元帅府，属吐蕃宣慰司。洪武四年十一月置礼店千户所”[③]。

元代在礼店还置有蒙古军万户府，大德十一年（1307）七月“以礼店蒙古军万户府属土番宣慰司非便，命仍旧隶脱思麻宣慰司，防守陕州”[④]。关于此之辩正已见前文。《元史·地理三》将“礼店文州蒙古汉儿军民元帅府”列于“脱思麻路”之下。《续文献通考》谓“礼店文州军民元帅府隶图沙玛（脱思麻——引者）路”[⑤]均反映了这一方面的事实和认知。

蒙古奥鲁官及副官，当是负责管理随军来到礼店的老小，也即军户。这里自然是蒙古军户。

从上知，元代在礼店驻扎有蒙古军汉军和探马赤军，设置有蒙古汉军元帅府、蒙古军万户府等。在文州设置有吐蕃万户府。后则联合为礼店文州蒙古汉军西番军民元帅府，成为上级机构。此外，其辖下尚有三个机构：

1. 礼店文州蒙古汉军奥鲁军民千户所

秩从五品。置达鲁花赤一员，千户一员，副千户一员，总把五员，百户八员。主要是负责管理随军而来的家属老小，也即管理军户。

2. 礼店文州蒙古汉军西番军民上千户所

秩正四品。置达鲁花赤一员，千户一员，百户一员，新附千户二员。似为直接管理蒙古、汉军、西番诸军的机构。其详待考。

3. 礼店阶州西水蒙古汉军西番军总把二员

礼店治今甘肃礼县，阶州治今甘肃武都东南，西水疑即明代之犀牛江，其又名西汉水，今仍称西汉水。礼店驻军前已叙述。阶州，唐初称武州，后更名阶州，宋因之，元代治柳树城，距旧城东八十里。“旧领福津、将利二

---

① 《元史》卷91《百官七·元帅府》记李店文州等九府，“唯李（礼）店文州增置同知、副元帅各一员；其余八府，隶土蕃宣慰司，设官并同”。其时，该元帅府不归吐蕃等处宣慰司。

② 《元史》卷98《兵一·兵制》。

③ 《明史》卷42《地理三·陕西》，其治在礼店，即今甘肃礼县。

④ 《元史》卷22《武宗一》。

⑤ 《续文献通考》卷235《舆地七·陕西行中书省》。

县，至元七年并入本州。”[①]蒙古对此用兵亦早，1237年，按竺迩命侯和尚南戍沔州之后门，术鲁西戍阶州两水，此时已归蒙古治下。[②]元贞二年（1296）五月庚辰，“土蕃叛，杀掠阶州军民，遣只列等合兵讨之”。次年三月甲戌，“西蕃寇阶州，陕西行省平章脱列伯以兵进击，其党悉平，留五百人戍之”[③]。据《元史·兵志二》，此次战后“诏留总帅军百人及阶州旧军秃思马（脱思麻——引者）军二百人守阶州，余军还元翼”[④]。盖因阶州也在巩昌总帅府管内之故。嗣后该地常有战事发生。大德五年（1301），增兵阶州。泰定元年（1324）十二月乙亥，“陕西行省以兵讨阶州土蕃”，次年正月“阶州土蕃为寇，巩昌总帅府调兵御之”[⑤]。三年十一月，武靖王遣临洮路元帅盏盏招谕反抗的吐蕃部落。[⑥]这种反抗（叛）与镇压的斗争一直持续至元末。顺帝至正十四年（1354）九月仍有战事。

七、吐蕃等处招讨使司

秩正三品。置招讨使二员，知事一员，镇抚一员。《元史·百官七》“招讨司”条记有“土番”应即此。唯设官略异，设“达鲁花赤一员，招讨使一员，经历一员”，或因变化所致。该招讨使设置时间不详。据《元史·地理三》记，“成都路，……（至元）二十年（1283），又割黎、雅属吐蕃招讨司……”[⑦]是其在1283年时业已存在。

1. 脱思麻探马军四万户府

秩正三品。万户五员，千户八员，经历一员，镇抚一员。探马军即“探马赤军”之省。为各千户、百户与部落选出之精锐兵。脱思麻探马军当也属此。主要是参与经略吐蕃军事事宜。纽林的斤在其父亦都护巴而术阿而忒的斤与察合台后王笃哇叛军作战阵亡之后，请缨北征，世祖壮其行，赐食，妻

---

① 《元史》卷60《地理三·陕西等处行中书省》。
② 《元史》卷121《按竺迩传》。
③ 《元史》卷19《成宗二》。
④ 《元史》卷29《泰定帝一》。
⑤ 《元史》卷29《泰定帝一》。
⑥ 《元史》卷30《泰定帝二》。
⑦ 《元史》卷60《地理三·四川等处行中书省》。

以公主。"有旨师出河西，俟北征诸军齐发，遂留永昌。会吐蕃脱思麻作乱，诏以荣禄大夫平章政事，领本部探马等军万人，镇吐蕃宣慰司。威德明信，贼用敛迹，其民赖以安。"①"脱思麻作乱"当是指藏史中必里公联合西北叛王进攻萨斯迦，并被元朝中央军及萨斯迦本钦军击败的"必里公之变"，藏史称作"vbri khung gling log"②。它波及到脱思麻地区。时间大约在1290年前后。③纽林的斤的万人探马赤军镇守吐蕃宣慰司应即在脱思麻路的治所，是脱思麻四万户府的主力之一。职能在于维护地方安全，并奉命出征乌思藏。《元史》记诸路万户府中，"上万户府，管军七千之上。达鲁花赤一员，万户一员，俱正三品，虎符。副万户一员，从三品，虎符"④。这是一般定制，但在特殊地区，特殊条件下，也有例外，如至元二十九年（1292），世祖用兵爪哇时，即有"上万户府达鲁花赤四，万户皆四，副万户八，镇抚四，各佩虎符"⑤。脱思麻的探马军四万户约与此相类。

2. 脱思麻路新附军千户所

秩从五品。是元朝设在脱思麻的又一个军事机构。新附军是由在攻灭南宋过程中被俘降、新归附的南宋军组成的，也常常被派往吐蕃地区，如至元十六年（1279）六月丁丑朔，诏发新附军五百人，与蒙古军百人、汉军四百人戍碉门、鱼通、黎、雅等地。同年秋七月己未，以朵哥麻思之地算木多城为镇西府，发兵万人由李庭将之，内有新附军五千人。⑥由此看来，诸军联合戍守是元朝用兵的一种策略，庶几包含有相互制约的意味。脱思麻新附军千户所也属此例。惜史籍稀载，难窥其详。

3. 文扶州西路南路底牙等处万户府

文州，为至元九年（1272）冬十月所立。⑦治今甘肃文县。扶州治在今四川南坪附近。以西以南为吐蕃及其他部落杂居之地，置此万户府，治地不详。

---

① 《元史》卷122《巴而术阿而忒的斤传》。

② 《青史》，第268—269页；《红史》，第57页。

③ 《元史》卷17《世祖十四》记，至元二十九年（1292）九月甲申，乌思藏宣慰司言："必里公反后，站驿遂绝，民贫无可供亿。"次年二月，"诏发总帅汪惟和所部军三千征土番，又发陕西、四川兵万人，以行枢密官明安答儿统之，征西番"。"九月己未，明安答儿率军万人征土蕃……"即与此乱有关。

④ 《元史》卷91《百官七》。

⑤ 《元史》卷17《世祖十四》。

⑥ 《元史》卷10《世祖七》。

⑦ 《元史》卷7《世祖四》。

4. 庆阳宁环等处管军总把一员

庆阳、宁、环等地在今陕西北部与甘肃东部、宁夏东南部交界地区。似当为“西夏中兴河州等处军民总管府”存在时及其管下的机构，当与上司机构一样设立未久，即行撤销，史无详载。

5. 文州课程仓粮官一员

元代吐蕃等处宣慰司辖下与文州相关的机构有“礼店文州蒙古汉军西番军民元帅府”、“礼店文州蒙古汉军奥鲁军民千户所”、“礼店文州蒙古汉军西番军民上千户所”、“文扶州西路南路底牙等处万户府”、“阶文扶州等处番汉军上千户所”等机构。此文州课程仓粮官当与征收科差赋税、管理粮仓等以供军用有关。

6. 岷州十八族周回捕盗官二员

当是负责岷州十八族地方安全的官员，其详不明。

7. 常阳帖城阿不笼等处万户府

秩从三品。置达鲁花赤一员，千户一员。《元史》卷91《百官七》。元帅府条下有“当阳”、“帖城”。是该万户府由两元帅府联合而成。阿不笼所指何地，待考。

当阳：《元史》卷87《百官三》“宣政院”条作“常阳”；《明太祖实录》洪武四年正月辛卯条也作“常阳”。据此，中华书局版校订本改上述“当阳”为“常阳”[①]。实误，依我们之见，“常阳”应为“当阳”之形讹，后者为正字。“当阳”即“当彝”（或作“当夷”）。“后周置县，又置洪和郡于此，郡寻废，以县属同和郡，隋改属岷州，炀帝初，改属临洮郡，唐属岷州，神龙初（705）并入溢乐。”[②]其地在明岷州卫之西。《新增岷州志》谓“西魏同和郡溢乐县，周当夷县，和政县，俱在城（指岷州——引者）西”[③]。元于此置“当阳元帅府”，又与帖城阿不笼等合立万户府。明太祖时改为“常阳千户所”，属河州卫。[④]

帖城：帖城当为“铁城”之音讹而致。宋熙宁六年（1073），收复岷州，

① 《元史》标点本第八册，第2325页，校勘记第七条。

② 顾祖禹：《读史方舆纪要》卷60《陕西九》。

③ 《陇右稀见方志三种》之一，上海书店1984年版。

④ 《明实录》卷60。

十年置“铁城堡”隶岷州。[①]元于此置铁州，立铁城元帅府。《元史·百官七》作“帖城”元帅府。与当阳、阿不笼等合立万户府。与岷州俱属吐蕃等处宣慰司。明初太祖命大将李文忠从洮州铁城取道进攻吐蕃，又命陕西行省员外郎许允德招谕吐蕃十八族、大石门、铁城、洮州、岷州等处。[②]次年正月置铁州千户所，隶河州卫。[③]其地在岷州卫东北。又《大明一统志》记，西和州东十八里有铁城。旧西和州即元之岷州治所白石镇，洪武中移于新治。这里的西和州当指后者。是铁城在今甘肃岷县城东北十八里地方。顾炎武也谓，“铁城在岷州东北，宋熙宁七年（1074）置，元置铁州，属脱思麻路，后省”[④]。阿不笼，今地不详，约在当阳、铁城附近。明代于这一带置铁城、岷州和常阳三个千户所。

8. 阶文扶等处番汉军上千户所

秩正五品。置达鲁花赤一员，千户二员。管理番汉诸军之机构。其治地当在阶州，也即今甘肃武都附近。其详待考。

9. 贵德州

置达鲁花赤、知州各一员，同知、州判各一员，脱脱禾孙一员，捕盗官一员。至元十七年（1280），都实穷河源，得其方位，文谓“河水北行，转西流，过昆仑山，一向东北流，约行半月，至贵德州，地名必赤里，始有州治官府。州隶吐蕃等处宣慰司，司治河州。又四五日，至积石州，即禹贡积石”[⑤]。贵德，藏文作“khri ka”，即宋时河湟吐蕃所占据的溪哥城。《明史》记，河州“西南有贵德州，元属吐蕃宣慰司。洪武八年正月改置归德守御千户所”[⑥]。元还在这里设有脱脱禾孙一员，以稽查使用驿传的往来使者。其地在今青海贵德县境。

10. 必呈万户府

元置达鲁花赤二员，万户四员。《河源志》记，黄河过昆仑北，一向东

① 《宋史》卷 87《地理三·陕西》。
② 《明实录》卷 53。
③ 《明实录》卷 60。
④ 顾炎武：《天下郡国利病书》第 18 册“陕西上·岷州和政郡·铁城”条，第 101 页。
⑤ 《元史》卷 63《地理六·河源附录》。
⑥ 《明史》卷 42《地理三》。

北流，约行半月，“至贵德州，地名必赤里，始有州治官府”①。又《明实录》记“必里在吐蕃朵甘思界，故元设必里万户府”②。必呈当为“必赤里”或“必里”之异。似来自藏文，疑为“vbri”，意为“牦牛”，很可能与黄河此一段称牦牛河有关。明洪武四年十一月，“置必里千户所，属河州卫，以朵儿只星吉为世袭千户”③。还有“河州必里卫西番二十九族”④。该万户府是元在贵德州的主要行政建置。其治当在州治，即今青海贵德县。

八、松潘宕叠威茂州等处军民安抚使司

秩正三品。设达鲁花赤一员，安抚使一员，同知一员，佥事一员，经历、知事、照磨各一员，镇抚一员。威州保宁县，茂州（文）[汶]山县，（文）[汶]川县皆隶辖下。（1）松即松州。唐武德元年（618）置。元仍为松州。至元十八年（1281）秋七月庚戌，“以松州知州仆散秃哥前后射虎万计，赐号万虎将军”⑤。明洪武初，龙州知州薛文胜、指挥佥事曾贵征松州及茂、威等处克之，即古松州地置松潘卫。不久改为军民指挥使司，领千户所一，长官司十七，安抚司十七。⑥（2）潘即潘州。潘州因宋时其地为吐蕃首领潘罗支管领而得名，元世祖时，以松州、潘州属吐蕃宣慰司。⑦《明史》记，松州之北有潘州卫，洪武中，以故潘州置，西有岷州。当为元潘州位置。（3）宕即宕昌。唐末归吐蕃。宋熙宁中（1068—1077）收复。七年（1074），宕昌砦属岷州。（4）叠即叠州。宋熙宁初开复。高宗南渡，地归金，元仍曰叠州，属脱思麻路。⑧叠州城在叠水之西南，距明代新城三百余里。“皇子阔端之镇西土也，承制以阿哥昌为叠州安抚使”，是叠州置安抚使较早。（5）威即威州。旧维州。因与潍州声相近而改名。宋代领有保宁、通化二县。元至

---

① 《元史》卷63《地理六·河源附录》。

② 《明实录》卷69“洪武四年十一月”条。

③ 《明实录》卷69。

④ 《明史》卷80《食货四·茶法》，记此，原文作“二十六族”。据《明会典》卷37《明经世文编》卷115，第1072页，杨一清“修复茶马旧制疏”当作“二十九族”。

⑤ 《元史》卷11《世祖八》。

⑥ 罗曰褧：《咸宾录》，中华书局1983年版，第198页。

⑦ 《续文献通考》卷241《四裔五》，第4760页。

⑧ 《新增岷州志》，《陇右稀见方志三种》之一，上海书店1984年版。

元十九年（1282），并保宁县入州，领通化一县。[①]归四川等处行中书省管辖，旧治在西北凤坪里。[②]至元四年（1267）五月丙申，威州山后大番弄麻等十一族来附，赐以玺书、金银符。七年五月甲辰，汝凤川番族八千户内附，其酋长来朝，授宣命，赐金符。[③]（6）茂州，宋领汶山、汶川二县。汶山为州治所。元仍依其旧。[④]“文”本作“汶”。

元代初即在上述诸地设有安抚司。至元二十年（1283）二月，省威、茂二州安抚司。[⑤]后则设松潘叠宕威茂等处安抚司。武宗至大二年（1309）秋七月壬辰，宣政院臣言：“武靖王搠思班与朵思麻宣慰司言：‘松潘叠宕威茂州等处安抚司管内，西番、秃鲁卜、降胡、汉民四种人杂处，昨遣经历蔡懋昭往蛇谷陇迷招之，降其八部，户万七千，皆数百年负固顽犷之人，酋长令真巴等八人已尝廷见。今令真巴谓其地邻接四川，未降者尚十余万。宣抚司官皆他郡人，不知蛮夷事宜，才至成都灌州，畏惧即返，何以抚治，宜改安抚司为宣抚司，迁治茂州，徙松州军千人镇遏，为便。’臣等议，宜从其言。”遂诏改松潘叠宕威茂州安抚司为宣抚司，迁治茂州汶川县。[⑥]以此知：其一，该司在至大二年（1309）以前称安抚使司，此后称宣抚司。且由镇西武靖王与脱思麻宣慰司联合建议，经皇帝批准得以实现，说明其隶属与管领关系。其二，原安抚司的治所当在松州，经此改迁，始治茂州汶川。随此，徙松州军千人往镇。故《明史》谓“茂州，元治汶川县，属陕西行省吐蕃宣慰司”[⑦]，但松州至明时仍为重地，置有松潘卫以管领诸州。该安抚司辖下机构有：

1. 静州茶上必里溪安乡等二十六族军民千户所

置达鲁花赤一员，千户一员。静州等地不详，当为招抚茂州以西部落所置。《明实录》记“四川茂州陇木头、静州、岳希蓬、汶山、汶川及寒水巡检司、威州宝宁等县土官，同茂州权知州杨者七等入朝贡马，以此置汶山、汶川、陇木头、静州、岳希蓬长官司”[⑧]。又《明史》记“茂州，元治汶山

① 《元史》卷60《地理三·四川等处行中书省》。
② 《明史》卷43《地理四·四川》。
③ 《元史》卷6《世祖三》。
④ 《续文献通考》卷235《舆地七》，第4709页。
⑤ 《元史》卷12《世祖九》。
⑥ 《元史》卷23《武宗二》。
⑦ 《明史》卷43《地理四·四川》。
⑧ 《明实录》卷89“洪武七年五月”条；《续文献通考》卷241《四裔五》，第4760页。

县……西北有黄崖关，有汶山长官司，又南有静川（州）长官司”[①]，是其地在茂州管内。静州为唐之番唐县地，元代于此置千户所，至明代其长为静州里人，正德年间（1506—1521）曾参与叛乱，围攻茂州被压服。[②]茶上必里溪安乡等地约与静州地相邻接，当在茂州治汶川以南地区。其详待考。

2. 龙木头都留等十二族军民千户所

置达鲁花赤一员，千户一员。龙木头，一作陇木头。据《明史》记“陇木头长官司”在茂州汶川县东南。[③]在茂州通西番要地有桃坪，此有绳索桥，渡江守桃坪者陇木司，其长官即陇木巴人。[④]都留所在应与此地相近。

3. 岳希蓬萝卜村等处二十二族军民千户所

置达鲁花赤一员，千户一员。明代有“岳希蓬长官司”在茂州汶川县西南。[⑤]是其地东接静州，再东为陇木头，地均在汶川县（今四川汶川）以南地方。洪武七年（1374）五月入贡，明于其地置司。正德间其酋长与静州长官反叛被平息。

4. 折藏万户府

当与静州、茂州等地相连或相去不远。据《明太祖实录》卷109记载，永乐十六年正月己未，“西宁卫隆奔等族扎省吉省、吉尔迦等及洮州卫著藏族头目失迦谛等来朝，贡马”。后者被封为“正千户”，他是“著藏族”的首领。《明宣宗实录》卷15，在记述了宣德元年三月戊戌“陕西洮州卫着藏族故土官正千户些的子昝秀乩等贡马”后，相继在该书卷24宣德二年二月壬戌条，卷25宣德二年二月丁丑条，卷100宣德八年三月癸未条，卷101宣德八年四月壬寅条等条中，皆记有“陕西洮州卫”等地区的“着藏族”或“著藏族”，以及他们与明朝往来，接受封号或朝贡的状况。这里的“着藏族”或“著藏族”，即是元代“折藏万户”的遗民。据此知，元代的折藏万户包括明代洮州卫的部分地区。

又据《明宪宗实录》卷45成化三年八月庚申条，及顾炎武《天下郡国利病书·巩昌府志·纳马夷》等记载，岷州卫也有“着藏族”或“著咂族”。

---

① 《明实录》卷43《地理四·四川》。
② 《续文献通考》卷241《四裔五》。
③ 《明史》卷43《地理四·四川》。
④ 同上书。
⑤ 同上书。

《明宪宗实录》卷 24 成化元年十二月乙未条，卷 25 成化二年正月庚午条，卷 55 成化四年六月壬寅条，卷 64 成化五年闰二月壬戌条，卷 149 成化十二年正月辛未条等条中，皆记“陕西岷州卫”的“占藏族”。“占藏族”与“着藏族”、“著藏族”一样，是“折藏族”之异写，也是元代折藏万户部落之余裔。可见，元代的折藏万户府大致在当时的洮州、岷州一带，也即明代的洮州卫、岷州卫境内，约当今甘肃省卓尼和岷县一带地区。

第五章 元代的吐蕃等路宣慰司

吐蕃等路宣慰司即吐蕃等路宣慰使司都元帅府，又可省称为朵甘思宣慰司。本章分两节讨论其有关概况及辖下机构。

第一节 与吐蕃等路宣慰司有关的几个问题

史籍对吐蕃等路宣慰司的记载，除《元史·百官三》“宣政院”条较详细的下辖机构名单而外，其他史料极为少见，它的建立年代、治所及管辖范围、长使等均不清楚，本节拟依藏汉资料加以考察，提出个人的粗浅见解。

一、吐蕃等路宣慰司的建立年代

吐蕃等路宣慰司，见于《元史》记载的只有二处：一是《元史》卷87《百官三》记有“吐蕃等路宣慰使司都元帅府”及下辖机构；二是“泰定二年（1325）春正月戊申，以乞剌失思八班藏卜为土蕃等路宣慰使都元帅，兼管长河西、奔不儿亦思刚、察沙加尔、朵甘思、朵思麻等管军达鲁花赤，与其属往镇抚参卜郎”[①]。那么，除了知道1325年就已有吐蕃等路宣慰司外，直接说明的史料就没有了。由于该路宣慰司是以藏史中的朵甘思的区域为基础的，也可省称朵甘思宣慰司。在藏汉史书中，还有关于大吐蕃地区三路或三道之说，藏史称此为却喀，伯希和（P.Pelliot）早已指出，此词是蒙古语借

---

① 《元史》卷29《泰定帝一》。

词，蒙语作 Colgel，而 Colgel 在蒙文文献中就是汉字的“路”或“道”之对译。[①] 汉史对吐蕃地区也有三道之说，且所指与藏史无异。如“皇庆二年（1313）十二月，搠思班武靖王令旨，言于宣政院，谓乌思藏、朵甘思、朵思麻三路站赤，近年以来，马匹病死，人户贫乏，请闻奏赈济事”[②]。“至治二年（1322）御史台承奉中书省札符”对前往“乌思藏等三路宣慰哥公干”的使者使用驿站做了明确的规定与限制。[③]“泰定三年（1326）五月丁卯，以帝师兄锁南藏卜领西番三道宣慰司事，尚公主，赐王爵。”[④] 这里说明：其一，我们上文关于吐蕃三区与汉史三宣慰司的一致，及本钦与宣慰使的相应无差的观点是正确的，为我们下面讨论该路宣慰司治所及长使提供了依据。其二，三路（道）宣慰司的划分毋庸置疑，以及吐蕃等路宣慰司至少在 1313 年就已存在的事实。推断该宣慰司建立年代的又一条依据是，桑哥奏改总制院为宣政院是以“总院制所统西蕃诸宣慰司，军民财谷，事体甚重，宜有以崇异之，奏改为宣政院”[⑤]。此事在至元二十五年（1288），其时西蕃诸宣慰司均已存在，那么吐蕃等路宣慰司自在其中，说明 1288 年以前已有此司。

据学者研究，“管辖朵甘思等地的机构初为招讨司，后改安抚司、宣抚司，最后才设置宣慰司；宣慰司的设置年代不会早于世祖至元年间”[⑥]。一般认为，与吐蕃等路宣慰使司关系最为密切的是“碉门鱼通黎雅长河西宁远军民宣抚司”。我们前文已说过，该宣抚司在后来是属于吐蕃等处宣慰司管辖的，而在早期则在吐蕃等路宣慰司管内（这中间的划分时间尚难遽断，约在世祖至元末至成宗时期）。我们在这里要澄清的两个问题是，其一，顾祖禹谓“元宪宗始于河州置叶蕃等处宣慰司都元帅府，又于四川徼外置碉门鱼通黎雅长河西宁［远］等处宣抚司”[⑦]。关于河州设宣慰司说之误，已如前文所辨，四川徼外置宣抚司之说也不正确。据《元史·世祖纪》载，至元初年在这一带地区设置的管理机构有“雅州碉门宣抚司”，而在鱼通岩州等处置有

① P.Pelliot, Notes sur le Turkestan de M.W.Barthold, in *T'oung Pao*, 27（1930）, pp.12-56.

② 《永乐大典》卷 19421《站赤六·经世大典》。

③ 《永乐大典》卷 19425《站赤九·元朝典章》。

④ 《元史》卷 30《泰定帝二》。

⑤ 《元史》卷 15《世祖十二》;《元史》卷 205《桑哥传》。

⑥ 陈得芝：《元代乌思藏宣慰司的设置年代》，《元史及北方民族史研究集刊》1984 年第 8 期。

⑦ 顾祖禹：《读史方舆纪要》卷 65《陕西十四·诸附考》“西番朵甘卫都指挥使司”条。

达鲁花赤。[①]直至大德二年（1298）春正月己酉，始“并土蕃、碉门安抚司、运司，改为碉门鱼通黎雅长（沙）[河] 西宁远军民宣抚司”[②]。那么，宪宗时代置有相关机构是无疑的，而未置此宣抚司同样是无疑的。其二，该宣抚司与吐蕃等路宣慰司应是隶属关系，而非先后承接关系，也即后者不是改前者所新置。我们从上文两司存在的年代已可看出，宣慰司在1288年以前业已存在，而宣抚司在1298年方始产生。后者自然不可能是前者建立的基础。至此，我们仍未正面回答该宣慰司的建立年代问题，据目前所见资料也无法明确下断论，大约在1264—1288年之间。今存的延祐三年（1316）四月某日中书礼部所造的八思巴字拼写汉文“亦思麻儿甘万户府印”（后详），给我们提出了一些新问题：这个铜印是因亦思麻儿甘万户府（元史又作“亦思马儿甘万户府”）新成立而制造的，还是在原印失去或行政机构变化之后新铸的？如果是前者，那么亦思麻儿甘万户府是在吐蕃等路宣慰司（即朵甘思宣慰司）成立之后成立的，还是与之同时建立的？这些都有待进一步探讨。但依据桑哥在至元二十五年（1288）因“总制院所统西蕃诸宣慰司，军民财谷，事体甚重，宜有以崇异之，奏改为宣政院”的情况看，此时吐蕃等路宣慰司应当已经成立。

二、吐蕃等路宣慰司的治所

汉文史书对该路宣慰司治所一无记载。《明实录》卷85记洪武六年（1373）十月己卯“锁南兀即尔仕元为司徒，镇守朵思麻、朵甘思两界，及归本朝，授朵甘卫指挥佥事”。据此，有学者认为元代吐蕃等路宣慰使司都元帅府治所似应在朵甘思之边境，距脱思麻宣慰司界不远，大致在今青海东南部玛沁一带。[③]也有学者不同意此说，认为这一定位“似偏东了一些，应是在青海玉树或甘孜北部的某地”[④]。前说所依证据虽然有一定道理，但似乎未能得出那样确定的结论。玉树，在玛沁之西，而甘孜在其东，何以言前说“偏东”呢，两地相距非近，治所何在，后说似不够明确。

---

① 《元史》卷6《世祖三》。
② 《元史》卷19《成宗二》。
③ 任乃强、泽旺夺吉：《“朵甘思”考略》，《中国藏学》1989年第1期。
④ 陈庆英：《元朝在藏族地区设置的军政机构》，《西藏研究》1992年第3期。

我们认为，第一，从上引材料看，该宣慰司治地距脱思麻不很遥远。第二，它与明代在这一地区所设的核心机构应有关联。

《明史》记“朵甘，在四川徼外，南与乌斯藏邻，唐吐蕃地。元置宣慰司、招讨司、元帅府、万户府，分统其众”[①]。元亡后，明朝遣使招抚，锁南兀即尔归朝，授指挥佥事。以元司徒银印来上，命进指挥同知。又进元“故官”赏竹监藏等五十六人，命增置朵甘思宣慰司及招讨等司。计招讨司六：曰朵甘思，曰朵甘陇答，曰朵甘丹，曰朵甘仓溏，曰朵甘川，曰磨儿勘。万户府四：曰沙儿可，曰乃竹，曰罗思端，曰列（别）思麻。千户所十七。[②]这些机构大致都在今四川省金沙江上游两岸地区，东南自四川巴塘，西北至青海玉树。[③]元代吐蕃等路宣慰司治地约也在此范围。

令人欣慰的是，藏文史书可以提供有关这方面的一些更确切的材料。《汉藏史集》记元代在吐蕃三却喀各设有一名本钦，而朵甘思本钦设在馆觉。[④]问题一下子似乎已得到解决。但是，我们仔细检索藏史，发现馆觉的最初首领顿楚（ston tshul）[⑤]，虽然曾做过多康地区的首领，但是，他本人及此后的馆觉地方首领并未受封宣慰使、万户长或千户长[⑥]。因此，不可能是吐蕃等路宣慰司的治地。我们认为，馆觉曾是朵甘思的行政中心是可能的，顿楚为朵康岗首领即是明证。但是，该宣慰司的治地当在灵藏（gling chang）。理由是：第一，该地处朵甘思，北距脱思麻不远，与汉史所载无违；又与馆觉相近，是元代这一地区的重要枢纽之一。[⑦]地通今川、青、藏。第二，藏文史书记载这里设有万户长、千户长，更主要是设有本钦，应是朵甘思的行政中心地。[⑧]除此之外，朵甘思别无本钦之设。本钦即宣慰使，是司治于此。第三，明代在这里立有赞善王，是朵甘思两大法王（另一是馆觉的护教王）之一，也是整个吐蕃地区的八大法王之一。该地首领属林葱家族，此后也相延

① 《明史》卷331《西域三》。

② 《明史》卷331《西域三》。

③ 参见谭其骧：《中国历史地图集》第七册。

④ 《汉藏史集》，第362页。

⑤ L.Petech, *Ston-tshul: The Rise of Sa-skya Paramountcy in Khams*, 1991.

⑥ 《朗氏世系史》，第356—360页。

⑦ 《汉藏史集》记，顿楚曾陪同八思巴经过此地。《明史》卷331《西域传记》，明至“西天尼八剌国”之路“所经罕东、灵藏、必力工瓦、乌斯藏及野蓝卜纳”。

⑧ 《朗氏世系史》，第356—360页，又见《贤者喜宴》。

不断。灵藏今地在四川德格的俄兹。如此不误，则《汉藏史集》有关另两位本钦，一在临羌、一在馆觉的说法或许要做一修正。当然，更为可能的是，《汉藏史集》中脱思麻之 gling chang 如我们上文所言，与朵甘思之 gling tshang 迥然不同，前者指位于青海湟源的“临羌”，而后者指今四川德格的俄兹，两者音近而实异。各置有一名本钦。

三、吐蕃等路宣慰司的辖区

依藏史记载，朵甘思的范围是“自索拉甲沃（sog la skyavo）以下到黄河河曲以上的黔首人区”①。索拉甲沃即今西藏自治区那曲地区之索县。它位于今川藏公路上。元代在这里设有一个大驿站。②黄河河曲，如上言即指玛曲一线。潘昂霄依都实所述撰《河源志》谓“朵甘思东北有大雪山，名亦耳麻不莫剌，其山最高，译言腾乞里塔，即昆仑山”。朱思本也谓，水“又折而东流，过昆仑山下，番名亦耳麻不［莫］剌。其山高峻非常，山麓绵亘五百余里，河随山足东流，过撒思加、阔即、阔提地”③。亦耳麻不莫剌山即今阿尼玛卿山。这一中间地区也是藏史所谓的“下部多康六岗”（smad mdo khams sgang drug）之地。依《安多政教史》记六岗是：色莫岗（sal mo sgang）、察瓦岗（tsha ba sgang）、玛尔康岗（smar khams sgang）、绷波岗（spo vbor sgang）、玛尔扎岗（dmar rdza sgang）和木雅岗（mi nyag saang）。④色莫岗即金沙江和雅砻江上游中间一带地区，包括今四川白玉、德格、邓柯和石渠等县地。察瓦岗即怒江和澜沧江两水上游中间地区，包括今西藏自治区昌都、察雅和芒康等县地，元于此置亦思马儿甘万户府。绷波岗，即金沙江、雅砻江下游中间地带，包括今四川甘孜藏族自治州南部和云南西部地区，元于此置奔不亦思刚百姓达鲁花赤一员。玛尔扎岗即今青海果洛藏族自治州黄河以南的南境至四川省甘孜藏族自治州泰宁以北地区。⑤木雅岗，即雅砻江中游东部的今甘孜州到康定泰宁一带。

---

① 《汉藏史集》，第 278 页。

② 《汉藏史集》，第 275 页。

③ 《元史》卷 63《地理六・河源附录》。

④ 《安多政教史》，第 1 页。

⑤ 大致相当于今西藏自治区东部的昌都地区、四川西部、青海东南部藏区。

四、吐蕃等路宣慰司的长使

汉文史书只记有乞剌失思八班藏卜一人，泰定二年（1325）在宣慰使任上，去职时间不详。乞剌失思八班藏卜，藏文可拟为："bkra shis pa dpal bzan po。"译言"吉祥贤"。

又藏史记有灵藏本钦四人：释迦监藏（shākya rgyal mtshan）、辇真郊（rin chen skyabs）、公哥（kun dgav）和却辇（chos rin，疑为 chos rje rin chen 之省）。[①] 赏竹监藏说灵藏诸位本钦与伯木古鲁派主寺邓萨梯寺保持着较密切的关系。其详待考。

五、皇帝、帝师颁给吐蕃等路宣慰司的圣旨和法旨

我们目前看到的有关吐蕃等路宣慰司（即朵甘思宣慰司）的圣旨有四件，均系八思巴字蒙古文，分别是：(1) 也孙铁木儿皇帝（泰定帝）颁给类乌齐寺和尚们的圣旨（1324 年 3 月 13 日）；(2) 也孙铁木儿皇帝（泰定帝）颁给札西丹寺和尚们的圣旨（1324 年 10 月 23 日）；(3) 也孙铁木儿皇帝（泰定帝）颁给斡节儿坚赞的圣旨（1328 年 3 月 23 日）；(4) 妥欢贴睦尔皇帝（顺帝）颁给云丹监藏的圣旨（1362 年 2 月 30 日）。藏文帝师法旨一件，为帝师公哥罗古罗思监藏班藏卜颁给旺监的法旨（1321 年 2 月 25 日）。[②] 这些圣旨和法旨，对于我们讨论元朝中央在该路宣慰司实施统治的状况十分珍贵。和元朝皇帝、帝师发布的绝大多数圣旨和法旨一样，他们都发自大都（今北京）。

四件皇帝圣旨，有三件属于泰定帝朝，一件属于元顺帝朝。其中前两件是颁给寺院的，后两件是委任官员和允许儿子承袭父职的。颁给寺院的圣旨体例完全相同：在"长生天气力里，大福荫的护助里，皇帝圣旨"的套语之后，是：(1) 向朵甘思宣慰司官人、军官、军人、俗部的达鲁花赤、官

---

① 《朗氏世系史》，第 356—360 页。

② 西藏自治区档案馆编：《西藏历史档案荟萃》；照那斯图：《八思巴字和蒙古语文献》Ⅱ，东京外国语大学亚非语言文化研究所 1990 年版；照那斯图：《八思巴字蒙古语龙年圣旨》，《民族语文》1996 年第 4 期。

员、往来使臣、地方官员、站赤、和尚、僧部、牧民们宣谕；(2) 援引自成吉思汗到硕德八剌（英宗）的历代皇帝的圣旨："和尚们、先生们、答什蛮们不承担任何差发，祷告上天保佑"为据，向朵甘思寺院颁布圣旨；(3) 许以特权，即寺院内不许使臣下榻，不供铺马、食物，不交地税、商税，寺属土地、河流、人口、牲畜等不受侵夺等；(4) 和尚们也不能因有圣旨特许即做无理或非法之事。它表明寺院的特权是皇帝赐给的，而不是别人（包括帝师）。同时，不是所有的寺院都自然具有这种特权，皇帝圣旨是颁给某几个寺院的，不是每个寺院都能获得这种特殊优遇。此外，僧人们也必须遵守法规，不能无理行事。

委任官员的两份圣旨，一份是颁给亦思麻儿甘军民万户斡节儿监藏的（1328 年 3 月 23 日），一份是颁给奔不思地方招讨使云丹监藏的。这两件圣旨在"长生天气力里，大福荫的护助里，皇帝圣旨"之后：(1) 提到该地方的达鲁花赤、万户长、千户长、百户长、十户长等官员，以及和尚、本教徒、僧尼、僧部、军人、站赤的人们、部落首领及百姓，他们是被宣谕的对象。(2) 命令被委任官员，要监督完成一切差发、赋税、驿站、军队、地税、商税等，并钦赐大牌、圣旨和印章为证。(3) 命令属民百姓务必遵照该长官的指示，完成一切差发、赋税、驿站、军队、地税、商税等事宜。遵从圣旨的规定，否则即受到惩罚。(4) 被委任官员处死人犯或惩治有罪者，也必须与朵甘思宣慰司的官员们商量，如果有误失，由朝廷裁处。这件圣旨充分体现了元朝中央对朵甘思地方行政事务的至高无上的权威，以及作为该地区最高行政机构朵甘思宣慰司官员们在地方事务中的突出地位。同时，明确提到朵甘思地方百姓要向政府完成一切差役、赋税、驿站、军队、地税、商税等，遵守法纪。说明朵甘思地方并不是免差免税的特殊地区。

藏文帝师法旨，所宣谕的对象是朵甘思宣慰司的官人、招讨使、守土官，茺（khrom）之百户长、什户长和全体百姓，主旨是依例允许旺监承其父监藏乞剌斯巴故职，担任 khrom 的千户长。法旨命令辖区百姓，于"诸项公务，须遵照旺监所言，及时办理。此地百姓，若有被他人乘隙占有者，由宣慰使和地方官员、守土官劝其退还。如是晓谕，若有违犯，岂不畏惧？旺监本人，亦须尽力抚养所辖百姓，勤勉办事"。在这里，帝师依据皇帝圣旨宣布了千户长监藏乞剌斯巴和旺监父子承袭俗世职官的命令，是帝师参与低级官员委任，却又接受皇帝圣旨约束的又一例证。此外，从皇帝圣旨帝师法旨中，还可以看到朵甘思宣慰司辖下的一些地名，由此也可以推断该司的辖区范围。如也孙铁木儿皇帝颁给类乌齐和尚们的圣旨（1324 年 3 月 13 日），提到朵甘思辖区的类乌齐地方琼布的官人（khyung povi mi dpon），琼布（khyung po）约当今西藏丁青县的琼波；圣旨中另有岗达（gangs mdav）、措木多（ntsho mdo）、大小娘（nyang che chung）、丫尔（yar）、也贝尔（g.yel ber）、也尔布（g.yer po）、却年（cho nyen）、察瓦卡（tsha ba kha）等。岗达在今西藏类乌齐县境，约当于今岗达（治岗色乡）。措木多似即清代的“杓多”，约在今西藏类乌齐东部和昌都西部地区。其他地区也约在其附近地区。

第二节　吐蕃等路宣慰司的下辖机构

吐蕃等路宣慰司设有宣慰使四员，同知二员，副使一员，经历都事各二员，捕盗官三员，镇抚二员。这些职官及任职者史未明载。其下辖机构，见于《元史》卷 87《百官三》“宣政院”条下，现就所知一一考订如下。

一、朵甘思田地里管民都元帅府

设都元帅一员，经历一员，镇抚一员。《元史》卷 91《百官七》“元帅府”条下记有“朵甘思”应即此。唯有“都元帅府”与“元帅府”之别。又泰定二年（1325）春正月，吐蕃等路宣慰使都元帅乞剌失思八班藏卜兼管长河西、奔不儿亦思刚、察沙加尔、朵甘思、脱思麻等管军达鲁花赤，与其往镇参卜郎，中有“朵甘思”管军达鲁花赤，也应与此相关。该都元帅府称“朵甘思”似其治应在该宣慰司治地，若此推测不误，那么，这机构当亦设于灵藏。明代在这里设朵甘卫行都指挥使司，实际上，是将吐蕃等路宣慰使司都元帅府和朵甘思田地里管军民都元帅府合而为一。邓柯之林葱土司家族，藏有明宣德五年（1430）之诰封，文谓：“皇帝敕谕朵甘卫行都指挥使司星吉儿监藏：昔朕太宗文皇帝临御之日，尔父撒力加监藏敬顺天道，输诚来归，朝廷设立衙门，授以官职，亦既有年。朕统天位，悉遵皇祖成宪。今尔父年老，转令尔替职为朵甘卫行都指挥使司指挥使，管束军民，安定边陲，尔宜益顺天心，永坚臣节，俾子子孙孙世居本土，打围放牧，咸膺福泽，同享太平。故谕。”① 内中所指归明授封事在永乐四年三月，“遣使命灵藏著思巴儿监藏为灵藏灌顶国师。授札思木头目撒力加监藏为朵甘卫行都司都指挥使，切禄奔、薛儿加俱为都指挥同知。各赐诰命、袭衣、锦绮”②。著思八儿监藏即第一任赞善王。该家族之受此优遇，自然与前世曾为宣慰使（本钦）、后代仍拥有势力相关。

二、剌马儿刚等处招讨使司

设达鲁花赤一员，招讨使一员，经历一员。《元史》卷91《百官七》“招讨司”条记有“剌马刚等处”即此。有学者认为，剌马儿刚，亦思马儿甘都应是藏文 smar khams 的对音，其地即今西藏昌都专区南部的芒康县一带，应是在同一地区设招讨使司管军，设万户府管民，类似的例子还可以见到云云。③ 我们认为这一看法有道理，不过“剌马儿刚”似乎不是直接来自“smar khams”，而是来自它的另一种形式“rmar khams”，其意无差。其地在澜沧江和金沙江上游中间地带，治今西藏自治区芒康县。谭其骧主编《中国历史地图集》将此标在今四川雅江至甘孜一带或有未妥处。元代在这里设两个机构，大概因其控扼川藏之险要，其地位自然重要。

三、奔不田地里招讨使

置招讨使一员，经历一员，镇抚一员。《元史》卷91《百官七》“招讨司”条记有“奔不思”即此。唯设官略异，多“达鲁花赤”一员，而少“镇抚一员”。“奔不”藏文作“spo vbor”，是“奔不儿亦思刚”（spo vbor sgang）

---

① 任乃强、泽旺夺吉：《“朵甘思”考略》，《中国藏学》1989年第1期。又《明实录》卷66“宣德五年五月庚戌”条记“朵甘卫行都司都指挥使撒力加监藏奏，年老乞致仕，以其子星吉儿监藏代，从之”与此诏相合。

② 《明实录》卷52。

③ 陈庆英：《元朝在藏族地区设置的军政机构》，《西藏研究》1992年第3期；任乃强、泽旺夺吉：《“朵甘思”考略》，《中国藏学》1989年第1期。

之省。为朵康六岗之一，地在今四川巴塘、理塘一带。泰定二年（1325）该路宣慰使乞剌失思八班藏卜讨参卜郎，该司也随征。前引妥欢贴睦尔皇帝颁给云丹监藏的圣旨（1362 年 2 月 30 日），即是一份宣授云丹监藏为察翁格（tsha aong geb）奔不地方的招讨使的任命书，由此我们知道了该招讨司的一位长官的名字。同时，圣旨中提到属于朵甘思宣慰司辖下，且与大小奔不儿亦思刚并列的一组地名，包括建塘（rgyal thang）、羊塘（yangs thang）、夏布更（sha vbu ging）、雅绒（nyag rong）、上下拉波（1ab stod smad）、布羊噶（bu yang ga）、如须（ru shul）、朗熬（1ang sngo）、揲里麦（mtshal smad）、格乌（gevo）、尼象（ni shangs）、那尔威（nal bas）、直尔格（dril brge）、查松（dra srom）、白通（bed thong）等。由于资料方面的限制，我们一时无法将其与今地一一勘同。但是，我们可以确知其中的雅绒即今四川新龙；建塘、羊塘二地，见于藏历金羊年（清朝康熙三十年，1691 年），由巴图台吉盖印，自拉萨吹果白发出的《告所辖建塘、羊塘僧部、俗部、蒙藏汉三族尊卑人等、军官、军人、往来行走者及老民、百姓书》及水猪年（康熙二十二年，1683 年）五世达赖喇嘛自布达拉宫发往中甸的文告中，均提到建塘、羊塘。[①]

《纳西族丽江木氏官谱》、《明实录》（永乐四年正月乙未条）等均提到“杨塘镇”。清康熙年间的杜昌丁《藏行纪程》谓：“大中甸，番名结党。”[②]“结党”即“建塘”。而“小中甸，藏名羊塘，意为第二块坝子，清雍正二年（1724）后，名为小中甸”[③]，此二地也即《清实录》康熙十三年（1674）七月壬申（初十日）条所提到的“杨打木、结打木”（yangs thang、rgyal thang）。[④]“格乌”或即今四川理塘西南的“告乌”；“上下拉波”或即今四川稻城县东北的“拉波”。据此，我们知道，元代的奔不儿亦思刚招讨使司辖地约当今四川甘孜藏族自治州管内，南及今云南中甸（大旦当、建塘、结打木等）及南部（小中甸、羊塘、杨打木）地区。

---

① 王恒杰：《读〈结打木、杨打木考〉》所引二文告，见《中国藏学》1993 年第 4 期；《迪庆藏族社会史》，中国藏学出版社 1995 年版。

② 见《小方壶斋舆地丛钞》第三帙。

③ 中甸县人民政府编：《云南中甸县地名志》，1986 年版，第 92 页。

④ 参见邓锐龄：《结打木、杨打木考》，《中国藏学》1988 年第 2 期。

四、奔不儿亦思刚百姓

设达鲁花赤一员。其辖地当与“奔不田地里招讨使司”同，唯前者理兵，后者管民。

五、碉门鱼通黎雅长河西宁远等处军民安抚司

秩正三品。置达鲁花赤一员，安抚使一员，同知一员，副使一员，佥事一员，经历、知事、照磨各一员，镇抚二员。该安抚司，原在吐蕃等路宣慰司治下，后则转归吐蕃等处。我们可以看到的差别是，此处称“安抚司”，而在吐蕃等处宣慰司辖下称“宣抚司”。根据由“安抚司”改“宣抚使”的状况推断，属吐蕃等路似应在前，而属吐蕃等处则在后。而这一变革的时间，又很可能是宣抚司的初建之年，也即大德二年（1298），因为这一年，并吐蕃、碉门安抚司、运司为一，改为碉门鱼通黎雅长河西宁远等处军民宣抚司。[①] 关于这一点，还需要进行更深入地探讨，找到更充分的证据。目前我们还缺少这些，故此安抚司仍依《元史·百官三》之旧，在吐蕃等路宣慰司条下叙述。

该安抚司建立时间，不详。但这一带地区在元宪宗时已归附蒙古。《元史》卷 129《纽璘传》记，“其父太答儿佐宪宗征阿速、钦察等国有功，拜都元帅。甲寅（1254），攻碉门、黎、雅等城”。《步鲁合答传》也记其随纽璘南征，受命将千人“从万户昔力答略地碉门、黎、雅、土蕃”[②]。碉门安抚司或设于此时，也即忽必烈南征大理之后。至元二年（1265），朝廷授雅州碉门安抚使高保四虎符。高保四言：“碉门旧有城邑，中统初为宋人所废，众依山为栅，去碉门半舍，欲复戍故城，便于守佃。”世祖敕秦蜀行省：“彼中缓急，卿等相度，须得其宜，城如可复，当助成之。”三年（1266），谕四川行枢密院，遣人于碉门、岩州西南沿边，告谕官吏军民，有愿来归者，方便接纳，用意存恤，百姓贫者赈之，愿徙近里城邑者，以

---

① 《元史》卷 19《成宗二》。
② 《元史》卷 132《步鲁合答传》。

屋舍给之。[1]说明中统元年（1260），宋军一度占领碉门，但很快被元军夺回。《元史·塔海帖木儿传》记其从祖父答术“以西川行枢密院檄领兵三千人救碉门，大败宋军，斩首三百余级，俘百余人以归”[2]。其时尚未立吐蕃等路宣慰司，其事仍归秦蜀行省管辖。《元史·张庭瑞传》记“蜀平，升诸蛮夷部宣慰使，甚得密夷之心。碉门羌与妇人老幼入市，争价杀人，碉门鱼通司系其人，羌酋怒，断绳桥，谋入劫之”。鱼通司来告急，时（1280—1285）任左丞的汪惟正遣其前往，晓以利害，“乃论杀人者，余尽纵遣之。遂与约，自今交市者，以碉门为界，无相出入”[3]。汪惟正时任中书左丞，行秦蜀中书省事，分省于四川。该碉门鱼通司，似即碉门鱼通黎雅长河西宁远等处军民安抚司或其前身机构。其时仍归省治。后则并为宣抚司，归吐蕃等处治下。

六、六番招讨使司

置达鲁花赤一员，招讨使一员，经历一员，知事一员，雅州严道县、名山县隶之。《元史》卷91《百官七》“招讨司”条有“诸番”当即此。秩正三品。《元史》记，至元元年五月己亥，“邛部川六番安抚招讨使都王明亚为邻国建都所杀，敕其子伯佗袭职，赐金符”[4]。邛部川，约在今四川邛崃县西南，地近雅州。“六番安抚招讨司”应即“六番招讨使司”。顾祖禹《读史方舆纪要》谓，明天全六番招讨使司，唐宋时皆为羁縻之地，隶雅州。元置碉门鱼通黎雅长河西宁远等处宣抚司，属吐蕃等处宣慰司，后改六番招讨司（一云初名六安，后改六番），又分置天全招讨司，明初合为天全六番招讨司。[5]意谓，六番招讨司实为以碉门鱼通黎雅长河西宁远等处宣抚司而置，二者时有先后，其本无异。实际上，这可能是一种误解，其一，《元史·百官三》“宣政院”条将两机构并列，当非为不察其实而盲目罗列。其二，如我们上文已言，至元元年六番招讨司业已存在，而碉门鱼通黎雅长河西宁远等处军民宣

① 《元史》卷60《地理三》。
② 《元史》卷135《塔海帖木儿传》。
③ 《元史》卷167《张庭珍附张庭瑞传》。
④ 《元史》卷5《世祖二》。
⑤ 顾祖禹：《读史方舆纪要》卷73《四川八》。

抚司则在大德二年（1298）春正月并诸司而成。是其说不妥。又六番、天全等招讨使司与碉门鱼通黎雅长河西宁远等处宣抚司两者为并列的正三品衙门，并无从属关系。

"雅州严道县、名山县隶之。"严道即四川雅安县，时为州治。名山即今四川雅安西北之名山。明代的天全六番招讨司与元代的六番招讨使司均治天全城。顾祖禹谓"天全城今司治，汉徙县西，魏始阳县地。元分六番置天全招讨司，明洪武初并二司为一，寻甃石为城，有四门，周四里"[①]。元早期之"六番招讨使司"也即明代的"天全六番招讨司"。后者范围"东至雅州界百里，南至雅州荣经县界六十里，西至西蕃长河西宣慰司界一百四十里，北至董卜韩胡宣慰司界百五十里"[②]。再加上严道与名山两县，即为元代六番招讨使司之辖地。后来又从六番招讨司分出天全招讨司，这样，它的范围就自然变小了。

关于"六番"所指为何？史书记载并不一致，《明史》等记，天全六番"元置六安抚司，属土蕃等处宣抚司，后改六番招讨司，又分置天全招讨司"[③]。遂有以其"或即综六宣抚而约名之"。故清人陈松龄《天全州志·建置沿革》谓，"六番部落曰：木坪、鱼通、岩州、咱道（杂道）、咱里、大坝，凡六路"[④]。顾炎武记"天全六番招讨司辖部落凡六：曰马村、苏村、金村、杨村、丽东村、西碉村。或谓六番之名始此"[⑤]。六番之名始自元代，陈松龄说之误是显然的，顾炎武只是陈述他人之说，未断已见。近有学者认为，诸说非是，因为六番招讨司并不在天全内，"元之天全招讨使司辖有严道、名山两县，则可知此'六番'不是指黎、雅、长河西、鱼通、宁远、碉门六安抚司，而是指雅州以西，碉门以内的宝兴、芦山、名山及雅安四县境。而以紧接天全的宝兴、芦山为中心，附带管辖名山、严道之地"[⑥]。实际上，这里并没有回答何谓"六番"，又显然把已分裂为二的"六番"招讨司拿来定位。它自然境域小，而且不在天全之内。后之天全分自初之六番，遂

① 顾祖禹：《读史方舆纪要》卷73；《明史》卷43《地理四》。
② 顾祖禹：《读史方舆纪要》卷73。
③ 《明史》卷311《四川土司》；《续文献通考》卷241。
④ 任乃强、泽旺夺吉：《"朵甘思"考略》，《中国藏学》1989年第1期。
⑤ 顾炎武：《天下郡国利病书》。
⑥ 任乃强、泽旺夺吉：《"朵甘思"考略》，《中国藏学》1989年第1期。

有天全和六番二司，至明再合为天全六番。所以寻其根源，当自元代早期的“六番招讨司”，而非分裂后或明代之六番始。

那么，六番是指部落名，还是六司之名呢？我们感到，持部落说者，多以后代之实指来诠释六番之名，可能带有“当代化”的倾向，且缩小了它的范围，如顾祖禹即谓，明初“土酋高国英来归，世守其地，广一百九十里，袤二百里，所辖村落曰马村、苏村、金村、杨州、陇（丽）东村、西碉村，是为六番也”[1]。自然，《明实录》也记洪武六年十二月丙午，“置四川天全六蕃（番）招讨司，秩从五品。以前土官高英为正招讨，王（杨）藏卜为副招讨”[2]。可证其说有据。但是，高氏是碉门土酋，世掌其地无疑，是否能代替六番所辖呢？即使碉门安抚司或可代指碉门鱼通黎雅长河西宁远等处宣抚司，但其辖下难道只有六村吗？而元代史籍竟对其不置一词？这些都是令人怀疑的。我们更倾向于“六番”因六处安抚司得名之说，其确指是六处理番安抚司，泛指诸番，并非某六个族部，更非六个村落。

七、天全招讨使司

置达鲁花赤一员，招讨二员，经历、知事各一员。《元史》卷91《百官七》“招讨司”条有“天全”即此。如上述，天全招讨使司是从六番招讨使司中分出来的。其分立时间不见载籍，但据杨振业《灵和乘略》“至大时（1308—1311），招讨使杨管陛谒，赐两佩珠，受虎符银印，文亦只铸‘天全等处招讨使司印’并无六番之名”[3]。杨氏对此印有点误解，此印是从六番招讨司分出另立的天全招讨使之印，自然不含六番之名了。这也为我们提供了一点信息，即至迟在至大年间该招讨司已经独立出来。

该招讨司的下辖机构有鱼通路万户府，碉门鱼通等处管军守镇万户府，长河西管军万户府。[4]此也是它的管辖范围，即今四川雅安以西，雅江、乾宁以东地区。[5]元代天全招讨使司的治所，据《明史》卷311《四川土司传》，“初

① 顾祖禹：《读史方舆纪要》卷73，第3124页。

② 《明实录》卷86。

③ 任乃强、泽旺夺吉：《“朵甘思”考略》，《中国藏学》1989年第1期。。

④ 《元史》卷87《百官三·宣政院》。

⑤ 顾祖禹：《读史方舆纪要》卷73《四川八》。

天全招讨使司治碉门安抚司也，在雅州境”。洪武六年，明朝合天全六番两司置天全六番招讨司，“以前土官高英为正招讨使”[①]。碉门地在雅州西南，西北有紫眼关，地接西番，又有碉门砦，亦曰和川镇，元置碉门安抚司，洪武五年设碉门百户所于此，其地与天全界。[②]

1. 鱼通路万户府

置官达鲁花赤一员，万户二员，经历、知事各一员，黎州隶之。鱼通路万户府是管民机构，它的建立时间，史无明载。然至迟在至元七年（1270）已存在。至元四年十月壬戌，“鱼通岩州等处达鲁花赤李福招谕西番诸族酋长以其民入附，以阿奴版的哥等为喝吾等处总管，并授玺书及金银符”[③]。七年十二月己酉，“鱼通路知府高曳失获宋谍者，诏赏之”[④]。已有该路万户府。有学者据《元史・成宗三》谓，成宗大德元年（1297）又改置长河西管军招讨司，长河西管军万户府，鱼通万户府，碉门鱼通等处管军镇守万户府和朵甘、哈答、理塘、鱼通等地钱粮总管府。[⑤]但我们仔细检索《元史・成宗纪》，发现原文所记非大德元年（1297）事，而是大德三年至六年（1299—1302）事，即使在大德元年条记事，甚至大德三年至六年记事中，也未发现上述记载，是知其说难以服人。

鱼通路万户府的沿革与辖地皆不详。明初，熟知当地地理的礼部主事高惟善言：“今鱼通、九枝疆土及岩州、杂道二长官司，东邻碉门、黎、雅，西接长河西。……元初设二万户府，仍与盘陀、仁阳置立寨栅，边民戍守。”[⑥]这里所谓的“二万户府”当指鱼通路万户府和碉门鱼通等处管军守镇万户府二者。是知鱼通地处长河西与碉门、黎、雅之间。约在今四川泸定县、康定县一带，治地约在距康定与泸定两县城各三十公里的地方，现为康定一个区。[⑦]这应是该万户府治所，其地西有长河西管军万户府，东有碉门安抚司。

① 《明实录》卷 86。
② 《明史》卷 43《地理四・雅州荣经县下》。
③ 《元史》卷 6《世祖三》。
④ 《元史》卷 7《世祖四》。
⑤ 吴吉远：《鱼通土司及其衙门考略》，《西藏研究》1991 年第 4 期。
⑥ 《明史》卷 331《西域三・长河西鱼通宁远宣慰司》。
⑦ 吴吉远：《鱼通土司及其衙门考略》。

2. 碉门鱼通等处管军守镇万户府

置达鲁花赤一员，万户二员，经历、知事各一员，镇抚二员，千户八员，百户二十员，弹压四员。该万户主要为“管军守镇”。该万户的建立时间不详。不过蒙古及元朝在这里用兵颇早，嗣后也相继不断。至元十六年（1279）六月“碉门、鱼通及黎、雅诸处民户，不奉国法，议以兵戍其地。发新附军五百人，蒙古军一百人，汉军四百人，往镇戍之”①。次年三月丙午，敕东西两川发蒙古、汉军戍鱼通、黎、雅。②知驻守碉门、鱼通的有新附军、蒙古军、汉军，此外，还有探马赤军。延祐四年（1317）十一月，“陕西都万户府言：‘碉门探马赤军一百五十名，镇守多年，乞放还元翼。’枢密院臣议：‘彼中亦系要地，不宜放还。止令于元翼起遣一百五十名，三年一更镇守。元调四川各翼汉军一千名，镇守碉门、黎、雅，亦令一体更代。’”③这些军队，当均由碉门鱼通等处管军守镇万户府管理。

该万户府之治所，似应在碉门。该地位于鱼通与黎雅之间，便于调兵，又为东西关隘，地势险要，为军事戍守之要冲。元代驻守于这一带之兵力以碉门为最多，用兵事也最繁。如至元十一年三月“移碉门兵戍合答城”④。大德七年夏四月庚辰，“拨碉门四川军人一千人镇罗罗斯”⑤。至元十九年（1282）十月，元朝还一度移成都宣慰司于碉门。⑥又在这里设立榷场，与吐蕃进行茶马贸易。⑦可以说，在当时，碉门是这一带地区的一个行政、军事与商业中心。

3. 长河西管军万户府

置达鲁花赤一员，万户二员。元代在这一带地区，较早设置并见于记载的机构是“千户”。至元十一年（1274）冬十月庚申，“长河西千户必剌冲（一作充）剽掠甲仗，集众为乱”。当时此地镇将建都元帅火你赤与副元帅覃澄共击长河西。同时，安西王忙兀（哥）剌、诸王只必贴木儿、驸马长吉，“分遣所部蒙古军从西平王奥鲁赤征吐蕃”⑧。可见，这是一次较大规模的联合

---

① 《元史》卷99《兵二·镇戍》；又见《元史》卷10《世祖七》。
② 《元史》卷11《世祖八》。
③ 《元史》卷99《兵二·镇戍》。
④ 《元史》卷8《世祖五》。
⑤ 《元史》卷21《成宗四》。
⑥ 《元史》卷12《世祖九》。
⑦ 《元史》卷9《世祖六记》，至元十四年夏四月癸酉，“置榷场于碉门、黎州，与吐蕃贸易”。
⑧ 《元史》卷8《世祖五》。

军事行动，次年夏四月，“赏讨长河西必剌充有功者及阵亡者”[①]。元初所置长河西安抚司的情况已不明。大德二年（1298），碉门鱼通黎雅长河西宁远等处宣抚司立，似为长河西最早见于史籍的上级机构。

该万户府的辖地与治所，没有直接资料可予说明。《明史》记黎州守御千户所，“……西有黑崖关，洪武十六年置。又有椒子关，路通长河西等处”[②]。依入藏行程看，此路即过清溪至冷碛，再渡大渡河泸定桥之路。[③]洪武三十一年（1398），“帝谕左都督徐增寿曰：‘曩固碉门拒长河西口，道路险隘，以致往来跋涉艰难，市马数少，今闻有路自碉门出枯木任场径抵长河西口，通杂道长官司，道路平坦，往来径直，可即檄所司开拓，以便往来’”[④]。长河西在鱼通之西，而鱼通又在今泸定与康定两县之间。那么，长河西约在康定或附近地区。依据元末明初在长河西的置制状况看，长河西似即后之打箭炉，也即今之康定。《明史》卷331记，长河西鱼通宁远宣慰司，“洪武时，其地打箭炉长河西土官、元右丞剌瓦蒙遣其理问高惟善来朝，贡方物，宴赉遣还。十六年复遣惟善及从子万户若剌来贡。命置长河西等处军民安抚司，以剌瓦蒙为安抚使，……二十年遣惟善招抚长河西、鱼通、宁远诸处”[⑤]。这里的“万户”很可能即是该万户府之一名万户，而长河西与打箭炉并列至少说明两者关系密切。打箭炉之名并不见于元代史籍，而其地在元代“长河西”范围，明初出现又与长河西相连，颇让人怀疑二者是一。又“打箭炉”是来自藏语“打折多”（dar rtse mdo）[⑥]，应为当地俗称，因剌瓦蒙等的归附而方始有名。我们从清人的入藏纪行中也可看到二者之无差，姚莹《康𬨎纪行》记，在离打煎（箭）炉十五里的沈坑附近，明正土司率头人来迎，其衔为“明正长河西鱼通宁远军民宣慰使甲木参”[⑦]。是其为明代此地宣慰使，也即长河西鱼通宁远宣慰司宣慰使之后裔。那么打箭炉当即长河西，鱼通、宁远各有其地。盛绳祖辑《入藏程站》谓：“打箭炉，唐为吐蕃。元时置碉门

① 《元史》卷8《世祖五》。
② 《明史》卷43《地理四・四川》。
③ 盛绳祖辑：《入藏程站》，《小方壶舆地丛钞》第三帙，第30—31页。
④ 《明史》卷331《西域三・天全六番招讨司》。
⑤ 《明史》卷331《西域三・长河西鱼通宁远宣慰司》。
⑥ 任乃强、泽旺夺吉：《“朵甘思”考略》，《中国藏学》1989年第1期。
⑦ 见《小方壶舆地丛钞》第三帙，第71—72页。

鱼通黎雅长河西宁远六安（原作“安六”，似误）抚司。元右丞剌瓦蒙始通朝贡。”[①]以“打箭炉”代称“长河西”，得《明史》本意。《明史》记洪武三十年，天下一统，“惟打煎炉长河西土酋外附月鲁帖木儿、贾哈剌，不臣中国”，遣官示以利害，“其酋惧，即遣使入贡谢罪。天子赦之，为置长河鱼通宁远宣慰司，以其酋为宣慰使，自是修贡不绝”[②]。足证长河西治打箭炉，也即今四川康定。

八、长河西里管军招讨使司

设招讨使二员，经历一员。《元史·百官七》有“长河西里管军”即此。疑此招讨司由原天全招讨司所辖长河西管军万户府及相关机构联合而设。其治所当在长河西，也即今四川康定。

九、朵甘思招讨使司

《元史·百官七》“招讨司”条无此。疑其有官无司。其治地当在朵甘思地区之行政中心，也即宣慰司所在地，故而，我们疑其治在灵藏地方。该招讨使司活动不详。其下辖机构有二：

1. 朵甘思哈答李唐鱼通等处钱粮总管府

设达鲁花赤一员，总管一员，副总管一员，答剌答脱脱禾孙一员，哈里脱脱禾孙一员，朵甘思翁吉剌灭吉思千户一员。此为掌管朵甘思地区钱粮的机构。哈答，一作匣答，据《元史》卷6《世祖三》记，至元二年春正月庚寅，“城西番匣答路”。十一年三月庚寅，“移碉门兵戍合答城”[③]。以为重镇。十三年春正月甲午，“以翁吉剌带、丑汉所部军五百戍哈答城，不吉带所部军六百移戍建都”[④]。加强在哈答城的戍军力量。同年九月乙卯，“以吐蕃合答城为宁远府”[⑤]。大德二年春正月并吐蕃、碉门安抚司、运司，改为碉门鱼通

① 《小方壶舆地丛钞》第三帙，第31页。
② 《明史》卷331《西域三》。
③ 《元史》卷8《世祖五》。
④ 《元史》卷9《世祖六》。
⑤ 《元史》卷9《世祖六》。

黎雅长河西宁远军民宣慰司，宁远府在其辖下。明初，置长河西鱼通宁远宣慰司管辖其地。[①]清代更名泰宁，治地在今四川乾宁惠远乡附近。[②]李唐即今四川理塘。鱼通，在今大金川下游，大渡河西岸鱼通河流域一带地区，有上下鱼通之分。元代曾于此置万户府，并与碉门等合属碉门鱼通黎雅长河西宁远等处军民安抚使司，碉门鱼通等处管军守镇万户府等。在该总管府之下还设有两个脱脱禾孙，以查验、辨别往来官员使者之真伪，答剌答、哈里二地今地不详。另有朵甘思翁吉剌灭吉思千户一员，翁吉剌即蒙族语诸族之一部。此翁吉剌部军，应即至元十三年正月往戍哈答城的翁吉剌带、丑汉所率五百名士兵。该千户的所在地相应地应在匣答，也即宁远府。其是否与驻守在西宁州的翁吉剌部首领长吉驸马所部有关，不得而知。

2. 亦思马儿甘万户府

亦思马儿甘，藏文对音应为“smar khams”。有学者认为，《明实录》洪武七年条有“别思麻”万户一名，“考‘别思麻’，即清代史籍之‘别思满’，其地在今四川阿坝州小金县境，与丹巴、宝兴二地相近，‘亦思马儿甘’之对音即‘别思满’，则此亦思马儿甘万户府即明别思满万户之前身”[③]。此说，我们颇难苟同。“别思麻”按元时，乃至今日的译法，藏文作“byas smad”（《安多政教史》），势难与“亦思马儿甘”（smar khams）相通。其地也相去甚远。《明史》卷331《西域三》“董卜韩胡宣慰司”记，该司“在四川威州之西，其南与天全六番接。永乐九年，酋长南葛使奉表入朝，贡方物”。后其势强，数与杂谷安抚及别思寨安抚饶蛒构怨。正统十年（1445）八月，南葛子克罗俄坚赞移牒四川守臣，谓“别思寨本父南葛故地分畀饶蛒父者。后饶路受事，私奏于朝，获设安抚司。迩乃伪为宣慰司印，自称宣慰使，纠合杂谷诸番，将侵噬己地。己拘执饶蛒，追出伪印，用番俗法剜去两目。谨以状闻”。朝廷责其“专擅”，“令与使臣推泽饶蛒族人为安抚，仍辖其地，且送还饶蛒，养之终身”。此“别思寨”，当为“别思麻”之省。由此知：（1）此名元代不见史籍，始见于明代；（2）别思麻原为董卜韩胡宣慰司地，饶蛒父获之，奏而得立为安抚司；（3）其地与杂谷相接。约即今四川小金

① 《明史》卷311《四川土司》。

② 任乃强、泽旺夺吉：《“朵甘思”考略》，《中国藏学》1989年第1期。

③ 任乃强、泽旺夺吉：《“朵甘思”考略》，《中国藏学》1989年第1期。

县之别思麻。[1]

“亦思马儿甘”，明代译之为“磨儿勘”，为六招讨司之一。[2]地在下朵甘思六岗之一的玛尔康岗，当澜沧江与金沙江两水上游中间地带，今属西藏自治区察雅、芒康等县境，治今芒康县治地。元仁宗延祐年间制作，后来赐给该万户达鲁花赤一方铜印，为三年（1316）所制，印文为八思巴字拼写汉文，文曰“亦思麻儿甘军民万户府印”[3]。同时与印文相伴的是一份皇帝赐给万户斡节儿监藏（vod zer rgyal mtshan）的圣旨。圣旨是给“亦思马儿甘军民万户府”（smar gam gun min wan hu fu）的，为蒙古文八思巴字转写，要求按章交纳赋税、服差役，有事必须“与朵甘思宣慰司（mdo gam sun suen’ué shi）的官人们（no yad）商量”，不得擅作主张，杀人者受罚，奏于上级。文后记圣旨写于大都（今北京），时间是“龙年春末月二十三日”，此龙年，即藏历土龙年（sa vbrug），也即泰定五年（1328），此圣旨告诉我们：（1）朵甘思宣慰司不仅存在，而且确实管领这一带地区的一切事务；（2）圣旨告诉属民必须照规定纳税、服差，杀人犯法必须受到处罚，任何人不得私自宽宥。此印原件收存于西藏自治区文管会，据介绍，其为“铜质，直纽，略呈梯形，边长8.5厘米，厚2.1厘米，通高9厘米，重1855克。印文为八思巴字拼写汉字‘亦思麻儿甘万户府印’九字。印背刻款三行，右边阴刻‘亦思麻儿甘军民万户府印’，左边阴刻‘中书礼部造’，‘延祐三年（1316）四月×日’，印的左侧阴刻‘五十三两’四字，均为汉文小字”[4]。

---

① 任乃强、泽旺夺吉：《“朵甘思”考略》，《中国藏学》1989年第1期。

② 《明史》卷331《西域三》“朵甘乌斯藏行都指挥使司”；《明实录》卷95“洪武七年十二月”条。

③ 照那斯图向第六届国际蒙古学大会提交的论文，原文为蒙古文，内八思巴字圣旨，承我的导师陈得芝教授译出，始得以利用。在这里，我还要感谢照那斯图研究员惠赐大作与教诲。

④ 程竹敏：《西藏文管会收藏的元代印章》，《文物》1985年第9期。

第六章　元代的吐蕃与周边诸地的关系

吐蕃与周边诸行省、诸王镇地连接，发生一定的联系。这些对我们勾勒元代吐蕃地方行政体制，必不可少。限于资料只能简略论之。

第一节　北庭都元帅府

《元史》卷91“百官七·都元帅府”条记有“北庭，隶土番宣慰司”。都元帅府的职官设置是“都元帅二员，副元帅二员，经历、知事各一员”[①]。北庭为唐之金满县，曾置都护府瀚海军于此。《旧唐书·地理志》记其为后汉车师后王庭，有五城，俗称五城之地。突厥语besh为五，balik为城，故有是称。元人耶律楚材《西游录》谓：“金山之南隅有回鹘城，名曰别石把，有唐碑，所谓瀚海军者也。”[②]欧阳玄《契氏家传》径谓“北庭者，今别失八里城”。是元代称为别失八里。蒙古人用兵西域，畏兀儿亦都护率部来归。太祖时，于其地置达鲁花赤，“赡德纳，后亦弃金官来归，为别失八里达鲁花赤”[③]。太祖分封，其地归察合台管辖。宪宗元年（1251）六月，以讷怀、塔剌海、麻速忽等充别失八里等处行尚书省事，暗都剌兀尊、阿合马、也的沙佐之。[④]后曾于此设断事官。至元十七年至十八年（1280—1281），改畏吾断事官为北庭都护府，升从二品。[⑤]其秩与吐蕃等处宣慰司都元帅府同，又非都

① 《元史》卷91《百官七》。

② 耶律楚材：《西游录》，向达校注，中华书局1981年版，第2页。

③ 《元史》卷150《石抹也先传》。

④ 《元史》卷3《宪宗》。

⑤ 《元史》卷11《世祖八》。

元帅府，故不在后者治下自明。至元二十三年（1286）十月，遣侍卫新附兵千人屯田别十（失）八里，置元帅府即其地总之。[①]元代在北庭设立“都元帅府”事在元贞元年（1295）。这一年正月立北庭都元帅府，以平章政事合伯为都元帅、江浙行省右丞撒里蛮为副都元帅，皆佩虎符。[②]同年六月庚午，立西域亲军都指挥使司，以迷儿的斤为都指挥使。我们怀疑，“北庭都元帅府”之设置及隶归“土蕃宣慰司”可能是很短暂的。也许只是元贞元年（1295）及稍后一段时间。史书中未见吐蕃宣慰司管理北庭事宜的记载，但是，为什么会存在这种记载（或管辖的可能性）呢？我们认为或与这样两点有关：（1）此地在察合台汗国封地范围之内，其时察合台后王笃哇与窝阔台之孙海都背叛朝廷，以北庭都元帅府归吐蕃宣慰司，有分割其势力的因素；（2）与第一点相关，在这一段时间发生了一个重大事件，是西北叛王与乌思藏地方必里公万户相勾结对抗元朝中央和管领乌思藏地方的萨斯迦本钦，就在元贞元年（1295），朝廷派答失蛮等率大军与萨斯迦本钦所部地方军联合击溃了叛者。[③]《元史·成宗一》谓此年十月癸丑，“以西北叛王将入自吐蕃命平章军国重事答失蛮往征之，仍敕便宜总帅发兵千人从行，听其节度”[④]。即是此谓。由于有西北叛王与乌思藏地方必里公势力联合事，将北庭都元帅府置于吐蕃宣慰司辖下，以分其势，保障乌思藏地方安全，似也合乎情理。答失蛮其时为宣政院院使，率军出击也在分内。同样，在西北叛王与必里公联军溃败后，尤其是西北叛王势力瓦解后，北庭都护府，很可能又脱离吐蕃宣慰司而改隶。由于史料的缺乏，我们还不能很好地解决这一问题，只有留待日后进一步探索。

第二节　甘肃等处行中书省

甘肃行省西北与察合台后王封地相接、南与宣政院辖地为临，东连陕西行省。在参与元朝中央管理吐蕃地方事务方面起到十分重要的作用。史记亦

---

① 《元史》卷 14《世祖十一》。

② 《元史》卷 18《成宗一》。

③ 姚遂：《牧庵集》卷 13《皇元高昌忠惠王神道碑铭》。

④ 《元史》卷 18《成宗一》。

邻真班“迁宣政院使，出为甘肃行省平章政事，设法弭西羌之寇，民赖以安，立石颂之”①。延祐五年六月乙巳，“西蕃土寇作乱，敕甘肃省调兵捕之”②。是其与对蕃事务关系密切。然更为重要的是设在吐蕃人居地，并与宣政院所辖吐蕃地区相接地方的行政机构与军事建置，本节主要讨论两个军政机构：永昌等处宣慰使司都元帅府和西宁州。

一、永昌等处宣慰使司都元帅府

《元史》卷92《百官八》记此宣慰司归甘肃等处行中书省管辖。《元史·地理志》记“永昌路，下。唐凉州。宋初为西凉府，景德中陷入西夏。元初仍为西凉府。至元十五年，以永昌王宫殿所在，立永昌路，降西凉府为州隶焉”③。永昌路治今甘肃永昌，而西凉府（或州），治今甘肃武威，管内多有吐蕃人居住，其南临宣政院辖地及西宁州，处河西走廊东段要地。窝阔台汗时期，以王子阔端镇守其地，并以凉州为据点，经略吐蕃。萨班与阔端会见，商订吐蕃归附蒙古条件等重要事件均发生在这里。藏史中也多提及此地，称为“木雅嘎”（mi nyag gha）或“北部”（byang ngos）。④阔端去世后，忽必烈取代其在乌思藏地方的领主地位，阔端后裔尽管地位降低，但仍镇戍其地。在阔端之后镇守此地的是只必贴木儿。史载，中统四年（1264），临洮吐蕃首领赵阿哥潘之子重喜“从讨忽都、达吉、散竹台等克之，制必贴木儿王承制，使袭父职为元帅。入觐，赐金虎符，为临洮府达鲁花赤”⑤。制必贴木儿即只必贴木儿，说明其在管区内对官员有任免权。至元九年十一月壬戌，“诸王只必贴木儿筑新城成，赐名永昌府”⑥。次年秋七月庚寅，省西凉府入永昌路。⑦其职责主要是镇守河西及与宣政院临接地区，但对吐蕃同样负有一定的镇戍之责。至元十二年，诸王只必贴木儿即受命与安西王忙兀剌、

---

① 《元史》卷145《亦怜真班传》。

② 《元史》卷26《仁宗三》。

③ 《元史》卷60《地理三·甘肃等处行中书省》。

④ 《红史》第26页记“mi nyag”（党项，西夏）之兴时提及 byang ngos，地与凉州相关。《新红史》等记西夏王统也述及此地。

⑤ 《元史》卷123《赵阿哥潘传》。

⑥ 《元史》卷7《世祖四》。

⑦ 《元史》卷8《世祖五》。

驸马长吉（昌吉），分遣所部蒙古军，随西平王奥鲁赤征吐蕃。[①]十四年二月，元朝在永昌路山丹城等地立驿站，给钞千锭以为本金，取息以供驿传之需。诸王只必贴木儿言："永昌路驿百二十户疲于供给，质妻孥以应役。"世祖诏赐钞百八十锭赎还之。[②]

永昌等处宣慰使司都元帅府则是在元朝末年建立的。至正三年（1343）秋七月戊寅，立永昌等处宣慰司[③]，当时的背景如中书省所言："阔端阿哈所分地方，接连西番，自脱脱木儿既没之后，无人承嗣，达达人口头匹，时被西番劫夺杀伤，深为未便。"遂定置永昌等处宣慰使司都元帅府以治之，置宣慰使三员，同知二员，副使二员，首领官、经历、知事、照磨各一员，令史十人，蒙古译史四人，知印二人，怯里马赤一人，奏差八人，典吏二人。[④]设此司的目的已是为了保护当地蒙古人免遭"西番"侵害，说明其地位在某种程度上有所下降。同年十月乙未，增立巡防捕盗所于永昌。十三年夏四月，以甘肃行省平章政事锁南班为永昌宣慰使，总永昌军马……[⑤]次年十二月，永昌宣慰使锁南班与宣政院使哈麻同为中书平章政事，进阶光禄大夫，完者贴木儿继为永昌宣慰使，十五年八月受命"讨西番贼"[⑥]。至元十七年，永昌宣慰司改属詹事院管辖。[⑦]永昌地方，在阔端失去治蕃权力、西凉州衰落之时，曾一度为繁盛之地，由其子只必贴木儿镇守，此后则陷于颓败，元末诸地乱事迭起，永昌地位上升，这些都与其南部吐蕃地方局势的变化存在着一定的联系。

二、西宁州

《元史·地理三》记，"西宁州，下。唐置鄯州，理湟水县，上元间设于土蕃，号青唐城。宋改为西宁州。元初为章吉驸马份地。至元二十三年，立西宁州等处拘榷课程。二十四年，封章吉为宁濮郡王，以镇其地"[⑧]。元代的

① 《元史》卷 8《世祖五》。
② 《元史》卷 9《世祖六》。
③ 《元史》卷 41《顺帝四》。
④ 《元史》卷 92《百官八》。
⑤ 《元史》卷 43《顺帝六》。
⑥ 《元史》卷 44《顺帝七》。
⑦ 《元史》卷 45《顺帝八》。
⑧ 《元史》卷 60《地理三》。

西宁州归甘肃等处行中书省统辖，章吉驸马镇守。其邻接吐蕃地区，很自然地参与了元代对吐蕃地区的经略。《元史·世祖五》记，至元十二年三月乙亥"谕枢密院'比遣建都元帅火你赤征长河西，以副都元帅覃澄镇守建都，付以玺书；安集其民'。仍敕安西王忙兀剌、诸王只必贴木儿、驸马长吉，分遣所部蒙古军从西平王奥鲁赤征吐蕃"。即是此例。

第三节　陕西等处行中书省

元代的陕西等处行中书省与宣政院所辖吐蕃等处宣慰司关系至为密切，也极其复杂。本节先讨论一下二者的关系，然后重点分析巩昌与临洮二府的特殊地位。

一、吐蕃等处宣慰司与陕西行省的关系

吐蕃等处宣慰司都元帅府，在《元史·百官三》中是归属宣政院管辖之下的三路宣慰司之一，行政上归宣政院管辖应是没有疑问的，但是，史籍中也有称之为"陕西行省吐蕃宣慰司"者，如《元史·地理志》即于"陕西等处行中书省"下列"吐蕃等处宣慰司都元帅府"及下辖机构。[①]《明史·地理志》则径称"陕西行省吐蕃宣慰司"[②]。这就引出了吐蕃等处宣慰司的归属问题，是省（陕西）属还是院（宣政）属呢？我们认为，该宣慰司为省、院两属的地方行政机构。第一，前引《元史》卷60《地理三·陕西》等处行中书省管内不完备的名单，已包括该宣慰司的几乎所有辖地。吐蕃等处宣慰司与陕西等处行中书省的特殊关系，包括地理上的与行政上的特殊关系，元明史地理志的记载即是明证。第二，吐蕃等处宣慰司的最高长官有由陕西行省长官兼任的事例，如至大二年（1309）九月己亥，"以陕西行台大夫、大司徒沙的为左丞相，行土蕃等处宣慰使都元帅"[③]。至正十四年（1354）春正月丙

---

① 《元史》卷60《地理三》。
② 《明史》卷43《地理三》，《明史》卷44《地理四》。
③ 《元史》卷23《武宗二》。

戍，“以答儿麻监藏遥授陕西行省平章政事，实授行宣政院院使，整治西番人民”[①]即是。元末明初的宣慰使何锁南普，《明实录》卷53径称其为“故元陕西行省吐蕃宣慰使”。陕西行省也积极参与平定或镇压吐蕃等处宣慰司辖地之叛乱与反抗，维护地方安全。大德元年（1297）三月甲戌，“西蕃寇阶州，陕西行省平章脱列伯以兵进讨，其党悉平，留军五百人戍之”[②]。五年冬十月癸巳，“分碉门、黎、雅军戍蛮夷，命陕西屯田万户也不干等将之”[③]都反映了两者关系之密切。第三，吐蕃等处宣慰司在坐镇陕西的安西王管内。“至元九年十月丙戌，封安西王，出镇京兆，分兵驻六盘，兼辖河西、吐蕃、四川等处军民之政。置王相府，以商挺、李德辉为王相。明年，燕王立为皇太子，忙哥剌亦晋封秦王，别赐秦王兽纽金印，其安西王螭纽金印兼绾如故。一藩二印，两府并开，在长安者曰安西，在六盘者曰开成，皆号上路，王相府冬夏分驻焉。（原注：夏驻六盘，冬驻长安。）”[④]至元二十四年（1287）十一月，中书平章政事桑哥秦言：“先是皇子忙哥剌封安西王，统河西、土蕃、四川诸处，置王相府；后封秦王，绾二金印。今嗣王阿难答仍袭安西王印，弟按摊不花别用秦王印，其下复以王傅印行，一藩二王，恐于制非宜。”[⑤]忽必烈下诏：“以阿难答嗣为安西王，仍置王傅，而上秦王印。按摊不花所置王傅罢之。”[⑥]但其所辖吐蕃等区军政事务一如其故。安西王参与平定吐蕃地区叛乱等事已如前文所论，此不赘述。第四，元代的皇帝圣旨碑铭，即甘肃省泾川的元泾州水泉寺八思巴字蒙古文碑中的官员题名，也反映了类似的情况。该碑所刻之圣旨颁发于牛儿年，即元世祖至元二十六年己丑（1289），在条列的19名（行）官员中，包括有两个“陕西脱思麻怯（缺）”。说明脱思麻在陕西行省管内，而且此事在元朝改总制院为宣政院的1288年之后。[⑦]说明其为定制。

但是，两者之间也存在一些细微的差别，理由是：其一，吐蕃等处宣慰司的建立晚于陕西建省，许多地区是由省属改隶司属的，如河州、安西

① 《元史》卷43《顺帝六》。
② 《元史》卷19《成宗二》。
③ 《元史》卷20《成宗四》。
④ 《元史》卷7《世祖四》，《元史》卷108《表第三·诸王》，《蒙兀儿史记》卷76《安西王忙哥剌传》。
⑤ 《元史》卷14《世祖十一》。
⑥ 《元史》卷14《世祖十一》，《蒙兀儿史记》卷8《忽必烈可汗本纪》。
⑦ 蔡美彪：《泾州水泉寺碑译释》，《元史论丛》第三辑，中华书局1986年版，第231—243页。

州、洮州、黎州、雅州等均是由陕西行省划归吐蕃等处宣慰司或其属下的吐蕃招讨司的，那么在地理上与行政上，一方面存在千丝万缕联系，另一方面又确切地归于宣政院或吐蕃等处宣慰司属下。汉藏史籍中多处提及“三道（路）宣慰司”，而《元史·百官志》又详列该司辖下机构，应更为可信。其二，吐蕃等处宣慰司地区的经营与治理主要是由诸王与临接诸行省来具体实施的，陕西行省与其广大地区相接，有权参与其事实属自然。而出现在该地区的军事活动，以及民政、刑法等多由宣政院而非陕西行省办理。至大四年八月丙戌“敕西番军务隶宣政院”[①]，延祐六年夏四月丙午，“命宣政院赈给西番诸驿”[②]等说明真正的管理权在院不在省。其三，吐蕃等处宣慰司的长官有由陕西行省长官兼任者，但其涉及院治者，均由宣政院办理，且是通过帝师的推荐，而不是由中书省或由其属下的陕西行省来办理。如至元二十九年（1292），“宣政院言：授诸路释教都总统辇真术纳思为太中大夫、土蕃等处宣慰使都元帅”[③]。此为僧人，符合宣政院“军民通摄而僧俗并用”的用人原则。其四，吐蕃等处宣慰司所辖地区的行政变更，是由诸王或宣慰司向宣政院，而不是向陕西行省呈请实施的。至大二年秋七月壬辰，镇西武靖王搠思班与脱思麻宣慰司建议将松潘叠宕威茂州等处安抚司改为宣抚司并迁治茂州事，即是通过宣政院的。[④]其五，我们看到的吐蕃等处宣慰司归陕西行省的记载见于元明两史地理志，由于《元史·地理志》陕西等处行中书省吐蕃等处“宣慰司”条下已包括了河州、脱思麻两路，虽然皆以州、县名之，实际上与百官志所载司辖各元帅府、招讨司、万户府等管区无差，所以，似不存在一个省、司交相分治的情况，应为宣政院与陕西等处行中书省两属，主要由前者负责。

二、临洮府

临洮府，治今甘肃省临洮。唐代为临洮军，宋为镇洮军，又为熙州。金为临洮府。[⑤]蒙古人用兵此地始于太祖二十二年（1227），这一年二月“破临

① 《元史》卷24《仁宗一》。
② 《元史》卷26《仁宗三》。
③ 《元史》卷17《世祖十四》。
④ 《元史》卷23《武宗二》。
⑤ 《元史》卷60《地理三》。

洮府”[①]。宪宗二年（1252）命忽必烈南征大理，迂回攻宋。四月出萧关驻于六盘，绝临洮，命汪田哥于利州筑城。次年九月，忽必烈至忒剌，兵分三路南征。[②]云南平，军还，经六盘山至临洮府。[③]临洮成为忽必烈所部蒙古军南征的大本营或重要中转点。元初据守临洮的是吐蕃首领赵阿哥昌、赵阿哥潘父子。“赵阿哥潘，土波思乌思藏掇族氏，始附宋，赐姓赵氏，世居临洮。祖巴命，富甲诸羌。父阿哥昌，貌甚伟，有力兼人，金贞祐中（1213—1217），以军功至熙河节度使。金亡，保莲花山，以其众来归。皇子阔端之镇西地，承制以阿哥昌为叠州安抚使。时兵兴，城无居人，至则招逃亡立城垒，课耕农桑以安辑之，年八十卒于官。”[④]吐蕃赵氏居地甚广，洮州、岷州均有其族。《新增岷州志》谓，“赵氏有三宗：一宋神宗时吐蕃木征降，授荣州团练使，赐姓名赵思忠；一河湟羌隆替降，赐姓赵怀德，其弟曰怀义；一西番巴沁札卜内附，赐姓赵氏”[⑤]。这是一种误解。赵思忠本名木征，而赵怀德、赵怀义则是木征的两个儿子陇甦和邦辟勿丁瓦。[⑥]父子之间，何言二宗。又木征系河湟（或青唐）吐蕃首领唃厮啰之孙，其父名瞎毡。史记赵阿哥潘为“土波思乌思藏掇族氏”。“土波”即“吐蕃”，是其当为河湟吐蕃后裔，溯远祖于乌思藏之先祖赞普，“掇”疑即“rdo”（掇、朵），赞普云丹之后裔。

赵阿哥潘，1235年从宪宗伐蜀，与宋都统制曹友闻屡战，“胜负略相当，以破大安功最，授同知临洮府事”。后率大军“大小五十余战，皆先陷阵，皇子赐以金甲、银器”。1253年，忽必烈南征大理，道出临洮，见而奇之，命摄元帅，筑城益昌，历五年而成。宪宗出蜀，以阿哥潘为先锋，攻西安，下之，赐金符，授临洮府元帅。中统建元，诏还镇临洮。有善政，见饥，发私藏以赈贫乏，又以私马充驿骑，效力元廷。后率军赴青居山，为宋军邀杀。[⑦]其子重喜，初侍皇子阔端为亲军侍卫。1253年，随忽必烈征云南，数有功。中统元年，从巩昌府总帅汪良臣与浑都海叛军战，以功授征行元帅。四

---

① 《元史》卷1《太祖》；《元史》卷121《按竺迩传》；《金史》卷17《哀宗上》，“正大四年（1227）夏五月丁丑，大元兵平临洮府，总管陁满胡土门死之”。

② 《元史》卷3《宪宗》；《元史》卷4《世祖一》。

③ 《元史》卷121《兀良合台传》。

④ 《元史》卷123《赵阿哥潘传》。

⑤ 《元史》卷123《赵阿哥潘传》。

⑥ 见《陇右稀见方志三种》。

⑦ 《元史》卷123《赵阿哥潘传》。

年，从讨忽都、达吉、散竹台等，克之，镇守凉州、永昌地方的阔端子启必帖木儿承制使其袭父职为元帅。入觐，赐金虎符，为临洮府达鲁花赤。其后解军职，依例应上交所佩绶符，世祖特许其终身佩之。以其长子官卓斯结袭为达鲁花赤，升重喜为巩昌二十四处宣慰使。[①]临洮府赵氏，为元廷南北征战，立下汗马之功，其对安定当地自然也起到巨大的作用。

临洮府，至元初在巩昌路便宜都总帅府管下，十三年改为巩昌路总管府，十四年复行便宜都总帅府事，仍归治下。[②]故重喜曾任“巩昌二十四处宣慰使”之职。十三年十二月，升临洮渭源堡为县，临洮府领县二：狄道和渭源。归陕西等处行中书省辖下。

三、巩昌府

《元史·地理三》记“巩昌府，唐初置渭州，后曰陇西郡，寻陷入吐蕃，宋复得其地，置巩州。金为巩昌府。元初改巩昌路便宜都总帅府，统巩昌、平凉、临洮、庆阳、隆庆五府及秦、陇、会、环、金、德顺、徽、金洋、安西、河、洮、岷、利、巴、沔、龙、大安、褒、泾、邠、宁、定西、镇原、阶、成、西和、兰二十七州，又于成州行金洋州事”[③]。其辖地十分广阔。至元五年（1268）以后，相继割安西、河、洮、岷等州入吐蕃等处宣慰司都元帅府。十三年立巩昌路总管府，十四年复行便宜都总帅府事。同年又割隆庆府、利、巴、大安、褒、沔、龙等州隶广元路。二十一年，以泾、邠二州隶陕西汉中道宣慰司。而帅府所统者巩昌、平凉、临洮、庆阳四府；秦、陇、宁、定西、镇原、阶、成、西和、兰、会、环、金、德顺、徽、金洋等十五州。壬子籍户，有45135户，369272口。领录事司一，县五：陇西、宁远、伏羌、通渭、鄣县。隶陕西等处行中书省管辖。

居于巩昌，世守帅府之职的是汪氏家族，但关于其族属来历，说法并不相同，大致有三：（1）汪古族，《元史》记“汪世显字仲明，巩昌盐川人。

---

① 《元史》卷123《赵阿哥潘传》。

② 《元史》卷60《地理三》。

③ 《元史》卷60《地理三·陕西等处行中书省》。

系出旺古族”[①]。姚遂谓，“公（汪世显——引者）王姓，由大父彦忠世掌汪骨族，故汪姓”[②]。（2）徽州人，杨奂谓“王名世显，字仲明，巩昌人……公系出南京徽州歙郡之颍川”[③]。（3）襄武人，王鄂谓“……国朝肇造其人实多，山西将种所出，天下公论，莫不以襄武汪氏为首称，汪本姬姓，宋末金初，世掌盐川之一隅汪骨族，因氏焉”[④]。元代人撰碑已对汪氏族属与先世持有不同说法，实也令人叹奇。张维谓：“汪氏之先，漳、陇两志均谓出于鲁成公子黑肱之后，唐越国公达之胤，杨奂《义武神道碑》以为系出徽州即越公之说也。王鄂《忠烈神道碑》以为，汪本姬姓，世掌汪骨族，因以为氏，即鲁后之说也。”[⑤]汪氏近世族属尚不详，以何知其上古？足见“出自徽州之颍川”与“本姬姓”之说，显然是撰者之臆测，伪托先贤以重碑主之惯用伎俩，不足为训。其可取的一点是，汪氏与汪骨（一作汪古）族的关系密切。据考古发现，汪世显后裔墓群在今甘肃漳县城南2.5公里的徐家坪。1972年，清理元代墓葬七座，发现墓志两合，墓主是汪惟简和汪惟孝。其中“汪惟孝墓志”记其“先世掌汪骨族，以武勇雄冠于山西，祖考讳世显，字仲明。仕金为山外便宜都总帅……乙未率军民数十万归附”[⑥]。也为其证。

据碑传资料，金宣宗贞祐二年（1214）世显起家为千夫长，入转领平凉事。正大四年（1227），领陇州防御使，随征从宜，分治陕西西路。时西南调度窘迫，世显发家赀，率豪右助边。六年，以巩昌冲要之地，升巩昌府，改兼治中，转同知兼参议帅府机务。金趋衰亡，世显与便宜总帅完颜仲德拥将士吏民出保石门。九年，仲德东下拥保金皇室，世显升任便宜总帅。“明年，京师变，郡县风靡，公独为之坚守，越三年，犹安堵如故，而外攻不弛，谓其众曰：‘宗祀已失，吾何爱一死？千万人之命悬于吾手，平居享高爵厚禄，死其分也，余者奚罪？与其经于沟渎，姑殉一时之节，熟若屈己以纾斯人之祸乎？’会皇子顿兵城下，率僚佐耆老持牛羊酒币，迎谒焉。皇子曰：‘吾征讨有年，所至皆下，汝独固守何也？’‘有君在上，卖国市恩之

---

① 《元史》卷155《汪世显传》。

② 姚遂：《牧庵集》卷16《便宜副总帅汪公神道碑》。

③ 杨奂：《汪义武公神道碑》，见张维《陇右金石录》卷5。

④ 王鄂：《汪忠烈公神道碑》，见张维《陇右金石录》卷5所引。

⑤ 张维：《陇右金石录》卷5。

⑥ 甘肃省博物馆、漳县文化馆：《甘肃漳县元代汪世显家族墓葬简报》，《文物》1982年第2期。

人，谅所不取。'皇子大悦，敕其下丝发无所犯，盖乙未冬十月四日也。"[①]贞祐二年（1214）起家为千夫长事，与金宣宗启用地方势力有关。[②]碑志所言完颜仲德勤王事也皆有据。[③]唯归降事，或有溢美之处。《金史》卷124记"天兴二年（1233），哀宗迁蔡州，虑孤城不能保，拟迁巩昌，以粘葛完展为巩昌行省。三年春正月，完展闻蔡已破，欲安众心，城守以待嗣立者，乃遣人称使者自秦，有旨宣谕，绥德州帅汪世显者，亦知蔡凶问，且嫉完展制己，欲发矫诏事，因以兵图之，然惧虾蟆威望，乃遣使约虾蟆并力破巩昌……（虾蟆不从）……世显即攻巩昌破之，劫杀完展，送款于大元，复遣使者二十余辈谕虾蟆以祸福，不从……"[④]世显归于蒙古的时间，据《元史》及碑传所载，在1235年。[⑤]他的家世族属等问题还有待于进一步探讨。[⑥]

归附蒙古后，汪世显及其后裔相继为巩昌府及巩昌路便宜都总帅府总帅，统有广大地区，嗣后相继有一些州划归吐蕃等处宣慰司及陕西、四川等行省辖下。至至元二十一年，仍领有四府十五州地。[⑦]这些地区与吐蕃等处宣慰司辖地相接，关系极为密切。

世祖至元十年（1273）夏四月，罢四川行省，"以巩昌二十四处便宜总帅汪良臣行西川枢密院"。次年四月分陕西陇右诸州，置提刑按察司，治巩昌。[⑧]巩昌成为当时这一带地区的重要军政据点。至元末年，乌思藏地方必里公万户与西北叛王相勾结，与萨斯迦本钦军相对抗，朝廷派大军支持萨斯迦。元贞元年（1295）十月癸丑，"以西北叛王将入自土蕃，命平章军国重事答失蛮往征之，仍敕便宜总帅发兵千人从行，听其节度"[⑨]。巩倡汪氏世守其地，为元廷戍守一方，参与对蕃事务无疑是其职守之一。

---

① 《汪义武公神道碑》，见《陇右金石录》卷5。

② 《金史》卷12《章宗四》，贞祐二年九月丙寅记事。

③ 《金史》卷17《哀宗上》;《金史》卷119《完颜仲德传》。

④ 《金史》卷124《忠义四·郭虾蟆传》。

⑤ 《元史》卷2《太宗》，"七年（1235）十一月，阔端攻石门。金便宜都总帅汪世显降"。

⑥ 周清澍"汪古部事辑"（文载《文史》第9—14辑，中华书局）以之为汪古部;也有认为是沙陀人;还有以之为吐蕃人者。后者似欠妥，但前者何是，待考。

⑦ 《元史》卷60《地理三》。

⑧ 《元史》卷8《世祖五》。

⑨ 《元史》卷18《成宗一》。

四、蒙古军都万户府

该都万户府设于陕西凤翔，主要管理陕西行省蒙古驻军，同时兼管吐蕃地区的蒙古驻军。据《元史·成宗二》记，大德二年（1298）冬十月壬戌，"置蒙古都万户府于凤翔"①。延祐四年（1317）十一月，陕西都万户言："碉门探马赤军一百五十名，镇守多年，乞放还元翼"，枢密院臣以其地处冲要，不宜放还，另派军三年一轮换②，这里的"陕西都万户"当即"蒙古军都万户"，因为史载泰定四年（1327）三月，陕西省官言："奉元建立行省、行台，别无军府，唯有蒙古军都万户府。"③因其司治凤翔，距省治（今陕西省西安市）三百五十里。遂有"乞移都万户府于奉元路置司"之议。但未为陕西都万户府采纳，理由是"自大德三年（1299）命移司酌中安置，经今三十余年，凤翔离大都、土番、甘肃俱各三千里，地面酌中，不移为便"。枢密院也加以支持，认为"陕西旧例未尝提调军马，况凤翔置司三十余年，不宜移动"④。是经略吐蕃为其职守之一。在吐蕃等处宣慰司都元帅府辖下，有"礼店文州蒙古汉军西番军民元帅府"、"礼店文州蒙古汉军奥鲁军民千户所"、"礼店文州蒙古汉军西番军民上千户所"、"礼店阶州西水蒙古汉军西番军民总把二员"等，乌思藏纳里速古鲁孙等三路宣慰使司都元帅府辖下，有"乌思藏管蒙古军都元帅二员"以及吐蕃等路的蒙古驻军，均与蒙古军都万户府有关系，或直接归其管辖。

《元史·武宗》记，大德十一年秋七月丙寅，"以礼店蒙古万户属土番宣慰司非便，命仍旧隶脱思麻宣慰司，防守陕州"⑤。关于"土蕃宣慰司"似当"河州路"之误，而脱思麻宣慰司为"脱思麻"路之误的论述，已如前文。至于"防守陕州"者，我们同样认为是因讹误所致。"陕州"，地治今河南陕县，其时归河南江北等处行中书省河南府路管辖，在地理上、行政上与吐蕃宣慰司略无关涉，显属讹误。根据其当时形势，我们推测，其为"阶州"形讹之误。其一，阶州治今甘肃武都附近，距礼店相近，其地归陕西行省管

① 《元史》卷19《成宗二》。
② 《元史》卷99《兵二·镇戍》。
③ 《元史》卷99《兵二·镇戍》。
④ 《元史》卷99《兵二·镇戍》。
⑤ 《元史》卷22《武宗》。

辖，又与吐蕃等处宣慰司关系极密切。其二，在吐蕃等处宣慰司管内有“礼店阶州西水蒙古汉军西番军民总把二员”，既将礼店与阶州置于同一长官治下，又均有蒙古军驻守。其三，阶州是这一地区部落反抗活动最烈，也是元廷用兵次数最多的地区之一，元贞二年五月庚辰，“土蕃叛，杀掠阶州军民，遣脱脱会诸王铁木而不花、只列等合兵讨之”[①]。大德元年三月甲戌，“西蕃寇阶州，陕西行省平章脱列伯以兵进讨，其党悉平，留军五百人戍之”[②]。五年，又增阶州戍军。[③]在此背景下，以礼店蒙古军归脱思麻路，防守阶州，势属自然。嗣后，泰定元年、二年、三年连年有吐蕃入掠阶州，直至顺帝至正十四年（1354）九月，仍有“阶州西番贼起，遣兵击之”的记载。[④]此外，西川也速迭儿、按竺迩（按住奴）、帖木儿等所统探马赤军，自壬子（1252）括户，属籍礼店，“隶王相府”，此“王相府”当指至元九年始封，至至元十七年因忙哥剌身故而罢的安西王府。至元十七年以后，又归陕西省。桑哥当政时，奏归吐蕃等处宣慰司管辖，大德十年命依壬子之籍，十一年四月再归吐蕃宣慰司。是此部军在吐蕃等处宣慰司与陕西行省之间屡屡变化，说明了两者在军政管辖权方面的密切，同时也给人们的认识带来了一定程度上的混乱。

第四节　四川行省与云南行省

由于有关四川、云南两行省与吐蕃地区交往及相关军政建置的资料相对较少，我们综为一节论之。

一、四川等处行中书省

史记“元中统三年（1262），立陕西四川行省，治京兆”[⑤]。是时两省合一，在成都置有总管府，设录事司。至元八年（1271）十二月，置四川行省

① 《元史》卷19《成宗二》。
② 《元史》卷19《成宗二》。
③ 《元史》卷20《成宗三》。
④ 《元史》卷43《顺帝六》。
⑤ 《元史》卷60《地理三·陕西等处行中书省》。

于成都。十年，因四川地为安西王属领，置行省，分东西二枢密院，主持四川军事。十三年，领三府十一州，其中邛、黎、雅、威、茂诸州，与吐蕃地方相邻接，或直接为吐蕃宣慰司管区。至元二十年，割黎、雅属吐蕃招讨司，隶吐蕃等处宣慰使司都元帅府管辖。①至元二十三年最终分立四川等处行中书省。

四川行省地与吐蕃宣慰司相接，同样负有招抚、戍守、平叛及赈饥等使命。至元十二年三月丙申，“侧布蕃官税昔、确州蕃官寮男车甲等，率四十三族，户五千一百六十，诣四川行枢密院来附”②。十七年三月丙午，“敕东西两川发蒙古、汉军戍鱼通、黎、雅”③。在对吐蕃地区的经略中，碉门是一个十分重要的中心据点，至元十九年冬十月庚戌，“移成都宣慰司于碉门”④。这里的驻军还被调往别处，参加平叛。如大德七年夏四月即“拨碉门四川军人一千人镇罗罗斯，其土军修治道路者，悉令放还”⑤。至顺元年闰七月，“四川省调碉门安抚司军七百人，命万户周戡统领，直抵罗罗斯界，以控扼西番及诸蛮部”⑥。囊加台据四川叛乱即曾派布答思监为安抚使，戍守碉门，此人在天历二年（1329）三月至云南行省投降。⑦

由于四川行省西邻黎、雅、茂等州，归吐蕃等处宣慰司管辖，所以，遇有重大军事，往往是吐蕃等处、吐蕃等路两宣慰司均派军参与，联合行动。如平定参卜郎之乱即是如此。泰定元年（1324），“以四川行中书省平章政事囊加台兼宣政院使，往征西番参卜郎”⑧。这里未言吐蕃等处随征事，但宣政院使为管理吐蕃地区最高行政机构——宣政院的长官，其有权统领全蕃军政事务是不待多言的。“泰定二年，以乞剌失思八班藏卜为土蕃等路宣慰使都元帅，兼长河西、奔不儿亦思刚、察沙加尔、朵甘思、朵思麻等管军达鲁花赤，与其属往镇抚参卜郎。”⑨即有脱思麻军参与平乱事。顺帝至正三年

① 《元史》卷60《地理三》。
② 《元史》卷8《世祖五》。
③ 《元史》卷11《世祖八》。
④ 《元史》卷12《世祖九》。
⑤ 《元史》卷21《成宗四》。
⑥ 《元史》卷34《文宗三》。
⑦ 《元史》卷33《文宗二》。
⑧ 《元史》卷29《泰定帝一》。
⑨ 《元史》卷29《泰定帝一》。

（1343）八月，“命朵思麻同知宣慰司事锁儿哈等讨四川上蓬琐吃贼”[①]。也属其例。元代四川行省与吐蕃地区联系密切的一件事是茶马贸易。至元十四年（1277）夏四月，“置榷场于碉门、黎州，与吐蕃贸易”[②]。这对于加强吐蕃与内地相互往来意义巨大。明朝初年，明太祖采纳高惟善建议，命人缮修碉门至岩州道路，以方便往来人马。又量地里远近，设立邮传，大大促进了两地之间的茶马贸易。

二、云南诸路行中书省

《元史·地理四》记，“丽江路军民宣抚司，路因江为名，谓金沙江出金，故名。源出吐蕃界……元宪宗三年（1253），征大理，从金沙济江，么、些负固不服。四年春，平之，立茶罕章管民官。至元八年（1271），立宣慰司。十三年，改为丽江路，立军民总管府。二十二年，府罢，于通安、巨津之间立宣抚司。领府一、州七。州领一县”[③]。其中永宁州、宝山州、巨津州、建昌路、柏兴府等皆与吐蕃相邻。巨津州为吐蕃与云南交通要地，史载，“巨津州，昔名罗波九睒，北接三川、铁桥，西领吐蕃。按唐书，南诏居铁桥之南，西北与吐蕃接，今州境实西北陬要害地，么、些大酋世居之。宪宗三年内附。至元十四年，于九睒立巨津州，盖以铁桥自昔为南诏、吐蕃交会之大津渡，故名”[④]。其领临西一县，县在州之西北，因西临吐蕃而得名，其地在今云南迪庆藏族自治州境内，治今维西县治。

云南之归蒙古治下，如上言，是在宪宗三年（1253）。这一年，忽必烈率大军分三道南入大理。秋天“大军自旦当岭入云南境。摩、些二部酋长唆火脱因、塔里马来迎降，遂至金沙江，兀良合台分兵入察罕章，即白蛮也，所在寨栅，以次攻下之。……进师取龙首关，翊世祖入大理围城”[⑤]。大理平，留兀良合台守之。至元十三年，立云南行省以治之。[⑥]至元三十年六月庚寅，

① 《元史》卷41《顺帝四》。
② 《元史》卷9《世祖六》。
③ 《元史》卷61《地理四·云南诸路行中书省》。
④ 《元史》卷61《地理四》。
⑤ 《元史》卷121《兀良合台传》。
⑥ 《元史》卷61《地理四》。

“诏云南旦当仍属西番宣慰司”[①]。此当指吐蕃等路宣慰司。

元文宗时期，云南地方发生反抗活动，至顺元年（1330）六月丙申，立行枢密院讨云南，赐给驿玺书十五、银圆符五，以河南行省平章彻里铁木儿知行枢密院事，陕西行省平章探马赤、近侍教化为同知、副使。发朵甘思、脱思麻及巩昌诸处军万三千人，人乘马三匹。彻里铁木儿同镇西武靖王搠思班等由四川，教化从豫王阿剌忒纳失里等由八番，分道进军。[②]由于“乌蒙、乌撒及罗罗斯地接西番，与碉门安抚司相为唇齿，命宣政院督所属军民严加守备，又命巩昌都总帅府调兵千人戍四川”[③]。这是一次较大规模的军事行动，由此也可见，吐蕃宣慰司与邻接地区在军事上相互配合之一斑。

---

① 《元史》卷17《世祖十四》。
② 《元史》卷34《文宗三》。
③ 《元史》卷34《文宗三》。

结　语

1239年，坐镇凉州的阔端王子派道尔达率军入蕃，正式揭开了蒙元统治者经略吐蕃地方的序幕。

道尔达所部蒙古军，除了在热振寺（今西藏自治区林周县东北部）和必里公（今西藏自治区直孔）遇到较大阻力以外，一路顺利，很快南进今西藏南部加玉、门域及西藏与不丹、尼泊尔交界地区，击溃所有抵抗者。时任乌思藏地区总管的必里公官巴（行政官）释犨被逮捕，必里公寺座主京俄吃剌思巴冲纳思代表乌思藏地方，献出全部属民户口籍簿，接受大蒙古国的统治。道尔达返回凉州后，汇报了乌思藏地方的政教局势，特别提到了教派最大的甘丹（噶当）派和威望较高的达垅派法王、必里公派京俄和萨斯迦班智达（即萨班）。受命经营吐蕃地方的阔端王子，经过详审比较后，选择了后者，并在1244年向萨班发出相晤凉州的带有命令性质的邀请。1247年，阔端与萨班相晤凉州，约定吐蕃地方归附大蒙古国的条件，吐蕃地方正式纳入大蒙古国行政版图。萨班发布告乌思藏纳里速僧俗官民书，号召各地僧俗接受大蒙古国统治。他本人留居凉州，被阔端聘为祭天长老，萨斯迦派在乌思藏各政教势力中的领袖地位由此确定。随萨班前来凉州的八思巴和恰那朵儿只，一人随伯父（萨班）学法，一人着蒙古服，学蒙古语，成为阔端拟定的未来管理乌思藏地区政教事务的栋梁之材。

蒙哥汗时期，响应萨班呼吁的乌思藏地方政教首领们，纷纷来到蒙古王廷，请求桂本（庄园领主）之职。1251年，蒙哥汗推行分封制，让阔端管理萨斯迦派，自己（蒙哥本人）管理必里公派，忽必烈管理搽里八派，旭烈兀管理伯木古鲁派，阿里不哥管理达垅噶举派，初步加强了拖雷系在经营乌思藏地方政教事务中的地位。1252年，蒙哥汗审时度势，在乌思藏地区进行户口清查（括户），并依据归附的乌思藏地方各政教势力实力之大小，封授万户、千户之职，初步确立了乌思藏地方的千户万户制度。

阔端去世（1251）后，受命经理漠南及汉地的忽必烈，即试图取代其在经略乌思藏地方事务中的位置。1253年，忽必烈与八思巴初次相会，便实现了经营大权由窝阔台系向拖雷系的完全转移。掌握了经营乌思藏地方事务大权的忽必烈，其早期活动自然以服从汗国经略中原地区事务，实现灭南宋、统一全国的大政方针为主，但是，在乌思藏地区事务方面，也采取了一些措施，取得了一定的成效，此即大力扶植以八思巴为首的萨斯迦派，巩固其在乌思藏各教派中的领导地位，同时，支持佛教对道教的辩论，抬高佛教在全国各宗教中的地位，并将藏传佛教置于首要位置，为重用八思巴并最后完成对乌思藏地方的统治做好充分准备。

1260年，忽必烈即大汗位，即用八思巴为国师，赐玉印。1264年，元朝设立掌管全国佛教及吐蕃地区事务的中央机构——总制院，并领之于国师，八思巴遂得统管天下释教及吐蕃地区事务。这一年，元朝中央在吐蕃地方全面建立驿站系统，并命八思巴、恰那朵儿只返回乌思藏地方建立行政体制，乌思藏纳里速古鲁孙等三路军民万户府因此建立。忽必烈结束了蒙哥汗在乌思藏地区所推行的分封制度，加强中央集权，建立中央领导下的统一的行政体制，是一项重大的变革。蒙哥的去世及阿里不哥的失败，使他们丧失了在乌思藏地方的封地，仅存的旭烈兀势力，鞭长莫及，且呈现衰微趋势。1267年，白兰王恰那朵儿只去世，元朝统治者既定的、用之以管理吐蕃地区行政事务的计划随之落空。从而为元朝在乌思藏地方建政立制，实施更直接的统治奠定了基础。1268年，元朝中央在乌思藏地方派员调查人户，完善千户万户制度，并确定应驿、支差、纳税等制度，即是最具体的例证。

1269年，八思巴制成蒙古新字，忽必烈诏颁天下，并定之为国字。次年，封八思巴为帝师，尊崇至于极限。然而，也就在1269年，忽必烈封皇七子奥鲁赤为西平王，授驼纽金镀银印，出镇吐蕃。嗣后的1274年，八思巴同父异母弟亦怜真继任帝师；1286年，恰那朵儿只遗腹子答耳麻八剌剌吉塔以白兰王身份返回吐蕃管理行政事务；1297年，诸王铁木而不花受封为镇西武靖王。这样，在吐蕃地方事务方面，就存在着帝师制度、白兰王承袭制度和诸王出镇制度，以及与之相关的三股势力，他们都影响着元朝中央政府在吐蕃地方的施政，而且分别被不同的史书及学者确定为吐蕃地方行政的真正掌握者。但是，依据我们的研究，他们是制约吐蕃地方行政的三股势力：西平王和镇西武靖王是出镇吐蕃，负责吐蕃地方的军事安全，镇压叛乱。白兰王绝不等于吐蕃王，虽然蒙元统治者曾期望恰那朵儿只能够担负起管理吐蕃地方行政事务的责任，但是，忽必烈加强中央集权，郡县吐蕃地方的政策，事实上已限制了白兰王这一角色的活动范围。及恰那朵儿只去世后，这一封号基本上变成一个虚衔，它有管理吐蕃三却喀之名，而无操纵地方事务之实。帝师在吐蕃地方事务中的权力，是由八思巴奠定的，但也以八思巴时为最大。从国师领总制院到帝师荐举宣政院官员，其对吐蕃事务的影响减弱了。帝师对吐蕃地区行政事务，尤其是乌思藏地区行政事务有较大的参与权，但是，主要是通过正常渠道，即向宣政院及其下辖的三路（道）宣慰司发布法旨实现的，而且也受到皇帝权力和圣旨的节制与约束，帝师可以举荐宣政院及下属三路宣慰司的高级行政官员，但无权任命。八思巴之后的历任帝师，均曾荐举乌思藏宣慰司为首宣慰使（本钦），充当元朝皇帝的全国佛教及吐蕃地方事务顾问的角色，但更多地象征着一种荣誉。在吐蕃地方真正发挥作用的是宣政院辖下的吐蕃三路（道）宣慰司，即乌思藏纳里速古鲁孙等三路宣慰使司都元帅府，吐蕃等处宣慰使司都元帅府（脱思麻宣慰司）和吐蕃等路宣慰使司都元帅府（朵甘思宣慰司）及其下辖的万户千户、元帅府招讨使司等机构。吐蕃三路宣慰司在1264年开始建立，但称“军民万户府”，后升置宣慰司，约在1288年桑哥奏改总制院为宣政院时，均已出现。

通过本项研究，我们可以得出以下几点结论：

（1）元代吐蕃地方的行政体制是经过阔端王子、蒙哥汗和元世祖忽必烈三个时期的努力实践逐步形成的。扶植萨斯迦派政教势力的政策是既定的，中间又有曲折。阔端王子对蕃施政的核心是抬高萨斯迦教主在乌思藏地方各教派中的地位，用萨斯迦政教势力来管理乌思藏地方。蒙哥汗则推行分封制，内则削弱阔端（即窝阔台系）的治藏大权，外则对蕃分而治之（而非独尊萨斯迦派）。及忽必烈受命经略吐蕃，重新恢复阔端故制，进而收回诸王在乌思藏的封地，推行千户、万户制，郡县其地，将扶植萨斯迦政教势力与实施中央集权并举。在白兰王恰那朵儿只去世后，元世祖放弃了用国师理僧、白兰王理民的设想，采取了以国师（后为帝师）统领天下释教，参与吐蕃地方事务，白兰王名义上管理吐蕃三路，西平王（后为镇西武靖王）出镇的多系统合力制约吐蕃地方行政事务的方略，但是，真正发挥治蕃主导作用的，是总制院（后为宣政院）管辖下的吐蕃三路宣慰司及相关机构。这一体制形成的重要时期是1264—1270年，其最后完成的标志是1288年改总制院为宣政院。

（2）在元代吐蕃地方只有一套行政管理系统，这就是由元朝中央设置的总制院（后为宣政院）所管辖的吐蕃三路宣慰司，及其下设的各个机构，《元史》卷87《百官三》“宣政院”条下所记宣政院及吐蕃三路宣慰司及相关机构，是客观存在的和确定无疑的。除此之外，并不存在与此平行的或自成体系的其他行政职官系统。帝师、白兰王和出镇宗王，各有组织，但是，均从不同方面参与吐蕃地方行政事务的管理，是为这套行政系统发挥正常职能服务的。在乌思藏地方，乌思藏纳里速古鲁孙等三路宣慰司即设在萨斯迦，其为首宣慰使多由帝师推荐，皇帝任命。在这里不存在独立于乌思藏宣慰司及其下设万户府、千户所等之外的萨斯迦地方行政管理系统。萨斯迦派宗教势力的参政权，是通过参与乌思藏宣慰司的行政事务来实现的。严格说来，把萨斯迦派政教势力称为萨斯迦地方政权，或萨斯迦地方政府的做法，是缺乏根据的；乌思藏宣慰使（即萨斯迦本钦或乌思藏本钦）无权管理朵甘思（吐蕃等路宣慰司）和脱思麻（吐蕃等处宣慰司）两个宣慰司的各项事务，说萨斯迦本钦或萨斯迦教派可以管理吐蕃三路宣慰司行政事务是一种误解。八思巴及历任帝师可以参与吐蕃三路宣慰司政教事务，因为他们是管理吐蕃三路宣慰司行政事务的中央机构——总制院的院使及在皇帝管理吐蕃地方事务中具有特殊身份的中央高级官员；恰那朵儿只及历任白兰王具有管理吐蕃三路宣慰司的行政事务之名，因为他们是钦封的白兰王（皇室驸马）。从他们是萨斯迦教主的角度，推断出萨斯迦派管辖吐蕃三路宣慰司的结论缺乏事实依据。

（3）元朝对总制院（后为宣政院）下辖的吐蕃三路宣慰司的管理方式并不完全相同，在乌思藏地方（乌思藏纳里速古鲁孙等三路宣慰司），由帝师推荐、皇帝任命的乌思藏为首宣慰使（萨斯迦本钦）负责管理乌思藏十三万户的行政事务，帝师和白兰王的行政权力更多地体现在参与乌思藏地方事务的指导方面；在朵甘思地方（吐蕃等路宣慰司）行政事务方面，作为总制院首领和宣政院特殊官员的帝师，也有一定的参与权，但是却极为有限；而在脱思麻地区（吐蕃等处宣慰司），不仅少见帝师辟举宣慰使，未发现帝师发布给该宣慰司的法旨，而且该宣慰司也在陕西等处行中书省与宣政院的两属及转换管理之列。与之相反，在吐蕃三路宣慰司行政管理方面，其共同的特征是，完全服从中央政府的直接统治，由朝廷任免所有宣慰司、万户府及下辖机构中的中高级行政官员。既然萨斯迦地方势力只是通过乌思藏宣慰司这一地方机构发挥作用的，而且其权力范围也只限于乌思藏纳里速等地区，既然帝师和白兰王对吐蕃其他两路宣慰司有限的权力来自中央政府的授予，那么，就元代吐蕃地方行政体制而言，便不存在一个所谓的自行其是的“大藏区”。这种说法显然是后世别有用心者的一种附会，没有任何事实依据。

（4）藏文史书资料是研究元代吐蕃地方行政体制至关重要的资料，但是，大多出自僧侣作家之手的藏文史书资料，既有普遍利用宗教术语不恰当地表述政治史实的问题，又有鲜明的民族史学风格和独特的表述方式。作为科学研究工作者，我们既不能放弃任何一条有价值的资料，又不能简单地轻信藏史作家的每个表述，必须由表及里认真加以勘比、甄别，同时，在方法上，既重视藏文资料、汉文资料的各自内证，又重视汉藏史料的相互对证，以求得科学的结论。我们不是宗教信徒，元代吐蕃史也不是一部宗教史，八思巴，甚至萨斯迦班智达，以及后来的赏竹监藏等人，从根本上说来，首先是一些政治人物，然后才是僧人。当时乌思藏地区政教合一的局势，以及他们的所有言行均可作为上述判断的史实依据。因此，完全从宗教的立场理解他们的社会活动，若非别有用心，便不免缘木求鱼。具体言之，藏史有关忽必烈接受八思巴三次灌顶并分别“奉献”十三万户、吐蕃三却喀及废止以汉人填河的说法，实有所依，它们分别是：1253 年忽必烈接受灌顶，依例承认作为萨斯迦法主的八思巴在大蒙古国管理乌思藏地方（当时并无“十三万户”）事务中的首领地位、1260 年忽必烈封八思巴为国师或 1264 年设总制院领之于国师（总制院管辖吐蕃三个万户府，即后之三路宣慰司或藏史中的三却喀），以及 1270 年八思巴被尊为帝师（或忽必烈采纳八思巴的建议，不在南宋地区滥杀无辜）。蒙哥汗时分封诸王管理吐蕃各主要政教势力的政策，也被一些藏史作者说成是“供施”关系。最具权威的皇帝圣旨、帝师法旨，以及十分珍贵的赏竹监藏《朗氏世系史》一书，可以为人们驱除上述迷雾提供有力的证据。此外，藏史中还有一些特殊的表述方法，如把乌思藏宣慰司为首宣慰使称作“萨斯迦本钦”或“乌思藏本钦”，把吐蕃三路宣慰司用蒙语音译，称作“三却喀”（即汉文三路或三道），但这些并不能妨碍我们把两者相互勘同。

（5）诚如藏汉文史书及藏文帝师法旨所展示的那样，吐蕃地方是元朝中央政府直接管辖的地区之一，元朝中央政府在这里建立起一整套完备的地方行政体制和职官制度，括户、置驿、征兵、征税、任免官员，充分行使了完整的主权。元朝中央以颁降的皇帝圣旨、帝师的法旨，来恩许某些寺院享有免差、免税及财产不受侵害的特权，这一事实本身即表明免差、免税即使在僧人那里，也是一种例外，而非自然获得的权力或者全体僧众即可超然物外，更不意味着吐蕃地方是所谓教法兴盛之区，即可免差、免税，不受王法节制。因此，试图歪曲元朝中央政府管辖吐蕃地方的历史，及怀疑或者否认乌思藏（今西藏）地方是中国不可分割的一部分的任何努力，都是缺乏史实依据和徒劳无益的。

附录一

论元代在西藏地方建政立制的基础

元朝时期，西藏地方正式纳入中国中央王朝统治之下，成为元朝行政区划的一部分。有关元代中央在西藏地方及其他藏区建政立制、实施统治的状况，学术界已有专文讨论，拙作《元代吐蕃地方行政体制研究》也在前人研究的基础上进行了较为深入而系统的探讨。但是，元朝为什么能够在较短的时间内建立起一套完整的行政体制与职官制度呢？它在西藏地方建政立制的基础又是什么呢？这是本文试图探讨的问题。

一、乌思藏地方大局待定

蒙元之际，西藏地方的政治局势为蒙元统治者建政立制、实施对西藏地方的统治，提供了历史良机，其主要表现有三点：

（一）割据势力由小到大、由混战走向妥协，呈现统一的趋势

842年，吐蕃末代赞普达磨（朗达玛）因毁法灭佛、推行本教被僧人拉隆贝吉多杰刺死，兄亡子幼，无以为继，由历代赞普苦心经营起来的王室集权，顿失依托，臣下离心，社会内部的各种矛盾如决堤之水，即时爆发，盛极一时的吐蕃王朝就在内部争权与相互火并中走向衰落，终至土崩瓦解。五代时，业已微弱的吐蕃又遭到回鹘和党项的侵袭，势力更衰。中原地区也如走马灯似地经历了后梁、后唐、后晋、后汉、后周五个偏安一隅的政权，无力统一吐蕃地区。①

① 《旧五代史》卷138《外国列传二》。

吐蕃王朝是在军事征服的基础上建立和强大起来的，与经济和文化相比，军事活动在社会生活中占据更重要的位置。唯其如此，其根基不免受到军事活动的影响，具有脆弱性。达磨死后，其二位王妃与各自近侍臣僚，分别拥云丹据守伍茹，拥斡松据约茹，展开“伍约之战”，拥兵自重的各地守将纷纷参与其中，动摇了吐蕃王朝赖以存在的基础。在河西陇右地区，反对云丹（乞离胡）的落门川讨击使尚恐热，在会昌二年（842）起兵攻击鄯州节度使尚婢婢，掠地至渭州，与宰相尚思罗大战于薄寒山。继之兼并苏毗、吐谷浑、羊同等兵，军至10余万人，自称宰相。次年又率兵25万再击尚婢婢。恐热军所过鄯、廓、瓜、肃、伊、西等州，“杀其丁壮，劓刖其羸老及妇人，以槊贯婴儿为戏，焚其室庐，五千里间，赤地殆尽”[①]。

在吐蕃贵族和军事首领武力争权的同时，奴隶和属民也发动了轰轰烈烈的大起义。《贤者喜宴》记，847年“伍约之战”爆发，连年不息。869年，奴隶起义此起彼伏，首先是以韦·廓谢来丁为首的属民起义在多康掀起，继之韦·洛波洛琼起义。在约茹，尚杰赛聂赞杀死长官，率修渠民工起义。[②]在河陇地区被吐蕃奴役的诸部形成浑末（嗢末）人，发动武装起义，散居甘、肃、瓜、沙、河、渭、岷、廓、叠、宕等地，其近蕃牙者最勇，而马犬良云，吐蕃微弱者反而依附之。

贵族内讧和奴隶起义改变了吐蕃王朝的面貌，汉文史书称此时的吐蕃，“族种分散，大者数千家，小者百十家，无复统一矣”[③]。藏史称，通过混战，形成了大政权与小政权、众多部与寡少部、金枝和玉叶、食肉者和食糌粑者等互不统属的割据势力。[④]

分裂与兼并而引起的融合是并行的。上层的内争与下层的起义从根本上瓦解了吐蕃王朝旧有的社会基础，尚存余力的旧贵族和刚崛起的新贵族，为了自身的存在和进一步发展仍在继续着旷日持久的战争，这一局面一直持续了400余年。通过混战，在蒙古军进入西藏前夕，已形成了如下局面：(1)弱小者逐渐被兼并，乌思藏地区主要由10余个大的割据势力分而控制。(2)

---

① 《新唐书》卷216《吐蕃传》；《资治通鉴》卷246—249。

② 《贤者喜宴》，第431页；黄颢译文见《西藏民族学院学报》1985年第1期，第26—27页。

③ 《宋史》卷492《外国八·吐蕃》。

④ 《贤者喜宴》，第431页。

由于战争的破坏，乌思藏地区的社会经济已面临崩溃的边缘。各个大的割据势力既无力发动统一战争以消灭对方，又无力以巨大的影响力号召对方，只能相互妥协，长期共存。（3）乌思藏地区的这一局势，决定了它缺乏抵御外来强大压力的能力，虽然曾一度出现必里公派官巴释辇担任乌思藏地方总管的局面[①]，但是，他既无赖以指挥各部的军事实力，又无团结各部的经济基础与政治影响，因而作用极为有限。（4）与政治上分裂割据相适应的是佛教宗派林立、互不统属，又各自依附某一支政治势力，形成政教联合又对立的局面。随着人民厌战情绪的增加，佛教愈来愈具有强大的号召力，为蒙古军进入并控制西藏地方，提供了有利的条件。

（二）日益勃兴的教派势力与割据势力相互结合、相辅相成，或者合而为一，成为真正的权力中心

当佛教在吐蕃地区再度兴起，进入所谓后弘期时，已真正深入民间。其最根本的原因是社会的需要，即400余年的分裂与混战不仅破坏了社会经济的发展秩序和人们的正常生活，也在广大人民群众的心灵上留下累累伤痕。这就为以抚慰众生痛苦为己任的佛教提供了一个无比宽广的沃野，从而使吐蕃王朝时期屡以法令强制推行而未能如愿的崇法弘教活动，幻变为滋润人们干涸心田的春风雨露，迅速开展起来。广大下层群众的皈依才使佛教真正地兴旺起来，造成拥有寺院即拥有群众、拥有实力的局面。

乌思藏地区的各个封建割据势力，为了其自身的利益，因势利导，纷纷兴建寺院，支持佛教的发展事业，推波助澜，并以寺院为核心和依托，广招民众，笼络民心。他们变化手法，向寺院捐献庄园产业，与寺院结成政教联盟，维护其共同利益。这一系列行动使寺院经济实力加强，并逐渐形成寺院贵族阶层和巨大的寺院政治势力，左右地方局势。

从11世纪起，在广大信众和封建领主的簇拥下，各教派的寺院纷纷建立，宁玛派、噶当派、萨斯迦派、噶举派等竞相登上历史舞台。它们以寺院为大本营，以某一个或几个封建领主势力（或显贵家族）为经济和军事后盾，扩大其势力与影响。政教结合，以教派组织为其外在形式，以割据实力为其基本内涵，构成其一般特征。由于教派上的联合要比各封建领主之间的

① 《朗氏世系史》，第448页。

联合更具有利条件，也更容易，因而寺院领主就当仁不让地担当起历史的重任。据《贤者喜宴》记载，在蒙哥汗在位时，乌思藏地区的译师及高僧，大多前来蒙古地区，代表其所联合的势力请求桂本之职位。[①]这些大的政治势力有10余个，其中包括必里公派、萨斯迦派、搽里八噶举派、伯木古鲁噶举派、牙里不藏思八噶举派、汤卜赤、古尔摩等。它们不仅是教派势力，更体现了其所联合的割据领主的综合实力。

政教联盟，以及僧侣干政的局面，首先反映出佛教在政治权力和社会生活中的突出地位。佛教掌握着群众，能够影响甚至左右时局，本身就是社会权力的象征。这正是蒙元统治者制定扶持佛教，确定"因其俗而柔其人"方针的出发点。其次，它增强了联系各个割据势力的能力，为消除分裂，促成统一局面的出现，起到积极的作用。再次，佛教信仰的普及和全面发展，既造成了藏传佛教的最终形成，又导致藏传佛教文化成为西藏传统文化主体的结局，其影响非同寻常。最后，寺院经济势力的过分膨胀，从经济上限制了各封建势力的军事活动，也从精神上消磨了他们的斗志。这正是道尔达所部蒙古军能够畅通无阻，迅速摧毁各地反抗，"以蒙古律令统治西藏地方"[②]的重要原因之一。

（三）吐蕃王朝的以军事组织为主体的行政体制与职官制度，在混战与分裂中荡然无存，而新的统一的社会组织制度尚未产生，从而在行政体制与制度方面留下空白，为蒙元统治者施展才华创造了历史良机

唐末至元初400年间，吐蕃地方分裂与混战相交，已从政治、经济、军事和精神文化等方面改变了昔日吐蕃王朝时的面貌，通过军事征服而建立，并以军事组织制度为核心的吐蕃王朝，消失在战争的烟尘之中，它的完整的军政体制也随之瓦解。人们也许会从分裂时期，乃至元代吐蕃地方的行政体制与职官制度中，找到吐蕃时期的某些遗存，但是，作为完整体系的制度，或者说是其主要内容，却已不复存在了。而分散的、大大小小割据势力的长期对峙与混战，没有社会需要，也不可能产生一套完整而统一的行政体制与职官制度。

由于缺乏统一政权，统一的行政体制之不存在是显而易见的，从职官称谓

① 《贤者喜宴》，第1416页。
② 《朗氏世系史》，第109页。

上看，吐蕃时代能留下的十分少见，而常著于史册的是区别于平民的泛称，即官或长官（dpon），即使必里公派行政首领（官巴，sgom pa）曾担任过乌思藏地方的总首领，也只称作 spyi dpon。这一方面反映了数百年混战所产生的巨大影响，另一方面也在某种程度上体现了吐蕃王朝时代，以军事为基础而建立起来的行政与职官制度，存在着脆弱的一面，这正是蒙元在西藏地方建立的行政体制与职官制度为什么来自中央，而非地方的主要理由之一。

以上几点，我们从乌思藏地区本身的一些特性加以阐述，它可以回答元代在西藏地方建政立制为何成功，并具有某些特色的部分原因。下面我们将就蒙古及元朝中央在西藏施政方略与方针进一步展开讨论。

二、蒙元统治者成竹在胸

在乌思藏地方大局未定，百废待兴的时刻，大蒙古国却正以凌厉的军事攻势，横扫六合，叩问中原九鼎，同时也把目光盯向了青藏高原。早在1226—1227 年，成吉思汗最后发动灭夏战争期间，即曾率兵攻占积石、西宁、洮、河等州，影响波及乌思藏地区。1234 年正月，蒙古军灭亡金朝，接着，又筹划进兵南宋与西域。1235 年，诸宗王长子率兵出征西域，相继灭亡了不里阿耳、钦察，并横穿大半个斡罗思（俄罗斯），威震欧洲。同年，窝阔台汗令王子阔端管领西夏之地，并统军从西部南进，经略四川。阔端在收服秦、巩等地，招抚巩昌便宜总帅汪世显、熙河节度使赵阿哥昌等人后，西行并开府凉州，坐镇经营乌思藏地区。

（一）阔端对乌思藏地区的经营功在不朽

阔端对乌思藏地区的经营是积极有效和十分成功的。它直接导致了乌思藏地方归附大蒙古国，并为元朝在西藏建政立制奠定了基础，其主要成就体现在三个方面：一是派大将道尔达率军武力征服乌思藏地区各部，并充分掌握了当地的政教信息情报，以此为对藏施政之资；二是确定了扶持萨斯迦教派来安定乌思藏地方的大政方针；三是与萨斯迦派教主萨斯迦班智达公哥监藏相晤凉州，确定乌思藏地方归附大蒙古国，开辟西藏地方历史的新纪元。

1239 年，阔端依据对乌思藏地方政治局势的分析，派大将道尔达率军万人入藏。关于此事，藏文史书，如《朗氏世系史》、《贤者喜宴》、《青史》、

《西藏王臣记》等均有记载，据说，道尔达的蒙古军入藏后焚毁了热振和杰拉康两座寺院，杀死了抵抗的僧俗民众500余人，乌思藏地方为之震惊。此后，道尔达所部继续南下，逮捕了时任乌思藏地方总管的必里公派官巴释辇，迫使必里公派京俄献上乌思藏地区所有的人户名册，称臣归服。道尔达连克各处堡寨，以蒙古律令统治乌思藏地方。

对于道尔达率军入藏活动，美国学者魏里认为仅仅是探察情报，而非武力征服。[①]我们认为，恰恰相反，这是一次真正的军事征服，自然也带有进一步侦察实情的任务，但后者只是副产品。乌思藏地方未能组织起有效的抵抗，正是由于当时的社会现实状况所致。这一次征服，蒙古军所历地区极为广阔，战果辉煌。据藏史记载，他们“捣毁下至东方工布、东西洛扎、洛若、加波、门地门贝卓、洛门和泥婆罗边界以内的坚固堡寨，以蒙古律令统治乌思藏地方”。迫于压力，必里公京俄随即代表乌思藏地方，贡献出全区的户册并接受蒙古的军事统治。[②]这已足够明确地表述了道尔达武力征服之威，以及乌思藏地方归附之实情。我们认为，只有准确地把握了这一点，方能够容易理解阔端对萨斯迦班智达带有命令式的邀请书具有何等的威严与分量。道尔达率军入藏的另一个成果，即是摸清了乌思藏地方总的形势和各教派的特点，第五世达赖喇嘛所著《西藏王臣记》称：道尔达上禀阔端，在乌思藏地方“僧伽部落以噶当派最多，人情世故以达垅法王最为练达，仪卫以必里公京俄最威严，佛法以萨斯迦班智达最为精通”[③]。阔端王子以其精明与智慧，洞察到既有实力，且具深湛佛学造诣的萨斯迦派高僧萨斯迦班智达堪当大任，从而做出重大抉择，授命萨斯迦派教主代表乌思藏地方接受统治并管领地方。从当时的具体背景看，也只有萨斯迦派教主最有能力担当这一重任。这是因为道尔达入藏时业已烧毁了噶当派的两座寺院——热振寺和杰拉康寺，并杀害了五百余名僧俗人众，噶当派即被排列在候选者之外；达垅派势力相对较弱，不能与其他各派相抗衡，难予首先考虑；颇具实力的必里公派，同样遭受到蒙古军的冲击，他们的行政首领官巴释辇还险遭杀害，这自然与他们的不合作及消极抵抗有关，从而影响到他们未来的地位。只有萨斯

① T.V.Wylie, The First Mongol Conquest of Tibet Reinterpreted, in *HJAS*, 37（1977）, pp.103-133.

② 《朗氏世系史》，第109页。

③ 《西藏王臣记》，第90页。

迦派，地处后藏，未与蒙古军结下任何嫌隙，实力又雄厚，遂在蒙古军邀请当时乌思藏地方总管必里公派官巴归降失败后，成为理想的选择。1244年，阔端派人再次入藏，向萨斯迦派高僧发出带有最后通牒式的邀请，从而为元朝中央政府与西藏地方政府关系史揭开崭新一页。

萨班接到阔端王子不容推辞的邀请函，立即携其年幼的二侄八思巴和恰那朵儿只启程，途经多康，前往凉州。萨班一路讲经说法，会晤名僧大德，听取各方意见，于1246年辗转抵达凉州。其时，阔端王子已前往和林参加推举贵由为可汗的忽里勒台大会，次年回到凉州，与萨班举行具有历史意义的会晤。

通过协商，双方约定乌思藏地方归附蒙古的条件，并由萨班以倡仪书的形式通告乌思藏地方各僧俗首领，其主要内容有：(1)各地首领官仍原职。(2)任命萨斯迦派首领为达鲁花赤，赐金银符；各地官员处理政务应请示萨斯迦金字长官，不得自由行事。(3)各地编出户口册簿，开列官员名单及贡物定额，一式三份：一进呈，一交萨斯迦，一由各地官员保管。[①]这些内容既确认了吐蕃地方归附蒙古的事实，又体现了蒙古统治者在乌思藏地方实施统治的基本构想，成为元朝在乌思藏地方建政立制的主要依据与基础。

随后，萨班留侍阔端左右，作为他的佛教与乌思藏地区事务顾问。阔端让八思巴继续随萨班学习佛法，让恰那朵儿只着蒙古服、学蒙古语，期望能在主持萨斯迦派事务的款氏（一作昆氏）家族中，培养出政教两方面的人才，即如同阔端致萨班信中承诺的那样，让他们管领西方众僧，并担任达鲁花赤。从后来八思巴受封国师、帝师，恰那朵儿只尚公主，受封白兰王等事实来看，蒙元统治者基本上坚持贯彻了这一主导思想。只是恰那朵儿只寿短，以及形势的发展变化，元朝在吐蕃地方采取了一些新的措施，萨斯迦派的宗教权力因八思巴的杰出才干而扩展至顶峰，而藏政大权则完全掌握在中央王朝手中。

（二）蒙哥推行分封制，确立行政体制，承前启后

1251年，在大蒙古国历史上发生了一个重要事件，这就是大汗权力由窝阔台系转归拖雷系，蒙哥即大汗位。阔端的去世，也使窝阔台后裔丧失了全

---

① 《萨斯迦世系史》，藏文本，第135—140页，汉译本，第91—94页。

面经营乌思藏地区的大权。蒙哥将这一角色转授给经营漠南汉地的其弟忽必烈，后者切实地贯彻了蒙哥汗的旨意，并逐渐扩大了自己的势力。

蒙哥汗在乌思藏地区推行分封制度是因循了蒙古汗国的旧例，太祖皇帝初建国时，哥哥弟弟每商量定："取天下了呵，各分土地，共享富贵。"[①] 在乌思藏地区即体现为各教派首领来到蒙古地区，请求桂本之职，并相与结成"供施"关系：阔端与萨斯迦派、蒙哥汗与必里公派、薛禅汗（忽必烈）与搽里八噶举派、旭烈兀与伯木古鲁噶举派、阿里不哥与噶玛噶举派等，它的实质内容即是政治隶属与分封。这一次分封已充分体现出大汗权力转变系统所带来的影响，拖雷诸子皆在享封之列，是其明证。蒙哥汗依据乌思藏地方的各派实力封授了几个万户，开始了绵延 10 余年的建立乌思藏地方行政体制的工作，其影响也十分巨大。

我们在此要特别申明一点，即对诸王在封地权力的估计不能太高，甚至无限夸大。具体说，我们不同意史伯岭（E.Sperling）先生以旭烈兀一系与其乌思藏封地的某种联系为由，怀疑或者否认忽必烈当政时期，元朝中央政府对乌思藏地方的统一的管辖权力。[②] 理由有三：其一，旭烈兀是接受元世祖忽必烈的圣旨而管辖阿姆河以西，直到密昔儿边境的波斯国土和该地区的蒙古、大食军民的，即使在建立伊利汗国以后，仍然尊崇元朝中央（大汗），用元朝封授的大印，其子孙继承王位，或改变宗教信仰，都要得到元朝皇帝的诏旨与认可。其二，封地是由大汗封赐的，诚如后来的事实所证实的那样，大汗也有权收回。其三，早在 1236 年窝阔台在中原推行分封时，即用耶律楚材之建议，行"五户丝制"，规定受封诸王投下，在所分封州郡可以设达鲁花赤，但收租则由政府设官负责，然后再颁赐封主，以显示大汗权力，而且诸王在封邑非奉诏不得擅征兵赋。[③] 宪宗蒙哥在吐蕃的分封也无出其右。退一步说，窝阔台将中原汉地大部分人户都分封给诸王贵戚了，那么是否可以说这些地方不再属于大蒙古国而具有独立性质了呢？足见其说实难服人。

---

① 《元典章》卷 9《吏部三》"改正投下达鲁花赤"条。

② E.Sperling, Hülegü and Tibet, *Bicentenary Csoma de Koros Symposium Visegrad-Budapest*, 1984.

③ 《元史》卷 2《太宗纪》。

三、君臣协力体制乃定

大蒙古国大汗权力在黄金家族内部两支系间的转移，直接导致了对乌思藏经营权上的转移，以及经营方略上的某些变革。当忽必烈在接受其兄蒙哥汗委任，经营漠南及中原地区的同时，也事实上获得了对乌思藏地区的经营大权。他继续执行扶植萨斯迦派以安定乌思藏地方的既定方略。1251 年与八思巴首次相会。1253 年，八思巴正式从阔端王子蒙哥都那里转归忽必烈府邸。嗣后，他们君臣二人的协力合作，对元朝中央在乌思藏地方建政立制起到决定性的作用。

（一）忽必烈治藏有大略

忽必烈是元朝的建立者和中国历史上一位颇有作为的皇帝。他的卓越才能也体现在对乌思藏的施政方面，其主要措施有以下几点：

第一，大力扶持以八思巴为代表的萨斯迦派势力，继续重视发挥宗教的社会功能，重其教而柔其人。蒙元统治者在贯彻开明宗教政策的同时，又明显地礼重僧人，崇仰佛教。1258 年，忽必烈受蒙哥汗之命，在开平府宫中主持释道两家辩论《老子化胡经》之是非真伪，结果，道家失败，17 名道士被削发入龙光寺为僧，45 部道经被焚毁，237 所道观复为寺院。[①] 在一定程度上体现了蒙古统治者重释抑道的旨意。而在佛教诸宗里，最受推崇的则是藏传佛教，其中以萨斯迦派为尤。这种宗教政策具有十分明显的政治目的。

早在 1254 年，作为潜王的忽必烈即赐给八思巴一份令旨（即藏文诏书），宣布保护萨斯迦派的僧众和寺院。嗣后一直坚持这一立场。忽必烈一度还想让乌思藏地区各教派合而为一，悉宗萨斯迦派教法。只是由于八思巴的善言劝阻，才未予落实。[②] 但是，萨斯迦派领袖毕竟在蒙元统治者的扶持下走到历史的前台。1260 年，忽必烈即大汗位，封八思巴为国师，“授以玉印，任中原法主，统天下教门”[③]。1269 年，八思巴献新制“蒙古国字”（即八思巴字），元世祖更封之为帝师，后来还形成了一套系统的帝师制度。萨斯迦派及其领

---

① 祥迈：《至元辨伪录》，见《佛祖历代通载》，大正藏。

② 《萨斯迦世系史》，第 160—162 页。

③ 《佛祖历代通载》卷 32。

袖也不负朝廷厚望，切实履行了化导人民，安定地方的职责。皇帝和中央政府的无上权力和诏旨律令，正是通过萨斯迦派僧人的身体力行、讲道说法与广建寺宇等宗教活动，来传递给乌思藏地区的僧俗民众的，而教主八思巴以其杰出的才能和非凡的影响，出色地完成了元世祖的重托。

第二，废除分封制加强中央治藏权力。忽必烈在乌思藏地方废除自蒙哥汗以来推行的分封制度，是与其接受中原传统政治文化影响（即行“汉法”）、改革大蒙古国旧有制度的整体行动相一致的，它是一项十分成功的举措。阔端对藏的经营大权已被蒙哥汗收回，其仅存的对萨斯迦派的保护权，很快即被忽必烈取代。蒙哥汗对必里公派的监护权，随着他的去世而告终；而阿里不哥在乌思藏的封地，则因与忽必烈近四年的汗位之争的失败而丧失。最后仅存的只是与忽必烈关系良好的另一个弟弟旭烈兀的封地。他仍在那里派有守土官（即达鲁花赤），但是，不仅职权减小了，而且在旭烈兀去世后不久即不复存在。如我们上文所说，史伯岭的文章夸大了它的地位与影响。

在收回乌思藏地区受封诸王手中大权之后，忽必烈采取措施加强中央治藏权力，首先是在中央建立管理全国佛教和吐蕃地方事务的中央机构总制院（后更名为宣政院），全面领导藏区行政事务。其次，实施宗王出镇制度。再次，命令八思巴及恰那朵儿只配合朝廷官员在置驿、括户的同时，在乌思藏地区建立并完善地方行政体制，确立十三万户。作为中央政府的统治者自然要建立自己的管理体制，推行自己的各项制度。而忽必烈时期，通过君臣通力合作，一套完整的蒙汉官僚体制与行政管理制度业已形成，能够满足在吐蕃地方建政立制的需要，填补乌思藏地方行政体制与职官制度之空缺。

第三，为维护地方安定，在吐蕃地区驻守蒙古军队。忽必烈收回诸王封地之后，任命自己的儿子奥鲁赤率领蒙古军驻扎在朵哥麻思（即多康）的算木端地区，震慑地方，平抑叛乱。这支军队在维护乌思藏地方的社会稳定、镇压必里公派叛乱活动中，起到十分重要的作用。

1280 年，萨斯迦本钦公哥藏卜违逆帝师八思巴旨意，元世祖忽必烈派桑哥率领数万名蒙古军入藏平叛，处死本钦，并改革吐蕃地区的驿站供应与管理体制，其中最重要的一个内容，是在乌思藏地方留驻蒙古军队，负责驿站畅通与地方安宁。此后达木（今当雄）成为蒙古驻军的重要中心之一，有效地维护了地方的社会安定与中央政令的顺利贯彻。

（二）八思巴才高建殊功

萨斯迦教派及其政治集团的积极配合，是元朝中央在乌思藏地方建政立制的重要条件。这一点又具体表现在萨斯迦派首领萨班和八思巴伯侄二人身上，他们精深的佛学知识，深厚的文化素养和伟大的人格，有力地促成了他们为之奋斗的事业。萨班在乌思藏地方归附大蒙古国过程中的杰出作用已如前言，八思巴对元朝在乌思藏地方建政立制的辅佐之功，更应彰于史册。今择其要者论列如下：

第一，协助大蒙古国及元朝中央政府在乌思藏地方括户。依据可靠的八思巴所写信件，1252 年，蒙哥汗下令在乌思藏地方括户，作为萨斯迦派法主的八思巴受命前往乌思藏地方，配合金牌使者清查户口，划定地界。[①]在以后元朝在乌思藏地区的括户活动中，都凝结着作为国师的八思巴的关怀与心血。

第二，建立和完善乌思藏地方行政体制。1264 年，元世祖忽必烈命答失蛮在吐蕃地区恢复和建立驿站系统。1264 年夏天，八思巴与其弟恰那朵儿只受命前往乌思藏地方，以国师和萨斯迦派教主的身份安排乌思藏地方的行政事宜，委任各级地方官员，代表元朝中央政府，改变蒙哥汗分封而造成的各教派互不统属的局面[②]，完善了乌思藏地方十三万户行政体制。

第三，领总制院事，做皇帝乌思藏地区事务的最高顾问，并推荐乌思藏地方官员。《萨斯迦世系史》记述，忽必烈接受八思巴所给予的萨斯迦派密续灌顶，并以王妃察必口吻说："吐蕃之事悉听上师（八思巴）之教，不请于上师决不下诏。"[③]《汉藏史集》也说："皇帝（忽必烈）向上师（八思巴）请教佛法之事自不必说。就是世俗之大事方面，也常与上师八思巴商议，上师也常就与佛法相符的世间善事，向皇帝说明。"[④]直接影响皇帝在藏施政。

《元史》卷 202《释老传》说，元朝得西域（乌思藏），"世祖以其地广险远，民犷而好斗，思有以因俗而柔其人，乃郡县土番之地，设官分职，而领之于帝师。乃立宣政院，其为使位居第二者，必以僧为之，出帝师所辟举，

---

① 陈庆英、史卫民：《蒙哥汗时期的蒙藏关系》，见《蒙古史研究》第一辑，内蒙古人民出版社 1985 年版。

② 王辅仁、陈庆英：《八思巴传略》。

③ 《萨斯迦世系史》，藏文本，第 153—154 页，汉译本，第 108 页。

④ 《汉藏史集》，藏文本，第 287 页，汉译本，第 176 页。

而总其政于内外者，帅臣以下，亦必僧俗并用，而军民通摄。于是，帝师之命与诏敕并行于西土”。帝师不仅荐举僧官，也荐举俗官，最著名的要算八思巴所荐举的元朝宰相桑哥和名臣伯颜了。这就有力地支持了元王朝在乌思藏地区建政立制、实施统治的工作。

历史机遇造就出忽必烈和八思巴这样的英雄人物，而他们非凡的作为，又推动了历史发展的进程，元朝在乌思藏地方能够迅速完成行政建置也可算是它的一种具体反映。

原刊《中国边疆史地研究》1996年第1期

附录二

答失蛮其人及其经略吐蕃考实

藏文史书《汉藏史集》记元代在吐蕃设置驿站事时谓，蒙古薛禅皇帝（忽必烈）向大臣答失蛮宣旨说：在唐代曾强盛一时的吐蕃，现在已归我朝治下，萨斯迦喇嘛学识高深，也已接受召请，担任我朝上师，归附称臣。今命你前往乌思藏，“自萨斯迦以下，可视道路险易、村落贫富，选择适宜建立大小驿站之地，仿照汉地设立驿站之例，立起驿站来。使上师八思巴前往吐蕃之时一路顺利。另一方面你受任宣政院之职，如能详细了解吐蕃地方之情势，对所掌之大事及众人必有利益，汝其前往”①。答失蛮遵从世祖之嘱，前往吐蕃，颇建功勋。然而，这位被藏史称为元世祖派往吐蕃的第一位金牌使臣（《汉藏史集》）、驿传系统的建立者是怎样一个人，其生平事迹又如何等，至今未见论及，这当然是一个缺憾。本篇短文即拟就此略陈管见，并对相关问题做一点探索。

翻检汉文史籍，发现藏史中的这位“das sman”，即是大德八年（1304）去世、后被追封为高昌忠惠王的答失蛮。他的生平事迹见于元人姚遂为其所作并保存至今的《皇元高昌忠惠王神道碑铭并序》②，此文后为柯劭忞《新元史》③，屠寄《蒙兀儿史记》④所择录。据此，我们知道答失蛮为怯烈氏勃鲁合（一作欢）之子，高昌人。其先世居西域（高昌），伯祖父脱不花兄弟4人，

---

① 《汉藏史集》“吐蕃地区驿站的设置”一节，第273—277页。

② 姚遂：《牧庵集》卷13，第112—114页。

③ 柯劭忞：《新元史》卷133，列传30，开明书店民国二十四年六月初版，第283页。

④ 屠寄：《蒙兀儿史记》卷50，世界书局影印本，第7—8页。

曾为克烈部首领汪罕走卒，后投奔成吉思汗麾下，世代为蒙古王室效力疆埸，颇受重用。答失蛮幼事忽必烈于潜邸，与月赤察儿同任第一怯薛必阇赤（宿卫文书）。兼管斡脱总管府事，为国假贷权，岁出入数十万，月取子金八厘。又兼户部尚书，内八府宰相，管理马湩酎郊燔肉祀神诸祭典。至元十八年（1281），答失蛮升总管府为泉府司，为大断事官哈剌哈孙奏罢。二十五年奏复立之。乃颜哈丹叛乱，先后从世祖及皇孙铁穆耳讨之，奉诏执法军中。同年，朝廷改释教总制院为宣政院，答失蛮与桑哥首充院使。二十七年[①]，西北叛王海都犯西边，答失蛮从驾亲征，海都败退，遂巡边置驿站而还。明年，官拜泉府太卿。元贞元年（1295），海都遣其党亦怜真王寇吐蕃，元成宗加答失蛮平章军国重事往讨之，仍敕令巩昌府便宜总帅府发兵千人从行，听其节制。十月，俘获亦怜真及其所部以归。大德三年，答失蛮兼任翰林学士承旨，仍领泉府司事。八年卒，年 57 岁。至大中（1308—1311）元武宗赠其"推忠益国辅治功臣、太师、开府仪同三司、上柱国，追封为高昌王，谥号忠惠。长子阿剌黑不花为宣政院使兼徽政使，遥授中书右丞相，次子不剌泥敦，为太府院使、翰林学士承旨、大司徒，遥授中书右丞相"。据《新元史》作者统计，怯烈氏四世为丞相者 8 人。[②]

答失蛮即藏史中的 das sman，其一，两者人名相同，生活时代相同且都是元世祖之心腹近臣。藏史记，世祖谓其"品行良善"并委以重任；汉史记其"事世祖于潜邸"，掌第一宿卫奏记兼管斡脱总管府，颇得欢心。其二，两史所载其任职衙门及所任职官相同，即均记其任职宣政院，出任院使事。其三，汉史中所记同名者有多人，然时代相同、任职相近并参与吐蕃事务者，除此氏之外殆无他人。汉史中倒是有一人，哈剌鲁氏，西域人，生活时代也相近，即 1258—1317 年，且曾参与讨伐乃颜之乱，但是，据元人黄溍为其所作碑文看[③]，他在大德间（1297—1307）任司农卿。元武宗即位时为中书参政，累迁宣徽使，但从未任职宣政院，也未主持对蕃事务。他初袭父职任世祖的宝儿赤，宝儿赤即博尔赤，《元史・兵志》记此为"亲烹饪以奉上饮

---

① 《蒙兀儿史记》、《新元史》均作"二十六年"，似据《元史》卷 15《世祖本纪十二》，本纪载，至元二十六年，"秋七月戊寅朔，海都兵犯边，帝亲征"。

② 《新元史》卷 133，第 283 页。

③ "宣徽使太保定国忠亮公神道碑"，见《黄金华文集》卷 24，四部丛刊本；《蒙兀儿史记》卷 128；《新元史》卷 178。

食者”，后任宣徽使，并以此职传于后世。[①]宣徽使是博尔赤的直接延续，其职责也在负责皇帝及皇室日常饮食生活。可以说此与宣政院所职大相径庭，故藏史所载与此绝非一人，联系到高昌王答失蛮是元史同名者中唯一任宣政院使，并以此职传其子的情况，可以断定他与藏史中的 das sman 应是一人。

《汉藏史集》所载，答失蛮参与经略吐蕃事务者有三项：第一，建立元代吐蕃的驿传系统；第二，参与平定乌思藏的必里公（vbri gung）和上部蒙古（或西蒙古）军在吐蕃发动的叛乱；第三，出任宣政院使，主持僧政及吐蕃地方事务。关于建立驿站。《汉藏史集》记答失蛮接到皇帝的札撒、上师的法旨，带着路上所需以及对各级僧俗官员的赏赐物品，前往吐蕃。他首先来到脱思麻的丹底水晶佛殿（dan tig shel gyi Iha khang）（在今青海化隆县境），依次经过朵堆（mdo stod，即朵甘思）、卓多桑珠（gtso mdo bsam vgrub）、藏（gtsang），最后到达具吉祥萨斯迦寺（dpal ldan sa skya）。从而在自汉藏交界地方到萨斯迦以下。设置 27 个大驿站，其中由脱思麻站户支应的有 7 个大站，由朵甘思支应的是 9 个大站，在乌思藏则有 11 个大站。关于这些驿站的设置与组成情况，学术界已有专文论述[②]，此不赘议。但驿站系统建于哪一年呢？目前关于答失蛮建立驿站的时间说法并不一致，意大利藏学家毕达克认为“征兵、括户、置驿以及征税，是蒙古统治属国的基准。这些措施在 1268—1269 年实行于卫藏，虽然征兵和征税在现存史料中并无直接记载可为依据”[③]；洛桑群觉、陈庆英认为置驿在1260—1265年之间[④]；祝启源、陈庆英《元代西藏地方驿站考释》谓 1260 年忽必烈即位，在对南宋战争的同时派达门（即答失蛮，das sman）入藏置驿。[⑤]我们认为，这个时间应该是在至元元年，即 1264 年。理由是：第一，驿站是在忽必烈即位之后，也即上限不早于 1260 年。答失蛮接受薛禅皇帝的敕书及新任国师八思巴的法旨证明了这一点。第二，《汉藏史集》称答失蛮是薛禅皇帝派往吐蕃萨斯迦的第一位金

① “宣徽使太保定国忠亮公神道碑”，见《黄金华文集》。

② 洛桑群觉、陈庆英:《元代在藏族地区设置的驿站》，《西北史地》1984 年第 3 期；祝启源、陈庆英：《元代西藏地方驿站考释》，《西藏民族学院学报》1985 年第 3 期。

③ 毕达克：《吐蕃与宋代中国及蒙古的关系》（*Tibetan Relations with Sung China and with the Mongols*），见 Morris Rossabi, *China Among Equals*，贝克莱，1983 年。

④ 洛桑群觉、陈庆英：《元代在藏族地区设置的驿站》，《西北史地》1984 年第 3 期。

⑤ 祝启源、陈庆英：《元代西藏地方驿站考释》，《西藏民族学院学报》1985 年第 3 期。

牌使者，而藏历阳土龙年（1268），又是朝廷派遣金牌使臣阿衮（a kon）和弥灵（mi gling）二人前往吐蕃清查俗民与土地数目之年。[①]那么，其下限当不晚于1268年，据此知，毕达克说误。第三，《汉藏史集》谓，置驿是为了使“上师八思巴前往吐蕃时能一路顺利”，1260年以后，八思巴返回吐蕃计有两次，一在1264年，一在1274年，显然不属后者。若是前者，则置驿也不晚于1264年。第四，《汉藏史集》引世祖诏书谓“你（答失蛮——引者）受任宣政院之职，如能详细了解吐蕃地方情势，对所掌之大事及众人必有利益”云云。宣政院是至元二十五年（1288）由总制院改名而来，那么，答失蛮所任者绝非宣政院之职，而是总制院的官员。总制院又是至元元年即1264年建立的，如答失蛮任职不误，那么置驿之事最早也只能发生在1264年。第五，根据前引碑传资料，“王（答失蛮——引者）自至元甲子以及薨，逌事两朝，惟近清光，一日未尝居外，实阅四十一寒暑”[②]，这是有关答失蛮任职并建立驿站的极为重要的又一条线索，“至元甲子”即是至元元年也即1264年，这正是元世祖设立总制院，答失蛮任职及建立驿站之年。此外，从当时的政治背景看，1260年忽必烈虽已称大汗，但同期称大汗的还有他的弟弟阿里不哥，鹿死谁手，尚难遽定，忽必烈自然未能有暇顾及吐蕃，直到1264年，阿里不哥彻底失败，忽必烈称帝，才开始对吐蕃全面施政，此亦符合当时大势。他派答失蛮前往置驿时的主要任务即是告知吐蕃僧俗民众，薛禅皇帝已是中原唯一的新主人，自然也是吐蕃地方的发号施令者。其时，答失蛮年方17岁，可谓少年有为。此举于元朝巩固在吐蕃地方的统治，加强其与中央政府的政治、经济和文化联系，功莫大焉。

关于参与平定必里公与上部蒙古联军的叛乱。必里公是藏传佛教噶举派的一支，在蒙古入主吐蕃以前曾是地方最大的割据势力，必里公的贡巴（sgom pa，行政首领）即是乌思藏地方的联合首领[③]，1240年驻守凉州、负责经略吐蕃事宜的阔端王子，派遣道尔达率军入藏，迅速攻破“下至东方工布地区、东西洛扎、洛若、加波、门地门贝卓、洛门和泥婆罗边界以内的坚固堡寨”。以蒙古法令统治吐蕃地方，同时还焚毁了属于噶当派的热振与杰拉

① 《汉藏史集》，第298页。

② 姚遂：《牧庵集》。

③ 《朗氏世系史》，第448页；陈庆英校本，第301—302页。

康寺院，杀死僧人数百名。[①] 随后，阔端邀请萨斯迦班智达至凉州商谈吐蕃归附大蒙古国的条件，由萨斯迦统领吐蕃地方。[②] 这一举措自然引起必里公的不满。

蒙哥汗在吐蕃推行分封制时，必里公属可汗本人，而萨斯迦属阔端。阔端去世后，忽必烈逐渐取代其在经略吐蕃事务中的角色，成为萨斯迦派的保护人。忽必烈与阿里不哥争大汗之位，萨斯迦支持前者，而必里公则站在后者一边。[③] 忽必烈称帝后，萨斯迦法主地位上升，八思巴就任国师（后为帝师），统天下释教，兼掌吐蕃事务，必里公一直怀有抵触情绪，直至萨斯迦本钦旬旺（gzhon dbang）、强多（byang rdor）和阿迦仑主持乌思藏事务时，双方展开武装冲突，必里公联合海都的上部（或西部）蒙古军与之对抗。[④] 在此情况下，阿迦仑请于朝廷，元廷派军击败叛军，逐出在蕃的西蒙古军。给必里公以沉重打击，藏史称此为“vbri gung gling log”，即必里公之变。

关于答失蛮参与平叛之事，前引碑铭有明确记载，文谓“成宗元贞之元，罕都遣诸侯王额琳沁出兵犯西陲，帝召王（答失蛮——引者）曰：‘卿名素重，非身往不可，卿能行无？’对曰：‘效死臣职，惟陛下命。’加银青平章军国重事。十月，获额琳沁与所部偕来”[⑤]。罕都，即海都，额琳沁即亦怜真，也即藏文“rin chen”。屠寄据其所见史料谓“海都遣其党也里坚（即亦怜真——引者）王寇西番，铁穆耳汗加答失蛮平章军国重事往讨之”[⑥]。作“亦怜真王”。此与藏史记载相同。

“据藏文史料，蒙古征伐军由铁木儿不花王统率。1290 年，他的军队在本钦阿迦仑、朵儿只班所率乌思藏军配合下，打败了必里公派和西蒙古王亦邻真的军队。必里公寺遭到猛攻，并付之一炬，有一万人丧生。胜利后，朝廷分遣一支去平定南部诸地，全部反叛者都被镇压了。”[⑦] 这里没有提到答失蛮的名字，时间上与汉文记载略有差异，但细观事件首尾，则知所指无异，只

---

① 《朗氏世系史》，第 108 页；《西藏王臣记》，藏文本，第 90 页；郭和卿汉译本，民族出版社 1983 年版，第 88 页。

② 《萨斯迦班智达致蕃人书》，见《萨斯迦世系史》，第 135—140 页，汉译本，第 91—94 页。

③ 毕达克：《吐蕃与宋代中国及蒙古的关系》。

④ 《红史》，第 53 页，汉译本，第 48 页；《新红史》，第 58 页；黄颢译，第 57 页。

⑤ 姚遂：《牧庵集》。

⑥ 屠寄：《蒙兀儿史记》卷 50，第 7—8 页。

⑦ 毕达克：《吐蕃与宋代中国及蒙古的关系》。

是战斗持续时间较长所致。藏史记其事在1290年，依碑传，至元二十七年（1290），元朝曾对海都用兵，答失蛮参与其事，这次战争在吐蕃自然有可能产生影响，和必里公联结的在蕃西蒙古军与萨斯迦本钦的对垒，正是藏史所载的事实根据。至于汉史中元贞元年擒获西蒙古王亦怜真的报道，应是战争的最后结局。必里公与萨斯迦本钦的对抗前后有十几年时间，又得到西蒙古九万大军的支持。[①]不大可能在1290年很短时间内被击溃，而且，藏史并未明言即在1290年俘获亦怜真。亦怜真王既然是被答失蛮所率朝廷军擒获的，汉文又有具体年代，应更为可信。《元史》卷18《成宗一》谓，元贞元年冬十月，"癸丑，以西北叛王将入自吐蕃，命平章军国重事答失蛮往征之，仍敕便宜总帅发兵千人从行，听其节度"。也证碑传不虚。

必里公之乱是元代西藏历史上的重大事件，它的平息对于保障吐蕃地方的安定意义深远，答失蛮亲预其事，自然是有功于朝廷的，其事迹不该被埋没。

关于出任宣政院院使之职。据前引藏史，"宣政院"初建之时，答失蛮即是其中之一名官员。世祖命其详细了解吐蕃地方风土人情，以便更好地处理政务，利益民众。驿站建立之后，答失蛮向吐蕃僧俗宣布皇帝诏书，绕拜了萨斯迦寺院，"考察了整个吐蕃地方的风俗民情"返回朝廷，启奏于上。[②]这里的"宣政院"应是总制院之讹。至元二十五年（1288）"及改制置为宣政院，以王（答失蛮——引者）为使"[③]。即答失蛮为宣政院的第一任院使。

据《元史》卷205《桑哥传》记"桑哥又以总制院所统西蕃诸宣慰司，军民财谷，事体甚重，宜有以崇异之，奏改为宣政院，秩从一品，用三台银印。世祖问所用何人，对曰：'臣与脱因'，于是命桑哥以开府仪同三司、尚书右丞相，兼宣政使，领功德使司事，脱因同为使"。《元史》卷87《百官三》"宣政院条"记"至元初，立总制院而领以国师。二十五年，用唐制吐蕃来朝见于宣政殿之故，更名宣政院。置院使二员，同知二员，副使二员……"似乎宣政院的院使只有两名。据此，关于答失蛮任职的情况可能有两种：一是当时的院使不止两名，也即答失蛮也是院使之一；二是答失蛮或是同知院

---

① 东嘎·洛桑赤列：《论西藏政教合一制度》，藏文本，第78页，汉译本，第43页。

② 《汉藏史集》，第276页。

③ 姚遂：《牧庵集》。

使，究竟何者为是，尚难明辨。但是，从答失蛮个人经历及其去世后，长子继承其宣政院使一职看，前说更近事实。

宣政院是秩从一品的衙门，与最高行政机构中书省、最高管军机构枢密院、最高监察机构御史台同为“得自选官”的四个主要中央机构，铨授官吏和处理所掌大小机务，都可直接奏报皇帝批准，不必通过中书省。[①]答失蛮为院使，“凡天下职僧之官，何人宜为、从所调奏，祝发之徒入罪罟者，惟与是官同听，有司不得专决”[②]。任职期间，还率军西入吐蕃驱逐西蒙古军、平息必里公之乱，政绩卓著。

答失蛮在吐蕃建立起完整的驿传系统，率兵平息绵延十余年之久的“必里公之变”，出任总制院及宣政院长使之职，在当时应该是很具影响的人物，然而，关于他的史料可见者不多，遗留下来的更少，这是什么原因呢？对此元人姚遂为答失蛮所作碑铭序文已做了交代。文谓“王（答失蛮——引者）自至元甲子以及薨年，迨事两朝，惟近清光，一日未尝居外，实闵四十一寒暑。世之知者才是职守与从跸讨叛数事而止。自余朝夕讦谋左右弥逢，入宿出卫，所以枕九重者，其功将多中禁深秘，外不得闻。惟帝知之，故虽没世犹不能忘，特崇其爵于百揆之上”[③]。看来，要了解他更多的事迹是比较艰难的了。

原刊《中国边疆史地研究》1993年第4期

① 《元史》卷21《成宗纪》,《元史》卷22《武宗纪》,《元史》卷29《泰定帝纪》,《元史》卷102《刑法志》。

② 姚遂：《牧庵集》。

③ 姚遂：《牧庵集》。

附录三

Stod hor 考辨

“stod hor”是元代藏史中对一部分蒙古人的称呼，汉意为“上部蒙古”或“西蒙古”。它在当时究竟是指中亚的察合台汗国，还是旭烈兀的伊利汗国，学术界至今未有定论。笔者拟依汉藏史书所载，略做考辨，就正于方家。

最早对“stod hor”一词作注释的是《汉藏史集》。该书在记述大蒙古国王统时，谓：拖雷“第五子[①]旭烈兀［原注：与止贡派（元史作必里公，vbri khung pa）结为施主与福田］，此人即殊胜王（lhag pavi rgyal po），为使其寻找国土，遂派往上部（stod），于是便称之为上部蒙古（stod hor）”[②]。以“stod hor”指称旭烈兀所部。《新红史》也记，“拖雷［原作贵由（go yug），误］幼子旭烈兀，做了西蒙古的王（stod hor gyi rgyal po），其权势财富颇盛”。此显然与旭烈兀1253年西征波斯并留居西亚、建立伊利汗国事相关。如此，则旭烈兀所部蒙古之被称为“stod hor”可以无疑。与“stod hor”相关的一个重要事件是“止贡之变”（vbri khung gling log）。止贡是噶举派的一个分支，在蒙古进入吐蕃以前是颇具实力的政治与宗教势力，且与归附蒙古、主持吐蕃事务的萨迦派（元史作萨斯迦，sa skya）一直存在分歧，及至其第十二任京俄（近侍）仁钦多吉（rin chen rdo rje）之弟甲沃扎巴仁钦（rgya bo grags pa rin chen）杀死

---

① 《红史》记为“第六子”，均误，应为第四子。

② 《汉藏史集》，藏文本，第266页，参见汉译本，第161页，西藏人民出版社1986年版。

萨迦任命的止贡寺座主扎勒哇（brag sle ba）时，矛盾激化。萨迦派人责斥其过，止贡派则全面动员起来与之相抗，遂爆发了一场武装冲突。[①] 蒙古军也卷入其中。《贤者喜宴》谓，铁虎年（1290），蒙藏军队（hor bod kyi dmag）发动止贡之变。[②]《汉藏史集》也记，西平王奥鲁赤之子铁木而不花次妃所生之子搠思班，受封为（镇西武）靖王，前往乌思藏，在江孜的山脚下击溃西蒙古的军队并将止贡“贡巴”（sgom pa，军政首领）处以死刑。[③] 也就是说，战争的双方均有蒙古军参加，而支持止贡一方叛乱的则是“stod hor”军。《朗氏世系史》（rlangs kyi po ti bse ru）记载了镇西武靖王搠思班镇压“stod hor”叛乱而前往萨迦并向帕竹（phag mo gru pa）颁发令旨之事。[④] 这场战争持续时间颇长，《红史》和《新红史》等书均记，本钦绛仁（byang tin）、衮旬（dkon gzhun）和阿迦仑（vag glen）时一直与止贡作战。至阿迦仑时，才配合朝廷大军击败止贡与“stod hor”联军，取得决定性胜利。[⑤] 参加叛乱的“stod hor”究竟是何部，是必须辨明的。

我国著名的藏族学者东嘎·洛桑赤列先生在所著《论西藏政教合一制度》一书中指出，“当达玛巴拉（答耳麻八剌剌吉塔）执政的第五年，藏历第五绕迥木鸡年（元世祖忽必烈至元二十二年，1285）止贡派的根多仁钦领来西部蒙古王旭烈兀的军队九万余人进藏，向萨迦进攻”[⑥]。他在为《红史》作注时，重申了这一论点，并进一步说，五年之后，到第五绕迥铁虎年（1290），萨迦本钦阿迦仑请来忽必烈的军队，和萨迦大军一起进兵止贡，焚毁止贡替（梯）寺，杀死僧人和百姓一万多人，把止贡派所属的庄园与百姓夺归萨迦派所有。[⑦] 与此相反，意大利藏学家毕达克则认为，在 14 世纪藏文中，stod hor 系指东突厥斯坦，“因此，支持止贡的 hu la 王只能是指笃哇（1274—1306）——海都的坚定同盟者、察合台系首领，而不可

① 《汉藏史集》，藏文本，第 266—267、256 页。

② 《智者喜宴》（藏文本）：“de nas lo dgu vdas pa lcags la hor bod kyi dmag gis vbri khung gling log byas”，第 1419—1420 页。

③ 《汉藏史集》，藏文本，第 266 页，汉译本，第 161 页。

④ 《朗氏世系史》，第 134、110、203—204、118—119 页。参见阿旺、佘万治汉译本。

⑤ 《红史》，第 53—54、436 页；《新红史》，第 57 页。

⑥ 东嘎·洛桑赤列：《论西藏政教合一制度》，英汉译本，第 43 页。

⑦ 《红史》，第 53—54、436 页；《新红史》，第 57 页。

能是指海都，因为他的领土距西藏远，并不直接毗连”[①]。

把 stod hor 王等同于旭烈兀的理由，大约就是前引《汉藏史集》谓旭烈兀部西走遂有 stod hor 部，及《汉藏史集》在谈到“鉴别碗的好坏的知识”时（藏文本，第 252 页），提到“在摧毁旭烈兀王的外道军队时，出现一只特别珍奇的宝碗，巴达王只要念动咒语，用手指甲弹碗壁，碗内就会出现他想要的饮食”。碗的特异显属虚妄，但摧毁旭烈兀外道军队则应指止贡之乱时参与叛乱的蒙古军被击败事。据此东嘎先生的主张应当是理由充分的。但是，我们怀疑这是《汉藏史集》作者之误；确切地说，在作者所生活的时代已有这一讹传，作者未予甄别地照录之，沿袭其误。因为，在《汉藏史集》谈及元廷镇压止贡之乱时，只提到 stod hor 蒙古军，而未言及旭烈兀，而 stod hor 并不必然地等同于旭烈兀所部。[②]“stod”在藏文中是一个方位词，指“上部、西部”，察合台汗国也适合此意。从汉文资料也可证其并非来自伊利汗国（详见下文）。关于伯戴克先生的主张，从上文来看，作者基本上是依情理做出的判断，材料尚嫌不足。伯戴克先生据《新红史》说：“1285 年，止贡军攻击并摧毁了对方的寺院。此后几年，他们更加肆无忌惮，因为他们得到某个 stod hor 王 hu la 的支持。”（见其《吐蕃与宋代中国与蒙古的关系》一文）而这个 hu la 王，“因为十四世纪藏文中的 stod hor 指东突厥斯坦，而只能是笃哇”。推测成分过多，且有误失。但他的结论，即 stod hor 军可能来自察合台汗国这一点却是正确的。我们在此先提两点异议，然后再陈述我们的意见：第一，《新红史》一书中，未见有 stod hor 王 hu la（旭烈兀）支持止贡派进行叛乱的记载。他书专述止贡之乱时也未言及 stod hor 王 hu la。伯戴克注释此节引文出自 1961 年甘托克版《新红史》[③]，这是 G. 图齐先生的英译本。英译本我们未得寓目，但杜齐先生的影印藏文手抄本中，在谈及止贡之乱时并未提及 stod hor 王 hu la。伯戴克先生所引证的是《新红史》藏文第 68

---

① L.Petech, *Tibetan Relations with Sung China and with the Monglos*, in M.Rossabi (ed.), *China among Eguals*, University of California Press, 1983. 陈得芝先生汉译文刊《国外藏学研究译文集》第一辑，西藏人民出版社 1985 年版。

② 《汉藏史集》仅称“西蒙古的军队”（Stod hor gyi dmag dpung），第 266—267 页；《新红史》则只言与止贡军作战，而未提及 stod hor，更不用说旭烈兀，见第 57、67 页。

③ L.Petech, Tibetan Relations with Sung China and with the Monglos in M.Rossabi (ed.), *China Among Eguals*, University of California Press, 1983. 陈得芝汉译文刊《国外藏学研究译文集》第一辑。

页 B 面，该处记述帕木竹巴派事迹，谓："当杰哇仁波且已任座主三十三年之际，印度某城迪热呼迪王（ti ra hur tiv rgyal po）、锡兰王（sing ga gling gi rgyal po）、亚泽王（ya tshe rgyal po）及西蒙古王旭烈兀（stod hor gyi rgyal po hu la）等，献来了用珍宝制成的三宝供物，名为索波宅洁之宝（nor bu sog po sprad vgyel）① 以及其他各种难以想象的宝物。"② 这里确实称旭烈兀为 stod hor 王，但由此便认为 stod hor 专指旭烈兀所部或者参与叛乱的必然是旭烈兀，那就大错特错了，当然作者未做进一步推论，只是坠入矛盾之中而未得出路。第二，"在 14 世纪的藏文中，stod hor 系指东突厥斯坦，因此，stod hor 王只能是指笃哇"的说法，也是错误的。《汉藏史集》明载，hu la 西行，遂有 stod hor，是其明指旭烈兀，至少此词应包括旭烈兀所部，而非专指东突厥斯坦。

在这个问题上做过探讨的还有美国学者魏里（T.V.Wylie）。他说道："我们已经说过，这个止贡派与旭烈兀的联盟是不可能有的。在波斯创建伊利汗王朝的旭烈兀，早在 1265 年就死了。还有，伊利汗领地与西藏或与忽必烈可汗帝国都不相接；伊利汗系诸汗也从未敌视忽必烈。另一方面，海都在河中所建的汗国则与西藏和忽必烈属地均相毗邻，海都公开反对忽必烈。止贡派可能在 1267 年同一个蒙古统治者结盟，但历史情势表明，与之谛盟者也许是海都，绝不是在波斯的旭烈兀或旭烈兀的后继者。"③ 伯戴克认为，与止贡派结盟为乱的人，不是海都，因为他的领土距西藏远，并不直接毗连，而应是笃哇。④ 他们都以忽必烈与旭烈兀关系密切为据否定后者参与叛乱。⑤

为了解决这一复杂的矛盾，学者们做了各方面的努力，比如，怀利和匈牙利学者史尔弼（J.Szerb）试图否定藏史关于旭烈兀与止贡派有过的结

---

① nor bu sog po sprad vgyel, nor bu 是珍宝，sog po 系指中亚的。"粟特"，sprad vgyel 疑为 sprad mchan 和 vgyel mchan 的省称，系指有粟特人（或文）签注的宝物。

② 《新红史》，第 49、76、218 页及注 288。

③ T.V.Wylie，The First Mongol Conquest of Tibet Reinterpreted, in *HJAS*, 37（1977）。邓锐龄汉译文刊中国社会科学院民族研究所历史研究室编译《民族史译文集》第 4 辑。

④ L.Petech, *Tibetan Relations with Sung China and with the Monglos*, in M.Rossabi (ed.), *China among Equals*, University of California Press, 1983．陈得芝汉译文刊《国外藏学研究译文集》第一辑。

⑤ L.Petech, Tibetan Relations with Sung China and with the Mongols, T.V.Wylie, The First Mongol Conquest of Tibet Reinterpreted, in *HJAS*.

盟关系。[①]伯戴克则将 hu la 王指称为笃哇（如前引），美国学者史伯岭（E. Sperling）在 80 年代中期撰文，进一步否定“把 stod hor 王 Hu la hu 和第一位在伊朗的伊利可汗旭烈兀轻易等同”的做法，而且认为，入藏的 stod hor 是何部，也许是历史留下的一个秘密，很可能是来自察合台汗国，至少与来自旭烈兀的蒙古军有同等的可能性。[②]这似乎是在论据不足的两种对立意见中寻找公允的第三种论点。但是这些，在我们看来都是难以成立的。

那么，我们的观点是什么呢？首先，stod hor 在藏文史书中，一方面明确指称旭烈兀所部，另一方面又在事实上包括了察合台汗国，如 D. 舒《诏令与文告》中有“stod hor 王 thu mug the mur”[③]，伯戴克以之为突厥斯坦的察合台汗秃忽鲁贴木儿（1347—1363 年）[④]即是。但以之为专指东突厥斯坦却是不正确的，至少是不够确切的。在这一点上，我们的看法更倾向于史伯岭的推测，他说“stod hor 在藏族著作家提及伊利汗国伊朗和察合台汗国二者时均被使用，实际上，这一名称可能是一个比确定的政区名称更宽泛的描述术语”[⑤]。

与前一个问题相关，与之不同的第二点是参与止贡之乱的 stod hor 究是何部？我们认为，应是来自察合台汗国，而非旭烈兀所部，而且是海都和笃哇的联军。理由是：（1）旭烈兀的伊利汗国自旭烈兀本人起一直与忽必烈关系良好，他不可能派军支持止贡与大元朝廷对抗。我们知道，在忽必烈与阿里不哥的汗位之争中，旭烈兀是支持前者的，此后保持了这一立场，正因为如此，忽必烈才让旭烈兀一直保持其对吐蕃封地的一定的管辖权力，帕木竹巴万户长绛曲坚赞也才有“因为忽必烈和旭烈兀兄弟之间特别亲密，所以

① 怀利上揭文；史尔弼（Janos Szerb）文 Glosses on the oeuvre of Bla ma vPhags pa: II, Some Notes on the Events of the Years 1251—1254。见 *Acta Orientalia Academiae Scientiarum Hungaricae* XXXⅣ(1980), p.265。

② E.Sperling, Hülegü and Tibet, *Bicentenary Csoma de Koros Symposium Visegrad-Budapest*, September 13-19, 1984, pp.12-13, p.10.

③ Dieter Schuh, *Erlasse und Sendschreiben Mongolischer Herrscher fur Tibetische Geistliche*, st. Augustin 1977, p.44，注 114。

④ L.Petech, Tibetan Relations with Sung China and With the Monglos, in M.Rossabi (ed.), *China among Equals*, University of California Press, 1983. 陈得芝汉译文刊《国外藏学研究译文集》第一辑。

⑤ E.Sperling, Hülegu and Tibet, *Bicentenary Csoma de Koros Symposium Visegrad-Budapest*, September 13-19, 1984, pp.12-13, p.10.

守卫我们地方的蒙古军队全部留驻"[①]的议论。止贡之乱时，旭烈兀早已去世（1265），以其派军参与叛乱自属虚妄。退一步讲，他的后继者伊利汗若派军入藏，其与吐蕃尚有一定的距离，纵有大军入藏，必非细故末节，史书当有所书，然元代汉藏史书以及穆斯林文献，对此未置一词，是知其不实。（2）1280—1295十余年间，正值西北叛王海都与察合台后王笃哇等与元朝公开对抗时期，其地与吐蕃相接，其势力强盛一时，在吐蕃支持反对萨迦、对抗朝廷的止贡派势力，也在情理之中。他们多次出兵临接吐蕃的斡端（今新疆和田）等地，甚至还联合攻击伊利汗国。1295年，当伊利汗合赞即位时，即合兵乘虚侵入呼罗珊。[②]这从侧面证明，入藏为乱的是海都和笃哇所部西北叛王，而绝非旭烈兀的伊利汗国。（3）从藏史记载中，我们也可以找到参与止贡之乱的stod hor与旭烈兀部不同的某些线索。首先，我们已谈到藏史中从未见到把此事与stod hor王旭烈兀直接挂钩的记载。其次，《贤者喜宴》所记参与叛乱的是"hor bod kyi dmag"即"蒙藏军队"，而未称之为stod hor军，是否意味着其与称为stod hor王的旭烈兀有所不同？（4）从汉文记载看，参与叛乱的确实是窝阔台之孙海都和察合台后王笃哇，而且是以前者为首。《元史·成宗纪》载，元贞元年（1295）冬十月癸丑，以西北叛王将入自吐蕃，命平章军国重事答失蛮往征之，仍敕便宜总帅发兵千人从行，听其节度。[③]这是西北叛王军最后从吐蕃北逃，朝廷命人征伐的记载。答失蛮是受封为忠惠王的高昌怯烈氏孛鲁欢之子，而便宜总帅即为镇守巩昌府的汪世显之孙汪惟孝（1246—1297）。其事在萨迦本钦阿迦仑与元军击败止贡与stod hor叛军之后数年。

据元人姚遂《皇元高昌忠惠王神道碑铭并序》记，至元二十五年（1288）世祖改总制院为宣政院，时答失蛮任院使，问理天下僧尼及吐蕃事务，"二十七年（1290），叛王罕都（即海都——引者），犯西北鄙，帝又自将往征至杭海，王（答失蛮——引者）累战皆捷，叛王远遁，摭安边兵与置驿传而还，……成宗元贞之元，罕都遣诸侯王额琳沁出兵犯西陲，帝召

---

① 《朗氏世系史》，汉译本，第110页。

② 《史集》第3卷，俄译本，149—151页，汉译本，第251—254页。

③ 《元史》卷18《成宗一》。

王曰：‘卿名素重，非身往不可，卿能行无？’对曰：‘效死臣职，惟陛下命。’加银青平章军国重事。十月，获额琳沁与所部偕来”①。是知答失蛮1290年及1295年曾两度西征侵扰吐蕃的海都军并俘获入藏叛军首领额琳沁。额琳沁即亦怜真，藏文作 rin chen。此与藏史记载基本相合，藏史谓：1290年王子铁木而不花统率大军与萨迦本钦阿迦仑统率的藏军打败止贡派和 stod hor 王亦怜真（rin chen）的军队，焚毁止贡寺，有万人丧生。②此亦怜真显然是海都的属下，侧证此 stod hor 是西北叛王而非旭烈兀所部。又据《元史·释老传》载“元贞间，海都犯西蕃界，成宗命（胆巴——引者）祷于摩诃葛剌神，已而捷书果至”③。足证前载不误。stod hor 或海都所部两次犯吐蕃，一在1290年，一在1295年，后者藏史也作“止贡之变”间（1290）事，略异。

现在我们再来解决学者们感到困惑的三个问题：

第一，hu la 或 hu la hu 是旭烈兀名字的藏译，而不是笃哇或别人之误。之所以出现 hu la hu 反对元朝之矛盾，纯属误解所致。这就是将 stod hor 一成不变地看作是旭烈兀所部，从而主观地给支持止贡之乱的 hor 或 stod hor 加上旭烈兀，造成无法解释的矛盾。事实是，两者截然不同，藏史中把旭烈兀部称为 stod hor 并不意味着 stod hor 就必然是旭烈兀部，察合台汗国在藏史中原来也被称为 stod hor。汉文所记海都部入藏为乱事，藏史则记之为 stod hor 是其明证。而在专门论述叛乱的 stod hor 时，藏史中并未牵及旭烈兀，所以 hu la 或 hu la hu，始终是旭烈兀在藏史中的译名。

第二，以旭烈兀不可能与忽必烈对立来否认旭烈兀与止贡派曾有过的封赐关系，以及认为旭烈兀是止贡派的保护者遂派军支持其与元廷及萨迦军对抗。④两说都是错误的，均只了解了事实的一半，即旭烈兀或为止贡派的保护者的一面，而不了解另一面，即蒙哥和阿里不哥也是止贡派保护者的一面，而且是止贡派的真正庇护者，旭烈兀所庇护或受封管理的主要是帕木竹

---

① 《牧庵集》卷13，四部丛刊初编缩印本，第113页，铭文见第112—114页。

② 见前引伯戴克（L.Petech）文注引《青史》，第217页，《贤者喜宴》，第750页等以及第五世达赖喇嘛所著“Zur thams cad mkhyen pa 传”第19叶b及《五世达赖喇嘛自传》第21叶b。

③ 《元史》卷202《释老·胆巴》。

④ 上揭怀利文、史伯岭文及 G.Tucci, *Tibetan Painted Scrolls*, I, Roma, 1949, p.16。

巴。《汉藏史集》记蒙哥汗与止贡派结为施主与福田，阔端与萨迦班智达结为施主与福田，忽必烈先与搽里八噶举结为施主与福田，阿里不哥与噶玛噶举结为施主与福田，旭烈兀与止贡派结为施主与福田。[①]《朗氏世系史》所记与此略异，谓“蒙哥汗管理止贡派，忽必烈管理蔡巴噶举，王子旭烈兀管理帕木竹巴派，阿里不哥管理达陇噶举派”[②]。而《贤者喜宴》记止贡派在依靠蒙哥汗的同时，还受阿里不哥庇护，而旭烈兀保护的是雅桑、帕竹和塘波且（g · yav phag thang gsum）[③]，与止贡无关。结合史实可知，旭烈兀与止贡派并无密切联系。与止贡派息息相关的是蒙哥汗与阿里不哥，而非旭烈兀。所以，绛曲坚赞才说“由于蒙哥皇帝的恩泽和法令，才有你们止贡人的名号和教法，仰仗薛禅皇帝的恩泽和法令才有萨迦派和蔡巴的权势和教法，仰赖旭烈兀的恩泽，才有帕木竹巴的政权和安定”[④]。又据伯戴克依据藏文记载研究，在忽必烈与阿里不哥争位中，大部分西藏寺院及其行政官，如萨迦本钦释迦藏卜都站在忽必烈方面，止贡万户长多吉贝（rdo rje dpal）在访问蒙哥宫廷时则成为阿里不哥的党羽，他曾当面与忽必烈争辩，且轻视忽必烈。[⑤]忽必烈与蒙哥的某些争执，不仅延续下来，成为同阿里不哥之争的内容之一，而且影响到他们在吐蕃封地上的矛盾与分歧。忽必烈在当政后，扶持萨迦，压抑止贡派，那是很自然的事，而止贡依附蒙哥和阿里不哥（而非旭烈兀），反对萨迦侵吞自己的辖地而对抗元廷（主要是忽必烈），也是情理中事。需要说明的是，止贡派与海都并未建立所谓封授关系，只是由于共同的利益——反对忽必烈损害自己的权益才联合起来。当时，蒙哥已死，阿里不哥已败亡，可以与忽必烈对垒的只有海都和察合台后王，加之其地与吐蕃相接，易于联合。

第三，关于入藏平叛的铁木而不花是何人的问题。藏史中称其为皇子或

---

① 《汉藏史集》，藏文本，第 266 页，汉译本，第 161 页。参见陈庆英汉译本，西藏人民出版社 1986 年版。

② 《朗氏世系史》，第 110 页。参见阿旺、佘万治汉译本，西藏人民出版社 1989 年版。

③ 《新红史》，第 49、76、218 页。

④ 《朗氏世系史》，第 203—204 页。

⑤ L.Petech, Tibetan Relations with Sung China and with the Monglos, in M.Rossabi (ed.), *China among Equals*, University of California Press, 1983. 陈得芝先生汉译文刊《国外藏学研究译文集》第一辑。

王子（rgyal bu），所以人们遂认为，此即当时皇帝忽必烈的儿子。[①] 后来有人研究证明，以铁木而（应为铁木而不花）为忽必烈之子说法缺乏根据。[②] 其实，在我们看来，这个问题原来并不复杂。首先，藏文中的“rgyal bu”一词，是“皇子”、“王子”之意，诸王也包括其中，诸如王子蒙哥、王子阔端、王子忽必烈等，称蒙哥为王子，并不意味着他是贵由之子，而称忽必烈为王子，同样不意味他是蒙哥之子，也就是说“王子”是王室诸子的代称，泛指王室家族的男性成员。如此，便不会把“rgyal bu”狭隘地理解为“皇帝之子”了。其次，铁木而不花是忽必烈的孙子，而非儿子。他是忽必烈第七子西平王奥鲁赤的儿子。据《元史》卷 108《诸王表》记，大德元年（1297）受封为镇西武靖王，则此前为西平王子活动在吐蕃。元贞二年（1296）五月庚辰，吐蕃叛，杀掠阶州军民，朝廷遣脱脱会诸王铁木而不花、只列等合兵讨之。大德元年三月丁丑，封铁木而不花为镇西武靖王，赐驼纽印。[③] 对此，藏史也有记载，《汉藏史集》谓“薛禅皇帝之次妃所生之子奥鲁赤，受命管辖西土之事，驻于汉藏交界处。亦曾前来乌思藏，多次镇压反叛。奥鲁赤之子铁木而不花也服事萨迦大寺，做了许多利益教法之事”[④]。《朗氏世系史》记，铁木而不花至卫藏后，由邓萨替寺供给马料等物。1299 年，王子还与萨迦本钦勒巴贝（1egs pa dpal）审理地方诉讼，免去了勋奴云丹（gzhon nu yon tan）万户长的职务，收缴了印章。[⑤] 铁木而不花在吐蕃有一定的管辖权，《史集》谓，奥鲁赤去世时，吐蕃地区被授给了铁木而不花。[⑥] 此虽不实，却有一定的道理。

又据《朗氏世系史》、《汉藏史集》等记载，击败 stod hor 及止贡联军的王子，不仅有王子铁木而不花，而且有王子搠思班，他是铁木而不花的儿子，为铁木而不花次妃所生，受封为镇西武靖王，曾前往乌思藏，在江孜山

---

① 见 L.Kwanten, *Tibetan Mongol Relations During the Yuan Dynasty* 1207-1368, University of South Carolina, Nov.1972。

② 见 Luc Herman M.Kwanten, *Tibetan Mongol Relations During the Yuan Dynasty 1207-1368*, University of South Carolina, Nov.1972。

③ 《元史》卷 19《成宗二》。

④ 《汉藏史集》，藏文本，第 266 页，汉译本，第 161 页。参见汉译本，西藏人民出版社 1986 年版。

⑤ 《朗氏世系史》，第 118—119 页。

⑥ 《史集》第 2 卷，汉译本，第 285 页。

下击败西蒙古的军队并将止贡贡巴处死。他在镇压 stod hor 叛乱抵达萨迦时，还应绛曲坚赞之请，赐以令旨。[1]很可能，搠思班是随父铁木而不花同期抵藏平叛的，故藏史有记铁木而不花与记搠思班之差异。

原刊《中国藏学》1994 年第 1 期

① 《汉藏史集》，第 266—267 页；《朗氏世系史》，第 134 页。

附录四

Chol kha 考述

20 世纪初（1900），俄国著名东方学家巴托尔德（W.Barthold）在他的名著《蒙古入侵时代的土耳其斯坦》一书中，对 chölgä 一词做了考释，认为它来自波斯语，而非突厥语固有词汇，其含义是“州”①。1930 年，法国著名东方学家伯希和著《〈蒙古入侵时代的土耳其斯坦〉评注》，对此提出不同意见，认为有不少名称固然很难说它是原出于阿尔泰语系或伊朗语系，然而，在这里除非有反证外，“我认为此字是出于阿尔泰语系”②。他还在《蒙古秘史》第 247 节中找到了该词即“jölgä”，其意为“川”。又河北易县的八思巴字蒙古语碑即 1321 年答吉皇太后懿旨碑文中，有“保定 chölge”一词，其相应的汉译为“保定路”。此外，1314 年圣旨（即普颜笃皇帝圣旨，石刻在河南南阳），畏兀体蒙古文的 1362 年汉蒙两体大碑文等，均有反映。前者中有“彰德 chölge”，汉文对译为“彰德路”③。后者中提到“Isina 之 chölgä”，此即元代之“亦集乃路”。是 chölge 一词，连同“路”的训义，曾以 Chol kha 的书写形式被移植于藏语之中。八思巴字母的译写，同藏语的假借，可以使人推定它是来自蒙古语的“chölgä”一词。

藏语中的 Chol kha 与蒙古语 chölgä 的关系，通过伯希和的精心考证之后，似已成为定论。如罗列赫在他的《藏语中的蒙古语借词》一文中即谓藏

---

① W.Barthold, *Turkestan down to the Mongol Invasion*, p.317; B.B.Вартольд, Сочинения Том I, Издательство восточной Литератулы, Москва, 1963.

② P.Pelliot, Notes sur le Turkestan de M.W.Barthold, in *T'oung Pao*, 27（1930）, pp.12-56.

③ 参见照那斯图：《八思巴字和蒙古语文献》II 文献汇集。

语“chol kha”来自蒙古chölge。[①]这一结论对元朝吐蕃地方行政体制的研究颇有价值，它告诉我们：（1）藏语中的“chol kha”是借自蒙古语的词汇，其含义相当于汉语中的“路”，是一个行政区划名词。（2）约相当于“路”的行政区划，在吐蕃地方始自元朝，是元朝在吐蕃地方建政立制，实施统治的产物。

但是，问题又出现了，汉文中的“路”在金代曾为地方一级行政区划单位，元代于中书省和行中书省之下设路，路领州、县，或领府。于是，便有学者将“chol kha”译为“省”[②]。吐蕃三却喀便被误作为吐蕃三省了。实际上，藏文史书《汉藏史集》对此有较为明确的记载，文谓：“蒙古薛禅皇帝时，其治下有11个行省。各行省的名称是：大都城中，有中书省；在外地，有河南省、岭北省、甘肃省、四川省、云南省、江浙省、江西省、湖广省、辽阳省。吐蕃三却喀不足一个行省，但是，由于是上师的住地和佛教教法兴盛之区，所以也算作一个行省，总计11个行省。”而“却喀”则指朵甘思、脱思麻和乌思藏三个地区，即“三却喀”[③]。则“却喀”与“省”相去甚远，不容混淆。

关于“吐蕃三路”，学术界已有很好的论述，在藏文文献中有两个“三路”，即释义为三路的“chol kha gsum”和音译三路的“klu gsum”，“zam lu”。“所谓三路（zam lu），是指乌思、藏、纳里速古鲁孙等三路宣慰使司都元帅府之‘三路’，而不是指三个chol kha，二者仅是数字的偶合，其实际意义是大相径庭的。”至于藏史以法区、人区和马区称三却喀，固然与所谓“最好的教法来自卫藏，最好的人来自康区，最好的马来自安多”的藏族谚语密切相关，但诚如《汉藏史集》所言：“大吐蕃三路，各依人、马、法为供品定例上供。”即乌思藏地区寺院林立，为元皇室传法祝祷，而朵甘思和脱思麻为中央政府提供兵员力役及马匹。因此，这是三路名称被演绎为法、人、马三区的最为直接的根据，似与他们向元朝中央所提供的差役和所交纳

① Ю.Н.Рерих, *Монгольские Заимствования в Тибетском Языке*, в Кн.: Олон Улсын Монгол Хел Бичгийн Эрдэмтний Анхдугаар их Хурал,2-р,Ulanbator, 1962, pp. 278–286.

② George N.Roerieh, *The Blue Annals*, p.216, Calculta, 1949. 札奇斯钦：《蒙古与西藏历史关系之研究》，第59页。

③ 《汉藏史集》，第271—272页。

的特色供品有关。[①]

既然“却喀”是元朝时借自蒙古语的一个词汇，人、法、马三区的称呼又与他们向朝廷进贡的特色物品有关，那么，三却喀的真正得名，应该是起自元朝在吐蕃设立的三道宣慰司。也就是说，藏史中的三却喀即是汉史中的三道宣慰司。由于习惯上的影响，藏族史家对三却喀范围的理解，也可能会与汉史中的三路（或三道）宣慰司辖地存在不尽一致的地方，比如，脱思麻宣慰司，也即吐蕃等处宣慰司的辖地，就大于藏史中所理解的脱思麻却喀的范围，远及今宁夏、陕西等地，辖区居民自然也不只限于吐蕃等族。这只是个是否准确把握它的内涵的问题，并不影响人们将两者相互勘同。

就汉文资料而言，对“路”的使用，若不细加检索，确实会给人们造成极大的混乱，这就是“三道宣慰司”或“三路宣慰司”与“乌思藏纳里速古鲁孙等三路宣慰使司都元帅府”的混同问题。从字义上看，它们只有一个来源，即是汉文的“路”或“道”，由此变为蒙古语的chölge或chölgä（意译），又由chölge变为藏语中的chol kha（音译）。同时，汉语中的“路”，也同期被音译为蒙古语lu，译为藏语的klu或lu。但内涵发生了一些变化，尤其是出现了“chol kha”与“klu”的分离状况，藏史中较为准确地反映了这一事实。这是一种十分有趣的现象，但也给学者们造成了很大的麻烦，使他们把“chol kha”译为“省”，或者把“chol kha”与“klu”混同。[②]这种状况至今并没有更大的改善。

chol kha问题，很直接地涉及乌思藏地方行政区划及萨斯迦地方势力的辖区问题。如萨斯迦本钦能否管理吐蕃三却喀的问题，即是十分突出的一个问题。藏文史书对此记载并不一致，学者们对此的看法也不尽相同，很有必要予以深究，以澄清是非。

藏文史书《青史》谓，“在薛禅皇帝把吐蕃三却喀作为接受灌顶的供养赐予僧主八思巴仁波且之后，依此，上师做上师的事，并由次第推任的萨斯

---

① 参见沈卫荣：《浅释“吐蕃三路”》（chol kha gsum），《甘肃民族研究》1985年第3—4期。

② G.N.Roerich, *The Blue Annals*; L.Petech, Tibetan Relations with Sung China and with the Mongols, in M.Rossabi（ed.）, *China among equals*, 1983.

迦本钦掌管世间事务”[①]。这句话与汉文史书所谓八思巴掌管天下释教及吐蕃事务，并推荐官员的记载是一致的。再从《青史》下文只记述萨斯迦本钦，以及只涉及乌思藏地方事务来看，还不能认定作者主张萨斯迦本钦有权掌管吐蕃三却喀。但这段史实到了第五世达赖喇嘛那里，就大为不同了，他在《西藏王臣记》一书中谓："自怙主八思巴法王始至怙主琐南巴（bsod nams pa）之间，由圣旨诏命一二人做本钦，前后袭任本钦者共计二十人，他们统治了乌思藏法区、朵思堆人区、脱思麻马区，即所谓大吐蕃三却喀。”“其后，虽有南喀丹巴等数辈本钦出，然未有如昔日统领吐蕃三却喀之本钦也。”[②]这就明确说到萨斯迦本钦可以管辖吐蕃三却喀即三道或三路宣慰司的问题。持此说者，当然还不限于第五世达赖喇嘛一人，《新红史》的作者也认为，“最初的本钦释迦藏卜，承皇帝圣旨，赐其管理吐蕃三却喀之印，并委之为本钦”[③]。

由于藏史中有上述记载，学者们便纷纷得出萨斯迦本钦即为吐蕃三却喀的大总管的结论，札奇斯钦先生还将“本钦”喻之为“宰相”[④]。毕达克（L.Petech）先生可能注意到萨斯迦本钦只管理着乌思藏等地行政事务的史实，但是，他又混淆了藏史中的“chol kha gsum”与音译的“zam lu”或“zam klu”、“lu gsum”之间的差别，将三却喀指为乌思、藏和纳里速古鲁孙等，从而使乌思藏十三万户也括及纳里速三围。[⑤]也有学者采取了折中方案，如范德康即认为可能在释迦藏卜时萨斯迦本钦能够管理吐蕃三却喀；而后其辖区缩小了，只能管理乌思藏纳里速古鲁孙等地。[⑥]

我们认为，要解决这些纷繁的问题，必须首先做好两点工作，一是正确把握“chol kha gsum”即三却喀与“klu gsum”或“zam”即三路的内涵不同问题；一是必须正本清源，对藏史做一番考证工作，具体说，要弄清元代藏史所记载的史实真相，从后世史书的附会中摆脱出来。关于前者，学术界已

① 《青史》，第 268 页。
② 《西藏王臣记》，第 102—104 页。
③ 《新红史》，第 56 页。
④ 札奇斯钦：《蒙古与西藏历史关系之研究》，第 59 页。
⑤ L.Petech, Central Tibet and the Mongols, *the Yüan Sa-skya Period of Tibetan History*, Roma, 1990, p.50.
⑥ Leonard W.J.Van der Kuijp, Two Courts of ’phags-pa Era, *China Tibetology*, Special Issue, Beijing, 1992, p.297.

有论述[①]，我们不再赘议，这里重点讨论一下后者。

事实上，在早期，也即元代及明代早期的藏文史书中，除了三次灌顶与三次供养问题涉及吐蕃三却喀外，未见萨斯迦本钦管理吐蕃三却喀的记载，而且，管理吐蕃三却喀的，是作为帝师，准确说是作为总制院长官的八思巴本人，这与作为他的近侍的萨斯迦本钦没有多大关系，两者不能混淆。又从藏汉文史书（包括持萨斯迦本钦有权管理吐蕃三却喀说者的诸部史书）的记载来看，没有萨斯迦本钦管理吐蕃另两个却喀，即吐蕃等路宣慰司和吐蕃等处宣慰司的史实。

我们认为，萨斯迦本钦是乌思藏宣慰司的最高长官，他们只能管理该司（或却喀）的军政事务，无权管理另两司（即两却喀）的事务，自然也不是大吐蕃三却喀的最高长官，具体理由如下：其一，《汉藏史集》明确记载，元代的吐蕃地方有三个却喀，它们是乌思藏、脱思麻和朵甘思，每个却喀皆设有一名本钦，而萨斯迦本钦是其中之一。[②]藏史中有把萨斯迦本钦称作“乌思藏本钦”的记载，说明他们是“乌思藏”地方的“大官”，并无任何史料称萨斯迦本钦为“吐蕃本钦”，故不可擅自扩大他们的权限。其二，藏文史书《朗氏世系史》之作者、元朝封授的大司徒赏竹监藏已明言：“薛禅皇帝和上师八思巴结为施主与福田后，萨斯迦派虽充当瞻布洲之主，但势力范围甚小，它只占有瞻布洲中的吐蕃三区，在吐蕃三区中，萨斯迦仅直接管辖着乌思藏和朵甘思。”[③]赏竹监藏此言，与藏文帝师法旨所反映的情况完全相同。[④]而且，这里所说的萨斯迦派，仍是指八思巴和历任帝师，也即帝师有权管理乌思藏宣慰司之外的朵甘思宣慰司的事务，本钦无此权力。那么，也就无从谈及萨斯迦本钦能够管理吐蕃三却喀的问题了。其三，元朝的乌思藏地方搽里八万户的万户长公哥朵儿只在他的名著《红史》一书中说：“最早的萨斯迦本钦是释迦藏卜，当喇嘛法王（萨班）去凉州时，任命他代摄法位，并让除乌由巴（vu yug pa）、喇嘛协尔冲（sher vbyung）之外的所有善知识大德，都要对他礼敬叩拜。到八思巴时，薛禅皇帝下令，赐给他乌思藏三路军

① 沈卫荣：《浅释“吐蕃三路”》（chol kha gsum）等。

② 《汉藏史集》，第272—273、362页等。

③ 《朗氏世系史》，第254—255页。

④ 从我们目前见到的帝师藏文法旨来看，无一件是颁给脱思麻宣慰司的。参见扎西旺都编：《西藏历史档案公文选水晶明鉴》，藏文本，第195—214页；西藏自治区档案馆编：《西藏历史档案荟萃》。

民万户的印信，任命他为本钦。”[①]这里的乌思藏三路军民万户，藏文作“dbus gtsang gi zam klu gun min dbang hu”，也即指的是“乌思、藏、纳里速古鲁孙”三区，而不是乌思藏、脱思麻和朵甘思三却喀。可以肯定地说，萨斯迦本钦释迦藏卜管辖的是乌思藏三路军民万户府的辖区，也即后来的乌思藏宣慰司的辖区，而不是整个吐蕃地区（即三却喀）。因此也不存在萨斯迦本钦在释迦藏卜之后辖区由大到小的变化问题。他们的辖区并无前后变化与不同，改变了的只是该机构的正式名称，即由“乌思藏纳里速古鲁孙等三路军民万户府”改为“乌思藏纳里速古鲁孙等三路宣慰使司都元帅府”，即乌思藏宣慰司。“本钦”这个俗称的内涵（或正式称谓），也相应地由“军民万户”变为“宣慰使”。同是元明之际人的释迦仁钦岱，在其《雅隆尊者教法史》一书（1376年成书）中，也指明忽必烈诏赐释迦藏卜“三路军民万户”[zam lu ghun（min）dben hu]之印，委之为本钦[②]，是此史实不误。其四，谁是吐蕃三却喀即三道宣慰司的真正管理者，《雅隆尊者教法史》也有十分明确的记载，原文谓，“忽必烈与上师八思巴结为供施之缘，此后，诸智者皆侍奉佛教。设宣政院（swon jing dben）与安定吐蕃之三路宣慰司（swon wi si [chol] kha gsum）为政法机构。桑哥丞相（zam gha ching sang）、月鲁那颜、米钦朵西（mi chen rdo shi）等掌管执法事宜”[③]。显然，管理吐蕃三却喀的只能是宣政院及其长官，而非只管理乌思藏地方事务的萨斯迦本钦（乌思藏本钦），也即乌思藏宣慰使。

据此，我们可以将与 chol kha 有关的问题归纳为以下几点：

第一，却喀借自蒙古语 cholge（或 chölgä），而蒙古语 cholge（或 chölgä）又借自汉语的“路”或“道”。

第二，在藏语中，存在音译的 chol kha 和音译的 klu 或 lu 并存的状况，二者内涵虽然均指行政区划而言，却迥然不同。Chol kha gsum（三却喀）的“三道”或“三路”系指乌思藏、脱思麻、朵甘思三个宣慰司（或如藏史俗称的法区、马区、人区），而“zam klu”或“lu gsum”则指乌思、藏、纳里速古鲁孙等三路。显然，前者的范围大于后者。chol kha 大于 klu（或 lu）。

---

① 《红史》，第 53 页。
② 《雅隆尊者教法史》，第 166 页。
③ 《雅隆尊者教法史》，第 168 页。

汉文中的“路”辗转移入藏语时已发生变化，不能照搬原词来理解藏语的含义。

第三，忽必烈皇帝封授首任萨斯迦本钦的是“zam lu gun min dben hu”（三路军民万户），而非“chol kha gsum gyi gun min dben hu”（三却喀之军民万户）。所以，萨斯迦本钦没有权力管辖其他两个却喀，从而也不是吐蕃地区的总管，更不是什么“宰相”。萨斯迦本钦辖区并无前后大小的重大变化。

第四，真正管理吐蕃三却喀的是设在朝廷的宣政院，而不是萨斯迦地方势力。

第五，藏史中有关萨斯迦教派管辖吐蕃三却喀的依据是元朝廷对帝师和白兰王的封授，以及帝师对吐蕃事务的参与权，但并没有抓住问题的实质。有关萨斯迦本钦可以管辖吐蕃三却喀的记载是晚出的，而且曲解了元朝藏文史书的本意。

学者们对却喀的理解有误，主要是没有明辨史著中“chol kha”（或 chol kha gsum）与“klu”、“lu”（或 zam klu、lu gsum）的重要不同，以及利用了较晚期的、掺杂有著作者不正确意见的藏文史料所致。

附录五

释“萨斯迦本钦”

札奇斯钦先生在其《蒙古与西藏历史关系之研究》一书中，依据蒙古文《金轮千辐》有关忽必烈与八思巴三次接受“灌顶”与“供养”的说法，以及《元史》卷202《释老传》关于“帝师之命，与诏敕并行于西土”的记载，得出结论谓：“八思巴喇嘛所任命的百官之中，最重要的是等于土番本土宰相的‘本臣’。如此这位萨迦法王在蒙古可汗的尊重和支持之下，成为土番历史上第一个集教、政大权于一身的法王（God King）。同时也创立了萨迦时代的‘本臣’制度。这都是在西藏史上极重要的关键。”[1]但是，通过近十多年来学者的辛勤努力，以及我们对本项研究结果来看，八思巴既非集政教大权于一身的法王，也不能任命百官，“本臣”（即本钦）不仅不是宰相，而且也并不自成行政职官系统，而是元代吐蕃地方机构——乌思藏宣慰司中的一名高级官员，即为首宣慰使。

札奇斯钦先生所引以为证的《金轮千辐》资料谓：“可汗首次受佛戒的时候，赠予了大批财物。第二次受戒的时候，赦放狱囚，废止在汉地的苛税。第三次受戒时，以土番三省之地封赐他。于是喇嘛乃成为全土番宗教首长，任命百官，兼理俗世政务。”[2]这一则资料如果翻译无误的话，有这样几个特点：其一，它显然来自藏史有关三次灌顶与供养的记载。其二，它与藏史的相关记载已存在分歧，如《汉藏史集》所载三次灌顶所获得的是：乌思藏

---

① 札奇斯钦：《蒙古与西藏历史关系之研究》，第59—60页。

② 札奇斯钦：《蒙古与西藏历史关系之研究》，第59页。

十三万户；吐蕃三却喀和接受废止在汉地以人填河的做法。[①]《萨斯迦世系史》与此相类。[②]其三，在藏史中，尤其是早期的藏史记载中，没有关于八思巴喇嘛可以“任命百官”的记载，而且将三却喀改为（或者译为）“三省”，显然是错误的，既有悖于史实，也远离了藏史（如《汉藏史集》）的记载。以此立论，难免不实。

札奇斯钦先生的研究成果，发布在20世纪70年代后期，固然有资料有限等方面的问题，以及当时本领域整个研究水平方面的问题，但是，如果我们联系到20世纪40年代末，意大利著名藏学家图齐（G.Tucci）先生的大著《西藏画卷》[③]，以及早于札奇先生近20年的韩儒林先生的大作[④]，我们就会重新审视这一问题。

图齐先生说：“现在我们应当谈谈忽必烈给大住持八思巴的所谓十三万户和三个却喀的供养问题。这实际上并不是像藏文献上要我们相信的那样一个给予八思巴的真正供养，毋宁是为了皇帝而特设的对西藏地方的名义的代理总督权，一句话，住持们并不是国王或王公，而是官员，每次都须经过皇帝下诏颁赐印信加以任命的官员。”[⑤]“不能把萨斯迦寺住持们暂时对西藏地方的控制，看作是有效的占有或领有。”“总之，忽必烈并没有放弃他的父祖在西藏所取得的主权，他当然还是雪域的最高的统治者，……所有萨斯迦住持及其继承者所采取的一切措施，无不借皇帝的命令授权颁行，萨斯迦的权力，就是建立在皇帝诏令之上的。皇廷直接干预的场合也有，这就是为了赐予土地和特权而变更地方区划之时，尤其是任命高级官员，首先是本钦时候。本钦就是总司令（在萨斯迦外由朝廷选派者），其主要职责在军事和司法方面，藏人称之为都元帅。属于处理藏事部门的军事机关——宣慰司。本钦节制十三万户，集世俗权力于一身而把宗教权力交给萨斯迦寺住持。”[⑥]韩儒林先生说：“元代西藏地方的最高官吏是宣慰使都元帅，其次是宣抚、安抚、招讨等使。这些高级官吏必须由宣政院或帝师直接推举，镇西武靖王只

---

① 《汉藏史集》，第277—278页。

② 《萨斯迦世系史》，第154—155页。

③ G.Tucci, *Tibetan Painted Scrolls*, Roma, 1949.

④ 韩儒林：《元朝中央政府是怎样管理西藏地方的》，《历史研究》1959年第7期。

⑤ G.Tucci, *Tibetan Painted Scrolls*, p.14.

⑥ G.Tucci, Tibetan Painted Scrolls, pp.15-16，参见李有义、邓锐龄汉译文。

能推举宣慰使以下的官吏。西藏的高级僧俗官吏既由元朝中央政府任命，处罚当然亦由中央政府决定。”“帝师是由元朝皇帝任命的，是中央政府的一个特殊官吏，‘正衙朝会，百官班列，而帝师亦或专席于座隅’（《元史·释老传》）。”①

在札奇斯钦先生的著作中，未见援引图齐、韩儒林二先生的著作。如果札奇斯钦先生看到两位先生的著作后会有如何的反应呢？我们不得而知。在这里，我们只能把它们视为两种互不相同的学术成果（或观点）来加以讨论。对于这一问题，由于在藏文资料的占有上，以及对史事的深入研究上，图齐先生显然用力更多，略胜一筹，因而其所说更具有客观性，韩先生之作从汉文史料的搜集与研究，以及藏汉文对勘方面，进一步充实了图齐先生所论。这是我们的看法。当然，问题也许还要复杂一些，目前在这个论题上还存在较大的分歧，本文试就萨斯迦本钦的相关问题阐释如下，希望有助于问题的深入与最后解决。

第一，“本钦”的藏文含义是“大官”，人们不难看出它是一种泛称，并无特殊内容；由于元朝中央扶植萨斯迦派地方势力，并用之以管理乌思藏地方，因此，萨斯迦派的行政首领就可以获得“大官”（即本钦）的称号，称“萨斯迦本钦”②，意为“萨斯迦大官”。其职位是乌思藏纳里速古鲁孙等三路军民万户及后来的乌思藏纳里速古鲁孙等三路宣慰使司都元帅府的长官（即宣慰使），管理整个乌思藏地区，故藏史又称其为“乌思藏本钦”③，且“乌思藏大官”加上定语，“本钦”才具有独特的含义。

第二，“本钦”一词并非萨斯迦派所独有，元代的其他政教势力也有称其长官为“本钦”者，如《汉藏史集》介绍沙鲁万户长官的历史，即称“zha luvi dpon chen gyi lo rgyus”（沙鲁本钦的历史），讲的是沙鲁万户长的事迹。④是“沙鲁本钦”实指“沙鲁万户长”。同书也介绍了伯木古鲁万户的“长官系统”（dpon rabs）。⑤而《朗氏世系史》则称伯木古鲁万户长赏竹监藏为“伯

① 韩儒林：《元朝中央政府是怎样管理西藏地方的》，《历史研究》1959 年第 7 期。

② 见于《汉藏史集》、《朗氏世系史》等书记载，作“sa skya pavi dpon chen”。

③ 见于《汉藏史集》、《朗氏世系史》等书记载，作“dbus gtsang gi dpon chen”。

④ 《汉藏史集》，第 363—371 页。

⑤ 《汉藏史集》，第 544—552 页。

木古鲁本钦”（phag mo gru pavi dpon chen）。[①] 不仅如此，《汉藏史集》还称宣政院的主要官员为“本钦”，即宣政院衙署的负责大官（Son bying dben gyi khrims dar rtsa bavi dpon chen）。[②] 因此，“本钦”一词并非专为萨斯迦而设或为其专有，本钦制度是有前提条件的，把本钦喻之为“宰相”显然是不妥当的。

第三，“本钦”一词（或职官称谓）不见于汉文史书，也不见于皇帝圣旨、皇后懿旨、诸王令旨和藏文帝师法旨，而这些权威性的官方文书中，却既有僧，又有俗；既有军，又有民；既有官员，又有百姓，包括了乌思藏地区的所有人等，却无高高在上的萨斯迦本钦或乌思藏本钦，这是不可思议的。如藏历龙年（1316），帝师公哥罗古罗思监藏班藏卜法旨所提到的官员百姓名单有：乌思藏纳里速古鲁孙宣慰司之官人、军官、军人、金字使、往来住坐的僧俗、站赤、执印者、管家、牛马牧养者、地方长官及世俗全体百姓。[③] 据此，我们可以做出这样一个判断：“本钦”这一职官称谓，要么是藏史中的一种俗称，且与皇帝圣旨和帝师法旨中的某一职位相等同，要么就根本不存在。征之藏史，知情况显然属于前者而非后者。

第四，藏文史书（《汉藏史集》）明载，“本钦”是乌思藏地方人给帝师近侍（nye gnas）的称呼。[④] 可见，它是一个俗称，是吐蕃人给“本钦”这个普通名词赋予了特殊的含义，即更多地用来称呼作为乌思藏地方行政首领、出自萨斯迦派的行政长官“萨斯迦本钦”，它同时也是乌思藏地区的行政长官即“乌思藏本钦”。

第五，“本钦”一称呼的产生，初见于八思巴担任国师时期，要把握它的真正内涵，就必须把它放在那个特定时代来理解。我们的理解是：作为上师（这里指八思巴）的“近侍”的“本钦”，它有两层含义：其一，它是作为萨斯迦派政教之主的派内人士（即萨斯迦派弟子，而非其他教派人），而且是上师（八思巴）的亲信之人，由上师推荐担任此职。其二，至元元年（1264），元朝在中央设立管理全国释教及吐蕃事务的最高机构总制院，并领

① 《朗氏世系史》，第 191 页。
② 《汉藏史集》，第 276 页。
③ 《西藏档案公文选水晶明鉴》，藏文本，第 204 页。
④ 《汉藏史集》，第 272 页。

之于国师。作为上师（八思巴）的近侍的本钦，它同时必须是总制院辖下的乌思藏地方行政机构的最高官员，这样，“本钦”就与乌思藏宣慰司的为首宣慰使可以相互勘同。

第六，第一位“本钦”的出现具有十分重要的意义，它能够反映出“萨斯迦本钦”这项制度的本质特征。《汉藏史集》在谈到元朝中国有十个行省，再加上因“上师”而获得行省资格的吐蕃地方，即有十一个行省之后说道：“至于各级职官，有十夫长、五十夫长、百户、千户、万户、路达鲁花赤。若管辖三个路，则称为‘路军民万户’，赐给水晶印。在吐蕃，此官职曾封给本钦释迦藏卜。对其他大多数本钦，赐给的是‘等三路宣慰司都万户’的官职、六棱银印、虎头牌等。”[①] 同书另一处谓：“上师八思巴时，依薛禅皇帝的圣旨，赐给他（释迦藏卜——引者）‘三路军民万户’的名号和印章，任命他为乌思藏本钦。”[②]《雅隆尊者教法史》也明确记载：“上师八思巴时，忽必烈诏赐（释迦藏卜——引者）‘三路军民万户’之印，委为本钦。（他）建有康萨钦莫，砌筑喇康钦莫与内外墙垣。”[③]这里包括四方面内容：其一，“本钦”是皇帝任命的地方长官。其二，“本钦”是元朝中央管辖下吐蕃地方诸多等级官职中之一种，即班列元朝的地方职官系统之内，而不是自行独立，或置身该系统之外。其三，“本钦”这一俗称是与“路军民万户”及水晶印的封授同时获得的，俗称的依据和内涵是元朝廷的职官封授，此即钦命的乌思藏地方最高行政机构——乌思藏宣慰司的最高长官，故可称之为“大官”（本钦，dpon chen）。其四，“本钦”这个大官的俗称一直延续下来，但它的内容前后略有变化，即早期称“路军民万户”，后来的大多数称“等三路宣慰司都万户”。这恰好与乌思藏地方的机构由军民万户府升级为宣慰使司的变化相一致，也与极个别“本钦”（如释迦藏卜）的正式职官是军民万户，而绝大多数为宣慰使的史实完全相同。而且必须指出的是，无论是“军民万户”还是“等三路宣慰司都万户”（即宣慰使），其本质内容不变，即他们都是乌思藏地方的最高行政长官，故藏史中对其不变的俗称是“本钦”。

第七，本钦是由国师（后为帝师）推荐、皇帝任命的，这是一项制度。

① 《汉藏史集》，第272页。
② 《汉藏史集》，第357页。
③ 《雅隆尊者教法史》，第166页。

对本钦的生杀予夺大权掌握在皇帝手中。依据如下：其一，第一位“本钦”释迦藏卜是皇帝任命的，是“萨斯迦本钦”制度的模式。其二，《汉藏史集》记载，在公哥藏卜被罢免本钦职务后的六年间，“由上师八思巴举荐，尚尊、秋卜刚噶瓦、赏荦三人依次被任命为本钦”[①]。任命者自然只能是元朝皇帝忽必烈。其三，《雅隆尊者教法史》记软奴汪术第一次成为“本钦”，也是由皇帝的委任而获得的。[②]至于见于汉藏文史书记载的其他各位本钦（乌思藏宣慰使），莫不如此。其四，上师八思巴不喜欢作为自己近侍的本钦公哥藏卜，也须由薛禅皇帝（忽必烈）下诏派军处治，而他本人并未自行处置。同时，曾位居“本钦”的公哥藏卜竟也不免于被处死，足见元朝皇帝的权威，以及谁才是乌思藏地方的主宰者。

第八，见于汉文史书（《元史》）及藏文帝师法旨记载的四位本钦均是乌思藏宣慰使，他们是：软奴汪术（宣奴旺秋，gzhon nu dbang phyug，见于《元史》卷 15《世祖本纪》）、阿迦仑（见于帝师吃剌思八斡节儿羊儿年即 1295 年法旨）、斡节儿桑哥（俄色僧格，vod zer seng ge，连任，见于帝师公哥罗古罗思监藏班藏卜龙儿年即 1316 年法旨）、加瓦藏卜（甲哇桑布，rgyal ba bzang po，连任，见于《元史》卷 34《文宗纪》），共六任。他们全都是萨斯迦本钦（或乌思藏本钦）。又加上藏史明确记载的乌思藏宣慰使赏荦（强仁，byang rin，见于《红史》、《汉藏史集》、《雅隆尊者教法史》等书[③]）也是萨斯迦本钦，这个比率是百分之百，即我们看到的所有乌思藏宣慰使，他们都无一例外地是乌思藏本钦或萨斯迦本钦。有的研究者以只有五位本钦是宣慰使为由，认为将二者等同理由不足，他们显然忽视了问题的另一面，即我们至今所看到的所有乌思藏宣慰使均是“萨斯迦本钦”的这一面，因而是有失偏颇的。这里且不说藏史中业已提到的释迦藏卜、尚尊、秋卜刚噶瓦等本钦之被皇帝任命为宣慰使的事（就字面来说，元朝皇帝从未任命过任何本

① 《雅隆尊者教法史》，第 166 页。

② 《雅隆尊者教法史》，第 167 页。

③ 《红史》，第 53 页，谓：赏荦得到元世祖的喜爱而授职，有的论者以为此即赏荦获得宣慰使之理由，实则不然，所有的宣慰使均是元世祖喜爱之人，否则即不可能担任地方长官，或者即像公哥藏卜那样被处死。赏荦之特殊之处，即是自此萨斯迦本钦的内涵由路军民万户改变为宣慰使，实质无大异。故而，《雅隆尊者教法史》第 167 页即径言赏荦任本钦，获“赐宣慰使印与水晶印”事。并无受元世祖特别喜欢之类的虚词。

钦)。就目前而言，持本钦非乌思藏宣慰使说者，拿不出一条汉文或藏文原始资料，尤其是档案资料，能证明两者互不相同或各自独立。因为汉文资料和藏文帝师法旨中根本就没有“本钦”这一俗称。此外，乌思藏地方的最高长官是乌思藏纳里速古鲁孙等三路宣慰使司都元帅，也即乌思藏宣慰使，只有这一职官才有可能被称为“乌思藏大官”也即“乌思藏本钦”，而藏史中“萨斯迦本钦”与“乌思藏本钦”是一非二，也证明乌思藏宣慰使即是萨斯迦本钦。

第九，在藏文史书中，普遍记载的第一位乌思藏宣慰使是赏斡（即强仁），其任职时间在1281年。[①]这一史实具有十分重要的价值，它可以说明乌思藏纳里速古鲁孙等三路军民万户府改置为乌思藏纳里速古鲁孙等三路宣慰使司都元帅府（即乌思藏宣慰司）的确切年代在1280—1281年。元朝中央政府在这一时期将乌思藏地方的最高行政机构升级为宣慰司，同样是耐人寻味的。

1276年，恰那朵儿只去世，使元朝中央失去了既定的吐蕃地方的行政长官，而帝师八思巴在1280年去世，无疑加重了实施既定方案中的危机。于是，元世祖加快了在乌思藏地方完成行政体制建设和改革的步伐，充分发挥地方行政组织的功能，依靠行政体制与职官制度，而不是完全依靠某一两名个人来保障吐蕃地方管理机制的正常运行。从而在1280—1281年把该万户府升为宣慰司，进一步完善行政体制。

还要特别指出的是，赏斡作为第一任乌思藏宣慰使的史实，不能为否定萨斯迦本钦即是乌思藏宣慰使提供任何论据。因为两者的同位关系从释迦藏卜时即开始了，后世并无更改。只是从释迦藏卜到赏斡之间的四任（即释迦藏卜、公哥藏卜、尚尊、秋卜刚噶瓦），他们的正式职官名叫“路军民万户”，从赏斡开始，由于万户府升为宣慰司，从而万户也改称宣慰使，其实质并无二致。

第十，据《元史》卷87《百官三》“宣政院”条记载，乌思藏宣慰司有“宣慰使五员，同知二员，副使一员”，并非只有一位宣慰使，所以，我们认

① 陈得芝:《元代乌思藏宣慰司的设置年代》，见《元史及北方民族史研究集刊》第8期；陈庆英:《元代乌思藏本钦纪略》，《元史论丛》第4辑。

为萨斯迦本钦或乌思藏本钦即是乌思藏宣慰司为首宣慰使的说法[①]是正确的，兹引帝师吃剌思八斡节儿羊儿年（1295）法旨为之证据，文谓："……棍布班亦不得因为有我的委任，就不同以阿迦仑和亚维奥阔为首的宣慰司的官人们商量，行非体例之事。"[②]这里明确讲，阿迦仑为宣慰司的为首长官即为首宣慰使，文中的亚维奥阔也是宣慰使，但不是首席，故作为首席的阿迦仑是萨斯迦（或乌思藏）本钦，而同样也是宣慰使，但非首席的亚维奥阔却不是本钦。明白了这种差别，也就知道了萨斯迦本钦是对首席宣慰使的特称，从而也就不难理解在《朗氏世系史》中为什么常常把萨斯迦本钦或乌思藏本钦与乌思藏宣慰使并列，并能分别出他们之间的不同来。[③]

综上，我们认为，在元代乌思藏地方不存在以所谓萨斯迦本钦为核心的行政系统，本钦绝不可与宰相相比拟；本钦是乌思藏地方的行政长官即乌思藏宣慰司的为首宣慰使的俗称；萨斯迦本钦出帝师辟举，皇帝任命，在元朝中央政府有生杀予夺之权。

① 陈得芝：《元代乌思藏宣慰司的设置年代》。
② 《西藏档案公文选水晶明鉴》，藏文本，第98页。
③ 《朗氏世系史》，第209、250、288页。

附录六

释“帝师之命与诏敕并行于西土”

《元史》卷202《释老传》有一段概述元朝崇尚释教状况的记载，文谓：“元起朔方，固已崇尚释教。及得西域，世祖以其地广而险远，民犷而好斗，思有以因其俗而柔其人，乃郡县土番之地，设官分职，而领之于帝师。乃立宣政院，其为使位居第二者，必以僧为之，出帝师所辟举；而总其政于内外者，帅臣以下，亦必僧俗并用，而军民通摄。于是，帝师之命，与诏敕并行于西土。百年之间，朝廷所以敬礼而尊信之者，无所不用其至。虽帝后妃主，皆因受戒而为之膜拜。正衙朝会，百官班列，而帝师亦或专席于坐隅。且每帝即位之始，降诏褒护，必敕章佩监络珠为字以赐，盖其重之如此。”这一段文字包括许多重要内容，是我们研究元代乌思藏地方行政体制与制度十分珍贵的资料。但是，要准确把握其中的内涵，却是我们更为关心的问题。本文拟就与元代乌思藏地方行政体制关系最大的一条，即“帝师之命与诏敕并行于西土”加以阐释，以就正于方家识者。

我们业已论证了藏史中所谓三次灌顶与三次供养之说不实的问题，它有依据，却偏离了史实基础，甚至曲解了史实。其核心问题是僧人完全从宗教立场来理解元朝中央政府与西藏地方关系这一政治史的内容。如果研究者不能充分认识到由僧人撰写，并以所谓出世思想为依托来描绘的历史需要重新审视、辨正，而尽信其说的话，那么，就不免要坠入五里迷雾，在政治史方面尤其如此。我们同样论证了元代乌思藏地方之高僧大德，尤其是作为各教派政教合一势力最高首领的高僧大德们首先是一些政治人物，其次才是宗教人物的问题，政教合一即是入世的重要表现，它与遁入空门，不问世事的纯个人行为是迥然不同的，因此，他们的言行中无不透露出真实历史的痕迹。藏传佛教参与政治问题是一个十分典型的例证，它由来已久，且颇为发达。唯其如此，我们更不能简单地从宗教的角度来理解历史，尤其是政治史的内容。

从“帝师之命与诏敕并行于西土”这句话的字面，很难看到它的真正内涵，因为它至少可以包括这样两个方面的内容：其一，帝师之命和皇帝诏敕在“西土”（即吐蕃）具有同样的权威。其二，帝师之命十分重要，甚至可以与皇帝诏敕一起颁行“西土”，产生一定的作用。因此，要把握它的真正内涵，还需要做一些考释工作。

要正确理解这句话的本质内容，我们认为应重视这样几个问题：第一，帝师的地位问题。第二，帝师法旨的内容、社会作用，及其与皇帝圣旨等的关系问题。第三，《元史·释老传》这段文字的背景、依据和完整内容是什么？

关于帝师的地位问题，我们已有专文探讨，说明他是萨斯迦派的教主和元朝中央政府的高级官员，统天下释教并参与管理吐蕃地方行政事务。关于“帝师之命与诏敕并行于西土”一句在《元史·释老传》中的完整内容，前面引文业已明示，我们可以归纳为三点：第一，整段文字是盛称帝师地位之高，以及元廷崇尚释教之盛，且为下文列数崇佛之弊和僧人违法横行事实做铺垫。因此，该句话包括有强调帝师之命十分重要，以至于可以与皇帝圣旨并行“西土”的意味，而并不是说明它与诏敕在“西土”具有同样的权威。第二，元世祖并没有采取分封制，把吐蕃赏赐给帝师或萨斯迦派，而是“郡县土番之地，设官分职，而领之于帝师”。此指总制院及后来“立宣政院，其为使位居第二者，必以僧为之，出帝师所辟举，而总其政于内外者，帅臣以下，亦必僧俗并用，而军民通摄”。帝师不再担任升级后的宣政院使，而是为之荐举官员。第三，帝师是元朝中央的一名官员，绝不可与作为天下之主的皇帝相比拟。吐蕃地方，僧俗并用，未出宣政院辖下的职官系统之列。这样，“帝师之命与诏敕并行于西土”，就很难被解释为帝师法旨与皇帝圣旨在吐蕃拥有同等权威。

关于帝师法旨的内容、社会作用，及其与皇帝圣旨等的关系，对于说明该句话的本质内涵，至关重要，也是本文所要探讨的重点，我们结合相关史实，阐释如下。

第一，所有的藏文帝师法旨都有一个相同的格式，起始句更为严格。试举鸡年（1321）帝师公哥罗古罗思监藏班藏卜颁给千户长旺监的法旨加以说明。法旨原文为：

rgyal povi lung gis

kun dgav rgyal mtshan dpal bzang po ti shrivi gtam

mdo khams gyi swon wi sivi mi dpon chavu thavu sivi mi dpon yul srungs khrom gyi brgya dpon bcu dpon mi sde rnams la bzlo ba

rgyal mtshan grags la sngar gong gi vja sa dang bla ma rim pavi bkav don gnang nas khyed khrom gyi stong dpon 1a bskos vdug da yin na kho yi bu dbang rgyal：phavi tshab 1a：khved khrom gyi stong dpon la bskos pa yin pas……

译为汉文是：

皇帝圣旨

公哥监藏班藏卜帝师法旨

朵甘思宣慰司的长官、招讨司的长官、地方守卫、茺之百夫长、十夫长、百姓一体知晓：

监藏吃剌思曾受皇帝圣旨和历代喇嘛法旨，被任命为茺之千户长。今令其子旺监承袭父职，担任茺之千夫长。……[1]

从行文格式看，皇帝与帝师的君臣关系井井有条，绝无任何含糊之处。又皇帝圣旨藏文称“lung”，而帝师法旨称“gtam”，两者等级分明，绝对不可混同使用。这是中国古代诏旨制度所规定的，且为元代藏文文献所严格遵行。因此，帝师法旨绝不可能与皇帝圣旨具有同等权威，这也如不能把皇子诸王令旨、皇后懿旨与皇帝圣旨同等对待一样。

在法旨中，颇引学者关注的是起首一行：“rgyal povi lung gis”，即“奉皇帝圣旨”或“皇帝圣旨里”。我们的理解是，无论是法旨在皇帝圣旨之后颁行、与皇帝圣旨一同颁行，甚至单独颁行，它都具有实在的意义，即法旨是遵奉皇帝的旨意颁行的，且权限严格保持在皇帝所允许的范围之内，即帝

---

① 西藏自治区档案馆编：《西藏历史档案荟萃》。

师法旨的权力，是与他作为帝师，及其在吐蕃地方事务中的地位相一致的，它绝不可越权行事，更不可能与皇帝圣旨相提并论，视为同等。因为帝师的权力来自皇帝，而且是很有限的。

第二，从法旨的内容来看，其绝大多数都是遵奉皇帝圣旨或秉承皇帝旨意办理的，帝师并不具有自主性。在我们目前可以看到的14件帝师法旨中（1290——1337或1349）[①]，大概有这样几种类型：其一，帝师法旨在皇帝颁赐任命或授权诏书与圣旨之后颁行，法旨完全重申皇帝圣旨的内容。如1290年亦摄思连真给棍布班的法旨，1295年乞剌思八斡节儿给棍布班的法旨，1325年公哥罗古罗思监藏班藏卜给朵儿只旺出的法旨，及1337年（或1349年）公哥儿监藏班藏卜给也失思公哥的法旨均属此类。其二，帝师依据皇帝先前颁给该寺院或该地长官的特许圣旨或者圣旨的精神，重申或依前允许该寺或该长官享有某种特权。如1304年2月24日辇真监藏给洛本昆思端和洛本辇真班藏卜的法旨，1304年5月23日辇真监藏给朵儿只旺出的法旨，1306年辇真监藏给昆思端巴的首领等的法旨，1307年相家班给沙鲁棍巴的法旨，1319年罗古罗思监藏班藏卜给辇真棍的法旨，1321年2月25日公哥罗古罗思监藏班藏卜给旺监的法旨，1321年4月12日公哥罗古罗思监藏班藏卜给沙鲁人的法旨，以及1336年（或1348年）公哥儿监藏班藏卜给沙鲁人的法旨。此外，1316年公哥罗古罗思监藏班藏卜给娘库瓦的法旨，也是重申宣慰司官人先前同意特许的权力。唯一的例外，是1308年相家班给辇真岗巴的法旨，除开头外，该法旨未在文中明确提到皇帝先前颁旨的状况。值得注意的是，在帝师法旨中反复强调皇帝至高无上的权力，“如见法旨仍逆行，祈禀圣上，予以详查”[②]。显然，只有皇帝才是吐蕃地方真正的主宰者，帝师之命与诏敕并行于西土，但作用迥然不同。

第三，元代的帝师法旨所颁行的范围，主要以乌思藏地区为主，同时也遍布全国。这与他统管天下释教的身份是一致的。从目前见到的资料来看，颁给内地寺院的帝师法旨有4件，它们是：1301年3月18日帝师吃剌思八斡节儿颁给郑州大觉禅寺住持雪禅师的法旨，1301年4月28日帝师吃剌思

① 《西藏历史档案公文选水晶明鉴》，藏文本，第197—198、207页；《西藏历史档案荟萃》。

② 《西藏历史档案公文选水晶明鉴》，藏文本，第203页。

八斡节儿颁给五台山大寿宁寺顺长老属下的大明川寨头村祁林院的，1317年帝师公哥罗古罗思监藏班藏卜颁给韶州路南华寺和广州路南华戒院住持弘辩慈济大师德衍长老的，1321年帝师公哥罗古罗思监藏班藏卜颁给浚州天宁寺住持朗长老的。[①]其中，前三件均是在皇帝圣旨之后颁行的，完全是重申圣旨精神。最后一件是依据皇帝圣旨的“体例”颁行的，绝无不受约束，独行其是的情况。这样说，并不是要说明帝师作为天下释教之主，竟一无权力。帝师有秉承皇帝旨意办理全国佛教事务的权力，1268年由元世祖忽必烈颁布的圣旨即河南登封少林寺出土的回鹘式蒙古文和八思巴字圣旨碑[②]提供了有关的史实，该圣旨是颁给少林寺住持肃长老的，文中提到：“如果和尚当中有什么纠纷，要根据八思巴大师的话和经典的例规，由肃长老提领按规矩决断。你们这些和尚不要违背肃长老提领的话和经典的例规，要守规矩。又，俗人不得审问和尚们。如果和尚们跟俗人有争执，由受到委派的和尚头儿们、城里的官员们共同审理决断。把不守僧家规矩、有劣迹、说谎、行窃的和尚们交给城里的达鲁花赤们、官员们处置。又，这肃长老不得以为委派为提领了，就可以做非法的事。如果做了，就上报八思巴大师。让他对质，八思巴大师知道应该怎样治罪。”可见，作为天下释教之主的八思巴，其权力既在皇帝圣旨的许可或直接限定之内，在内地又完全局限于佛教的内部事务之中。

在吐蕃地区，就基本情况而言，与内地大致相近，即政教大事主要由朝廷决定并依皇帝圣旨执行，帝师法旨的作用也主要表现在佛教事务方面，且依照皇帝圣旨颁行。但是，又与内地有所不同。最主要的一点，是帝师可以参与吐蕃地区重大政教事务的决策与执行，且可依据圣旨任命行政官员。就帝师颁给吐蕃地区的藏文法旨而言，绝大多数是依圣旨向某个寺院给予免差免税及寺产不受侵害的特权，或重申此前所许特权的。但也有一部分是任命地方官员的。如1295年帝师吃剌思八斡节儿法旨谓：“皇帝御赐棍布班金册和诏书。依委任之规例，我亦委任他为你等之首领，你等要

① 蔡美彪编著：《元代白话碑集录》；照那斯图：《八思巴字和蒙古语文献》Ⅰ、Ⅱ；常凤玄：《元代法旨碑四种》，刊翁独健主编：《中国民族关系史研究》，中国社会科学出版社1984年版，第501—524页。

② 道布、照那斯图：《河南登封少林寺出土回鹘式蒙古文和八思巴字圣旨碑考释》（续二），《民族语文》1994年第1期。

遵从棍布班之言，按时完成国家法律规定之事。棍布班亦不得因系我委之人而不同以阿迦仑和亚维奥阔为首的宣慰司的官人们商量，行非体例之事。要不分亲疏地恩养世俗众百姓。”[①]1290年帝师亦摄思连真法旨谓：“皇帝御赐棍布班金册和诏书。遵照规定，（我）也委派其任你们的首领，你们大家都要听从棍布班的话，不准逃跑和争夺仆从，各居其地，按时完成法定之事，棍布班亦不得因系我之委任，即行非法之事……”[②]1325年帝师公哥罗古罗思监藏班藏卜法旨谓：“皇帝御赐朵儿只旺出重要的金册和诏书。遵照规定，委派其任你们的首领，我业已委派。法定之一切大小事宜，应听从朵儿只旺出之言，按时完成。此外，朵儿只旺出亦不得因系我之委任而行违法之事。”[③]从征引的这几件法旨看：其一，帝师对乌思藏地方官员的任命，完全是依照圣旨，并在圣旨颁行之后再行任命的，对此，藏文史书也有诸多记载。[④]说明帝师的行政权即使是在乌思藏地区也是极其有限的。其二，这些被任命的官员均是地方基层的官员，说明即使帝师依圣旨能任命的官员，其级别也是有相应规定的。我们看到大量有关帝师推荐乌思藏等宣慰司地方最高长官的记载，但是，尚未看到帝师任命这些高级官员的资料。因此，没有资料可以证明帝师在乌思藏地区主宰一切，其法旨可以与圣旨具有同等权威。

第四，“帝师之命与诏敕并行于西土”，并不意味着在“西土”即吐蕃地方，除皇帝圣旨之外，只有帝师法旨可以颁行。事实上，汉藏文史书均已表明，皇太后懿旨、诸王令旨均曾颁行吐蕃地方，发生影响。作为当事人的元朝乌思藏地方伯木古鲁万户的万户长大司徒赏竹监藏所著《朗氏世系史》一书，充分地反映了这一点。该书大量记载了大蒙古国可汗及元朝皇帝在乌思藏地方划分各部的领地，任命万户长、千户长等地方官员，处理乌思藏地方军政大事等方面的史实。如“蒙哥汗在封诰中规定伯木古鲁的辖土上自纳里速郭润陀，下到波日拉山脚”[⑤]。“薛禅皇帝降旨，将牙里不藏思八单独（从伯

① 《西藏历史档案公文选水晶明鉴》，藏文本，第198页。
② 《西藏历史档案公文选水晶明鉴》，藏文本，第197页。
③ 《西藏历史档案公文选水晶明鉴》，藏文本，第207页。
④ 《朗氏世系史》，第133页等。
⑤ 《朗氏世系史》，第113页。

木古鲁万户中）分出。”[①]“薛禅皇帝赐以封诰，遂封他（伯木古鲁派的辇真朵儿只）为万户长”[②]等。地方中高级官员的任免完全掌握在皇帝手中，帝师可以举荐，却无权办理任命事宜。同时，《朗氏世系史》也记载了诸王，尤其是西平王和镇西武靖王在吐蕃颁布令旨，行使权力的状况。[③]在这里，我们试以1305年怀宁王海山颁给沙鲁寺的令旨和1320年答吉皇太后颁给孤尚吃剌思八监藏的懿旨为例略加说明。两件旨书均是以保护某寺院财产不受侵害为内容的。前者的开头是："长生天气力里，大皇帝的圣旨里，怀宁王海山令旨：宣谕城子里的达鲁花赤、官人们、军官、军人、往来使臣……”文中一如帝师法旨，援引皇帝圣旨为依据，宣布许诺给该寺的诸项特权。[④]后者的开头是："长生天气力里，大皇帝的圣旨里，皇太后懿旨：宣谕乌思藏纳里速古鲁孙等三路宣慰司的官人、军官、军人、使者、通事（怯里马赤）……”[⑤]这两份旨书绝无比帝师法旨逊色的意味，显然，无人会据此把皇太后懿旨、怀宁王令旨与皇帝圣旨视为同等。同样，在吐蕃地方，帝师法旨自然不是除圣旨之外唯一流行的旨书，称其与诏敕并行于西土，并非谓其与圣旨在西土具有同等权威。

第五，元朝中央赐予萨斯迦教主管辖乌思藏地方的主要是宗教权力。从文献记载来看，在吐蕃地方，除了作为乌思藏宣慰司最高长官的萨斯迦行政首领们，能够依据皇帝圣旨和帝师法旨、太后懿旨、诸王令旨及宣政院札符等来办理各项军、政事务之外，没有萨斯迦政教势力独自办理乌思藏地方军政事务的例证，更谈不上全面主持吐蕃三却喀即吐蕃三路的行政事务。既然没有充分行使行政权力的资格，也就无法论及帝师法旨可以与皇帝圣旨具有同等权力的问题。我们前文讲过，帝师充分行使了参与商讨吐蕃地方大事，荐举高级官员的权力，却并没有主宰吐蕃地方事务的权力。《汉藏史集》说："皇帝（指忽必烈——引者）向上师八思巴请教佛法之事，自不必说，就是俗世之大事方面，也时常与上师八思巴商议。上师也常就与佛法相符

---

① 《朗氏世系史》，第116页。
② 《朗氏世系史》，第118页。
③ 《朗氏世系史》，第118—119、150页。
④ 《西藏历史档案荟萃》；照那斯图：《八思巴字和蒙古语文献》。
⑤ 《西藏历史档案荟萃》；照那斯图：《八思巴字和蒙古语文献》。

之世间善事向皇帝说明。”[①]是其明证。《萨斯迦世系史》记载了一则故事谓：“王妃（指察必——引者）劝王（忽必烈——引者）道：‘（萨斯迦灌顶）果然胜于其他教法，请王受之。’汗王说：‘可照此行之。’遂请之于上师。八思巴说：‘恐汗王不能遵守法誓，现时又无好的译师，还是待之来日吧。’汗王问：‘要守什么样的法誓？’八思巴说：‘接受灌顶后，上师坐上座，要以身体礼拜，听从上师之言，不违上师心愿。’汗王说：‘此事不可。’王妃调解说：‘听法人少时，上师可以坐上座。当王子、驸马、官员、臣民们聚会时，恐不能镇服，由汗王坐上座。吐蕃之事悉听上师之教，不请于上师绝不下诏。其余大小事务，因上师心慈，如误为他人求情，恐不能震慑国人，故上师不得讲论及求情。’”[②]显然，这种方式的灌顶未能举行。皇帝毕竟是全国之主，他对佛教的基本态度是因其教柔其人，而不是盲目信仰。对于帝师之论说政治，也并不是放任自流。

不仅如此，元朝皇帝颁布的大量圣旨，同样证明了他们在宗教方面至高无上的权力，在吐蕃地区莫能例外。1254年，八思巴向忽必烈建议：“金字使者不得在僧舍住宿，不得（对僧人）派乌拉差役，不得摊派税款。汗王一一答应。此外，汗王还下诏书，命令萨斯迦统领西土僧众。颁令：‘在整个吐蕃地方只准修习萨斯迦派教法，不准修习其他教法。’”后经八思巴劝解说明，未予实施。[③]终元之世，元朝皇帝直接管理吐蕃地方佛教重大事务的制度，并未有所改变。就佛教方面而言，帝师也不是吐蕃地方真正的主宰者，是否免差免税，对谁免差免税，萨斯迦教派，尤其是作为教主的帝师有很大的参与建议权，但决定实施的权力，来自朝廷，来自皇帝。

第六，帝师之命之所以可以与诏敕并行于西土，因为他是一个特殊的官员，即皇帝之师（佛教事务顾问），这种职官也是具体的，它最初领总制院事务，总管全国释教，后来则荐举宣政院及下属机构的官员，作为皇帝的吐蕃事务顾问，并继续掌管全国佛教事务。归根到底，他们是元朝中央的高级官员，是有级别的，而且是由皇帝封授的。从藏史关于帝师对吐蕃地方政教事务的处理中，我们看不到帝师可以独自办理重大政教事务的记载，恰恰相

① 《汉藏史集》，第287页。
② 《萨斯迦世系史》，第153—154页。
③ 《萨斯迦世系史》，第160页。

反，倒是处处以元朝皇帝的一位高级官员的身份出现的。

藏史中有关乌思藏本钦（即乌思藏宣慰使）公哥藏卜叛乱，并被元朝予以平息这一事件的记载，很能说明帝师在吐蕃地方，尤其是乌思藏地方行政事务中的地位问题。公哥藏卜是乌思藏宣慰司的最高长官——为首宣慰使，他由帝师八思巴的推荐而获得朝廷任命。是乌思藏地方的“大官”和八思巴帝师的近侍，但是竟背叛帝师，“由于帝师不喜欢公哥藏卜，薛禅皇帝下诏，派桑哥丞相率领蒙古军等十万人，进军达仓垅巴，攻下康马土城，然后包围甲若仓，在阳铁龙年（1280）将本钦公哥藏卜处死”[①]。作为萨斯迦派的教主，元朝的帝师，竟对他的近侍叛乱无可奈何，也可见他在地方政事中的权威，与此相反，只有元朝皇帝能够处死位在乌思藏宣慰司之长的公哥藏卜，这自然是制度所规定的。

此外，元朝中央在乌思藏地方括户、置驿、征兵、征税，充分行使了行政管理权。在这样一块土地上，存在所谓帝师法旨与皇帝圣旨具有同等权力，即一地二主的状况是不可思议的，而且没有事实根据。元朝在乌思藏，以及吐蕃地区采取了特殊的政策，是毫无疑义的，但是还远远没有到让萨斯迦的势力自作主张，自行管理的地步。

综上我们认为：“帝师之命与诏敕并行于西土”，并不是说帝师法旨与皇帝圣旨具有同等权威，而是说明帝师地位之崇高，其法旨竟可以与皇帝圣旨等旨书一样，颁行于吐蕃地方。但二者的地位及作用是主从关系，这如同皇帝与帝师是君臣关系一样，不容混同。

---

① 《汉藏史集》，藏文本，第359页，汉译本，第225页。

附录七

藏文史书中的成吉思汗

成吉思汗是蒙古族历史，也是中国历史和世界历史上有重要影响的人物，由于史籍记载的缺乏，有关成吉思汗的许多问题都尚在悬疑之中，本文试图从藏文史书记载中进行一些分析和探讨。

一、成吉思汗的生卒年问题

成吉思汗的生卒年问题学术界长期存在争议，近年来逐渐形成比较近似的看法。由于早期文献资料的缺乏，蒙古史书对此记载又存在歧义，通过其他民族文字资料来相互勘比，以确认像成吉思汗这样一些重要历史人物的生卒年代问题，就显得极为重要。作为与蒙古族长期保持密切关系的藏族，其语言文字对考证蒙古和元朝历史有关问题，具有十分特殊的意义。对于成吉思汗的生卒年问题，藏文史籍也有零散记载，自然可以作为考证这一问题的有力旁证。

元朝时代著名藏族史学家蔡巴·贡噶多吉《红史》（1363）记载："也速该巴图尔与夫人诃额伦所生之子是太祖成吉思汗。成吉思汗生于阳水虎年（1182）……三十八岁时，聚集百姓，登上王位，在位二十三年，于阳火虎年（按生年算应该是阳水猴年）秋七月十二日六十一岁时，在西夏噶地方升遐。"在如此描述的同时，作者也指出，这些记载是从《脱卜赤颜》（dpe ka thob chen）中摘要抄录出来的[①]，也就是来自《蒙古秘史》。如果按

---

① 《红史》，藏文本，第30页，汉译本，第27页。

照该书的说法计算，成吉思汗生于1182年，又享寿六十一岁，则应该卒于1242年，由于成吉思汗的卒年是可以确定的，即1227年，那么，生于阳水虎年（1182）显然存在问题。至于《红史》所记载的成吉思汗卒年，也并不符合作者自己的计算，因为1242年是藏历“水虎年”，接下来的1243年是“水兔年”，而不是“水猴年”；至于“水猴年”，或者是1212年或者是1272年，这些都不符合成吉思汗“61岁”的说法，看来《红史》关于成吉思汗生卒年的记载，尽管抄自《蒙古秘史》，依然存在诸多错误。

释迦仁钦岱《雅隆尊者教法史》（1376年成书）记载，“也速该把秃儿与诃额伦之子太祖成吉思汗（thavi dzu jing gi rgyal po），诞生于水马年（壬午年，1162）……成吉思汗统一全国，在位二十三年。火猪年（丁亥年，1227）七月十三日，于六十六岁归天”①。该书同样声称：“此系从《耶迦妥坚》（ye ka theb can）中录其主要者。”② 藏文中的“theb can”就是蒙古语中的“脱卜赤颜”或者“脱卜察安”的意译，意思就是“秘史”，而“ye ka”则是蒙古语“大”的意思。故此，我们知道，“ye ka theb can”就是《大秘史》，也就是说藏文的记载来自《蒙古秘史》这样的原始资料，有较高的可信度。与《红史》的记载相比，《雅隆尊者教法史》的记载没有自相矛盾的地方，也与其他史书关于成吉思汗卒于1227年的说法完全吻合。

随后的藏文史书，同样记载了成吉思汗的生卒年，但是歧异依旧存在。例如达仓宗巴·班觉桑布《汉藏史集》（成书于1434年）记：蒙古早期王统传十九代。“也速该把阿秃儿与其妃诃额伦之子是太祖成吉思汗，他生于阳木马年（1174），……成吉思汗三十三岁的阳土虎年，继西夏杰桂王（rgyal rgod）后，又以武力从当时统治汉地、名叫托孜（tho rdzi）的国王手中夺取了都城。成吉思汗执掌蒙古、汉地之国政二十三年，于六十六岁的阴火猪年（1227）秋七月十二日，在木雅噶（mi nyag gha）地方升天。据说，由上天或者长命鸟的护佑而赐给的宝印，也是在此王之时出现的。”③ 从这里的记载来看，《汉藏史集》作者同样对年代记载有一些失误，如果是1174年出生，如

① 《雅隆尊者教法史》，藏文本，第81页，汉译本，第50页。
② 《雅隆尊者教法史》，藏文本，第84页，汉译本，第52页。
③ 《汉藏史集》，藏文本，第254—255页，汉译本，第153—154页。

果享年66岁不误，则应该是1239年卒；而按照作者的计算，成吉思汗33岁应该是1206年（火虎年），而非土虎年（1218）。如果认为成吉思汗享年66岁和1227年（火猪年）不误，则其出生年应该是1162年，这与《雅隆尊者教法史》的记载相同，只是卒年日期差了一天，很可能这里的“生于木马年”是“水马年”之误。

巴卧·祖拉陈瓦《贤者喜宴》（成书于1564年）对成吉思汗的生卒年也有记载，文谓“诃额伦之子太祖成吉思汗生于阳木马年，和萨班同一年出生。有兄弟五人，他是长兄。三十八岁的土兔年，依靠长生天的护佑和大福德的加持登王位，在位二十三年，六十一岁在木雅噶地方去世。他的儿子术赤、察合台、窝阔台、拖雷诺颜等九人。成吉思汗在世时，让两个大的儿子不要争夺王位，给以文书封给左右两翼地方”[①]。这里也存在一些问题，“阳木马年”是1174年，“38岁”应该是1201年，但是这一年则却是“铁鸡年”，而“土兔年”则是1219年；享年61岁，则应该是1234年；至于文中说成吉思汗和萨班同年出生，同样存在问题：萨班出生于藏历水虎年（1182），而非木马年（1174），显然错误百出，不足为信。

综合以上记载，我们可以看出，《雅隆尊者教法史》的记载自身没有矛盾，更准确地反映出来自《蒙古秘史》的原文原意，是一种可信的说法，也就是说成吉思汗生于1162年，卒于1227年，享年66岁，他的丧葬日很可能就是《雅隆尊者教法史》所记载的日期，火猪年（1227）七月十三日。

二、成吉思汗信仰佛教问题

藏文史料盛称成吉思汗信仰佛教，并以佛教治理国家23年。

班钦·索南查巴《新红史》（成书于1538年）记载，从孛儿贴那到成吉思汗之间有二十二代王统，“其时除去统治边地疆土的人主之外，并未出现奉行佛法之王。此后，蒙古成吉思汗（hor jing gir rgyal po）出，于是汉地、吐蕃及西夏均置于其统治之下。二十三年间均以佛法保护国政。成吉思汗死于六十一岁的水虎年（1242）。此年萨迦法王也是六十一岁。成吉思汗之子

---

① 《贤者喜宴》，第1413页。

阔端掌政六年，从此以后遂与萨迦巴结成供施关系。成吉思汗子贵由汗在位六个月……”[①]把成吉思汗生卒年与萨班等同之误是不言自明的，而将阔端、贵由当作成吉思汗的儿子更属错谬，至于该书下文对于蒙古王统世系的叙述同样破绽百出，可见其资料来源很成问题，对成吉思汗信仰佛教的叙述应属类似情形。而比该书更早成书的藏文史书，如《红史》、《雅隆尊者教法史》、《汉藏史集》等没有提及成吉思汗信仰佛教，并以佛法护持国政的史事。因此，有关成吉思汗信仰佛教及以佛教护持国政的说法难以成立。

三、成吉思汗与西藏的联系问题

在元明之际的藏文史书中，并没有关于成吉思汗和西藏地方发生联系的说法，《雅隆尊者教法史》、《红史》和《汉藏史集》等，都没有成吉思汗和西藏联系的任何信息。《新红史》只是增加了成吉思汗信仰佛教，并以佛法来治理国家的说法。

更晚时期的藏文史书，如《贤者喜宴》作者也许是利用资料全面的缘故，记述了西藏僧人与西夏政教界的联系，包含西夏仁宗仁孝曾迎请西藏噶玛噶举派僧人都松钦巴（vdus gsum mkhyen pa）的弟子格西藏布瓦（dge bshes gtsang po ba）前往西夏，并被奉为国上师的内容。该书还记载，与成吉思汗发生直接联系的是搽里八噶举派僧人，该派高僧祥仁波且的弟子藏巴东库瓦（gtsang pa dung khur ba）师徒等七人曾先后来到蒙古和西夏地方，并在西夏担任翻译，讲授三宝密咒。此人在成吉思汗灭亡西夏，大肆毁坏寺院时，曾劝说成吉思汗，获得采纳，成吉思汗又修复了先前毁掉的寺院。[②]西藏高僧通过在西夏地区活动与成吉思汗发生某种程度上的接触，应该是符合情理的。吐蕃与西夏的宗教联系由来已久，而且也比较密切。噶玛派或者搽里八派的个别僧人云游西夏，并在那里与多次进兵西夏的成吉思汗建立直接或者间接的联系，存在很大可能性。

但是，这些记载到了 17 世纪的蒙古史学家的笔下就有了新的发展，直接增加了成吉思汗和西藏宗教界的联系的内容。

---

① 《新红史》，第 48 页。

② 《贤者喜宴》，第 1410、1414—1415 页。

鄂尔多斯萨囊彻辰著《蒙古源流》（成书于1685年）记载："于是，岁次丙寅（1206），年四十五岁，用兵于土伯特之古鲁格多尔济可汗，彼时，土伯特可汗遣名为尼鲁呼之官员，率三百人，进献驼只无算，为请降之使臣。君主嘉许，遂大赉可汗及其使臣而遣归焉。君主复致书并贽仪于萨迦察克罗咱斡阿难达噶尔贝喇嘛，遣尼鲁呼诺颜反致之，赐书云：'欲聘请喇嘛，但朕滞于世务，未能聘请，愿于此处遥申信赖之意，汝于彼处为朕竭护佑之力。'由是收复阿里三部以东三区八十八万黑土伯特人众。"①

更晚一些时候，拉喜彭斯克所著《水晶数珠》（成书于1774—1775年）记载"十一月，成吉思汗取了夏国中兴府。最初，成吉思汗闻唐古特萨迦寺之察克罗咱斡阿难达噶尔贝喇嘛为一善僧，季冬之月，遂命乌梁海之大臣者勒蔑，出使阿难达噶尔贝处，并致贽仪曰：'朕曾思召汝喇嘛前来，俾汝分掌佛法，朕则专理政务，全国人众，悉遵圣教，得享安乐。兹因朕政业未竣，愿暂延会期。朕自此处遥申信依之诚，愿汝于彼处常竭护佑之力。'于是喇嘛曰：'若然者，斯幸事也'，奉上佛像，诸多礼品，回敬大汗。此年，成吉思汗年六十五岁，岁在丙戌，在位第二十一年也"②。

这里将成吉思汗用兵西藏及西藏地方派遣使者的年代系于1226年，其所述事实，显然是阔端派兵进藏，西藏纳入大蒙古国治下之史事的移植。其非信史，已如前人所论。③看来，后代的历史累积痕迹还是十分明显的，由此也制造出诸多的混乱。

四、成吉思汗兄弟和子女人数问题

1. 成吉思汗的兄弟

藏文史书有关成吉思汗兄弟数目的记载，有两种说法，一是以《红史》《雅隆尊者教法史》、《贤者喜宴》等为代表的"五人说"；《雅隆尊者教法史》

---

① 萨囊彻辰：《蒙古源流》，第157页。

② 拉喜彭斯克（一作扎西彭错）：《水晶珠》（一作《水晶数珠》），胡和温都尔校译，蒙古文，内蒙古人民出版社1985年版，第130—131页。此段文字，请学长、中央民族大学历史系达力扎布教授核实，特致谢忱。

③ 冈田英弘：《蒙古史料中的早期蒙藏关系》，邓锐龄译，原载《东方学》1962年3月第23辑，译文载中国社会科学院民族研究所历史研究室《民族研究译文集》4，1978年。

还说“兄弟五人，彼系四弟”[①]。《红史》记“有兄弟五人”。[②]两书记载一致，也就是“五人说”。《贤者喜宴》还指出他是兄弟五人中的老大。[③]二是以《汉藏史集》等为代表的“七人说”，该书谓：“也速该把阿秃儿王与其妃诃额伦之子是太祖成吉思汗，他生于羊木马年，有兄弟七人。”

前一种说法得到了波斯史家拉施特《史集》的印证，该书也记，也速该长妻月伦旭真生了四个儿子，他们分别是：长子与最优秀的儿子铁木真、第二个儿子拙赤·合撒儿、第三个儿子哈赤温、第四个儿子铁木哥·斡惕赤斤，第五个儿子为别里古台那颜，他由另一妻所生。[④]也就是说他有兄弟5人。

2. 成吉思汗的子女

关于成吉思汗的子女，藏文史书中比较流行的说法是“九人说”，而且是“九子说”，《红史》、《雅隆尊者教法史》和《汉藏史集》等均持此说。

《红史》记“成吉思汗的儿子有术赤、察合台、窝阔台、拖雷诺颜等九人。成吉思汗在世时，让两个大的儿子不要争夺王位，给以文书封给左右两翼地方”[⑤]。《雅隆尊者教法史》记“彼有术赤、察合台、窝阔台、拖雷等九子。成吉思汗在位时，敕书二长子不争王位，分任左右翼”[⑥]。《汉藏史集》记：“成吉思汗的儿子，有术赤、察合台、窝阔台、拖雷诺颜等九人。成吉思汗在世时，让两个年长儿子立了不争王位的文书，封他们为左翼和右翼之首领。”[⑦]藏史的说法很难得的一致，即认定成吉思汗有九个儿子，但是只列出了长妃所生且十分知名的四位王子，但是，九子之说可以聊备一说，可供成吉思汗研究者参考。

五、成吉思汗灭西夏与定国号问题

成吉思汗进攻并灭亡西夏，是其晚年的重大军事活动之一，又因为西夏与吐蕃存在着宗教、文化等方面的密切联系，藏文史家对此也颇为关

① 《雅隆尊者教法史》，藏文本，第81页，汉译本，第50页。
② 《红史》，藏文本，第29页，汉译本，第26页。
③ 《贤者喜宴》下册，藏文本，第1413页。
④ 《史集》，第65—73页。
⑤ 《红史》，藏文本，第29页，汉译本，第26页。
⑥ 《雅隆尊者教法史》，藏文本，第81页，汉译本，第50页。
⑦ 《汉藏史集》，藏文本，第255页，汉译本，第154页。

心。《红史》记，“西夏国王取自其父亲格胡神名字中的格字，起名为格祖王（Gavi rtsu rgyal po）。由他下传六代为杰桂王，他在位时，有流言说将有一个在黑心山（sems nag povi ri）出生的人在任国王的大臣时要杀死国王，杰桂王听说后，向格胡山神请问将此山的人全部杀掉是否可以免祸，格胡神因崇信佛教，没有同意。因此，无法在都城居住，迁移到嘎（vgav）地方。后来果然有一个当时没有被找到的、在那座山出生的人当了大臣，他杀死了杰桂王，此后，王统断绝。后来，当另一个叫作托季（thvo ji）的国王出世时，成吉思汗夺取西夏，西夏国王是火命，成吉思汗是水命。故西夏无论怎样也敌不过成吉思汗。……以上是依据西夏禅师喜饶益希（mi nyag tsan rtse shes rab ye shes）所说而记录下来的”[①]。《雅隆尊者教法史》、《汉藏史集》等书的记载与《红史》几乎完全相同[②]，应该出自同一个史源。《贤者喜宴》记载，西夏王统从斯乌（sevu rgyal po）下传七代，最后一位是脱吉（tho ji），他继承杰桂，杰桂被大臣所杀，而他本人则被成吉思汗所杀。阔端被认为是杰桂的转世，他在杰桂被杀的地方建立了寺院。[③]《汉藏蒙历史概论》（rgya bod hor sog gi lo rgyu nyung dur brjod pa）则称，西夏第九代国王多吉贝是最后一代，他被成吉思汗所杀。从此西夏纳入蒙古国治下，成吉思汗灭亡西夏当月便被称为“喜宴月”（dgav ston gyi zla ba），西藏即以此为阴历正月，也就是“霍尔月正月”（hor zla dang po）。[④]《萨斯迦世系史》记载，八思巴从萨迦返回元大都（今北京），在朝见薛禅汗（忽必烈）时，献上他受命创制的蒙古文字，皇帝大悦。即将西夏杰桂（又译作“甲郭”）的印改为六棱玉印，封为“皇天之下、大地之上、西天佛子、创制文字、化身佛陀、辅治国政、诗章之源、五明班智达八思巴帝师”，并赐给专门的诏书以及众多物品作为供养。[⑤]

藏文史书中还提到大蒙古后来改国号为“元”的史实，并把它与成吉思汗联系起来。《汉藏史集》称：“蒙古成吉思汗皇帝，将国号定名为‘大元’，其义为《易经》一书中说，‘乾元’二字为‘广大、增长’，引申为‘真实、

---

① 《红史》，藏文本，第27—28页，汉译本，第24—25页。

② 《雅隆尊者教法史》，藏文本，第36—39页，汉译本，第26—27页；《汉藏史集》，藏文本，第120—121页，汉译本，第75—76页。

③ 《贤者喜宴》下册，藏文本，第1410页。

④ 瓦芒·班智达：《汉藏蒙历史概论》，藏文本，青海民族出版社1990年版，第59页。

⑤ 《萨斯迦世系史》，藏文本，第212页，汉译本，第147页。

坚固’。”[①] 显然把忽必烈建议取《易经》“大哉乾元”之义，定国号为“大元”的史事，误加在成吉思汗身上。

综上我们可以看到，藏文史料对于研究蒙元早期历史，特别是解决像成吉思汗这样一些伟大人物的生平事迹等问题，具有重要的参考价值，值得重视。同时也应该注意到，即使是引用或者保存有诸多原始资料的这些史书，其中也不乏传说和杜撰成分，必须认真勘比对证才可以作为证据。

① 《汉藏史集》，藏文本，第269—270页，汉译本，第164页。

附录八

藏文史书中的忽必烈皇帝

元朝的统一及西藏纳入元朝中央统一王朝行政管辖之下，对藏族史学的发展产生了多方面的影响，除了说明一统史观和为元朝统治者从宗教立场进行正名之外，从元朝开始，藏文史书中增加了新的内容，并由此形成一种史书撰写规则，这就是论述大蒙古的历史，特别是元朝历代皇帝的简要历史，其中对忽必烈皇帝的记载最为详细，颇能补充汉文史书和蒙古文史书中的不足，兹就其要端分论如下。

一、忽必烈皇帝的家谱世系

1. 忽必烈家谱世系资料

藏文史书中有关忽必烈皇帝家族世系的资料，是从翻译为吐蕃文字的《蒙古秘史》里获得的。《雅隆尊者教法史》记载，（拖雷）"第四子世祖忽必烈诞生于木猪（乙亥）年。第六子旭烈兀。第七子阿里不哥。拖雷共有十一子。大转轮王忽必烈四十六岁时，于铁猴（庚申）年即位。历中统五年、至元三十年，共在位三十五年。忽必烈与八思巴上师结供施之缘。侍奉佛教，无以复加，胜不可言，更建有上都、大都皇宫、白塔等。……总之，忽必烈皇帝大福大德，不可思议。彼有如来之犬齿与四天王所献之钵盂。彼为施主，将不同版图划为十三省。推崇佛教尊重佛教之友师尊八思巴，供奉无以复加，尊上师八思巴为根本轨范师，商讨永世之业，治国安邦。敕谕曰：'朕后裔世世代代，皆以八思巴之后裔为轨范师，吉祥永照。'统一广大国土之后，瞻部洲大都安乐。八十岁，于木马（甲午）年归天，尊号薛禅皇帝”。

此系从《耶迦妥坚》中录其要者。“忽必烈之皇后有朵儿只、真金、忙哥剌、那木罕四子。小妃之子为忽哥赤、奥鲁赤、爱牙赤、忽都鲁贴木儿、耳色波喀脱欢、阔阔出。朵儿只无子。真金之长子甘麻剌；次子答麻八剌；幼子铁穆耳。……忽必烈小妃之子奥鲁赤西行至卫藏，镇压请叛逆。彼子铁木而不花亦供养寺院，大行于法有益之善事。铁木而不花之子老的，虽继父位，然未至卫藏。铁木而不花小妃之子搠思班被封为靖王，亦至卫藏。其子白玛达日靖王、达磨室利王、扎查王等，在噶曲者甚多。”①

《萨斯迦世系史》“拖雷诺颜因先前未给文书，所以对皇位有所争执，后由他和赛音额客唆鲁禾（贴尼）的儿子蒙哥汗即位执政九年。他们的第四个儿子名叫忽必烈，忽必烈即是元世祖薛禅汗，生于阴木猪年，第六个儿子为旭烈兀，第七个儿子为阿里不哥，拖雷诺颜共有十一个儿子。薛禅汗和察必皇后二人的儿子有朵儿只、真金、忙哥剌、那木罕等四人，他与偏妃涉恭玛所生的儿子六人，薛禅汗共计有十个儿子。此外，他与南必皇后生有一子，早夭。薛禅汗从阳铁猴年起在位三十五年，年号中统五年，至元三十年，于阳木马年去世。……以上是从《脱卜赤颜》一书中摘要抄录。薛禅汗的儿子朵儿只无子，真金和也克太后阔阔真（go go jan）所生的长子甘麻辣，第二子是答剌麻八剌，他是哑巴，第三子是铁穆耳完泽笃汗，他即位执政十三年，年号元真两年、大德十一年。”②

《雅隆尊者教法史》和《萨斯迦世系史》均记托雷有十一子，这和《元史》的记载完全相同③，而与拉施特《史集》的记载略有差异，后者记托雷有十子。④说他是托雷第四子，汉文史书、波斯文史书和藏文史书的记载完全一致。藏文史书所提到的忽必烈与察必皇后所生的四个儿子，以及长子真金与王后所生三子的情况与《史集》的记载完全一致。差别只在于藏文史书称忽必烈有子十人，而波斯史书《史集》记忽必烈有子十二人。但是，仔细核对一下，藏文提到了皇后南比所生一子早夭，藏文没有计算在内，而《史集》

① 《雅隆尊者教法史》(1376)，汉译本，第51—53页。

② 《萨斯迦世系史》，汉译本，第26—27页。

③ 《元史》卷107。

④ 《史集》第2卷，第190页。

也记载了却计算在内，实际上两者只差一人，这个人就是忽必烈的第五子忽里带，根据《史集》记载，“由篾儿乞惕氏忽鲁黑臣哈敦所生。忽必烈合罕娶她在其他哈敦之先，她的年龄也长于其他诸哈敦，但后来被废黜；她是篾儿乞惕部君主脱黑台别乞的兄弟忽秃的女儿；篾儿乞惕人在成吉思汗时作乱，并不止一次和他作战，但最后势衰，不得不降顺了”[①]。这些记载和我们一般了解到的相关知识既存在一致处，也存在一定差异，其中既有以讹传讹的问题，也有不同说法的情况，从保存资料角度看，仍然是弥足珍贵的。

2. 忽必烈子嗣与镇守西藏事务

《汉藏史集》记，“薛禅皇帝次妃所生之子奥鲁赤，受命管辖西土之事，驻于汉藏交界之处。亦曾前来乌斯藏，多次镇压反叛。奥鲁赤之子铁木儿不花也服事萨迦大寺，做了许多利益教法之事。铁木儿不花之子为老的，承袭其父的爵位，未到乌斯藏。铁木儿不花的次妃所生之子搠思班，受封为（镇西武）靖王，前来乌斯藏，在江孜的山脚下击败蒙古的军队，并将止贡派的‘贡巴’处以死刑。搠思班之后裔为武靖王班玛塔以及在河州的安西王。后来前来乌斯藏的王子皇太子、宗平钦波父子亦是”[②]。《史集》对此有类似记载，文谓：忽必烈“第七个儿子奥鲁赤，为朵儿别真哈敦所生。合罕把吐蕃地区赐给了他。他有两个儿子：第一个儿子铁木儿不花，他又有两个儿子：一个名叫撒思乞阿，另一个叫搠思班，他（奥鲁赤）去世时，（吐蕃）地区被授予了铁木儿不花；（奥鲁赤的）第二个儿子是也只里不花”[③]。忽必烈皇子在掌管军事，维护西藏地方安全方面扮演了重要角色，也就是蒙元诸王出镇制度在西藏的推行，藏文史料、波斯文资料和汉文资料的记载可以互相印证。这些资料中存在一些歧异，藏文没有提到奥鲁赤的第二个儿子也只里不花。却进一步补充了元朝在西藏地方驻军及平息“止贡之乱”事件的诸多细节。

3. 忽必烈与其兄弟在涉藏事务中的关系

帕木竹巴万户长绛曲坚赞在其所著《朗氏家族史》中有明确记述：“此时，西藏由在凉州的王子阔端治理，由阔端阿哈（蒙古语兄长）那里迎取应供喇嘛；蒙哥汗管理止贡派；忽必烈管理搽里八噶举派；王子旭

---

① 《史集》第 2 卷，第 284 页。

② 《汉藏史集》，藏文本，第 266—267 页，汉译本，第 161—162 页。

③ 《史集》第 2 卷，第 285 页。

烈兀管理帕木竹巴派；王子阿里不哥管理达垅噶举派。四位王子分别管辖各个万户。”[①]蒙元时期在西藏实施诸王分封制度在这里被简明而清晰地勾画出来。

通过西藏地方政治人物之间的对话，可以看到元朝在处理西藏事务中对各个教派的态度及政策演变。根据《朗氏世系史》记载，在帕木竹巴崛起以后，其万户长绛曲（求）坚赞在和止贡首领对话时有一番议论，就很能反映蒙古在西藏实行分封制所留下的影响，他说："蒙古法律严峻难道有什么不好吗？由于蒙哥皇帝的恩泽和法令，才有你们止贡人的名号和教法；仰仗忽必烈皇帝的恩泽和法令，才有萨迦派和蔡巴的权势和教法；仰赖旭烈兀的恩泽，才有帕木竹巴的政权和安定。"[②]从有关忽必烈与噶玛拔希关系的记载中，还可以看出忽必烈与蒙哥、阿里不哥兄弟之间存在的矛盾纷争，以及这种纷争对西藏政教势力消长、兴衰的影响（下详）。

二、忽必烈与八思巴及萨斯迦教派的关系

1. 忽必烈与八思巴

八思巴会见忽必烈。《雅隆尊者教法史》"萨斯迦世系"之萨斯迦五祖记载，"法主（萨班）去世后，八思巴十九岁，即牛年，在六盘山尚是太子的忽必烈相见，极其敬仰。向北方太子蒙哥都宣讲萨迦派宗旨，为忽必烈之应供喇嘛。二十一岁，时在木兔（乙卯）年，于蒙汉交界之特勒（忒纳——引者）受比丘戒。二十六岁，时在铁猴（庚申）年，忽必烈即位，遂为大皇帝之上师"[③]。

忽必烈与八思巴关于吐蕃历史的对话记载，忽必烈曾经和八思巴对话："汗王问：'你们吐蕃地方曾出过哪些伟人？'八思巴仁波且回答：'我们吐蕃地方的伟人有法王祖孙三人。'又问：'他们三人为何是伟人？'答：'松赞干布是观世音菩萨之化身，赤松德赞是文殊菩萨之化身，赤热巴金是金刚手菩萨之化身，所以是伟人。'又问：'你们吐蕃地方所出勇男子为何

---

① 《朗氏家族史》，藏文本，第109—110页，汉译本，第75页。

② 《朗氏家族史》，藏文本，第203—204页，汉译本，第143页。

③ 《萨斯迦世系史》，汉译本，第106—179页，这里译者将会见地点译作"路巴县"，误。当为"六盘山"。

人？’答：‘我们吐蕃地方的勇男子有名叫米拉日巴者。’又问：‘他是什么样的人？’答：‘前半生摧毁仇敌，后半生修佛法获得成就。’又问：‘你们吐蕃地方学识功德何人为胜？’答：‘学识功德以我的上师法主萨迦巴等人为胜。’又问：‘上师法主的学识功德如何？你从彼处学得多少？’答：‘上师法主的学识功德犹如大海，我所学到的只不过是一掬之水。’”[①]这里谈论的主要是宗教方面的人物，包括被宗教化的吐蕃王朝时期的三位赞普。接着八思巴说服忽必烈不要对吐蕃征收赋税，忽必烈当时并未采纳，为此双方还发生了争执，后来在忽必烈皇后察必的规劝下才没有崩裂。针对八思巴的倨傲姿态，忽必烈又问：“你为何如此倨傲，你的先祖辈有何功业？”八思巴对此回答说：“我并没有什么威势，但我的先辈曾被汉地、西夏、印度、门地、吐蕃的帝王供奉为上师，故威望甚高。”忽必烈问道：“吐蕃地方何时有王，何人尊奉拥戴？这与佛书所说不合，必是虚妄。”“八思巴将吐蕃之王曾与汉地交战，吐蕃获胜，收服南赡部洲三分之二，此后汉地与吐蕃联姻，迎来文成公主与本尊神像的经过叙述一番。”“翻阅汉地先前之史籍，见上面的记载正与八思巴所言相符，汗王心喜……”[②]忽必烈的皇后察必首先拜八思巴为师，接受萨迦的密宗灌顶，并将自己陪嫁的一对珍珠耳饰作为奉献，奉送给八思巴，一个蒙古人买下了这个耳饰，八思巴获得了一大锭黄金、四锭白银，“据说后来八思巴返回乌思藏时，用这项金银作为后藏曲弥大法会和兴建萨迦大金顶的资金”[③]。

忽必烈与八思巴关于佛法与帝王权力关系的处理办法。根据藏文史书记载，忽必烈经过察必皇后的动员，也产生了接受萨迦密宗灌顶的念头，但是八思巴告诉他，只有接受法誓才能行灌顶，八思巴解释说，所谓法誓就是，汗王“受灌顶之后，上师坐上座，要以身体礼拜，听从上师之言语，不违上师之心愿”。这自然是忽必烈不能接受的。后来还是在察必皇后的调解下达成一致，“听法及人少之时，上师可以做上座。当王子、驸马、官员、臣民聚会时，恐不能镇服，由汗王坐上座。吐蕃之事悉听上师之教，不请于上师

---

① 《萨斯迦世系史》，藏文本，第 151 页，汉译本，第 106—107 页。
② 《萨斯迦世系史》，藏文本，第 152 页，汉译本，第 107 页。
③ 《萨斯迦世系史》，藏文本，第 153 页，汉译本，第 107—108 页。

绝不下诏……”[①]

忽必烈接受萨斯迦喜金刚密宗灌顶并给八思巴三次供养的记载。“蒙古与萨迦结为施主与福田的关系，众生依怙法王八思巴曾三次前往汉地的大都宫廷，向薛禅皇帝及后妃、皇子等三次传授萨迦特有的三密宗大灌顶。作为第一次灌顶的供养，奉献了十三万户。……作为第二次灌顶的供养，奉献了三个却喀。……作为最后一次灌顶的供养，按照上师的吩咐废除了在汉地以人填河渠的做法，拯救了汉地许多万人的生命。”[②]

忽必烈封八思巴为帝师及八思巴与噶玛噶举派高僧噶玛拔希斗法；忽必烈赐八思巴诏书只许信奉萨迦派，而禁止其他教法传承；忽必烈赐给八思巴获得特权的诏书等。[③]后者即是忽必烈皇帝颁赐给八思巴的珍珠诏书，也即优礼僧人诏书，是极为珍贵的历史文物和研究元朝在藏推行政教政策的史料。

忽必烈派太子真金欢迎八思巴回京，并授玉印封为帝师。八思巴第一回从西藏返回朝廷，也就是他三十六岁的阳铁马年（1270），当皇帝再次请求八思巴传授灌顶之时，改西夏杰桂王的玉印为六棱玉印，连同诏书一并赐给，封八思巴为“皇天之下，大地之上，西天佛子化身佛陀、创制文字、辅治国政、五明班智达八思巴帝师”[④]。

忽必烈资助1277年由八思巴主持的曲弥法会，有七万僧人参加。1280年八思巴圆寂，因见八思巴尸骨为黑色，人们怀疑有人下毒害死八思巴，卸任本钦贡噶桑布受到怀疑，并遭诛杀厄运。

八思巴向忽必烈推荐有才能的官员。除了推荐西藏地方官员之外，八思巴还向忽必烈推荐了后来担任朝廷宰相要职的伯颜和桑哥等重臣。“忽必烈欲收服蛮子江山，询问上师八思巴，曰：‘收复南方蛮子之地，可否提高侍奉佛教之威望，扩大蒙古兵丁之势力？’大喇嘛言道：‘而今汝无良仆，吾得启请三宝，伺机而行。’于是建主护法殿。护法面朝南方。昔日，唆鲁禾帖尼于诸子受封时，言道：‘旭烈兀年纪轻轻，可怜远离蒙古。’遂赐以最好之忠仆。故旭烈兀有许多良将。后，旭烈兀遣伯颜携带财宝上禀皇帝。当其

---

① 《萨斯迦世系史》，藏文本，第153—154页，汉译本，第108页。

② 《萨斯迦世系史》，藏文本，第153—154页，汉译本，第108页；《汉藏史集》，藏文本，第278页，汉译本，第170—171页。

③ 《萨斯迦世系史》，藏文本，第158—162页，汉译本，第109—113页。

④ 《萨斯迦世系史》，第147页。

上朝向忽必烈和八思巴奏事（？）。伯颜英俊，其善言辞。彼向皇帝娓娓而谈，上师甚喜，目视皇上，言道：'旭烈兀有良仆。' 皇上思忖：'此即上师昔日所说之时机。' 于是向伯颜授言：'汝乃八邻部人。另给旭烈兀派一取代你之良将。你则在此，率军取南方蛮子之地。' 遂封以丞相，统领军队。忽必烈在京都已十八年，伯颜率军出征，收服蛮子之地，虏蛮子王幼主而归。至巨州（涿州——引者）护法殿，见护法神像，言道：'昨日带兵之黑巨人在此。'"[①] 说明八思巴对平南宋颇著功绩。

忽必烈采纳八思巴的建议。《汉藏史集》记，忽必烈"皇帝向上师八思巴请教佛法之事，自不必多说，就是俗世之大事方面，也时常与八思巴商议，上师也常常就与佛法相符之世间善事向皇帝说明"[②]。"当薛禅皇帝与上师八思巴这施主与福田二人在一起闲谈时，皇帝向上师说：'从前在成吉思汗收服广大国土之时和我在整治安定国土之时出过大力气之蒙古军士们，如今采用不足，有什么办法增加他们的财物？' 上师答道：'陛下可以出御库中的财物，点查军士及怯薛之数目，赏赐给足够数年衣食生活之物品。' 皇帝照此行事，共点得蒙古军士五十万及大量怯薛卫士，赏赐之物品亦够使用。"[③] 表示八思巴对元朝施政亦有积极影响。

2. 忽必烈与萨斯迦派其他成员

忽必烈恩宠八思巴的弟弟及侄子。"上师之弟轨范师恰纳多吉，系父亲五十六岁时于土猪（己亥）年生，随侍上师法主前往北方。随侍八思巴去汉地。彼有起死回生之术，故忽必烈赐以吐蕃总知之印。为传宗接代，妻以女官美伽鲁坚（？）。彼确系金刚手之化身。该轨范师二十六岁时，于火兔（丁卯）年七月二日逝世于书斋寝室。"[④]《萨斯迦世系史》"八思巴之弟恰纳多吉，阴土猪年生，五岁时作为伯父的侍从去凉州，皇子阔端让他穿蒙古装，娶墨卡顿为妻，薛禅皇帝派他充当吐蕃总首领，享年二十九岁，于阴火兔年死于萨迦地方"[⑤]。《汉藏史集》进一步指出，"薛禅皇帝封他为白兰王，赐给

---

① 《雅隆尊者教法史》，第 51—52 页；《汉藏史集》，藏文本，第 286—288 页，汉译本，第 176 页也有类似记载。
② 《汉藏史集》，藏文本，第 287 页，汉译本，第 176 页。
③ 《汉藏史集》，藏文本，279 页，汉译本，第 171 页。
④ 《雅隆尊者教法史》，汉译本，第 88—89 页。
⑤ 《萨斯迦世系史》，第 43—44 页。

金印，并为他设置左右衙署，委派他治理整个吐蕃地区。在整个吐蕃和萨迦派中，他是最早得到王的封号和职位的人”[①]。

忽必烈迎请并任命八思巴的萨迦昆氏家族宗教首领、近侍弟子担任国师或者帝师。《雅隆尊者教法史》在“萨迦世系”一章中专列“大皇帝之喇嘛上师次第”：“上师法王；东院上师时轮师益西仁钦（元译亦摄思连真）；康萨钦莫之帝师扎巴沃色（元译乞剌斯八斡节儿）。此三人为忽必烈皇帝之上师。[②]《萨斯迦世系史》（松巴扎巴嘉的）长子（扎巴沃色）任八思巴的庙祝长老，后作为达玛八剌大师的随从至朝廷，继喇嘛科笃瓦之后，在薛禅皇帝时任帝师，享年五十八岁，逝于京都。”[③]

除了任命萨斯迦派首领担任帝师、国师之外，该派的许多僧人都受到忽必烈皇帝的重用。如萨斯迦东院的喇嘛耶萨钦波就曾经担任过忽必烈和忙哥剌的应供喇嘛；衮噶僧格也担任过皇帝与西安王阿难达的应供喇嘛；绛央仁钦坚赞巴“因忽必烈皇帝有旨，为萨迦细托拉章法师十八年”[④]。

“总之，该师尊与有福之忽必烈皇帝结供施之缘，乃致众多不同语言之国家，佛教昌盛。特别是吐蕃与诸佛教大师之势力大增。从此，一一获得帝师、国师等尊号。因此，该贵胄后裔之洪恩泽及佛教大师与吐蕃全境。大寺所存之重要珍珠诏谕等一系列敕书，即是明证。”[⑤]扶持萨斯迦派既在于萨斯迦政教势力为西藏地方纳入蒙元行政管辖之下发挥过重要作用，又在于增强萨斯迦派政教势力进一步贯彻朝廷各项政策，并保持地方稳定。

三、忽必烈与其他教派领袖之间的关系

1. 忽必烈与噶玛噶举派大师噶玛拔希

除了对忽必烈与元朝占统治地位的萨斯迦派领袖之间的关系进行大量而细致的记述之外，藏文史书对忽必烈与其他教派首领之间的交往也有所关注，噶玛噶举派便是例证。根据《红史》记载，噶玛噶举派大师噶玛拔

---

① 《汉藏史集》，藏文本，第 330—331 页，汉译本，第 206 页。

② 《雅隆尊者教法史》，第 95 页。

③ 《萨斯迦世系史》，第 47 页；《雅隆尊者教法史》，第 98 页，记去世时四十八岁。

④ 《雅隆尊者教法史》，第 96—97 页。

⑤ 《雅隆尊者教法史》，第 89 页。

希就与忽必烈皇帝有过密切接触，但是结果却并不理想。该书称："初，他（噶玛拔希）居于多康地方时，忽必烈带兵在绒波域色都（rong povi yul gser stod）地方会见噶玛拔希，他使忽必烈发菩提心，见到诺桑（nor bzang）和龙树（klu sgrub）等很多菩萨。忽必烈听到噶玛拔希当时的名声以及看到将来能成为大成就者的各种征兆，又有金字使者前来迎请噶玛拔希，当噶玛拔希为是否前往而犹豫不决之时，龙王和密主显现，说：'为利益众生，还是前去为妥。'因此决定前往。……他在皇子住地住了很长时间，施主和福田关系不顺遂。虽然出现了许多违碍和不利之征兆，但在观世音的劝请下，又有上师本尊空行的再三授记，请他到北方宫殿中，所以他未同意忽必烈的挽留而离去。……于是他到西夏，使所有信徒如愿以偿。……此后，他受念青塘拉山神和十二护法神之迎请，准备到后藏地方云游，而蒙古大汗蒙哥听到仁波切（噶玛拔希）之声名后，派出许多金字使者前来邀请，他见到益喜巴和那拉噶波等世间各种神祇之神幻，动身去蒙古，……现在，外道大王转生为蒙哥汗，其大臣、王子和随从等转生为王后火里差、王子阿里不哥及大臣等，如现在不加教化的话，他们因以前外道徒之习气就会成为也里可温教徒，整个国土就可能都是外教徒，故应及时教化。……他讲解四身灌顶，使蒙古王产生善天眼。他的名声如遍布天空的星星，被汗王奉为顶饰。汗王下令，凡逢每月四吉辰，任何人不准欺凌别人，不准杀生吃肉，不危害众告天人，使其护持各自教法。……此国王升，因浊世之罪恶，王子兄弟们争夺王位时，发生大违碍，出现凶险之梦兆。王子忽必烈是最初邀请他的人，但他未住彼处，故忽必烈对他不满，他又站在蒙哥汗一边，得到大量奉献。故忽必烈下令对他施行火烧、抛入水中、用兵器砍、喂毒、头上钉铁钉等刑罚，并派人分三班轮流看守，七天不准进食。"但是并没有使其受到损害。[①]这里记述的是噶玛噶举派背弃忽必烈而依靠蒙哥汗，以及在日后的阿里不哥与忽必烈争夺大汗位置中支持阿里不哥而反对忽必烈的史实。这和萨斯迦派法主八思巴由依靠阔端、蒙哥都父子而转归忽必烈，并获得忽必烈皇帝的大力支持形成鲜明的对照。后来，"怙主八思巴任皇帝之帝师，由朝廷返回西藏，在楚布寺二人相见，二人法座高低相等，不分上下。噶玛拔希对八思巴说：

---

① 《红史》，藏文本，第 79—82 页。

‘以前我任蒙哥汗之应供喇嘛时，我看见你是菩萨降世，是多么高兴呀’”[①]。算是对过去恩怨的一个了结，同时也是对八思巴地位的心悦诚服地承认。

2. 忽必烈与搽里八噶举派首领

绛曲坚赞在与止贡贡巴的对话中说道：“由于蒙哥皇帝的恩泽和法令，才有你们止贡人的名号和教法，仰仗薛禅皇帝的恩泽和法令，才有萨迦派和搽里八派的权势和教法，仰赖旭烈兀的恩泽，才有帕木竹巴的政权和安定。”[②]把蒙元在西藏地方推行的诸王分封制度很简明地表达出来。

3. 忽必烈与止贡噶举派的关系

忽必烈时期曾经发生“止贡之变”，止贡派勾结反抗元朝的中亚蒙古诸王海都和笃哇，同朝廷支持的萨迦派及西藏地方各个万户势力进行武装对抗，最后以失败而告终，止贡派的寺院也受到巨大冲击与破坏，止贡法主及其随从逃亡到工布（林芝）地区。据说，在平息了叛乱之后，忽必烈皇帝又宽恕了止贡派的反抗行为，赐给该寺黄金二十七升，以为修缮佛寺之资。[③]可见忽必烈处理西藏政教事务，是非分明，奖惩有度。

4. 忽必烈与噶当派的关系

《汉藏史集》记，那塘寺的法台堪钦琛·南喀扎是法王八思巴的上师，他修建了拉康宁玛，在由真金做施主、八思巴主持的曲弥法会上，他担任了首座。此后，那塘寺的堪钦都增巴·扎巴尊追在薛禅皇帝和完泽笃皇帝在位时期，住在朝廷，利益教法和法座。[④]噶当派高僧受到重用自然是因为八思巴的关系，却因此对该教派产生一定影响。

5. 忽必烈与夏鲁派的关系

夏鲁在元朝时期得到格外恩宠，同样与萨迦的关照密不可分。史书记载，“从达玛巴拉开始，萨迦的法主喇嘛兄弟、喇钦贡噶坚赞（kun—rgyal）父子等直到现在的五代之中，与夏鲁保持甥舅关系，十分亲密，夏鲁万户和其他地方首领相比，与萨迦的关系更为深远。上师达玛巴拉剌合吉塔到朝廷朝见蒙古完泽笃皇帝（应为忽必烈薛禅皇帝）时，向皇帝启奏说：‘在吐蕃

① 《红史》，藏文本，第 93 页，汉译本，第 82 页。
② 《朗氏家族史》，藏文本，第 203—204 页，汉译本，第 143 页。
③ 《止贡法嗣》，藏文本，第 125—126 页，汉译本，第 110 页;《雅隆尊者教法史》，汉译本，第 72 页。
④ 《汉藏史集》，藏文本，476—477 页，汉译本，第 280—281 页；《红史》，汉译本，第 57 页；《雅隆尊者教法史》，汉译本，第 70 页。

乌思藏，有我的舅舅夏鲁万户家，请下诏褒封。’皇帝说：‘既然是上师的舅舅，也就与我的舅舅一般，应当特别照应。’赐给夏鲁家世代掌管万户的诏书，并且作为对答皇帝施主与上师的舅家的礼遇，赐给了金银制成的三尊佛像，以及修建寺院房舍用的黄金百锭、白银五百锭为主的大量布施。由于有了这些助缘，修建了被称为夏鲁金殿的佛殿，以及大小屋顶殿，许多珍贵的佛像，后来还修建了围墙。在这期间，还迎请了自现观世音菩萨像，修建了神变门楼和各个山间精修洞窟等”①。从保存至今的元朝帝师法旨来看，赐给夏鲁寺的法旨有十多件，占相当大的数量，其中就有忽必烈皇帝时期的两件，1290 年亦摄思连真（意希仁钦）法旨；1295 年乞剌斯八斡节儿（扎巴沃色）帝师法旨。② 知忽必烈对该派及家族优礼有加。

四、忽必烈在西藏实施的管理措施

1. 建立驿站

《汉藏史集》在“吐蕃地区驿站的设置、伯颜丞相的故事”一章中，记载了忽必烈皇帝下令在吐蕃建立驿站的史事。文谓：“蒙古薛禅皇帝亲自命令大臣答失蛮说，‘答失蛮听旨，吐蕃地方，人民强悍。先前吐蕃有王统治时，在唐代宗皇帝时期，许多吐蕃军队曾到达五台山，在湖定府（bhu ding hu）地方留下了许多称为噶玛洛的军队驻守。现今吐蕃之地无主，仰仗成吉思汗皇帝之福德，广大国土已收归（我朝）统治。萨迦喇嘛也接受召请，担任我朝的上师。上师八思巴伯侄，本是一方之主，其学识在我等之上，如今也在我朝管辖之下。答失蛮，汝品行良善，速往萨迦一次。使我听到人们传诵强悍之吐蕃已入于我薛禅皇帝忽必烈治下，大臣答失蛮已到萨迦的消息’。答失蛮启奏皇上：‘臣谨遵陛下之命前往。然则，吐蕃者，其民凶悍，彼等毁坏自己的法度，又不遵守汉地、蒙古之法度，又不立边哨巡守。我等来回之经费物资，以及大事如何完成，请降旨明示。’皇帝又下令说：‘汝等如能使朕听到强悍之吐蕃已纳入治下之赞颂即可。路上所需各种

---

① 《汉藏史集》，藏文本，第 370—371 页，汉译本，第 230—231 页。

② 图齐（G.Tucci）：《西藏画卷》（*Tibetan Painted Scrolls*）卷 2，第 656—662 页；中国社会科学院民族研究所、西藏自治区档案馆合编：《西藏社会历史藏文档案资料译文集》，第 13—24 页。

物品，俱由御库官员拨给。自萨迦以下，可视道路险易、村落多寡，选择适宜建立大小驿站之地，仿照汉地设立驿站之例，立起驿站来。使上师八思巴前往吐蕃之时，一路顺利。此外，你受任宣政院之职，如能详细了解吐蕃地方之情势，对所掌之大事及众人必有利益。汝其前往！'"①"答失蛮领受上师的法旨和皇帝的诏书，他与众多随从携带往返所需粮食及赏赐给吐蕃各地僧俗头领所需要的物品均由大小御库供给，前往吐蕃。首先在吐蕃佛教后弘期之发源地脱思麻（mdo khams）丹底寺（dan tig shel gyi lha khang）以及朵甘思（mdo khams）、卓多桑珠、藏吉祥萨迦（gtsang dpal ldan sa skya）等处，召集众人，颁发如山的赏赐品，宣读诏书法旨。从汉藏交界处起直至萨迦，共计建大驿站二十七处。计：脱思麻役户支应之驿站七处，乌思藏（dbus gtsang）驿站十一处，其中乌思（dbus）役户支应的有索（sog）、夏克（zhag）、孜巴、夏颇（sha pho）、工（rkong）、官萨（dgon gsar）、甲瓦（gya ba）七处，藏（gtsang）地役户支应的有达（stag）、春堆（tshong vdus）、达尔垅（dar lungs）、仲达（grom mdav）四处。并规定各个万户供应驿站之办法。如此，达门向强悍之吐蕃颁发了皇帝与上师之诏令，绕行萨迦寺，详细了解吐蕃风俗民情后，返回皇帝驾前。奏称经办情形，得到皇帝认可，赐宴，赐物甚重。"②于是建立起27个大的驿站，其中朵甘思有7个，脱思麻有9个，乌思藏有11个，保证了内地到萨迦之间驿道的畅通，方便了往来，为地方稳定发挥了积极作用。

2. 清查户口

《汉藏史集》"乌思藏驿站支应办法"一节中记载："为了安定乌思藏及纳里速古鲁孙等地方，也为了使此转大力法轮皇帝之上师驻锡之具吉祥萨迦寺之下的各个万户为大皇帝效力，在皇帝迎请上师之后的十年，即羊土龙年初，由朝廷派来的金字使臣阿衮和弥林二人，对俗民、土地以及冠以大蒙古之名的根本户数进行了清查。"③阳土龙年也就是1268年。《汉藏史集》同节又记载，"当蒙古与萨迦派结为施主与上师的关系后，首次在乌思藏清查土地户口，从上部纳里速古鲁孙到夏鲁万户的辖地以上，是由阿衮和弥林二人清

① 《汉藏史集》，藏文本，第273—275页，汉译本，第167—168页。
② 《汉藏史集》，藏文本，第274—275页，汉译本，第167—169页。
③ 《汉藏史集》，藏文本，第297页，汉译本，第185页。

查的，从这以下到止贡万户辖地以上，是由司徒阿什杰等人清查的”[①]。

据此可以确定，1268年的清查，是元朝时期在西藏地区进行的第一次户口清查。1268年的大清查是在二十年后才统计出来的：“此（即第一次清查）后二十年，即火猪年，由大衙署派来的和肃乌奴汗二人，与本钦宣奴旺秋一起，按照大清查的规定，统计了户口。”这一次的统计的基本资料在统计后，就编成口诀记录下来，并得以保留下来。“清查的结果，纳里速古鲁孙与乌思藏四如的户口共计36,453户。分开来说，纳里速及藏地方共有15,690户，乌思地方共有20,763户。此外，还有不属于藏地方和乌思地方的羊卓万户的十六个‘蕾卜’，共计750户。”[②]

根据《汉藏史集》的记载，“蒙古与萨斯迦结为施主与福田的关系，众生依怙法王八思巴曾三次前往汉地的大都宫廷，向薛禅皇帝及后妃、皇子等三次传授萨斯迦派特有的三密宗大灌顶。作为第一次灌顶的供养，奉献了乌思藏十三万户”[③]。

《贤者喜宴》说，萨斯迦派因为是皇帝上师的教派，所以将本应划归“米德”（俗部）的三千户划为“拉德”（僧部）；搽里八派因为原来是忽必烈的份地，所以将本应划为米德的两千户划为拉德。八思巴还曾向皇帝请求将拉萨四部的米德划给止贡派作为拉德，皇帝回答说：“上师何必讨要米德。”最终也没有同意。[④]

3. 设立管理西藏地方的中央和地方管理机构

元朝在藏区设立三路宣慰司。“设宣政院与安定吐蕃之三路宣慰司为政法机构。桑哥丞相、乌鲁诺颜、达官多西等掌管刑事。”[⑤]汉文史书记载，1265年，忽必烈设立总制院管理全国佛教和西藏地方事务，1288年升格并改名宣政院，加强对西藏和其他藏区事务的管理。

在西藏地方建立十三万户。按藏史说法，忽必烈曾向八思巴“奉献了乌思藏十三万户”。这个十三万户是：“从阿里宗喀（mngav ris rdsong kha）以下的洛（blo）、达（da）、罗（lo）三个宗为一个万户，南拉堆（la—stod—

① 《汉藏史集》，藏文本，第300页，汉译本，第187页。
② 《汉藏史集》，藏文本，第300页，汉译本，第187页。
③ 《汉藏史集》，藏文本，第277—278页，汉译本，第170页。
④ 《贤者喜宴》，藏文本，第302—304页。
⑤ 《雅隆尊者教法史》，汉译本，第99页。

lho）、北拉堆（la—stod—byang）、曲弥、夏鲁各一个万户，扎（sbra）、贝尔（ber）、琼（kyung）三处为一个万户，羊卓（ya—vbrog）、搽里八（tshal pa）各为一个万户，甲玛（rgya）、止贡（vbri）、雅桑（g · yav）、帕竹（phag）各为一个万户，另外有一个组合起来的万户，由嘉玉（ja yul）地方的一千户人家、主巴地方的九百五十户人家，共计一千九百五十户人家组成的一个万户，这些加在一起共计十三个万户。”[①] 这些和《元史》有关乌思藏十三万户的记载既可以相互印证，又有新的补充。[②] 忽必烈皇帝对万户的建立或者调整，具有至高无上的权力，雅桑万户就是根据皇帝的圣旨分裂出来的，而西藏地方各万户之间的纠纷、诉讼最后裁决权也在忽必烈皇帝手中。[③]

4. 任命萨斯迦本钦、万户长及处置西藏地方官员

任命三路宣慰使司都元帅。《汉藏史集》记，“人、法、马三却喀虽是按照奉献供养的例规奉献的，但各却喀都有一位本钦，是按照皇帝与上师商议决定而任命的”[④]。

任命萨迦本钦。《雅隆尊者教法史》之“萨迦本钦次第”记，“最初之萨迦本钦是释迦桑布，法主至北方时，除乌由巴与东院喜饶迥乃，众善知识皆敬服之，委其主管萨迦。上师八思巴时，忽必烈诏赐‘三路军民万户’之印，委为本钦。建有康萨钦莫；砌筑拉康钦莫与内外墙垣”[⑤]。《红史》记“到八思巴时候，薛禅皇帝下令，赐给他（释迦桑布）卫藏三路管民万户的印信，任命他为本钦，……（释迦桑布去世后）由近侍的贡噶桑布继任本钦，……以后贡噶桑布将本钦的职务依次交给本钦尚尊、秋波岗噶瓦、强仁等，他们由喇嘛（八思巴）的援引，担任本钦之职。又因喇嘛不喜欢贡噶桑布，由薛禅皇帝下令将贡噶桑布处死。强仁时，得到薛禅皇帝的喜爱，赐给宣慰使印及水晶石印信”[⑥]。

任命乌思藏十三万户的万户长。《汉藏史集》记，“皇帝施主和与上师商议，认为应当给各万户任命一个好的万户长。当时，止贡和帕竹两处僧

① 《汉藏史集》，藏文本，第 277—278 页，汉译本，第 170 页。

② 《元史》卷 87《百官三 · 宣政院》。

③ 《朗氏家族史》，藏文本，第 116 页，汉译本，第 80 页。

④ 《汉藏史集》，藏文本，第 278 页，汉译本，第 171 页。

⑤ 《雅隆尊者教法史》，第 98—99 页。

⑥ 《红史》，第 48 页。

伽寺院联为一体，由止贡派的官巴释迦仁钦负责全部事务，他有一名侍从名叫丹玛官尊，丹玛官尊在春堆扎喀修建了赤康（万户府衙门），归降了东部蒙古，得到万户长的名号”[①]。其他万户长获得任命的情况也大多类似。康区贡觉地方的官员顿楚，也因功受封。《朗氏家族史》称，“当法主叔侄前往北方时，被（顿楚）迎到‘错多’（gtso－mdo）地方，承侍至他们前往北方。后来，由于薛禅皇帝和喇嘛八思巴掌管（西藏），（顿楚）遂成为朵康岗的主宰人。他公正不偏私，遵循皇帝供施的旨意，做了公众的主子。在他的贡觉（gon—gyo）地方，连宣慰使、万户长、千户长也未封拜，他照拂灵藏（gling—tshang）家族，灵藏家族被委封为万户长和千户长”[②]。帕木竹巴及其他万户长都是由忽必烈任命的。帕竹万户的仁钦多吉受命前往朝廷禀报相关事宜，“薛禅皇帝赐以封诰，遂封他为万户长，但两年后就卸任了。其后，出生于羊卓河流域喀巴地方的绛求旬努，本系宝师的司膳官，被派往朝廷谒见，薛禅皇帝赐以封诰，遂封他为万户长”[③]。

处置西藏地方不法官员。萨迦本钦贡噶桑布是一个颇有功绩的官员，曾经为萨迦大殿的修建和装饰，以及萨迦班智达镀金像的制作等做出了重要的贡献，“他还管理修建仁钦岗拉章、大屋顶北殿、拉康拉章的事务”，尽心尽力。“贡噶桑布卸去本钦职务后，在甲若仓住了六年。……由于上师八思巴不喜欢贡噶桑布，薛禅皇帝下诏，派桑哥丞相率领蒙古军队十万，进军到达仓垅巴，攻下康马士城，然后包围了甲若仓，于阳铁龙年（庚辰，1280），将本钦贡噶桑布处死”[④]。萨迦西院之贡噶哲兄弟两人由于投靠本钦贡噶桑布，与八思巴不和，忽必烈下令流放八思巴的侄子达尼钦波桑波贝到江南居住。[⑤]

最后，藏文史书为什么这么重视忽必烈皇帝呢？一些藏文史家已经做了回答。《雅隆尊者教法史》的作者在“蒙古王统及其版图扩张史”一节中指出，“吐蕃王王都不远，有蒙古王，彼即奉天承运之成吉思汗。彼征服大片土地，信奉如来佛教，恭诚虔敬。尔后，大福大贵之薛禅皇帝，安定广大国土。

① 《汉藏史集》，藏文本，第545页，汉译本，第316页。

② 《朗氏家族史》，藏文本，第153—154页，汉译本，第108—109页。

③ 《朗氏家族史》，藏文本，第118页，汉译本，第82页。

④ 《汉藏史集》，藏文本，第359页，汉译本，第225页。

⑤ 《雅隆尊者教法史》，第97页。

于释迦能仁佛之佛法，极其虔诚，极力维护。如此，当追溯其祖”[①]。《雅隆尊者教法史》另处还指出，“忽必烈皇帝与上师八思巴结供施之缘，此后，诸智者皆侍奉佛教。……有利于佛教事业等良规之种种传说，堪添美谈”[②]。也就是说，不仅因为他礼重佛教，而且在对吐蕃地方施政等方面也值得称道。

藏史中关于忽必烈的记载并非完全真实可靠，但是它提供许多细节，以及通过方方面面的记载所展示的忽必烈在藏施政轮廓，却是清晰而弥足珍贵的，参照汉文和蒙古文等资料，相信人们会对忽必烈皇帝特别是其处理西藏地方事务有一个更加清晰的认识，也会对元朝在西藏地方行使完全的行政管辖权有更加充分的了解。

（原载中国元史研究会编《元史论丛》第十一辑，天津古籍出版社 2009 年版）

① 《雅隆尊者教法史》，第 50 页。
② 《雅隆尊者教法史》，第 98—99 页。

附录九

元代康区的“gtso mdo bsam vgrub ”（卓多桑珠）和“dre mandhala”（哲曼达）今地考

元代康区历史研究是藏族史和康区地方史研究的重要方面，由于前辈学者筚路蓝缕的努力开创，以及当代学者的辛勤耕耘，业已取得日益丰硕的成果，新资料的发现、翻译和使用，更让康区藏族历史研究呈现强劲的发展态势，这是值得为之欢呼的。但与此同时，又因为资料的缺乏和零散，许多问题依然模糊不清或者众说纷纭，许多重大历史事件和人物活动的历史地理位置尚待确定，本文所要探讨的、位于康区的“gtso mdo bsam vgrub ”（卓多桑珠）和“dre mandhala”（哲曼达）即属此例。

本文依据藏汉文资料对在元代藏族历史上具有重要影响的“gtso mdo bsam vgrub ”（卓多桑珠）和“dre mandhala”（哲曼达）及相关史实进行了考证，期待有助于相关问题研究的深入。

一、“gtso mdo bsam vgrub ”（卓多桑珠）考

“gtso mdo bsam vgrub ”（卓多桑珠）是元代藏文史料记载中康区一个极为重要的地点，既是驿道上的一个大站及在康区的枢纽，又是萨迦派在康区一个活动中心，八思巴等萨迦派重要领袖都曾在这里居留并从事多项宗教活动，刊印佛经，担任过帝师的昆氏（款氏）嫡系后裔达玛巴拉还在这里度过了生命的最后时光。

（1）答失蛮受命建立吐蕃地方驿站，他带着皇帝圣旨和赏赐给沿途首领

的物品等，前往吐蕃。“首先，他到了吐蕃地方佛教再弘的发源地——脱思麻（mdo smad）的丹底水晶佛殿，依次经过朵堆卓多桑珠、藏（gtsang），最后到了吉祥萨迦寺（dpal ldan sa skya）。”①

（2）《汉藏史集》记载，“次年阳火龙年（1256），八思巴返回吐蕃，在朵甘思卓多乃萨（rtsob do gnas gsar），由大近侍顿楚（nye gnas chen po ston tshul）为首的众人在一天之内向八思巴奉献了以一千五百函珍贵佛经为主的包括土地、寺院、属民、财宝在内的大量供养，然后到了乌斯藏（dbus gtsang）。就在这个龙年，由本钦释迦桑布负责，为萨迦大殿奠基。此年是萨迦寺兴建以后的一百七十八年，由此年至纪念的阳木虎年（甲寅，1434），过了一百八十一年（应为一百六十七年）”②。

《萨斯迦世系史》说："八思巴除了显现无数奇异神幻之外，还在朵甘思（mdo khams sgang）书写金汁佛经一百一十五部，在达托细莫切（stag thog gzhis mo che）书写金汁佛经四十部。”③

（3）在讲到朵甘思地区首领的情况时，《朗氏世系史》说："当法主叔侄前往北方时，被（顿楚）迎接到卓多（gtso mdo）地方，承侍直至他们前往北方。后来，由于薛禅皇帝和喇嘛八思巴掌管（西藏），（顿楚）遂成为多康岗的主宰人。他公正不偏私，遵循皇帝供施的旨意，做了公众的主子。在他的贡觉（gon gyo [jo]）地方，连宣慰使司、万户长、千户长亦未封拜，他照拂林葱（gling tshang）家族，林葱家族被委封为万户长和千户长。”④

（4）元朝时期，苏浦寺（zul 或 zur phu）有一位修密法的传法弟子名叫温波官布嘉（mgon po skyabs），他在萨迦归附了上师达尼钦波桑波贝父子，担任萨迦的内臣，还在几年中掌管曲弥万户，因此被称为大近侍官布嘉，在这一期间，他控制了雅鲁藏布江上游的拉垅（lha lung）地区及白朗一代的若干小庄园。他有三个儿子，“长子名叫钦波顿珠坚赞（chen po ston grub rgyal mtshan），他投靠了教法之主帝师贡噶洛追（公哥罗古罗思，kun dgav blo

① 《汉藏史集》，藏文本，第 275 页，汉译本，第 168 页。
② 《汉藏史集》，藏文本，第 328 页，汉译本，第 205 页。
③ 《萨斯迦世系史》，藏文本，第 219 页，汉译本，第 160 页。
④ 《朗氏世系史》，藏文本，第 357 页，汉译本，第 244 页。

vgros），在朵甘思地方担任了第二法座卓多桑珠的大近侍和掌印管事。在贡噶洛追去世后，他作为帝师贡噶坚赞的侍从随帝师到了朝廷"[①]。

上引藏文资料中出现的卓多桑珠是康区的一个地方，而且是十分重要的一个萨迦寺院所在地。汉文资料中也提到该处。《明实录》太祖洪武七年七月己卯（1374年8月23日）条记："朵甘、乌思藏僧答力麻八剌（dharmapala）及故元帝师八思巴之后公哥监藏巴藏卜（kun dgav rgyal mtshan dpal bzang po）遣使来朝，请师号。诏以答力麻八剌为灌顶国师，赐玉印海兽纽，俾居昝多桑古鲁寺，给护持十五道，公哥坚藏巴藏卜为圆智妙觉弘教大国师，玉印师纽。赐诏曰：'……则迩来西番入贡有僧公哥坚藏巴藏卜、答力麻八剌，乃昔元八思巴帝师之后，深通奥典，笃志尤坚，化顽愚以从善，起仁心以涤愆，虽曰遥闻，特加尔号，其公哥坚藏巴藏卜为圆智妙觉弘教大国师，答力麻八剌为灌顶国师，统治僧徒，名当时之善，为教中之称首……'"[②]藏文中"gtso mdo bsam vgrub"（卓多桑珠）即上引《明实录》中的"昝多桑古鲁"，结合藏汉文资料，我们还可以看到该寺从元朝初年八思巴经过这里，并任命顿楚担任住持以来，直到明初依然是萨迦派在康区的重要宗教中心。意大利知名藏学家伯戴克（L.Petech）教授认为，该寺在南部安多，即是马尔康（smar khams）的昝多，或称tsom mdo，tsom mdo gnas gsar，居黄河下游右岸，东经101度30分，北纬32度30分处。它与以噶托为中心的著名的芒康不是同一个地方，后者要比前者往南低2度。[③]伯戴克教授认为tsom mdo，tsom mdo gnas gsar，gtso mdo bsam vgrub和汉文中的"昝多桑古鲁"所指相同。

根据《汉藏史集》的记载，伯戴克教授认为，元朝从大都通过西藏地方的驿道在藏区有三个枢纽点：在多麦（安多）的丹底拉康、多堆的卓多桑珠和后藏的萨迦。[④]多堆即朵甘思。

---

① 《汉藏史集》，藏文本，第421—422页，汉译本，第254—255页。

② 《明实录》四《太祖实录》卷91。

③ L.Petech, Central Tibet and the Mongols, *The Yuan Sa skya Period of Tibetan History*, Roma, Istituto Italiano per il Medio ed Estremo Oriente, 1990, p.14, n.33; p.63, n.104.

④ L.Petech, Central Tibet and the Mongols, *The Yuan Sa skya Period of Tibetan History*, Roma, Istituto Italiano per il Medio ed Estremo Oriente, 1990. 毕达克：《元代西藏史研究》，张云译，云南人民出版社2002年版，第62页。

伯戴克教授所指出的地理位置，从经纬度来看，似在今天四川阿坝藏族羌族自治州壤塘县治壤塘镇北。但是，该地区在元代属于吐蕃等处宣慰使辖区，也就是说属于脱思麻路辖区，这和《汉藏史集》称该地为“朵甘思卓多桑珠”存在矛盾。因此，卓多桑珠的地望仍有待进一步考证落实。在关于顿楚的论著中，他又指出：“在1274年或稍前，忽必烈依照八思巴的推荐办事，委任他（顿楚——引者）为一名朵甘思的总督（mdo khams spyi'i bdag po），实际上他的权力是限定在扎莫岗（zal mo sgang），也即德格地方及周邻地区，而且在那里他还是服从于吐蕃宣慰使（Hsuan Wei shih）、畏兀人官员叶仙鼐（Essenay）的管辖的。”①

尽管上述资料中不少地方只提到卓多桑珠位于“朵甘思”，或者“朵甘思岗”而并未明确指出卓多桑珠的所在，但是《朗氏宗谱》的资料却给出了我们一个较为明确的线索：卓多桑珠或者卓多乃萨在朵甘思，而且是顿楚（又称霍尔钦顿楚，hor chen ston tshul）的领地②，他将八思巴迎请到这里，并加以盛情款待，还供养了大批土地、百姓、财富和佛经，而该地就在“馆觉”地区，也就是在今天西藏昌都地区的贡觉县。八思巴在这里度过了不短的时光，并在这里刻印佛经，写下多篇流传至今的信函。

今天的西藏昌都地区的贡觉县，其地形大体分为三类：一是东南高山峡谷区，包括则巴、罗麦等八个乡的全部或大部分地区；二是西部河谷区，是贡觉县的腹心地带和粮食主产区，包括莫洛、相皮、哈加三乡全部地区和则巴乡的部分地区，有马曲、纳曲、热曲三条主要河流流经境内；三是西南草原区，包括拉妥、阿旺的大部分地区，占全县总面积的28.9%，为纯牧业区。作为贡觉政治经济和文化中心的莫洛镇就位于马曲附近。又据藏文史书记载，八思巴于阴木猪年（1275）七月十五日在马尔康错多乃萨（smar khams tsom mdo gnas gsar）撰写《忽必烈皇帝造广、中、略三种般若经的说明》；八月八日，在错多乃萨写《王子忙哥剌父母造广、中、略三种般若及华严经的说明》；同月二十八日，八思巴撰《给忽必烈皇帝所授佛经要义》；十一月一日，在玛曲边撰诗呈真金；同月十四日，八思巴在错多乃萨撰祝辞寄忽必

---

① L.Petech, Ston-tshul: The Rise of Sa-skya Para mountcy in Khams.

② 《朗氏世系史》，藏文本，第357页，汉译本，第244页。

烈，以祝贺阳火鼠年新年。[1]这里的“玛曲”似乎不是黄河，而应该是贡觉境内的河流，疑似依然保持旧名、流经今天贡觉县莫洛镇境内的“玛曲”，也许是因为有顿楚的周到侍奉和精心安排，八思巴在这里不仅度过数个月的时光，做了刻印佛经等许多事务，而且还向忽必烈皇帝和皇室成员撰写了多篇文章，甚至新年也是在这里度过的。

从接下来的行程来看，也证明卓多桑珠即在贡觉地方之不虚。这一年八思巴在噶多（ka thog）地方撰写了《赞颂吐蕃历代国王诗》。次年，正月十四日，八思巴在马尔康写下了《为造佛经所题之赞语》，题记中说：“因写造佛经之善德及其他根本善业汇聚之故，皇子真金、其妃阔阔真、长子甘麻剌（ka ma la，后封梁王、晋王，泰定帝之父）、次子答剌麻八剌、三子铁穆耳（de mur，即元成宗完泽笃）、女儿古洛格迪（gu log gavi ti）及彼等之后代子孙，世间阳寿长如江河，荣华富贵满如大海，权势煊赫犹如天界之王。”[2]文中提到的噶多疑即今天四川白玉县的噶多寺（呷托、嘎多），该寺位于白玉县河坡乡，紧邻德格，今四川白玉、德格交界地区也是“马（玛）尔康”的范围。说明八思巴在离开贡觉卓多桑珠之后，往东北行，到了今四川白玉和德格交界的名刹噶多寺。据寺志记载，元时噶多寺住持阿俄益西布巴才学超群，萨迦第五代祖师八思巴赴京，路过白玉噶拖寺，尊阿俄益西布巴为师，赞曰：“红教无上密法之精华所集东方噶拖寺主阿俄益西布巴，如亿万阳光将大地普照。”[3]元朝在这一带置“亦思马儿甘军民万户府”（治今白玉县沙马乡），崇祯十二年（1639）后渐归德格土司辖下。

据《安多政教史》等书关于“多康六岗”即色莫岗、察瓦岗、玛尔康岗、绷波岗、玛察岗（dmar rdza sgang）和木雅岗（或者“木雅热岗”mi nyag rab sgang）的记载，玛尔康岗在金沙江与澜沧江上游之间的地区[4]，大致包括宁静山附近的芒康、贡觉及察雅、昌都等地。也就是说，卓多桑珠所在的贡觉也在“玛尔康岗”范围，恰合上引藏史资料关于卓多桑珠在“玛康岗”的记载。当然，当时的馆觉（贡觉）首领辖地包括今芒康地区，玛尔康

① 《萨迦五祖文集》之《八思巴文集》德格版。

② 《萨迦五祖文集》之《八思巴文集》德格版。

③ 降央坚赞（vjam dbyangs rgyal mtshan）：《噶妥寺志》（Rgyal ba ka thog pavi lo rgyus mdor bsdus），藏文本，江阳吉译，四川民族出版社 1996 年版，第 43—44 页。

④ 《安多政教史》，第 3 页，第 4 页及注释 1。

之卓多桑珠，也不排除在今西藏芒康，或者贡觉、芒康交界地区。

二、“dre mandhala”（哲曼达）考

哲曼达“dre mandhala”是康区一个十分重要的地方，藏文史书中多次提到该地。

（1）《汉藏史集》即记载，担任过大元帝师的八思巴的侄子、恰那多吉的儿子达玛巴拉（《元史》作答耳麻八剌剌吉塔），在大都经过请示忽必烈皇帝之后，修建了八思巴的水晶塔，并在梅朵热哇（me tog ra ba）修建了一座大寺院。“后来，达玛巴拉娶了诸王启必帖木儿（制必帖木儿）的公主贝丹为妻，住了五年，受命返回吐蕃，到了朵甘思。”“达玛巴拉护持法座七年，于二十岁的阴火猪年（丁亥，1287）十一月十八日伴随着诸种异兆在朵甘思的哲曼达去世。”[①]《雅隆尊者教法史》也记载，“该（达玛巴拉）上师自十四岁至二十岁，任住持七年。二十岁，时火猪（丁亥）觜宿月（1287年藏历十一月）十八日，显现诸多奇迹，乃逝世于朵甘思之哲曼达（dre mandhala）”[②]。《红史》也记载了这一事实，文谓：达玛巴拉后来娶王子启必帖木儿的公主贝丹为妻，受命管理吐蕃事务，回到（应为返回——引者按）萨迦，“享年二十一岁，于阳土鼠年在哲曼达地方逝世”[③]。

（2）《汉藏史集》在江孜法王世系一章，讲到“具吉祥夏喀哇（shar kha ba）家族的族姓和血统的高贵来源”时说：“在北方的蒙古与吐蕃交界处的附近，有一块像牦牛形状的大磐石，牛嘴朝向东方。从牛前面后流出来一条河，叫作牦牛河（vbri chu），它向东南流过丹玛（旦麻，ldan ma）地区，河北岸是丹宁（丹玛河阳，ldan nying），河南岸是丹斯布（丹玛河阴，ldan srib）。这条大河谷的下半部分，有汉地蒙古的一条大驿站（vjav lam chen po），将其分为两部分，上部即是上丹玛（stod ldan ma），叫作噶巴域（lga pavi yul），在丹玛河谷（ldan chu rgyud kyi mdo）的部分叫作哲沃域（哉务域，tre bovi yul），有一统治噶（dgav）、丹玛（ldan）、哲沃（tre bo，朱倭）

① 《汉藏史集》，藏文本，第333页，汉译本，第208页。
② 《雅隆尊者教法史》，藏文本，第153页，汉译本，第90—91页。
③ 《红史》，藏文本，第48页，汉译本，第44页。

三个部落的王族。”[①]

（3）四世噶玛巴乳必多吉（1310—1383年）在鸡年（1357），应元顺帝所派宣政院的定久院使（dbon gyis mi dpon ding ju dbon dpon）、大都噶玛寺的住持贡觉坚参（kar sdevi sde dpon dkon mchog rgyal mtshan）和帝师属下索朗喜饶（bsod nams shes rab）等的邀请来到大都，阳土狗年（1358）启程沿着元朝从乌思藏到大都之间的驿站前往大都。次年（猪年，1359）藏历一月一日他到达哲曼达地方，三日受德衮寺迎请，四日，受都元帅迎请，讲授发大菩提心经一整天。[②]

根据《红史》对四世噶玛巴乳必多吉在康区行程的记载，“kre”（哲）是一个地区，他于阳土狗年（1358）十二月一日到达丹龙塘（ldan klong thang）地方。“前往金沙江（vbri chu）时，出现了许多奇特的征兆。三日，本钦巴奉献小麦和布施，发大菩提心，住了八天。到噶玛寺（karma pa）的两个属寺，讲了前世法王的许多事迹。官员和金字使者们祈祷他继续前往北方，他回答说，‘我选择对众生大有利益之事儿行’。故未答应，而前往哲（kre）地方。十日到达热塔（rag thag）地方。此后他为朵甘思本钦所建的大佛殿开光。十四日到达尼塔日布（nyi thag ri bu）地方，他要求给部落百姓发放食粮，以本钦为首的官员们照此执行，并派招讨（chavo davo）侍奉。二十六日到达哲普涅周（kre phur nye drug）地方，收到以喇嘛贝丹巴（dpal ldan pa）为首的哲普（kre phur）地方全体大德的欢迎，当日天空出现许多彩虹。二十八日迎请他们到贝丹巴的寺院，敬献礼品，此地的信徒们好像看到法王仁波且坐在虚空之中，讲授发大菩提新。猪年一月一日他到达哲曼达地方，三日受德衮寺（sde dgon）迎请，四日，受都元帅迎请，讲授发大菩提心经一整天。这样，他在朵甘思地方教化的信徒和建立的福德超过了前世法王。”[③]

金沙江的南源是折曲（dre），金沙江藏语也称折曲，哲曼达无疑在折曲或金沙江沿岸及其附近地区。《红史》资料在叙述四世噶玛巴乳必多吉从乌思藏前往大都途中，使用驿道，并在参观昌都噶玛寺之后，从丹龙塘渡过金沙江。而“龙堂”（klong thang）或者丹龙塘的所在，石泰安《川甘青藏走廊

① 《汉藏史集》，藏文本，第371—372页，汉译本，第232页。
② 《红史》，藏文本，第111—114页，汉译本，第100页。
③ 《红史》，藏文本，第100页，汉译本，第99—100页。

的古部族》一书在研究吐蕃时代所建“龙塘准玛寺”（klong thang sgron ma）时也有考订。他引证布顿所著《善逝教法史》（即《布顿佛教史》，该书提到丹龙塘，vdan klong thang，即邓柯龙塘地区的准玛寺，邓柯则位于康地），《王统世系明鉴》（该书写作“朗塘准玛”glang thang，也在康区），《贤者喜宴》（该书第七卷第 39 页所记的是金沙江 vbri chu 畔的卓玛寺，第 137 页又说在金沙江附近的邓柯 vdan 的龙塘），以及《隆多喇嘛全集》（该书第 22 卷，第 4—6 页称，龙塘 glong thang 的卓玛寺 sgrol ma 位于邓柯寺附近，在朵甘思地区），综合上述资料，作者认为：“在有关龙塘的地理位置上，现在已不容再存在任何怀疑了。此地位于金沙江上游（又叫通天河）的左岸，与玉树（jyekundo）基本是在同一条线上。”[①]《朗氏宗谱》也提到丹龙塘地方，在讲述到朗氏家族大成就者贝吉僧格（dpal gyi seng ge）事迹时说，当魑魅魔王白哈尔（pe har）在丹龙塘（vdan klong thang）地区之季登卓玛（vjig rten sgrol ma）地方捣毁寺庙时，当讲经院即将被掀翻时，贝吉僧格化身为金刚手把魔王捆扎在袋子内，加以诅咒，把罗刹捆在袋子内，进行护摩（即火供），从而调服了魑魅魔王白哈尔，故使邓龙塘十分安乐、繁荣者亦是朗氏家族的得道者。[②]

石泰安《川甘青藏走廊的古部族》在论述到噶族（lGa、sGa、rGa、dGav）时说：据打箭炉以为藏民的口述，通灵者珠巴噶岱曲迴白尔那出生在玉树地区，当时这一城市叫作噶吉（结）古多。“事实上，《续部广集》（rGyud sde kun btus）第 48 页中也谈到了噶堆结古（sGa stod skye dgu），也就是上部（西方）噶族人的玉树，而此书在第 147 页中却仅仅谈到了噶结古（sGa skye dgu）。《甘孜霍尔人王统世系》（第 16 页）又告诉我们，萨迦派的僧侣贡噶坚赞（kun dgav rgyal mtshan）和八思巴在赴汉地的时候曾途经马尔康噶堆（Mar khams sGa stod），他们于 1247 年在中国中原地区会见了阔端皇帝。这两位达官贵人在马尔康噶堆会见了他们的一位弟子，并且认为这位弟子是古尔吉贡布（Gur gyi mgon po，这是萨迦人对大黑天神的称呼）的化身。这位弟子名叫噶·阿年胆巴，我们在其他地方也遇到过次仁。他就是汉文史料中所提到的‘胆巴’的对音。然而，汉文史料却认为此人出生于‘西番突甘

① 石泰安：《川甘青藏走廊的古部族》，四川民族出版社 1992 年版，第 127—128 页。

② 《朗氏世系史》，藏文本，第 89 页，汉译本，第 59 页。

斯旦麻'，其中的'旦麻'是藏文 vdan ma 的汉语对音，而'突甘斯'则是 mDo khams 的对音（详见《大正新修大藏经》第 2036 号；《佛祖历代通载》第 705 页；《元史类编》第 41 卷第 16 页）。人们一般都认为位于金沙江（vbri chu）以西的著名寺院苏尔寺（Zur）就属于邓柯（lDan）一地的上部噶族人（sGa）。所以，在西藏史诗中，邓柯（mDan，此外还有 vdan、lDan 等不同写法）与噶族人（sGa）和珠族人（vbru）是有密切关系的。……邓柯位于玉树的东南，离林地（Gling）不远的地方，汉文地图中始终称之为'邓柯'（为 vdan khog 的对音）。"①

石渠县洛须名镇还是《邓玛青稞宗》的发生地。据当地人讲，《邓玛青稞宗》中所表述的史诗情节，就发生在今甘孜藏族自治州德格县的俄支和石渠县的洛须为主的金沙江流域一带。这一带地方在吐蕃王朝时期叫作"邓隆塘"（也有称"康隆塘"）。"邓域"、"邓柯"此地是谓。20 世纪 70 年代末，废邓柯建置县，将洛须一镇三乡并入石渠县，将俄支、阿须一带并入德格县。②从《红史》的记载，我们可以看到，四世噶玛巴是经过西藏江达县并从邓柯地方度过金沙江到达今四川石渠县，他没有继续沿着驿站往北方行走，而只转而前往哲（kre）地区。

他在热塔（rag thag）附近为朵甘思本钦所建的大佛殿开光。而朵甘思本钦所在地，应是设在灵藏（林葱，今四川德格俄支地方）的吐蕃等路宣慰使司都元帅府的长官。接着经过尼塔日布（nyi thag ri bu）、哲普涅周（kre phur nye drug）等地方，然后到达哲曼达。接着应邀到德衮寺，而德衮寺至今犹存，就是甘孜县（dkar mdzes）甘孜镇的德巴村的"德贡寺"，它们都来自藏文"sde dgon"。德贡波，俗称汉人寺，始建于 1274 年，距今已有七百多年历史，是目前县境内年代最早的古建筑。德贡波位于康巴哲霍地区，现属甘孜镇德巴村，古代这一带叫哲雪曼扎罗布塘，是通往内地与西藏各地的交通要道。

石泰安《川甘青藏走廊的古部族》提到，"第四位噶玛巴（Karmapa）曲吉扎巴益西吉祥贤（chos kyi grags pa Ye shes dpal bzang po，1465—1563 年）出生于哲秀康玛（Kre shod Khang dmas）的下朵地区，哲秀康玛又称为哲

---

① 《川甘青藏走廊的古部族》，第 79—80 页。

② 杨嘉铭：《石渠格萨尔文化探索之旅》，《中国西藏》2005 年第 3 期。

务（哲沃，Krevo，Trevo），在西方的地图上称之为Drio、chuwo，位于道孚的东北，稍靠甘孜西部一点的地方”[①]。“Kre shod”即“哲雪”，也即“哲沃”（或者朱倭）一代，约当今天甘孜县治东部，炉霍县西北部地区（朱倭乡及以东地区）。

八思巴曾经在巴（vbar）地逗留并给皇帝写信。《如意宝树史》称：“上康区为贡如（gung ru，上翼）、中康区为叶如（gyas ru，右翼）、下康区为约如（gyun ru，左翼）。简言之，位于南部的上康区东西大雪山之间有昌都、察雅（bra yag）、贡觉（kon co）、理塘（li thang）、结塘（je dam）、萨塘（sa dam）、娘荣（nyag rung，新龙）、噶达（vgav dag，泰宁）、木雅（mi nyag，当地人体态优美）、嘉莫绒、加那达色（rgya nag dar se）等地。”[②]“三如中的贡如地方有众多寺院，其中白拜寺（dpal vbar dgon，130人），由昆敦帝师王法八思巴洛追坚赞建，后贡如热绛巴改宗为格鲁派。”[③]这个“dpal vbar dgon”（白拜寺），即《萨迦五祖全集》中八思巴曾经逗留过的“vbar”（巴地）。[④]

八思巴往来内地与西藏，曾两度经过德格，相传德格家族第三十世索朗仁青被八思巴选为膳食堪布并赐“四德十格之大夫”称号。他在德格萨玛村建立起第一座萨迦寺庙——萨玛寺。因为萨迦派的地位和八思巴的影响，当时德格地方的仲萨寺、汪堆寺、银南寺、龚垭寺、白垭寺、柯洛寺、更达寺、嘎仑寺等苯波、宁玛、噶举的寺院纷纷改宗萨迦派，后世萨迦派在德格地区的影响一直未断。

生于14世纪的卓多瓦·衮噶桑布（gtso mdo ba kun dga’ bzang po），他的师父是萨迦仁达瓦·熏奴洛追（sa skya red mda’ khang so mgar rigs gzhon nu blo gros，1349—1412年），与他同学于师傅的名人包括格鲁派祖师宗喀巴（blo bzang grags pa’i dpal）、克珠杰·格勒贝桑（Mkhas grub Rje dge legs dpal bzang）、贾曹杰·达玛仁钦（rgyal tshab rje dar ma rin chen）、桑结孜摩（sangs rgyas rtse mo）、杰瓦贝（rgyal ba dpal）等。[⑤]

根据地方史记载，八思巴曾经到过属于今天青海（玉树称多、囊谦、治

① 《川甘青藏走廊的古部族》，第47页。

② 松巴堪布·益西班觉：《如意宝树史》，蒲文成、才让译，甘肃民族出版社1994年版，第516页。

③ 《如意宝树史》，汉译本，第518页。

④ 《萨迦五祖文集》德格版之《八思巴文集》。

⑤ “藏文佛教资料中心”（TBRC），第7886页，第60页。

多）、四川康区（甘孜、德格、白玉、理塘、康定等）很多地方，并新建或者让诸多教派改宗萨迦派。“gtso mdo bsam vgrub ”（卓多桑珠）和“dre mandhala”（哲曼达）就是八思巴及其萨迦派领袖在康区活动，以及元朝对康区经营的重要产物。通过这些地名的考证能够发掘出元代康区许多有价值的历史线索或细节。

附　表

一、蒙元大汗、皇帝年表

庙　号	名　字	蒙语称谓	生卒年	在位年	备　注
太祖	铁木真	成吉思汗	1162—1227	1206—1227	
太宗	窝阔台		1186—1241	1229—1241	拖雷监国 1227—1229
定宗	贵由		1206—1248	1246—1248	乃马真称制 1241—1246
宪宗	蒙哥		1209—1259	1251—1259	斡立海迷失称制
世祖	忽必烈	薛禅汗	1215—1294	1260—1294	
成宗	铁穆耳	完泽笃汗	1265—1307	1295—1307	
武宗	海山	曲律汗	1281—1311	1307—1311	
仁宗	爱育黎拔力八达	普颜笃汗	1285—1320	1311—1320	
英宗	硕德八剌	格坚汗	1303—1323	1320—1323	
泰定帝	也孙铁木儿	阿里巴哈汗	1276—1328	1323—1328	
天顺帝	阿速吉八			1328	
文宗	图贴睦尔	札牙笃汗	1304—1332	1328—1329	
明宗	和世瑓	护都笃汗	1300—1329	1329	
文宗	图贴睦尔	札牙笃汗	1304—1332	1329—1332	
宁宗	懿璘质班	额尔德尼·超克图汗	1326—1332	1332	
惠宗	妥欢贴睦尔	兀哈笃汗	1320—1370	1333—1368	明太祖加号顺帝

二、藏史记载中的蒙元大汗、皇帝年表[①]

序　号	皇帝名	藏译名	在位时间
1	成吉思汗	jing gir rgyal po	23年
2	窝阔台汗	ao ko tavi rgyal po	6年
3	贵由汗	go yug rgyal po	6月
4	蒙哥汗	mong gor gyal po	9年
5	薛禅汗	se chen rgyal po	35年
6	完泽笃汗	aol ja duvi rgyal po	13年
7	曲律汗	go lug rgyal po	5年[②]
8	普颜笃汗（爱育黎拔力八达）	bu yan duvi rgyal po 或a yu par pa rta	9年
9	格坚汗（硕德八剌）	go gan rgyal po 或si ti pha la	3年
10	也孙铁木儿	ye sun the mur	5年
11	阿速吉八	ra khyi phag	40天
12	和世㻋	ku sha la	1年[③]
13	札牙笃汗	vjav yan duvi rgyal po	5年
14	懿璘质班	rin chen dpal	1月
15	妥欢贴睦尔	tho gon the mur rgyal po	36年[④]

① 《汉藏史集》，第 267—268 页；《雅隆尊者教法史》，第 81—86 页。

② 《雅隆尊者教法史》，第 84—85 页，作“在位 4 年”。

③ 《雅隆尊者教法史》，第 85 页，作“在位 1 月”。

④ 《雅隆尊者教法史》，第 86 页，作“在位 48 年”。

三、藏汉职官、机构译名对照表

藏译名	汉职官名
konding gu shvi ching guvi gung	灌顶国师靖国公
kuvi thavi khrims ra	内台
klu gun min dben hu	路军民万户
skya dpon	迦本
khyi dpon	齐本
khri skor	万户
khri dpon	万户长
khrims kyi thas sa phing gcig pavi hu shri	御史台一品副使
khrims gcod	断事官
khrims ra thavi sa	御史台
gu gung	国公
gu shri	国师
gho lung ba	传令官
glu（klu，lu）	路
gluvi dar ra kha che	路达鲁花赤
glen hang si	廉访司
sgom pa	官巴
brgya skor	百户
brgya dpon	百夫长
lnga bcu	五十户
lnga bcu dpon	五十夫长
Cong zhi zhing	中书省
bcu dpon	牌子头（十夫长、甲长）
Cha tavo so（si）	招讨司
Chavo tavo	招讨
Chol kha	却喀

续表

藏译名	汉职官名
Chol kha gsum	三却喀
mchod dpon	却本
mjal dpon	结本
vjam	驿站
vja mo che	站赤
nye gnas	近侍
tavi phing dzang	大平章
tavi dben gu shri	大元国师
tavi si tu	大司徒
ti shri	帝师
tra ho tra ho（？）	脱脱禾孙
rta mgo	马头
rta dpon	达本
stong skor	千户
stong dpon	千夫长
thab dpon	塔本
tavi rtsi	太子
tho ling byus skyavo	统领释教
tho ling shi ta hu	统领司大夫
da ra kha che	达鲁花赤
dam kha ba	执印者
du dben shwa（sha）	都元帅
du Si	都事
dhim zam lu son wi si du dben sha hu	等三路宣慰司都元帅府
gdan dpon	丹本
mdo khams kyi gun min dben hu	朵甘思军民万户
mdo khams kyi swon wi si	朵甘思宣慰司
vdren dpon	真本
sdud dang vgro vong byed pa	往来收检者

续表

藏译名	汉职官名
sde pa	牒巴（第巴）
sde srid	第悉（第斯）
nang so	囊索
nang sovi gnyer pa	囊索涅巴
nang chen	囊钦
nang blon chen po	博尔赤（大内相）
gnam thavi	南台
pavi len dbang	白兰王
dpon chen	本钦
spo vbor sa khul gyi chavu thuvu si	奔不地方招讨司
spyan snga	京俄
spyi dpon	总管
phing chang	平章
bla dpon	喇本
dbang	王
dbus gtsang gi khri skor bcu gsum	乌思藏
dbus gtsang gi dpon chen	乌思藏本钦
dbus gtsang mngav ris skor gsum	乌思藏纳里速古鲁孙
dben rgan	院更
dben pa	院巴
dben sha	元帅
dben shri	院使
dbon po	完卜
mi dpon	米本
mi sde	米德（俗部）
mi dpon chen po	米本钦布（米本钦波）
dmag dpon	军官
dmag mi	军人
gtsang dang dbus kyi swon wi si	乌思藏宣慰司

续表

藏译名	汉职官名
rtsa ba rjigs rgyud	根脚
mdzo rta gsan ma	牛马牧养者
mdzo dpon	作本（牛官）
mdzod pa	管家
mdzod dpon	佐本
rdzong dpon	宗本
zhal sngo	协敖
zhing	省
bzhing ming	经略
zi ma	司马
zu gur che	速古儿赤
gzav pa	萨巴
gzim dpon	森本
yig dpon	译本
yul dpon	地方官
yul srungs	守土官
g・yung lo tavi hu	荣禄大夫
ri rtsing dbang	日靖王
ru dpon	如本
res pa	怯薛
res dpon	怯薛长
lo tsha ba	译师
lha sde	拉德（僧部）
sa chen	巡检
sa skya dpon chen	萨斯迦本钦
sa yul gyi mi dpon	地方官人
si tu	司徒
si thavi	西台
son hu	宣抚
son hu si	宣抚司

续表

藏译名	汉职官名
swon ching dben	宣政院
swon wi si	宣慰司
slob dpon	轨范师（洛本）
gser yig pa	金字使者
gsol dpon	索本
hing son jing dben	行宣政院
hor vdra	霍尔扎

四、元代藏语中的蒙古语借词

藏	蒙	汉
gan	qan	汗（汉）
ching sang	čingsang	丞相（汉）
chol kha	čolge	却喀（路，汉）
vja mo che	jamuči	站赤
vjams	Jam	驿站
vjav sa	jasak（jasa）	札撒
thu man	tümen	土绵
dam kha	tamaqa	印章（探合）
dar rgan	darqan	答剌罕
dar ra kha che	daruqači	达鲁花赤
deb ther	dabtar	史册（波斯）
no yan	noyan	那颜
bav dur	baqatur	把阿秃儿
dpav shi	baqsi	师傅（博士，汉）
tra ho tra ho（？）	t ‘odga · ul sun	脱脱禾孙（查验者）
zu gur che	sugurči	速古儿赤
res	keshig	怯薛
vur rdo	ordo	斡耳朵
vu 1ag	ulaga	兀剌

五、大事纪年表

公元1227年（成吉思汗二十二年，藏历火猪年）春正月，成吉思汗率师渡河攻积石州。二月，破临洮府。三月，破洮、河、西宁等州。这一年，西夏灭亡。

公元1234年（窝阔台七年，藏历木马年）春正月，遣皇子阔端征秦、巩。十一月，阔端攻石门，金便宜都总帅汪世显降。这一年，金亡。

公元1239年（窝阔台十二年，藏历土猪年），坐镇凉州的皇子阔端派道尔达率蒙古军进入吐蕃。

公元1240年（窝阔台十三年，藏历铁鼠年），道尔达所部蒙古军进抵必里公与热振二寺，击溃抵抗者。京俄吃刺斯八冲纳思把乌思藏全部户口之名册交给道尔达，同意接受大蒙古国的统治。

公元1244年（脱列哥那皇后摄政四年，藏历木龙年），阔端邀请萨斯迦班智达前来凉州会晤。萨班遣其二侄八思巴、恰那朵儿只先行。

公元1247年（贵由二年，藏历火羊年），萨班在凉州会晤阔端，萨斯迦派取得乌思藏地区领导地位，乌思藏地方归附大蒙古国。

公元1251年（蒙哥元年，藏历铁猪年），因乌思藏地方僧主、译师纷纷请求桂本之职，蒙哥在乌思藏地方推行分封制。

公元1252年（蒙哥二年，藏历水鼠年），蒙哥在乌思藏地方括户，并开始设立万户。

公元1253年（蒙哥三年，藏历水牛年），受命经略漠南、汉地的忽必烈与八思巴初次相会，获取经略乌思藏地方事务之大权。蒙古灭大理。

公元1260年（忽必烈中统元年，藏历铁猴年），忽必烈即大汗位于上都，尊八思巴为国师。

公元1264年（忽必烈至元元年，藏历木鼠年），忽必烈迁都北京。在中央设置掌管全国佛教事务及吐蕃地区行政事务的机构——总制院，并领之于国师。答失蛮入蕃置驿。八思巴与恰那朵儿只返回乌思藏建立行政体制。乌思藏纳里速古鲁孙等三路军民万户府建立。

公元1266年（至元三年，藏历火虎年），八思巴仿蒙古帐殿制度，设立了十三种私人职官。

公元1267年（至元四年，藏历火兔年），白兰王（1260—1267？）恰那朵儿只去世。

公元1268年（至元五年，藏历土龙年），元朝中央派阿滚、弥林与乌思藏军民万户释迦藏卜调查乌思藏地区属民户口，并确定支差应驿、纳税等制度。

公元1269年（至元六年，藏历土蛇年），八思巴制成蒙古新字（即八思巴字），忽必烈下诏谓："自今以往，凡有玺书颁降者，并用蒙古新字，仍各以其国字副之。"奥鲁赤受封为西平王，出镇吐蕃。

公元1270年（至元七年，藏历铁马年），忽必烈封八思巴为帝师。

公元1271年（至元八年，藏历铁羊年），忽必烈建国号大元。

公元1274年（至元十一年，藏历木狗年），八思巴返回乌思藏，以其弟亦怜真袭帝师位。

公元1275年（至元十二年，藏历木猪年），元世祖忽必烈命安西王忙兀剌、诸王只必贴木儿、驸马长吉，分遣所部蒙古军从西平王奥鲁赤征吐蕃。

公元1276年（至元十三年，藏历火鼠年）春正月，以瓮吉剌带、丑汉所部五百戍哈答城，九月，以吐蕃合（哈）答城为宁远府。同年闰三月，禁西番僧持军器。

公元1277年（至元十四年，藏历火牛年）二月，诏以僧亢吉祥、怜真加加瓦并为江南总摄。四月，置榷场于碉门、黎州，与吐蕃贸易。八思巴在出密仁摩寺举行盛大的出密法会。

公元1279年（至元十六年，藏历土兔年）六月，诏发新附军、蒙古军、汉军等戍碉门、鱼通、黎、雅；拘括河西、西番阑遗户。秋七月，以朵哥麻思地之算木多城为镇西府，敕以蒙古、益都、诸路、新附等军万人，令李庭将之。总制院使桑哥率军入蕃，平定乌思藏宣慰使（本钦）公哥藏卜之乱。这一年，元灭南宋。

公元1280年（至元十七年，藏历铁龙年）三月，敕东西两川发蒙古、汉军戍鱼通、黎、雅。立都功德使司，从二品掌奏帝师所统僧人并吐蕃军民等事。桑哥大军攻克乌思藏宣慰使公哥藏卜的康马士城，处死公哥藏卜，并改革驿站管理制度，留蒙古军驻守要地。十一月，八思巴卒。朝廷追赠其为："皇天之下，一人之上，宣文辅治，大圣至德，普觉真智，佑国如意大宝法王，西天佛子，大元帝师。”

公元 1282 年（至元十九年，藏历水马年）夏四月，禁吐蕃僧给驿太繁，扰害于民，自今非奉旨勿给。冬十月，移成都宣慰司于碉门。十二月，诏立帝师答耳麻八剌剌吉塔，掌玉印，统领诸国释教。造帝师八思巴舍利塔。

公元 1283 年（至元二十年，藏历水羊年）秋七月，命按察司照刷吐蕃宣慰司文卷。

公元 1286 年（至元二十三年，藏历火狗年）春正月，以江南废寺土田为人占据者，悉付总统杨琏真加修寺。是岁，以亦摄思连真为帝师。

公元 1287 年（至元二十四年，藏历火猪年）十一月，以桑哥为金紫光禄大夫、尚书右丞相，兼总制院使，领功德使司事。朝廷派和肃、乌努汗至蕃，与乌思藏宣慰使软奴汪术一起第二次清查户口，调整大小驿站。

公元 1288 年（至元二十五年，藏历土鼠年）冬十月，乌思藏宣慰使软奴汪术尝赈其管内兵站饥户，桑哥请赏之，赐银 2500 两。十一月，改释教总制院为宣政院，秩从一品，印用三台，以尚书右丞相桑哥兼宣政院使。

公元 1290 年（至元二十七年，藏历铁虎年），“必里公之变”发生，朝廷派兵入蕃平乱。

公元 1291 年（至元二十八年，藏历铁兔年）二月，以陇西四川总摄辇真术纳思为诸路释教都总统。夏四月，并总制院入宣政院。

公元 1292 年（至元二十九年，藏历水龙年）二月，宣政院臣言，授诸路释教都总统辇真术纳思为太中大夫、吐蕃等处宣慰使都元帅。九月，置乌思藏纳里速古鲁孙等三路宣慰使司都元帅。

公元 1293 年（至元三十年，藏历水蛇年）六月，诏云南旦当仍属西番宣慰司。九月，明安答儿率军万人征吐蕃。

公元 1294 年（至元三十一年，藏历木马年）六月，以乞剌斯八斡节儿为帝师，授玉印。

公元 1295 年（元成宗元贞元年，藏历木羊年）冬十月，以西北叛王将至吐蕃，命平章军国重事答失蛮往征之。必里公之叛被平息。

公元 1297 年（大德元年，藏历火鸡年）三月，封诸王铁木而不花为镇西武靖王，赐驼纽印。六月，赐钞赈济脱思麻十三站贫民，十月，赐马牛羊以济朵甘思十九站贫乏。

公元1298年（大德二年，藏历土狗年）正月，并吐蕃，碉门安抚司、运司，改为碉门鱼通黎雅长河西宁远军民宣慰司。

公元1299年（大德三年，藏历土猪年），镇西武靖王铁木而不花在乌思藏地方巡察，并与乌思藏宣慰使勒巴班一起免去软奴云丹万户长的职务。

公元1301年（大德五年，藏历铁牛年）七月，朝廷命御史台检照宣政院并僧司案牍。

公元1302年（大德六年，藏历水虎年）正月，诏自今僧官、僧人犯罪，御史台与内外宣政院同鞫。宣政院官徇情不公者，听御史台治之。

公元1304年（大德八年，藏历木龙年）正月，以辇真监藏为帝师。

公元1305年（大德九年，藏历木蛇年）三月，以相家班为帝师。

公元1306年（大德十年，藏历火马年）五月，诏西僧往还者不许驰驿，给以舟车。

公元1307年（大德十一年，藏历火羊年）七月，以礼店蒙古万户属土番宣慰司非便，命仍旧隶脱思麻宣慰司，防守陕（阶）州。十二月以中书省言国用浩穰，民贫岁歉，诏宣政院并省佛事。

公元1308年（元武宗至大元年，藏历土猴年）十月，从帝师请，以释教都总管朵儿只八兼领囊巴地产钱物，为都总管府达鲁花赤，总其财赋。以西番僧教瓦班为翰林承旨。

公元1309年（至大二年，藏历土鸡年）六月，皇太子言："宣政院先奉旨，殴西番僧者截其手，詈之者断其舌，此法昔所未闻，有乖国典，且于僧无益。僧俗相犯，已有明宪，乞更其令。"又言："宣政院文案不检核，于宪章有碍，遵旧制为宜。"并从之。七月，改松潘叠宕威茂州安抚司为宣抚司，迁治茂州汶川县。九月，以陕西行台大夫、大司徒左丞相行吐蕃等处宣慰使都元帅。

公元1311年（至大四年，藏历铁猪年）二月，改延庆司为都功德使司。罢江南行宣政院。禁宣政院违制度僧。六月，敕宣政院："凡西番军务，必移文枢密院同议以闻。"吐蕃犯永福镇，敕宣政院与枢密院遣兵讨之。八月，敕西番军务隶宣政院。九月，罢西番茶提举司。十月，罢宣政院理问僧人词讼。

公元1315年（元仁宗延祐二年，藏历木兔年）二月，诏以公哥罗古罗思监藏班藏卜为帝师，赐玉印仍诏天下。

公元1319年（延祐六年，藏历土羊年）四月，命宣政院赈济西番诸驿。

公元1320年（延祐七年，藏历铁猴年）二月，夺僧辇真吃剌思等所受司徒、国公制，仍销其印。五月，禁僧驰驿，仍收原给玺书。八月，脱思马（麻）部宣慰使亦怜真坐违制不发兵，杖流奴儿干之地。十月，帝师请以醮八儿监藏为吐蕃宣慰司都元帅，从之。十一月，诏各郡建帝师八思巴殿，其制视孔子庙有加。

公元1321年（元英宗至治元年，藏历铁鸡年）三月，建帝师八思巴寺于京师。十二月，封锁南藏卜为白兰王，赐金印。

公元1323年（至治三年，藏历水猪年）三月，西番参卜郎诸族叛，敕镇西武靖王搠思班等发兵讨之。

公元1324年（泰定帝元年，藏历木鼠年）三月，以四川行中书省平章政事囊加台兼宣政院使，往征西番寇参卜郎。九月，罢哈的结鲁伴卜总统所，更置临洮总管府。

公元1325年（泰定帝二年，藏历木牛年）正月，以乞剌失思八班藏卜为吐蕃等路宣慰使都元帅，兼管长河西、奔不儿亦思刚、察沙加尔、朵甘思、脱思麻等管军达鲁花赤，与其属往镇抚参卜郎。

公元1326年（泰定帝三年，藏历火虎年）三月，命功德使司简岁修佛事一百三十七。五月，以西僧驰驿扰民，禁之。以帝师兄锁南藏卜领西番三道宣慰司事，尚公主，锡王爵。八月，罢行宣政院及功德使司。

公元1327年（泰定帝四年，藏历火兔年）四月，以西僧公哥列思巴冲纳思监藏班藏卜为帝师，赐玉印，仍诏谕天下僧。

公元1329年（元文宗天历二年，藏历土蛇年）十一月，罢功德使司，以所掌事归宣政院。十二月，以西僧辇真吃剌思为帝师。罢土番巡捕都元帅府。乌思藏地方伯木古鲁与牙里不藏思八展开争夺。

公元1330年（至顺元年，藏历铁马年）二月，以西僧加瓦藏卜、蘸八儿监藏并为乌思藏吐蕃等处宣慰使都元帅。四月，土蕃等处脱思麻民饥，命有司赈之。五月，遣豫王阿剌忒纳失里镇西番，授以金印。六月，发朵甘思、脱思麻及巩昌诸处军一万三千人，人乘马三匹。彻里铁木儿同镇西武靖王搠思班等由四川，教化从豫王阿剌忒纳失里等由八番，分道进军讨云南之乱。

七月，以乌蒙乌撒及罗罗斯地接西番，与碉门安抚司相为唇齿，命宣政院督所属军民严加守备，又命巩昌都元帅府调兵千人戍四川。

公元1332年（至顺三年，藏历水猴年）三月，复立功德使司。

公元1334年（元惠宗元统二年，藏历木狗年）二月，复立西番巡捕都元帅府。

公元1337年（至元三年，藏历火牛年）五月，西番变叛，杀镇西王子党兀班。立行宣政院，以也先帖木儿为院使往讨之。七月，赐巩卜班西平王印。

公元1338年（至元四年，藏历土虎年）五月，诏："土番宣慰司军士，许令乘马，执兵器。"

公元1343年（至正三年，藏历水羊年）八月，命脱思麻同知宣慰司事锁儿哈等讨四川上蓬琐吃叛者。

公元1344年（至正四年，藏历木猴年），伯木古鲁万户与萨斯迦对抗。

公元1345年（至正五年，藏历木鸡年），宣政院派员入蕃建立新驿站，稳定纳里速地方局势并清查吐蕃地区户口与贡赋。

公元1347年（至正七年，藏历火猪年），萨斯迦内讧，家族分为四大喇让。

公元1348年（至正八年，藏历土鼠年），伯木古鲁万户灭搽里八万户，尽取其地。

公元1349年（至正九年，藏历土牛年）七月，命岐王阿剌乞镇西番。伯木古鲁万户长赏竹监藏占据整个乌思地区。

公元1350年（至正十年，藏历铁虎年），伯木古鲁攻必里公，占据其地。

公元1354年（至正十四年，藏历木马年）正月，以答儿麻监藏遥授陕西平章政事，实授行宣政院使，整治西番人民。在乌思藏地方，萨斯迦内讧加剧，伯木古鲁万户长赏竹监藏攻占萨斯迦，据有乌思藏地区，建地方政权于内坞栋。

公元1357年（至正十七年，藏历火鸡年），应赏竹监藏之请，朝廷派宣政院官员封其为大司徒，并赐印信。

公元1358年（至正十八年，藏历土狗年）春正月，举行大司徒称号封授仪式。

公元1368年（至正二十八年，藏历土猴年），元亡，明朝建立。

中文专名索引

E

F

G

Q

R

S

X

专有名词索引

C

W

主要参考史料

（一）中文史料

八思巴：《彰所知论》，大正藏本。

孛兰肹等：《元一统志》，赵万里校辑，中华书局 1966 年版。

不著撰人：《西藏志》，吴丰培整理《西藏志卫藏通志》合刊本，西藏人民出版社 1982 年版。

陈垣：《励耘书屋丛刊》，北京师范大学出版社 1982 年版。

陈寅恪：《彰所知论与蒙古源流》，《历史语言研究所集刊》第 2 卷第 3 分册，1931 年版。

陈寅恪：《金明馆丛稿》二编，上海古籍出版社 1980 年版。

陈庆英：《八思巴传》，中国藏学出版社 1992 年版。

陈梦雷：《古今图书集成·边裔典》。

陈高华：《元史研究论稿》，中华书局 1991 午版。

蔡美彪：《元代白话碑集录》，科学出版社 1955 年版。

蔡美彪主编：《中国历史大辞典·辽夏金元史》，上海辞书出版社 1986 年版。

程钜夫：《雪楼集》，宣统二年陶氏涉园影印洪武刻本。

邓锐龄：《元明两代中央与西藏地方的关系》，中国藏学出版社 1989 年版。

方国瑜：《中国西南历史地理考释》，中华书局 1987 年版。

郭松年：《大理行记》，王叔武校注，云南民族出版社 1986 年版。

顾炎武：《天下郡国利病书》，四部丛刊三编本。

顾祖禹：《读史方舆纪要》，中华书局 1957 年版。

高文德、蔡志纯编著：《蒙古世系》，中国社会科学出版社 1979 年版。

国家测绘局：《中华人民共和国分省地图》（1：2000000），1969年版。

黄溍：《金华黄先生文集》，四部丛刊本。

黄沛翘：《西藏图考》，李宏年、李文汇同校，光绪间刊本。

韩儒林主编：《中国大百科全书·中国历史》元史分册，中国大百科全书出版社1985年版。

韩儒林主编：《元朝史》，人民出版社1986年版。

韩儒林：《韩儒林文集》，江苏古籍出版社1991年。

揭傒斯：《揭傒斯全集》，李梦生标校本，上海古籍出版社1985年版。

嘉木样谢贝多吉：《佛历表》，黄颢译，见《藏文史料译文集》，中国社会科学院民族研究所、西藏自治区历史档案馆，1985年7月。

柯劭忞：《新元史》，开明书店1935年版。

刘郁：《西使记》，《海宁王静安先生遗书》本。

李志常：《长春真人西游记》，《海宁王静安先生遗书》本。

李治安：《元代分封制度研究》，天津古籍出版社1992年版。

罗常培、蔡美彪：《八思巴字和元代汉语》，科学出版社1959年版。

罗日褧：《咸宾录》，中华书局1983年版。

陆莲蒂、孟庆芬译：《元朝十一篇藏文帝师法旨》，见《藏文史料译文集》。

柳贯：《柳待制文集》，四部丛刊本。

刘迎胜：《西北民族史与察合台汗国史研究》，南京大学出版社1994年版。

蒙思明：《元代社会阶级制度》，中华书局1980年版。

米儿咱·马黑麻·海答儿：《中亚蒙兀儿史—拉失德史》，新疆社会科学院民族研究所译，王治来校，新疆人民出版社1983年版。

念常：《佛祖历代通载》，大正新修大藏经第四十九卷史传部一。

南京大学元史研究室编：《元史及北方民族史研究集刊》第1—13辑。

钱大昕：《元史氏族表》三卷，潜研堂全书本。

清高宗敕撰：《续文献通考》，万有文库本。

庆吉祥等集：《至元法宝勘同总录》，大正藏本。

权衡：《庚申外史》，任崇岳校点本，中州古籍出版社1991年版。

仁庆扎西：《仁庆扎西藏学研究文集》，天津古籍出版社1989年版。

宋濂等：《元史》，中华书局标点本1976年版。

苏天爵：《元文类》，上海古籍出版社 1993 年影印本。

宋濂：《文宪集》，四库全书本。

宋濂：《宋文宪公全集》，四部备要本。

松筠：《卫藏通志》，四部备要本。

松筠：《西招图略》，吴丰培校订；《西藏图考西招图略》合刊本，西藏人民出版社 1982 年版。

盛绳祖辑：《入藏程站》一卷，小方壶舆地丛钞第三帙本。

萨囊彻辰：《蒙古源流》，道润梯步译校本，内蒙古人民出版社 1981 年版。

商务印书馆编：《大清帝国全图》，商务印书馆光绪三十一年版。

脱脱等：《宋史》，中华书局标点本 1977 年版。

脱脱等：《辽史》，中华书局标点本 1974 年版。

脱脱等：《金史》，中华书局标点本 1975 年版。

屠寄：《蒙兀儿史记》，中国书店 1984 年影印本。

谭其骧主编：《中国历史地图集》第七册，中华地图学社出版 1975 年版。

陶宗仪：《辍耕录》，四部丛刊三编本。

汪辉祖：《元史本证》，中华书局 1984 年版。

王士点、商企翁编次：《秘书监志》，高荣盛点校本，浙江古籍出版社 1992 年版。

王辅仁：《西藏佛教史略》，青海人民出版社 1982 年版。

王辅仁、陈庆英：《蒙藏民族关系史略》，中国社会科学出版社 1985 年版。

王宗维：《元代安西王及其与伊斯兰教的关系》，兰州大学出版社 1993 年版。

王森：《关于西藏佛教史的十篇资料》，1965 年打印本，后以《西藏佛教发展史略》为名出版，中国社会科学出版社 1987 年版。

王国维：《圣武亲征录校注》，见《海宁王静安先生遗书》。

王尧译：《萨迦班智达致蕃人书》，刊《元史及北方民族史研究集刊》第 3 辑。

吴澄：《吴文正公集》，乾隆二十一年万氏刻本。

《西藏地方是中国不可分割的一部分》（史料选辑），西藏人民出版社 1986 年版。

祥迈：《至元辨伪录》，见《佛祖历代通载》，大正藏本。

徐元瑞：《吏学指南》，杨讷整理点校，浙江古籍出版社 1988 年版。

佚名：《陇右稀见方志三种》，上海书店 1984 年版。

许有壬：《至正集》，宣统三年河南教育总会石印本。

耶律楚材：《湛然居士文集》，谢方点校本，中华书局 1986 年版。

姚遂：《牧庵集》，四部丛刊本。

杨维桢：《东维子文集》，四部丛刊初编本。

杨应琚：《西宁府新志》，青海人民出版社 1988 年版。

耶律楚材：《西游录》，向达校注本，中华书局 1981 年版。

虞集：《道园学古录》，四部丛刊本。

严从简辑：《殊城周谘录》，民国十九年故宫博物院图书馆印。

杨一葵：《裔乘》八卷，明万历乙卯刊本，见《玄览堂丛书》。

俞希鲁：《至顺镇江志》，江苏古籍出版社 1990 年版。

杨瑀：《山居新话》，知不足斋丛书本。

姚莹：《康牟酋纪行》，小方壶舆地丛钞第三帙本。

藏族简史编写组：《藏族简史》，西藏人民出版社 1985 年版。

周良霄、顾菊英：《元朝史》，上海人民出版社 1993 年版。

张廷玉：《明史》，中华书局标点本 1974 年版。

张维辑：《陇右金石录》，民国甘肃省文献征集委员会校印本。

中国元史研究会编：《元史论丛》（1—5 辑），中华书局、中国社会科学出版社 1982—1993 年版。

张澍辑录：《凉州府志备考》，周鹏飞、段宪文点校，三秦出版社 1988 年版。

张思温编著：《积石录》，甘肃民族出版社 1989 年版。

照那斯图：《八思巴字和蒙古语文献》I. 研究文集，II. 文献汇集，东京外国语大学亚非语言文化研究所 1990—1991 年版。

中国社会科学院民族研究所西藏少数民族社会历史调查组编：《墨竹工卡宗甲马封建庄园调查报告》1964 年版。

札奇斯钦：《蒙古与西藏历史关系之研究》，正中书局 1978 年版。

朱德润：《存复斋文集》，涵芬楼秘籍本。

《僰人通纪浅述校注》，尤中校注，云南人民出版社 1989 年版。

《元典章》，影印元本。

《经世大典》，见《永乐大典》收录，1960年中华书局影印本。

《明实录》，台湾历史语言研究所校勘本，上海书店1982年版。

《蒙古秘史》，额尔登泰、乌云达赉校勘本，内蒙古人民出版社1980年版。

《庙学典礼》，王颋点校，浙江古籍出版社1992年版。

《汉译蒙古黄金史纲》，朱风、贾敬颜译本，内蒙古人民出版社1985年版。

（二）译著

毕达克：《中藏与蒙古》，张云译，云南人民出版社2002年版，兰州大学出版社2010年版。

毕达克：《顿楚：萨斯迦主权在康区的出现》，张云译，《西北民族研究》1993年第2期。

毕达克：《藏文中的元代官方专用语词》，张云译，《民族译丛》1994年第6期。

杜齐：《西藏中世纪史》，李有义、邓锐龄译，中国社会科学院民族研究所印1980年7月。

图齐、西德海西希：《西藏和蒙古的宗教》，耿昇译、王尧校订，天津古籍出版社1989年版。

Б.Я.符拉基米尔佐夫：《蒙古社会制度史》，刘荣焌译，中国社会科学院民族研究所社会历史室印1978年版。

Б.Д.格列科夫、А.Ю.雅库博夫斯基：《金帐汗国兴衰史》，余大钧译、张沪华校，商务印书馆1985年版。

沙·比拉：《蒙古史学史》（13—17世纪），陈弘法译，内蒙古教育出版社1988年版。

伯希和：《蒙古与教廷》，冯承钧译，中华书局1994年版。

阿里·玛扎海里：《丝绸之路—中国波斯文化交流史》，耿昇译，中华书局1993年版。

尼·鲍培：《八思巴字蒙古语碑铭》，郝苏民译注本，内蒙古文化出版社1986年版。

道森E．史伯领：《旭烈兀与吐蕃》，张云译，《国外藏学研究文集》（第十二辑），西藏人民出版社 1995 年版。

阿·克·穆尔：《一五五〇年前的中国基督教史》，郝镇华译，中华书局 1984 年版。

道森：《出使蒙古记》，吕浦、周良霄译，中国社会科学出版社 1983 年版。

《西域南海史地考证译丛》第一卷（1—5 编），第二卷（6—9 编），商务印书馆 1995 年版。

《马可波罗行纪》，冯承钧译，商务印书馆 1936 年版。

《柏郎嘉宾卢不鲁克游记》，贝凯、韩百诗；柔克义译注；耿昇、何高济汉译，中华书局 1985 年版。

（三）论文

陈得芝：《元代乌斯藏宣慰司的设置年代》，《元史及北方民族史研究集刊》1984 年第 8 期。

陈庆英：《元朝在西藏所封的白兰王》，《西藏研究》1983 年第 4 期。

洛桑群觉、陈庆英：《元代在藏族地区设置的驿站》，中央民族学院藏族研究所：《藏族研究文集》第 2 集 1984 年版。

陈庆英、仁庆扎西：《元朝帝师制度述略》，《藏族研究文集》第 2 集。

陈庆英、史为民：《蒙哥汗时期的蒙藏关系》，《蒙古史研究》第 1 辑，内蒙古人民出版社 1985 年版。

陈庆英：《八思巴致元世祖忽必烈的新年吉祥祝辞》，《西藏研究》1987 年第 2 期。

陈庆英：《夏鲁的元朝帝师法旨》，《西藏民族学院学报》1988 年第 4 期，1989 年第 1 期，见《陈庆英藏学论文集》，中国藏学出版社 2006 年版。

陈庆英：《元代宣政院对藏族地区的管理》，《青海社会科学》1990 年第 4 期。

陈庆英：《元代帝师制度及其历任帝师》，《青海民族学院学报》1991 年第 1 期，第 2 期。

陈庆英：《元代乌斯藏本钦纪略》，元史研究会编：《元史论丛》第 4 辑，中华书局 1992 年版。

陈庆英：《元朝在藏族地区设置的军政机构》，《西藏研究》1992年第3期。

陈得芝：《元代入内地藏僧事辑》，《中华国学》创刊号。

陈金钟：《元以来中央政府颁授西藏地方首领印章举要》，《中央民族学院学报》1988年第3期。

程竹敏：《西藏文管会收藏的元代印章》，《文物》1985年第9期。

邓锐龄：《元代杭州行宣政院》，《中国史研究》1995年第2期，收入《邓锐龄藏族史论文译文集》（上），中国藏学出版社2004年版。

黄颢：《元初对西藏人口等的普查及其意义》，《中国民族史研究》，中国社会科学出版社1987年版。

刘光义：《吐蕃佛教与元世祖》，《大陆杂志》，1963年9月。

任乃强、泽旺夺吉：《“朵甘斯”考略》，《中国藏学》1989年第1期。

沈卫荣：《浅释“吐蕃三路”（Chol kha gsum）》，《甘肃民族研究》1985年第3—4期。

沈卫荣：《元代乌思藏十三万户行政体制研究》，《西藏研究》1988年第1期，第2期。

沈卫荣：《元朝中央政府对西藏的统治》，《历史研究》1988年第3期。

沈卫荣：《元代乌斯藏十三万户考》，中国地理学会历史地理专业委员会《历史地理》编辑委员会编：《历史地理》第7辑。

沈卫荣：《论元代乌斯藏十三万户的建立》，元史研究会编《元史论丛》第五辑，中国社会科学出版社1993年版。

谭英华：《喇嘛教与元代政治》，《东方杂志》1946年2月。

王辅仁、陈庆英：《八思巴传略》，中国社会科学院民族研究所主编《中国民族史研究》，中国社会科学出版社1987年版。

杨仁山：《昔日万户府，今地在何方》，《西藏研究》1985年第3期。

照那斯图：《八思巴字蒙古语龙年圣旨》，《民族语文》1996年第4期。

周清澍：《汪古部事辑》1—5辑；《元蒙史札》，内蒙古大学出版社2001年版。

张云：《答失蛮其人及其经略吐蕃考实》，《中国边疆史地研究》1993年第4期。

张云：《元代吐蕃与周边诸地的关系》，《甘肃民族研究》1994年第1期。

张云：《Stod hor 考辨》，《中国藏学》1994 年第 1 期。

张云：《〈重修大龙兴功德记〉及其史料价值》，《西藏研究》1994 年第 3 期。

张云：《有关元代乌斯藏宣慰司的几个问题》，《西北民族研究》1994 年第 2 期。

张云：《元代吐蕃等路宣慰司史地考证》，《民族研究》1994 年第 6 期。

张云：《元代管理吐蕃地方的中央机构——总制院与功德使司》，《青海社会科学》1995 年第 1 期。

张云：《关于元代宣政院的几个问题》，《中国藏学》1995 年第 2 期。

中国人民大学书报资料中心：《中国古代史》（二）宋辽金元明清卷 1995 年第 3 期转载。

张云：《元代宣政院历任院使考略》，《西北民族研究》1995 年第 2 期。

张云：《元代乌斯藏十三万户新探》，陈庆英主编：《藏族历史宗教研究》（第一辑），中国藏学出版社 1996 年版。

张云：《萨迦本钦与乌斯藏宣慰使关系问题再探讨》，《中国边疆史地研究》1997 年第 1 期。

札奇斯钦：《忽必烈与八思巴喇嘛》，《史学汇刊》2，1969 年 8 月。

祝启源、陈庆英：《元代西藏地方驿站考释》，《西藏民族学院学报》1985 年第 3 期。

（四）藏文部分

阿旺格丹嘉措（ngag dbang skal ldan rgya mtsho）：《协噶教法史—白琉璃（shel dkar chos vbyung），Translation and Facsimile Edition of the Tibetan Text by Pasang Wangdu and Hildegad Diemberger in Cooperation With Guntram Hazod Verlag Der Osterreichischen Akademie Der Wissenschaften，Wien 1996。

阿旺贡噶索南（nga dbang kun dgav bsod nams）：《萨斯迦世系史》（sa skyavi gdung rabs rin chen bang mdzod），民族出版社 1986 年版；陈庆英、高禾福、周润年汉译本，西藏人民出版社 1989 年版。

阿旺洛桑嘉措（ngag dbang blo bzan rgya mtsho）：《阿旺洛桑嘉措自传——云裳》（ngag dbang blo bzang rgya mtshovi rnam thar），西藏人民出版社 1991 年版。

布思端·攀真主（bu ston rin chen grub）:《佛教史大宝藏论》（bu ston chos vbyung gsung rab rin po chevi mdzod），中国藏学出版社 1988 年版；郭和卿汉译本，民族出版社 1986 年版。

班钦·索南查巴（pan chen bsod nams grags pa）:《新红史》（rgyal tabs vphrul gyi lde mig gam deb ther dmar povi deb ther gsar ma zhes bya ba bzhugs so），西藏人民出版社 1982 年版；黄颢汉译本，西藏人民出版社 1984 年版。

巴卧·祖拉陈瓦（dpav bo gtsug lag phreng ba）:《贤者喜宴》（mkhas pavi dgav ston），藏文本，民族出版社 1986 年版。

搽里八·公哥朵儿只（Tshal pa kun dgav rdo rje）:《红史》（deb ther dmar po），东嘎·洛桑赤列校注，民族出版社 1981 年版；陈庆英、周润年汉译本，西藏人民出版社 1988 年版。

《萨班·衮噶坚赞全集》[sa pan kun dgav rgyal mtshan gyi gsungs vbum（stod smad bar cha gsum）]，西藏藏文古籍出版社 1992 年版。

第五世达赖喇嘛（rgyal dbang lnga pa chert mo）:《西藏王臣记》（bod kyideb ther dpyid kyi rgyal movi glu dbyangs）藏文本，民族出版社 1981 年版；郭和卿汉译本，民族出版社 1983 年版。

东嘎·洛桑赤列（dung dkar blo bzang vphrin las）:《论西藏政教合一制度》（bod kyi chos srid zung vbrel skor bshad pa），民族出版社 1981 年版；陈庆英汉译本，民族出版社 1985 年版。

达仓宗巴·班觉藏卜（stag tshang rdzong pa dpal vbyor bzang po）:《汉藏史集》（rgya bod yig tshang）藏文本，四川民族出版社 1985 年版；陈庆英汉译本，西藏人民出版社 1986 年版。

大司徒赏竹监藏（tavi si tu byang chub rgyal mtshan）:《朗氏世系史》）（rlangs kyi po ti bse ru）藏文本，西藏人民出版社 1986 年版；赞拉·阿旺、佘万治汉译本，西藏人民出版社 1989 年版。

大司徒赏竹监藏（ta si tu byang chub rgyal mtshan）:《大司徒赏竹监藏遗教》（ta si tu byang chub rgyal mtshan bkav chems），西藏人民出版社 1989年版。

桂洛·软奴班（vgos lo gzhon nu dpal）:《青史》（deb ther sngon po），藏文本，民族出版社 1985 年版；郭和卿汉译本，西藏人民出版社 1985 年版。

嘎托仁增才旺诺布（ka thog rig vdzin tshe dbang nor bu）:《阿里贡塘世系》

[bod rje lha btsad povi gdung rabs mngav ri（ris）smad gung thang du ji ltar byung bavi tshul deb gter（ther）dwangs shel vphrul gyi me long zhes bya ba bzhugs so]，见《西藏史籍五部》(bod kyi lo rgyus deb ther khag lnga)，西藏藏文古籍出版社 1990 年版。

觉囊达热那特（jo nang tav ra na tha）:《后藏志》(myang yul stod smad bar gsum gyi ngo mtshar gtam gyi legs bshad mkhas pavi vjug ngogs zhes bya ba bzhugs so)，西藏人民出版社 1983 年版。

《萨斯迦五祖全集》(sa skyavi bkav vbum)，德格版。

萨斯迦·琐南监藏（sa skya bsod nams rgyal mtshan）:《王统世系明鉴》(rgyal rabs gsal bavi me long）藏文本，民族出版社 1981 年版；陈庆英等汉译本，辽宁人民出版社 1985 年版。

释迦仁钦岱（shākya rin chen sde）:《雅隆尊者教法史》(yar lung jo bovi chos vbyung)，四川民族出版社 1988 年版；汤池安汉译本，西藏人民出版社 1989 年版。

松巴堪钦（sum pa ye shes dpal vbyor）:《松巴佛教史》(chos vbyung dpag bsam ljon bzang)，甘肃民族出版社 1992 年版。

恰白·次旦平措（chab spel tshe brtan phun tshogs)、诺章·吴坚（nor brang ao rgyan)、平措次仁（phun tshogs tshering）:《西藏简明通史》(bod kyi lo rgyus rags rim gyu yi phrengba)（stod smad bar cha gsum)，西藏藏文古籍出版社 1989—1991 年版。

钦则旺布（mkhyen brtsevi dbang po）:《卫藏道场圣迹志》(dbus gtsang gignas rten rags rim gyi mtshan byang mdor bsdus dad pavi sa bon zhes bya ba zhugs so)，西藏人民出版社 1992 年版；刘立千汉译本，西藏人民出版社 1987 年版。

惹热阿旺丹贝坚赞（rag ra ngag dbang bstan pavi rgyal mtshan）:《王统教法白琉璃明鉴智者颈饰》(rgyal rabs chos vbyung shel dkar me long mkhas pavi mgul rgyan zhes bya ba bzhugs so)，见《西藏史籍五部》(bod kyi lo rgyus deb ther khag lnga)，西藏藏文古籍出版社 1990 年版。

仁蚌·阿旺吉扎（rin spungs ngag dbang vjigs grags）:《萨班传》(sa pan rtogs brjod bskal bzang legs lam)，四川民族出版社 1985 年版。

图官·洛桑却吉尼玛（thuvu bkwan blo bzang chos kyi nyi ma）:《图官宗

派》（thuvu bkwan grub mthav），甘肃民族出版社 1984 年版；刘立千汉译本，西藏人民出版社 1984 年版。

瓦芒·班智达（dbal mang pandita）：《汉藏蒙历史概论》（rgya bod hor sog gi lo rgyus nyung ngur brjod pa byis pa vjug pavi vbab stegs bzhugs so），青海民族出版社 1990 年版。

西藏自治区社会科学院、中央民族学院藏族研究所编：《中国西藏地方历史资料选辑》（krung govi bod sa gnas kyi lo rgyus yig tshang phyogs btus），西藏人民出版社 1986 年版。

西藏自治区档案馆编：《西藏历史档案荟萃》，文物出版社 1995 年版。

祥萨·格桑却吉坚参（shing bzav skal bzang chos dyi rgyal mtshan）：《蒙藏佛教史》（bod sog chos vbyung），藏文本，中国藏语系高级佛学院编，民族出版社 1992 年版。

智观巴·贡却丹巴绕吉（brag dgon pa dkon mchog bstan pa rab rgyas）：《安多政教史》（mdo smad chos vbyung），甘肃民族出版社 1982 年版；吴均等汉译本，甘肃民族出版社 1989 年版。

扎西旺都（bkra shis dbang vdus）编：《西藏历史档案公文选水晶明鉴》（bod kyi lo rgyus yig tshags dang gzhung yig phyogs bsdus dwangs shel me long），民族出版社 1989 年版。

扎西次仁（bkra shis tshe ring）：《康区灵藏土司史：导论》（gling tshang rgyal rabs soying bsdus sngon vgrovi lam ston zhes bya ba dge），IHARAōren and Yamaguchi Zuihō（ed.），Tibetan studies Proceeding of 5th Seminar of the International Association for Tibetan studies, Vol. 2, Narita1989。

止贡·旦增白玛坚赞（vbri gung bstan vdzin pad mavi rgyal mtshan）：《止贡法嗣》（nges don bstan pavi snying po mgon po vbri gung pa chen povi gdan rabs chos kyi byung tshul gser kyi phreng ba），西藏藏文古籍出版社 1989 年版。

（五）西文部分

A.Ferrari, *mk'yen—brtse's Guide to the holy places of central Tibet*, Rome, 1958.

A.Macdonald, *Préambule à la lectured'un rgya Bod yig gcań*, in J.As, 1963.

Berthold Laufer, *Loan-words in Tibetan*, T'oung Pao, 1916.

DanMartin, *A Brief Political History of Tibet by Gu-ru Bkra-shis Byang-chub rgyal-mtshan（1302-?1364）*,Tibetan History and Language Studies Dedicated to Uray Gézaon His seventieth Birthday,wien,1991.

D.Schuh,*Wieistdie Einladung des fünften Karma-paanden Chines chen Kaiserhofals Fortführung der Tibet-Politikder Mongolen-Khanezu Verstehen ?*　, In Altaica Collecta,Wiesbaden, 1976.

D.Schuh, *Erlasse und Sendschreiben Mongolischer Herrscher für Tibetische Geistliche*,st.Augustin,1977.

E.Endicott-West, *Mongolian Rule in China:Local Administration in the Yüan Dynasty*, Cambridge Mass, 1989.

E.Sperling, *Hülegu and Tibet*, Bicentenary Csomade Koros Symposium, Visegrad-Budapest, September13-19,1984.

E.Sperling, *Miscellaneous Remarks on the Lineage of ByangLa-stod*, *China Tibetology*, Special Issue, 1992,Bejing.

E.Sperling, *Some Notes on the Early'Bri Gungpas Gompa*, in C.I.Beckwith（ed.）, Silveron Lapis,Tibetan Literary Culture and History, Bloominton1987.

G.N.Roerich, *The Blue Annals*,PartI,Calculta,1949.

G.N.Roerich, *Mongol-Tibetan Relation in the 13th and 14th Centuries*, in the Tibet Society Journal,6（1973）.

G.Tucci, *Tibetan Painted Scrolls*, 2Vol.Rome, 1949.

H.E.Richardson, *A Short History of Tibet*（*Tibet and Its History*）, NewYork（Oxford）1962.

H.Franke, *Seń-ge, das Leben eines uigurischen Staats-beamten zur Zeit Chubilais*,in Sinical7（1942）.

H.Franke, *Tibetans in Yuan China,China underMongol Rule.*,1981.

H.Franke, *Tanpa, A Tibetan Lama at the Court of the Great Khan*,in OrientaliaVenetiana,1（1984）.

J.Boyle,*The History of the World Conqueror*. 志费尼：《世界征服者史》，何高济译，翁独健校订，内蒙古人民出版社 1981 年版。

J.Szerb, *Glosses on the Oeuvre of Bla-ma'phags-pa:on the Activity of Sa-skya Pandita*, in M.Aris（ed.）Tibetan Studies in Honour of Hugh Richardson, 290-300, Warminster1980.

J.Szerb, *Glosses on the Oeuvre o Bla-ma'Phags-pa,II:Some Notes on the Events of the Years 1251-1254*, In AOHung., 34（1980）.

Leonard W.J.VanderKuijp,*On the Life and Political Career of Ta'i-si-tu*, Tibetan History and Language Studies Dedicated to Uray Gézaon His Seventieth Birthday,Wien,1991.

Leonard W.J.VanderKuijp, *Two Courts of' phags-paEra, China Tibetology*, Special Issue, 278-306, 1992, Beijing.

LeonardW.J.VanderKuijp, *"Barsi"and Barsi-s in Tibetan Historical, Biographical and Lexico graphical Texts*, Central Asiatic Journal International Periodical for the Languages, Literature, History and Archaeology of Central Asia,39（1995）2, Harrassowitz Verlag.

L.Petech, *Sako, A Tibetan Statesman in Yuan China*, in AOHung,34（1980）.

L.Petech, *The Mongol Census in Tibet*, in M.Aris（ed.）,Tibetan Studies in Honour of Hugh Richardson,Warminster 1980.

L.Petech, *Ya-ts'e, Gu-ge, Pu-ran; A new Study*, in CAJ,24（1980）.

L.Petech, *Tibetan Relations with Sung China and with the Mongols*, in M.Rossabi（ed.）,China among Equals, University of California Press, 1983.

L.Petech, *Yüan Organization of the Tibet and order Areas*,in H.Uebach and J.L.Panglung（ed.）Tibetan Studies, Munich, l988.

L.Petech,*Yüan official Terms in Tibetan*, in IharaShōren and Yamaguchizuih（ed.）, Tibetan Studies Proceeding of the 5th Seminar of the International Association for Tibetan Studies,Vol.2,669-672 Narita 1989.

L.Petech, *Central Tibet and The Mongols, the Yüan Saskya Period of Tibetan History* (Serieorientale Roma,65), Rome, 1990.

L.Petech, *Ston-tshul:the Rise of Sa-skya Paramountcy in Khams*,1991.

L.Petech, *Imperial Princes of the Yüan period Connected with Tibet*, in T.Skorupski（ed.）,Indo-TibetanStudies（Papersin Honour of Professor

D.L.Snellgrove）,Tring1990.

L.Kwanten,*Ching is Khan's Conquest of Tibet: Myth or Reality?*, in JAH,8（1974）.

M.Rossabi, *Khubilai Khan and the Womenin his Family*, in Studia Sino-Mongoliea（Festschrift H. Franke）,153-180Wiesbaden,1979.

M.Rossabi, *Khubilai Khan, His Life and Times*,University of California Press, 1988.

P.Olbricht, *Das Pôstwesen in China under der Mongolenherrschaft im* 13.und14. Jahrhundert,Wiesbaden1954.

P.Pelliot, *Note surle Turkest ande M.W.Bart hold*, in T'oung Pao, 27（1930）.

S.Ch.Das,*Tibet under the Tater Emperors of China*,in JASB,Extra Number（1905）.

Thubten Jigme Norbuand Tsuguhito Takeuchi,*Mongolian Loan Words in Tibetan and their Socio-cultural Implications*, Tibetan History and Language Studies Dedicated to UrayGézaon His Seventieth Birthday,Wien1991.

T.V.Wylie, *The First Mongol Conquest of Tibet Reinterpreted*, in HJAS, 37（1977）.

T.V.Wylie,*Khubilai Khagan's Viceroy of Tibet.*in L.Ligeti（ed.）,Tibetan and Buddhist Studies Commern Orating the 200th Annivesary of the Birth of Alexander Csoma de Koros, Budapest 1984, II.

W.D.Shakabpa.*Tibet, A Political History*, Yale University Press1967. 藏文版为：*Bod kyi srid don rgyal rabs*, 2Vols., Delhi, 1976.

（六）俄文部分

А.С.Мартынов,《О Туземной Тибетской Администрации в Эпоху"Мин"》, Страны и Народы Востока, 53-63,М-Л.1971.

Б.Я.Владимирцов,《Буддизм в Тибете и Монголии》, Петрбуг, 1919.

Б.Я.Владимирцов,《Общественный Строй Монголов》, Монгольский Кочевой Хеодализм, Издательство Академии Наук СССР, Л.1934.

В.А.Богословский,《Теократизм в Государственной Структуре Тибета》, в сб:Общество в Китае Доклады и Тезисы, М, 1970.

В.В.Вартольд,《Туркестан В Эпоху Монгольского Нашествия СПb》, 1900.

Л.Л.Викторова,《Этнокультурные Связи Монгольских и Тибетских Племенв》, Древности и РаННеu СредневековьеЦ.ентральнаяАзия и Тибет, 64-67с. Изд.Наука Сибирское Отделение, 1972.

РашидадДин,《Сборник Летописей》,Том, Москва-Ленинград, 1960.

С.Кучера,《Монголы и Тибет Цингисхане и его Преемниках Татара Монголы в Азии и Европе М》, 1970.

С.Кучера,《Завоевание Монголами Тибета》, Татара-Монголы в Азии и Европе, 261-264с,М.1976.

Ю.Н.Рерих,《Монголо-Тибетские Отношение в XIII u X вв》,в Кн: Хилология и История Монгольских Народов, Памяти Акад В.Я.Владимирцова, 333-346,М. ИВЛ.1958.

Ю.Н.Рерих,《Монгольские Заимствования в Тибетском Языке》, Улан-Батор, 1961.

Ш.Бира,《Монгольская Историография（XIII - XVII вв）》, Издательство "Наука", Москва, 1978.

（七）日文部分

稲葉正就：「元の帝師についてオラーン史（HulanDebgter）を史料として」，『印仏研』8-1，1960.1。

稲葉正就：「帝师八思巴殿について」，『大谷史学』9，1962.5。

稲葉正就：「元の帝師に関する研究—系統と年次を中心として—」，『大谷大学研究年報』17，1965.6。

福田洋一、石濱裕美子：「西蔵仏教宗義研究」，第四巻，『东洋文库』1986年版。

岡田英弘：「蒙古史料に見える初期の蒙蔵関係」，『東方学』23，1962.3。

加藤修弘：「元代—明代蒙古における權力と宗教」，『アジア文化研究』

2，1969.3。

金岡秀友：「蒙古文字の制定と仏教僧の関係」，『大仓山学院纪要』1，1954.2。

前田直典：『元朝史の研究』，东京大学出版会，1973。

橋本光宝：「ワビライ汗と喇嘛教」，『蒙古』108，1941.6。

矢崎正見：「チベット対する元朝の宗教政策」，『立正女子大学短期大学部研究纪要』14，1970.12。

矢崎正見：『チベット仏教史攷』，大东出版社昭和五十四年（1979）。

藤岛建樹：「元朝の仏教政策」，『大谷学报』54-4，1975.2。

藤岛建樹：「元朝における政治と仏教」，『大谷大学研究年报』27，1975.2。

野上俊静：『元史釋老傳の研究』，京都 1978 年。

中井英基：「14 世紀におけるパグモトウ—王朝の成立について」，『アジア文化研究』创刊号，1968.1。

中野美代子：「帝师八思巴行状校証」，『新亚学报』9-1，1969.6。

佐藤長：「古代チベット史研究」（上下），京都，东洋史研究会（东洋史研究业刊之 1，2）1958-1959。

佐藤長：「元末明初のチベット状势」，田村実造編：『明代满蒙史研究』，京都大学文学部，1963.10。

佐藤長：「明代明代チベツトの八大教王について」（上中下），『東洋史研究』21-3，22-2，4，1962.12;1963.10;1964.3。

佐藤長：『チベット歷史地理研究』，東京岩波書店 1978 年。

佐藤長：『中世チベット史研究』，同朋舎 1986 年。

山口瑞凤监修：『チベットの仏教と社会』，春秋社昭和六十一年（1986）。

后　记

1990年9月，我考上南京大学历史系中国古代史专业博士学位研究生，师从陈得芝教授学习蒙元史。陈老师根据我的专业知识结构与兴趣所在，让我继续从事藏族古代史的专题研究，并从中确定博士学位论文的选题。遵从师命，我首先从目录学入手，广泛搜集资料，汇编成一部《藏族古代史论著目录》（40余万字），掌握了完整的信息情报和国内外最新的学术研究动态。在征得导师的同意后，我以《元代吐蕃地方行政体制研究》为题，开始博士学位论文的研究和撰著工作。

论文题目确定后，我进一步搜集、阅读、分析和勘比资料。在汉文资料方面，我仔细地阅读了《元史》，并从中辑录出有关吐蕃的史料，同时对元代的金石碑刻、相关人物文集、地方志等，予以特殊的关注；在藏文资料方面，我对赏竹监藏的《朗氏世系史》（rlangs kyi po ti bse ru）、达仓宗巴·班觉藏卜的《汉藏史集》（rgya bod yig tshang）、班钦·索南查巴的《新红史》等书，以及元代藏文帝师法旨资料最为重视，参考时贤的译文，一一认真阅读。在此基础上，开始阅读国内外学者的专著论文。在外文论著方面，我重点阅读了意大利藏学家图齐（G.Tucci）教授的名著《西藏画卷》（*Tibetan Painted Scrolls*, Rome, 1949）、毕达克（L.Petech）教授的《中藏与蒙古》（或作《乌斯藏与蒙古》，*Central Tibet and the Mongols: the Yüan-sa-Skya Period of Tibetan History,* Rome, 1990）和日本学者野上俊静先生的《元史释老传的研究》（京都，1978年）等书，以及其他学者的大量卓有识见的相关论文，并翻译了《中藏与蒙古》一书（25万余言）；在国内学者中，韩儒林、王森、东嘎·洛桑赤列、蔡美彪、陈得芝、陈高华、邓锐龄、王尧、黄颢、王辅仁、陈庆英、仁庆扎西、沈卫荣等先生的专著和相关论文，使我受益良多。

在广泛吸收前人研究成果的基础上，我对元代吐蕃地方行政体制进行了更系统和更为深入的研究，形成我的博士学位论文。

在攻读博士学位期间，语言的学习是我最为重要的一项内容，除了多种外语的学习与提高之外，陈老师开设的“审音与勘同”等课程，旁征博引，左右逢源，在研究方法上，使我受惠不尽。我还得到陈老师和南京大学研究生院的支持，来京半年，随中国社会科学院民族研究所黄颢研究员研读藏文文献，黄先生的悉心指教，增强了我阅读藏文文献的信心与能力。

我十分服膺唐代史学史家刘知几有关史家三长，即才、学、识缺一不可的论断。而且认为：从基本上说，“才”和“识”是一个相对而言的“定量”，而“学”则是一个“变量”，前者固然可以在后天的学习与训练中获得提高，但更多地来自禀赋，后者则完全是靠个人按正确的方法勤奋积累起来的，用力愈勤，收获愈大。

基于这一种认识，我把更多的注意力用在勤奋努力方面，也希望“勤能补拙”“不我欺也”。

1993 年 7 月，我通过学位委员会的论文答辩，获得博士学位，并来到中国藏学研究中心历史宗教所工作。在这里工作的 4 年间，我应命参加了国家社会科学基金项目《元以来中央与西藏地方关系史研究》一书的撰稿工作（撰写 10 万余言）和《夏格巴的〈西藏政治史〉与西藏历史的本来面目》（民族出版社，1996 年）一书的藏译汉工作等。独著出版了《丝路文化 · 吐蕃卷》（28 万字，浙江人民出版社，1995 年）等书，发表了多篇有关唐代吐蕃史、元代吐蕃史及西夏学等方面的学术论文和译文。唯独没有想到我的博士学位论文能够出版，理由很简单：在讲求经济效益的大背景下，我不敢奢望有哪家出版社愿意贴钱出版这本过于专门化的学术著作。受朋友们的怂恿，1995 年下半，我投稿给中国社会科学出版社的“博士文库”，很荣幸地得到负责编辑和丛书编委们的垂青，入选其中。随后，我即对原作做了增补与修改工作：利用藏文帝师法旨增补了部分内容；把我过去发表的几篇相关论文和首次发表的几篇论文作为附录，列于书后；增补了结语、职官译名、大事纪年表和人名地名索引等，力图使本书丰富和完整一些。

现在，凝聚我多年心血、标志我人生重要里程的博士学位论文就要出版了，回顾这一段漫长却又感到短促的求学与研究工作历程，我的心情难以平静。

我首先要感谢生我养我的父母双亲，他们现在已年过花甲，却依然在田间辛勤地劳作着。我的父亲只上过 5 年学，我的母亲从未进过学校的大门，但他们以自己的正直、善良、仁慈、明理、勤劳和乐于助人，赢得了乡邻的交口称赞；他们支持我们兄弟几人都考上大学，把孤独留给自己而无怨无悔。这种人格力量，一直在鼓励我珍惜每一刻时光，刻苦努力，不断进取。我想，也许正是千千万万个像我的父母那样平凡而又普通的人们，支撑着我们中华民族不屈的脊梁。

我的学术研究生涯是从做硕士生时期开始的，我感谢带我跨入学术研究之门的周伟洲教授和王宗维教授，他们让我从想当诗人的残梦中清醒过来，严格调教，使我成为西北民族史（包括藏族史）研究队伍中的一名新兵。

本书是在我的博士生导师陈得芝教授的悉心指导下完成的，陈老师博学多识、严谨敬业的精神和元史研究室扎实务实的学风给我以巨大的影响，也使我时刻感念于心，不能忘怀。

我的学习与学术研究经历不乏坎坷与曲折，但我有幸得到许多前辈学者的关怀与指教，这里要特别提到的有：中国社会科学院近代史研究所的蔡美彪研究员，历史研究所的陈高华研究员、余太山研究员，民族研究所的黄颢研究员、史金波研究员、照那斯图研究员、常凤玄研究员，中央民族大学的王尧教授、已故的王辅仁教授，宁夏社会科学院的李范文研究员，杭州大学的黄时鉴教授，南京师范大学的陈振教授，南京大学的卞孝萱教授、丁国范教授、刘迎胜教授，复旦大学历史系的姚大力博士，中国藏学研究中心的邓锐龄研究员、胡坦教授、陈庆英研究员等。

本书能够出版，我要感谢“博士文库”编辑委员会的各位编委和本书的审稿人；感谢商务印书馆丁波博士对本书的支持以及编辑、校对人员为本书的出版付出的辛勤的劳动，在此深表谢意。

我感谢所有关心我、帮助我、鼓励我的长辈、老师和朋友。

最后，我还要感谢我的爱人杨玲女士，在我南京求学最为艰难的日子里，她独自一人养育着我们的儿子，让我得以潜心读书，完成学业。

我对元代吐蕃史的研究，时间不长也不精，我的能力和水平都很有限，本书中难免会存在不足甚至错误之处，热切欢迎同行专家和广大读者的批评与指正。

张云

1997年10月21日于北京亚运村育慧里13号楼寓室

再版后记

《元代吐蕃地方行政体制研究》一书的基础，是我1990—1993年在南京大学攻读博士学位时撰写的毕业论文，后来经过修改形成专著，1998年由中国社会科学出版社作为“博士文库”之一种出版面世。我要感谢推荐拙作进入文库的蔡美彪先生和王辅仁先生，特别是蔡先生一言九鼎的推荐信对该书的入选起到关键性作用。除了导师陈得芝先生的耳提面命、耐心教导和惠赐序言之外，该书还得到过许多专家学者的厚爱和关注，丁国范先生在论文答辩时的不吝美言，邓锐龄先生惠赐序言并多所奖掖，王尧、王辅仁、黄颢等先生的高度评价，巴桑旺堆先生的充分肯定等，都让我感受到鼓励和关怀。时间在不经意之中又过去了近20年，学界同行不时有人向我提到该部旧作，还有未曾谋面的甘肃佛学院的藏族学者提出想与人合作将该书翻译为藏文，这对我既是安慰更是鞭策。

现在该书由商务印书馆重新再版，除了对原文的个别错字做了订正之外，我还将已经发表的三篇相关文章：《藏文史书中的成吉思汗》、《藏文史书中的忽必烈皇帝》和《元代康区的“gtso mdo bsam vgrub”（卓多桑珠）和“dre mandhala”（哲曼达）今地考》附录书后，以丰富原书的内容。

本书再版之际，我要感谢该套丛书主编余太山研究员的盛情邀约，感谢商务印书馆对学术著作出版事业的重视；梁俊艳副研究员帮我完成本书的重新录入和前期校对工作，在此一并表示感谢。

张云

2017年10月17日